Andreas Weese

Bankenzusammenschlüsse in Europa

GABLER EDITION WISSENSCHAFT

Andreas Weese

Bankenzusammenschlüsse in Europa

Die Relevanz der Wahl der Akquisitionswährung als Erfolgsfaktor

Mit einem Geleitwort von Prof. Dr. Bernd Rudolph

Deutscher Universitäts-Verlag

Bibliografische Information Der Deutschen Nationalbibliothek
Die Deutsche Nationalbibliothek verzeichnet diese Publikation in der Deutschen Nationalbibliografie; detaillierte bibliografische Daten sind im Internet über <http://dnb.d-nb.de> abrufbar.

Dissertation Ludwig-Maximilians-Universität München, 2006

1. Auflage April 2007

Lektorat: Brigitte Siegel / Sabine Schöller

Der Deutsche Universitäts-Verlag ist ein Unternehmen von Springer Science+Business Media.
www.duv.de

Umschlaggestaltung: Regine Zimmer, Dipl.-Designerin, Frankfurt/Main
Gedruckt auf säurefreiem und chlorfrei gebleichtem Papier
Printed in Germany

ISBN 978-3-8350-0761-1

GELEITWORT

Länderübergreifende Bankenzusammenschlüsse auf europäischer Ebene sind in den vergangenen Jahren verstärkt in das öffentliche Interesse gerückt. Während es eine umfangreiche akademische und praxisorientierte Literatur zum Themenbereich Mergers & Acquisitions im Bankenbereich gibt, handelt es sich bei der Wahl der Akquisitionswährung, also der Zahlungsform einer Transaktion, um einen spezifischen Aspekt innerhalb der M&A-Thematik, der in der Literatur in der Regel nur am Rande gestreift wird. Herr Dipl.-Kfm. Andreas Weese hat diese Thematik dagegen in den Mittelpunkt seiner Dissertation gestellt. Die Arbeit analysiert dementsprechend aus theoretischer Sicht wie auch anhand einer empirischen Untersuchung die Relevanz der Wahl der Akquisitionswährung bei Bankenzusammenschlüssen in Europa.

Die Einbettung der Thematik erfolgt im Rahmen einer ausführlichen Diskussion der Motive und treibenden Faktoren von Zusammenschlüssen im Bankensektor, wobei Herr Weese sein besonderes Augenmerk den Principal-Agent-Problemen der unterschiedlichen Zahlungsformvarianten widmet. Diese Probleme werden anhand von drei zentralen kapitalmarkttheoretischen Modellen zur Wahl der Akquisitionswährung vertieft. Auf diesen Modellen aufbauend leitet Herr Weese seine Forschungshypothesen ab, wobei der Fokus der Untersuchungen auf die bietenden Unternehmen gerichtet ist. Die Durchsicht der empirischen Arbeiten erbringt hinsichtlich der Kurseffekte für die Übernahmeobjekte relativ eindeutige Ergebnisse.

Die Arbeit zeigt auf, dass der Wahl der Akquisitionswährung nicht nur aus theoretischer Sicht, sondern auch empirisch nachvollziehbar eine hohe Relevanz zukommt. Herr Weese leistet durch seine empirische Untersuchung anhand eines aktuellen Datensatzes zu Bankenzusammenschlüssen in Europa einen wertvollen Beitrag zur weiteren Schließung einer Forschungslücke im Teilbereich der Akquisitionswährung, da sich die bisherigen empirischen Untersuchungen zu diesem Themenkomplex primär auf die USA und auf Unternehmen außerhalb des Finanzdienstleistungssektors beziehen. Sein Datensatz besteht aus 117 Bankenzusammenschlüssen im Zeitraum von 1999 bis 2005, für die er methodisch sehr gut nachvollziehbar die aus theoretischen Überlegungen heraus abgeleiteten Hypothesen überprüft. Allerdings können nicht alle aus theoretischer Sicht erwarteten Zusammenhänge empirisch nachgewiesen werden. Seine Ergebnisse interpretiert Herr Weese dabei sehr kritisch und diskutiert auch die Problematik hinsichtlich der empirisch nur schwer isolierbaren Effekte, die sich aus der Wahl der Zahlungsform ergeben.

Herr Weese leistet mit seiner Arbeit einen gelungenen und weiterführenden Beitrag zur empirischen Kapitalmarktforschung in einem wichtigen Teilbereich der M&A-Thematik, der in der wissenschaftlichen Literatur oftmals nur am Rande gestreift wird. Eine besondere Note erhält die Arbeit dadurch, dass Herr Weese nicht nur auf fundierte kapitalmarkttheoretische und empirische Kenntnisse sondern auch auf seine mehrjährigen Erfahrungen als Analyst bei einer Großbank zurückgreifen kann. Das Buch ist sowohl im M&A-Bereich tätigen Forschern als auch Lesern zu empfehlen, die sich ein fundiertes Bild über die Auswahlentscheidung der Zahlungsform bei Bankenzusammenschlüssen und der damit verbundenen Effekte machen möchten. Ich wünsche dem Werk in der Wissenschaft wie in der Praxis eine gute Aufnahme.

Prof. Dr. Bernd Rudolph

VORWORT

Die vorliegende Arbeit verfasste ich als externer Doktorand am Institut für Kapitalmarktforschung und Finanzierung der Ludwig-Maximilians-Universität München. Im Wintersemester 2006/2007 wurde sie von der Fakultät für Betriebswirtschaft als Dissertation angenommen. Während meiner Promotion war ich durchgängig als Finanzanalyst für den Bankensektor bei der HypoVereinsbank tätig. Nicht zuletzt gab mir auch diese Tätigkeit wichtige Denkanstöße für mein Dissertationsprojekt, auch wenn die Belastung aus der doppelten Aufgabe durchaus erheblich war. Für die auf vielfältigste Weise erfahrene Unterstützung, ohne die ein erfolgreicher Abschluss meiner Dissertation nicht möglich gewesen wäre, möchte ich an dieser Stelle meinen herzlichsten Dank aussprechen.

Zunächst gilt mein Dank Herrn Prof. Dr. Bernd Rudolph, der mir durch die Aufnahme als externer Doktorand an seinem Lehrstuhl überhaupt erst mein Projekt ermöglichte. Er hat stets eine – besonders für einen externen Doktoranden wichtige – selbstbestimmte Arbeitsweise unterstützt und die notwendigen zeitlichen Freiräume gelassen. Allerdings hat er mich im richtigen Moment auch zum Abschluss und der Abgabe meiner Arbeit ermutigt. Außerdem danke ich herzlich Herrn Prof. Dr. Dres. h.c. Arnold Picot für die Übernahme des Zweitgutachtens. Danken möchte ich an dieser Stelle auch dem Unternehmen Bureau van Dijk, das mir freundlicherweise den Zugang zu der M&A-Datenbank „Zephyr" ermöglichte, und der HypoVereinsbank für die ermöglichte Nutzung weiterer Ressourcen.

Da für einen externen Doktoranden die Möglichkeiten des wissenschaftlichen Diskurses im Vergleich zu einer Promotion innerhalb des Universitätsbetriebs zwangsläufig eingeschränkter sind, gilt ein besonderer Dank meinem guten Freund und Mitstreiter Dr. Bernd Forster, mit dem ich zahlreiche wissenschaftliche Diskussionen führen durfte. Es war für mich nach der mehrjährigen Phase geteilten Arbeitsleids eine besondere Freude, mit ihm gemeinsam im Rahmen der akademischen Abschlussfeier der Ludwig-Maximilians-Universität München unsere Zeugnisse entgegennehmen zu können. Ebenfalls ein großer Dank gilt den weiteren Korrekturlesern meiner Arbeit, namentlich Jürgen Götz, Natascha Ropeter, Michael Weese und Sabine Zellner, die in ihrer ebenfalls knapp bemessenen Freizeit sehr flexibel meinen Korrekturbitten entsprachen und allesamt wertvolle Hinweise und Anmerkungen geben konnten.

Danken möchte ich auch all meinen Freunden, die mich indirekt unterstützt haben, indem sie mit mir einen wertvollen Teil meiner knappen Freizeit verbrachten und mir somit den notwendigen Ausgleich verschafften. Dabei zeigten sie viel Verständnis für meine Arbeitsbelastung und forderten niemals etwas ein, waren aber stets für mich da. Stellvertretend für all meine Freunde möchte

ich an dieser Stelle namentlich mit Jürgen Götz, Andreas Grund, Arthur Templer und Peter Vilsmeier einige meiner längsten und besten Freunde nennen.
Ein besonderer Dank gilt selbstverständlich meiner Familie, insbesondere meinen Eltern sowie meinen Geschwistern Stephanie und Michael, die niemals auch nur einen Funken an Zweifel hinsichtlich eines erfolgreichen Abschlusses meines Promotionsvorhabens aufkommen ließen. Nicht zuletzt dieses starke Vertrauen in meine Person gab mir die notwendige Kraft und das Durchhaltevermögen für mein Projekt. Schließlich möchte ich auch meiner Freundin Sabine danken, die trotz aller Schwierigkeiten und Belastungen während den Jahren der Arbeit an meiner Dissertation an unserer Beziehung festgehalten und an mich geglaubt hat, was ich als keine Selbstverständlichkeit betrachte.

Andreas Weese

INHALTSVERZEICHNIS

TABELLENVERZEICHNIS

ABBILDUNGSVERZEICHNIS

ABKÜRZUNGSVERZEICHNIS

Abb.	Abbildung
AG	Aktiengesellschaft
AMEX	American Stock and Options Exchange
ANOVA	Analysis of variance (multiple Varianzanalyse)
AR	abnormale Rendite (bzw. Überrendite)
ARIX	abnormale Rendite gegenüber Index (einfache Marktbereinigung)
ARMM	abnormale Rendite aus dem Marktmodell
AT	Österreich
BE	Belgien
BIP	Bruttoinlandsprodukt
BIZ	Bank für Internationalen Zahlungsverkehr
bspw.	beispielsweise
BV	Book value (Buchwert)
bzw.	beziehungsweise
ca.	circa
CAPM	Capital Asset Pricing Model
CEO	Chief Executive Officer
CH	Schweiz
CIR	Cost-Income-Ratio
DE	Deutschland
DK	Dänemark
EFTA	European Free Trade Association (Europäische Freihandelszone)
EK	Eigenkapital
ES	Spanien
EU	Europäische Union
EUR	Euro
EWR	Europäischer Wirtschaftsraum
EWU	Europäische Währungsunion
EZB	Europäische Zentralbank

FI	Finnland
Fig.	Figure
FR	Frankreich
GAAP	Generally Accepted Accounting Principles
GB	Großbritannien
GR	Griechenland
I/B/E/S	Institutional Brokers Estimate System (Datenbank mit Konsensusschätzungen; Produkt des Unternehmens Thomson Financial)
i. d. R.	in der Regel
IE	Irland
inkl.	inklusive
IT	Informationstechnologie (bzw. in Abbildungen: Italien)
KGV	Kurs-Gewinn-Verhältnis
KWG	Kreditwesengesetz
kum.	kumuliert
LU	Luxemburg
M&A	Mergers & Acquisitions
Mio.	Millionen
Mrd.	Milliarden
MV	Market Value (Marktwert)
NACE	Nomenclature générale des activités économiques (Statistische Systematik der Wirtschaftszweige in der EU)
NL	Niederlande
No.	Number
Nr.	Nummer
NYSE	New York Stock Exchange
OECD	Organisation for Economic Co-operation and Development
PBV	Preis-Buchwert-Verhältnis
Perf.	Performance
PT	Portugal

rel.	relativ
ROA	Return on Assets (Gesamtkapitalrendite)
ROE	Return on Equity (Eigenkapitalrendite)
S.	Seite
SE	Schweden
Sig.	Signifikanz
Tab.	Tabelle
u. a.	unter anderem; und andere
US	Vereinigte Staaten von Amerika (USA)
USD	US-Dollar
u. U.	unter Umständen
v. a.	vor allem
vgl.	vergleiche
VIF	Variance-Inflation-Factors (Maßzahl für Kollinearität)
Vol.	Volume
z. T.	zum Teil

SYMBOLVERZEICHNIS

Symbole in Kapitel 3.2.2.: Modell von Myers und Majluf (1984):

A	Vermögensgegenstand
$\tilde{A}$	Wahrscheinlichkeitsverteilung des möglichen Wertes von A in t = 0
$\bar{A}$	Erwartungswert von $\tilde{A}$
a	tatsächliche Wertausprägung von A
B	Investitionsmöglichkeit
$\tilde{B}$	Wahrscheinlichkeitsverteilung der möglichen Kapitalwerte der Investition in t = 0
$\bar{B}$	Erwartungswert von $\tilde{B}$
b	tatsächliche Wertausprägung von B
$b_{\min}$	kleinstmögliche Wertausprägung von B
c	Private Benefits (persönlicher Nutzen)
E	Eigenkapitalerhöhung
E	Erwartungswert (bzw. auch Eigenkapitalerhöhung E in Formelschreibweise)
F	Wahrscheinlichkeit
I	Investition (Eigenkapitalanteil)
L	Verlust
M	Region, in der die Durchführung kapitalwertpositiver Investitionsmöglichkeiten unterbleibt
M'	Region, in der Investition und Kapitalerhöhung durchgeführt werden
P	Marktwert für die Altaktionäre ohne Investition und ohne Kapitalerhöhung
P'	Marktwert für die Altaktionäre bei Durchführung der Investition und Kapitalerhöhung
t	Zeitpunkt
S	Flüssige Mittel
V	Vermögen
V^{old}	Vermögen der Altaktionäre
w	Anteil der Kontrollaktionäre
π	Wahrscheinlichkeit, dass a und b in die Region M' fallen

Symbole in Kapitel 3.2.3.: Modell von Hansen (1987):

A	übernehmende Gesellschaft
C	Höhe einer Cash Offer
E	Erwartungswert
F	Wahrscheinlichkeitsverteilung von v
G	Wahrscheinlichkeitsverteilung von x
p	Beteiligungshöhe einer Stock Offer
T	Übernahmeobjekt
v	Wert der Vermögensgegenstände des Übernahmeobjekts T
$\bar{v}$	maximaler Wert von v
$\underline{v}$	minimaler Wert von v
v^*	Wert des Unternehmens T bei Übernahme
w	Transformationsfunktion von v für A
x	Wert der Vermögensgegenstände des Käufers A
$\bar{x}$	maximaler Wert von x
$\underline{x}$	minimaler Wert von x
x^*	Trennwert von x hinsichtlich der Zahlungsform (unterhalb: Aktien; oberhalb: Cash)
Y	Unternehmenswert nach Durchführung der Transaktion
π	Vermögenszuwachs von A

Symbole in Kapitel 3.2.4.: Modell von Shleifer und Vishny (2003):

K	Kapitalausstattung
P	Übernahmepreis pro Einheit des Kapitals des Targets
Q	Bewertung pro Kapitaleinheit durch den Aktienmarkt
q	langfristiger Wert pro Kapitaleinheit von allen Assets
S	kurzfristige Bewertung pro Einheit des gemeinsamen Eigenkapitals bei Übernahme
S^*	Niveau von S, bei dem keine Synergien erzielt werden
V	Marktwert der neuen Einheit nach der Fusion
x	Anteil der Aktionäre des Targets (0) am neuen Unternehmen
0	Bezeichnung des Unternehmens mit der niedrigeren Marktbewertung pro Kapitaleinheit
1	Bezeichnung des Unternehmens mit der höheren Marktbewertung pro Kapitaleinheit

Sonstige verwendete Symbole:

AR_{it}	Überrendite („abnormale" Rendite) der Aktie i zum Zeitpunkt t
b_0	Regressionskonstante
b_m	Regressionskoeffizient für die Variable m
CAR_{it}	kumulierte Überrendite der Aktie i zum Zeitpunkt t
CAR_t	arithmetisches Mittel der kumulierten Überrenditen für Teilmengen des Datensatzes zum Zeitpunkt t
df	degrees of freedom (Freiheitsgrade)
e	Eulersche Zahl
e_i	Residuum bei Merkmalsträger i
H	(Forschungs-) Hypothese
H_0	statistische Nullhypothese
H_1	statistische Alternativhypothese
i	Index zur Bezeichnung eines Merkmalsträgers (bzw. insbesondere einer Aktie)
ln	natürlicher Logarithmus
M	Monate
m	Index zur Bezeichnung einer unabhängigen Variablen
N	Anzahl einer Teilmenge (bei Durchschnittsbildung bzw. bei Berücksichtigung von Fällen)
P_{it}	Preis der Aktie i zum Zeitpunkt t
p	Wahrscheinlichkeit
R_{it}	Tagesrendite der Aktie i zum Zeitpunkt t
$\overline{R}_i$	Mittelwert der Rendite der Aktie i
R_{Mt}	Marktrendite zum Zeitpunkt t
R^2	Bestimmtheitsmaß
T	Länge des Zeitfensters in Ereignisstudien
t	Zeitpunkt
x_m	Wertausprägung der unabhängigen Variable m
Y	Year

Y'	Schätzgleichung für das lineare Modell
y_i	Messwert der abhängigen Variable bei Merkmalsträger i
y_i'	Schätzwert der abhängigen Variable bei Merkmalsträger i
Σ	Summensymbol
α_i	aktienspezifische Konstante im Marktmodell für Aktie i
α^*	empirische Signifikanz
β_i	systematischer Renditeparameter der Aktie i im Marktmodell
ε_{it}	Residuum im Marktmodell bei Aktie i zum Zeitpunkt t

1. Einführung

1.1. Überblick über Thema und Zielsetzung

Unternehmensübernahmen und -fusionen[1] kommt eine erhebliche wirtschaftliche Bedeutung zu. Dies lässt sich an dem Volumen des Marktes für Mergers & Acquisitions (M&A) ablesen. So stieg das Volumen vereinbarter M&A-Transaktionen allein in 2005 weltweit um 40% gegenüber dem Vorjahr auf USD 2.900 Mrd. an.[2] Dies stellt das höchste Transaktionsvolumen seit dem Jahr 2000 (USD: 3.330 Mrd.) und das drittstärkste Jahr überhaupt dar. Speziell im Finanzsektor haben dabei die jüngsten grenzüberschreitenden Großakquisitionen in Europa – wie bspw. Abbey National durch Banco Santander[3] oder HypoVereinsbank durch Unicredit[4] – die Konsolidierung des Bankenmarktes auf Ebene der Europäischen Union (EU) erneut in den Fokus der öffentlichen Diskussion gebracht.[5] Die M&A-Thematik allgemein ist wegen ihrer großen Bedeutung auch häufig Gegenstand wissenschaftlicher Untersuchungen, die aufgrund der zahlreichen Einzelaspekte des Themenkomplexes sehr facettenreich sind.

Bei Banken[6] handelt es sich um keine gewöhnlichen Unternehmen, da sie u. a. eine Lizenz für ihre Geschäftstätigkeit benötigen, strikten Eigenkapitalanforderungen unterliegen, Teil des staatlichen Sicherungsnetzes sind und durch Aufsichtsbehörden überwacht werden.[7] Diese Faktoren haben auch Auswirkungen auf Motive und Einflussfaktoren bei Übernahmen und Fusionen. Zudem hat der Staat auch einen direkten Einfluss auf die Konsolidierung des Bankensektors, indem die Möglichkeiten zulässiger Zusammenschlüsse oftmals limitiert werden bzw. einzelne Übernahmen i. d. R. zustimmungspflichtig sind.[8] Aus diesen Gründen ist eine gemeinsame Analyse von Kreditinstituten mit Unternehmen aus anderen Branchen nicht sinnvoll. Eine Fokussierung auf den Bankensektor scheint dabei auch vor dem Hintergrund gerechtfertigt, dass ihm eine

---

[1] Die Begriffe Unternehmensübernahmen und -fusionen bzw. Mergers & Acquisitions (M&A) werden in der vorliegenden Arbeit synonym für jegliche Art von Unternehmenszusammenschlüssen verwendet, sofern nicht explizit auf die unterschiedlichen Bedeutungsausprägungen eingegangen wird. Eine kurze Beschreibung unterschiedlicher Arten von Übernahmen findet sich bspw. bei Jarrell/ Brickley/ Netter, 1988, S. 51.

[2] Vgl. Politi/ Saigol, 2005, S. 17.

[3] Angekündigt am 26.07.2004, Volumen ca. EUR 13 Mrd. Vgl. Grupo Santander, 2004, S. 15f.

[4] Angekündigt am 12.06.2005, Volumen ca. EUR 15 Mrd. Vgl. UniCredit, 2005a, S. 1f.

[5] Vgl. European Central Bank, 2005a, S. 8.

[6] Während es sich bei „Bank" um einen wirtschaftlichen Ausdruck handelt, sind „Kreditinstitut" bzw. „Institut" rechtliche Begriffe. Vgl. Krumnow u. a., 2002, S. 110. In der vorliegenden Arbeit werden die Begriffe „Bank", „Kreditinstitut" bzw. „Institut" synonym im wirtschaftlichen Sinne verwendet, sofern nicht ausdrücklich auf den rechtlichen Wortsinn hingewiesen wird.

[7] Vgl. Repullo, 2001, S. 2f.

[8] Vgl. Berger/ Demsetz/ Strahan, 1999, S. 147f.

volkswirtschaftliche Schlüsselrolle zukommt, da er durch seine Allokationsfunktion von Ressourcen die Expansion und Entwicklung des Realsektors erst ermöglicht.[9]

Während es zu dem Thema „Konsolidierung des Bankensektors" eine Vielzahl von Studien für die USA gibt, existieren nur wenige derartige empirische Untersuchungen für die Europäische Union.[10] Zwischen der Konsolidierung des Bankenmarktes in Europa und den USA bestehen jedoch große Unterschiede, u. a. weil in Europa – zumindest in der Vergangenheit – tendenziell Inlandsbanken aus politischer Motivation heraus vor Übernahmen aus dem Ausland geschützt wurden.[11] Dies stellt auch eine Erklärung für die relativ geringe Zahl bedeutender grenzüberschreitender Zusammenschlüsse[12] in Europa dar. Da die Ergebnisse aus US-Untersuchungen aufgrund struktureller Unterschiede nicht automatisch auf das europäische Marktumfeld übertragen werden können, kommt empirischen Untersuchungen speziell für das europäische Bankensystem eine große Bedeutung zu.[13] Zudem scheint sich die Beurteilung von Zusammenschlüssen mit der Zeit zu verändern.[14]

Auch wenn einige der bisher durchgeführten Untersuchungen zu dem Ergebnis kommen, dass eine Sektorkonsolidierung sowohl für die übernehmende Bank als auch für das Übernahmeobjekt von Vorteil ist, erzielen die meisten Analysen dennoch kein eindeutiges Resultat bzw. stellen einen Wertverlust des Erwerbers fest.[15] In ihrem im Jahr 2001 veröffentlichten Bericht zur Konsolidierung des Finanzsektors kam die „Group of Ten"[16] zu dem Ergebnis, dass im Allgemeinen Banken-M&A im Durchschnitt nicht Wert schaffend sind und sich kaum Muster identifizieren lassen, die in erfolgreichen Transaktionen resultieren.[17] Den meisten empirischen Untersuchungen gelingt es nicht, einen positiven Zusammenhang zwischen M&A-Aktivitäten und Aktionärsnutzen festzustellen.[18] Die Ursache hierfür dürfte in den unterschiedlichen Motiven für Unternehmenszusammenschlüsse liegen, die zumeist kombiniert auftreten.[19] Häufig wird eine Vermögens-

---

[9] Vgl. Europäische Union, 2005a, Anhang 1, S. 2.
[10] Vgl. Altunbas/ Ibànez, 2004, S. 8.
[11] Vgl. Boot, 1999, S. 610f.
[12] Grenzüberschreitende Zusammenschlüsse sind definiert als M&A-Transaktionen unter der Beteiligung von Banken aus unterschiedlichen Ländern. Vgl. hierzu Altunbas/ Ibànez, 2004, S. 13, Fußnote 7.
[13] Vgl. Altunbas/ Ibànez, 2004, S. 10. Zur Bedeutung länderspezifischer Unterschiede in den rechtlichen Rahmenbedingungen als Einflussfaktor von M&A-Entscheidungen vgl. auch Manchin, 2004, S. 6f und S. 11f.
[14] Vgl. Beitel/ Schiereck, 2001, S. 24-26. Die Untersuchung bezieht sich auf den Zeitraum von 1985-2000, wobei für die durchschnittliche Kursperformance der übernehmenden Banken Unterschiede für den Zeitraum von 1998-2000 im Vergleich zu der davor liegenden Periode festgestellt wurden.
[15] Vgl. Hughes u. a., 1999, S. 295.
[16] Zu den an der genannten Untersuchung beteiligten Ländern vgl. auch Group of Ten, 2001, S. 1, Fußnote 1.
[17] Vgl. Group of Ten, 2001, S. 254f.
[18] Vgl. Dermine, 2003, S. 64.
[19] Vgl. Bühner, 1990, S. 295.

verschiebung von dem Käuferunternehmen zugunsten der Eigentümer des Übernahmeobjekts beobachtet.

Ein Teilaspekt der M&A-Thematik ist die Wahl der Akquisitionswährung, also die Form der Bezahlung einer Unternehmensübernahme. Auf vollständigen und vollkommenen Kapitalmärkten sollten die Investoren gegenüber der Zahlungsform bei M&A-Transaktionen indifferent sein.[20] Sämtliche Kursbewegungen würden ausschließlich Veränderungen der fundamentalen Werte durch den Zusammenschluss ausdrücken. Die Ausprägungen des Kapitalmarkts in der Realität, wie bspw. das Auftreten von Informationsasymmetrien oder Unterschiede in der steuerlichen Behandlung, legen jedoch eine je nach Situation unterschiedliche Bevorzugung einer bestimmten Akquisitionswährung nahe. So unterscheidet sich tendenziell die Bewertung von Zusammenschlüssen in Abhängigkeit davon, ob die Bezahlung in bar oder mit Aktien erfolgt.[21]

Die vorliegende Dissertation hat die Relevanz der Wahl der Akquisitionswährung als Erfolgsfaktor bei Bankenzusammenschlüssen in Europa als Untersuchungsgegenstand. Ein wesentliches Ziel dieser Arbeit besteht in einer umfassenden theoretischen Analyse der Wahl der Akquisitionswährung als Erfolgsfaktor bei Unternehmenszusammenschlüssen. Hierfür werden u. a. relevante Modelle aus der Kapitalmarkttheorie dargestellt. Zudem wird ein systematischer Überblick der bisher zu diesem Thema erfolgten empirischen Forschung gegeben. Das Kernstück dieser Arbeit ist eine eigene empirische Untersuchung hinsichtlich der Relevanz der Wahl der Akquisitionswährung als Erfolgsfaktor bei Bankenzusammenschlüssen in Europa. Bisher besteht ein Mangel an empirischen Untersuchungen im Bereich der M&A-Thematik, die sich inhaltlich auf die Zahlungsform, sektoral auf Banken und regional auf Europa konzentrieren. Das Ziel der vorliegenden Arbeit ist daher auch, durch eine entsprechende Untersuchung anhand eines aktuellen Datensatzes einen Beitrag zur Schließung dieser bestehenden Lücke zu leisten.

1.2. Aufbau der Arbeit

Die vorliegende Arbeit ist in drei Hauptteile gegliedert. Kapitel 2 hat Bankenzusammenschlüsse als Untersuchungsgegenstand zum Inhalt. Einleitend wird dabei in Unterkapitel 2.1. ein kurzer Überblick über den Bankensektor gegeben, der insbesondere der Charakterisierung von Banken sowie der Herausarbeitung von Unterschieden zu Unternehmen aus anderen Branchen dient und damit die gesonderte Analyse von Banken begründet. Der Fokus des Kapitels 2 liegt jedoch auf

---

[20] Vgl. Franks/ Harris/ Mayer, 1988, S. 225.
[21] Vgl. Gaughan, 1999, S. 530.

der Charakterisierung von Bankenzusammenschlüssen in 2.2. Der Analyse sowohl ökonomischer als auch nicht-ökonomischer Motive für M&A-Transaktionen im Bankensektor kommt eine besondere Bedeutung zu, da die Wahl der Akquisitionswährung der prinzipiellen Entscheidung für einen Zusammenschluss nachgelagert ist und daher kaum von den zugrunde liegenden Motiven isoliert betrachtet werden kann.[22] Eine kurze Darstellung von Entwicklung und Dynamik der Konsolidierung des Bankensektors in 2.3. und ein Zwischenfazit in 2.4. runden den ersten Hauptteil ab.

In Kapitel 3 wird die Wahl der Akquisitionswährung als Erfolgsfaktor bei Unternehmenszusammenschlüssen betrachtet. Zunächst werden in 3.1. im Anschluss an einen kurzen Überblick über die Entscheidungsparameter bei der Wahl der Akquisitionswährung diverse Erklärungsansätze für die Auswahlentscheidung erörtert. Der Schwerpunkt liegt auf der Analyse von Principal-Agent-Problemen infolge von Informationsasymmetrien. In 3.2. werden darüber hinaus speziell für die Analyse der Zahlungsform geeignete Modelle aus der Kapitalmarkttheorie erläutert.[23] Anschließend geht 3.3. ausführlich auf die bisher erfolgte empirische Forschung zur Wahl der Akquisitionswährung ein. Unterschiedliche Forschungskonzepte und die jeweiligen Untersuchungsergebnisse werden systematisch dargestellt. Das daraus gezogene Fazit stellt den Ausgangspunkt für die Konkretisierung der eigenen empirischen Untersuchung dar.

Diese findet sich in Kapitel 4 und ist das Kernstück der vorliegenden Arbeit. Konkreter Untersuchungsgegenstand ist die Wahl der Akquisitionswährung bei europäischen Bankenzusammenschlüssen, wobei der Fokus auf den Käuferbanken liegt. In 4.1. erfolgt die Darstellung der Konzeption der empirischen Untersuchung, die einen Überblick über die verwendete Datenbasis, die Formulierung der Forschungshypothesen, die Erläuterung der angewendeten statistischen Analysemethoden und schließlich die Operationalisierung der zu untersuchenden Hypothesen umfasst. Die eigene empirische Untersuchung beinhaltet insgesamt drei Themenkomplexe hinsichtlich der Wahl der Akquisitionswährung, und zwar erstens die Untersuchung möglicher Einflussfaktoren auf die Auswahlentscheidung, zweitens die Analyse der Kurseffekte der übernehmenden Bank und drittens die Analyse möglicher Unterschiede in den Kursreaktionen speziell bei Aktienangeboten. Diese drei Themen werden jeweils in einem separaten Unterkapitel analysiert.

---

[22] So stellen Kurseffekte in Bezug auf die Akquisitionswährung lediglich einen zusätzlichen Effekt dar. Dieser kann nicht von den Kursanpassungen getrennt werden, die auf die grundsätzliche Beurteilung einer M&A-Transaktion zurückgehen. Vgl. Beitel/ Schiereck/ Wahrenburg, 2004, S. 129.

[23] Es handelt sich dabei um die Modelle von Myers und Majluf (1984), Hansen (1987) und Shleifer und Vishny (2003).

In 4.2. werden dabei mögliche Einflussfaktoren auf die Auswahlentscheidung untersucht. Hierfür werden zunächst potenzielle Faktoren wie die relative Größe der Transaktion, die Bewertungsniveaus von Käufer und Übernahmeobjekt, die strategische Übereinstimmung der sich zusammenschließenden Banken und die Höhe der Eigenkapitalausstattung des Käufers isoliert betrachtet. Daran schließt sich eine gemeinsame Analyse der sich als relevant erweisenden Einflussfaktoren durch eine logistische Regressionsanalyse an.

Das Unterkapitel 4.3. beinhaltet die Analyse der Kurseffekte der übernehmenden Bank hinsichtlich der Wahl der Akquisitionswährung bei Ankündigung eines Zusammenschlusses in Form einer Ereignisstudie. Einer generellen Untersuchung der Ankündigungseffekte bei Bankenzusammenschlüssen für den gesamten Datensatz schließt sich eine Betrachtung der Überrenditen speziell bei Transaktionen unter Einsatz eigener Aktien an. Darauf folgt eine Untersuchung von Unterschieden bei Ankündigungseffekten in Abhängigkeit von der Akquisitionswährung. Neben einer isolierten Betrachtung der Zahlungsform wird ihre Relevanz auch im Kontext mit weiteren potenziellen Erfolgsfaktoren anhand einer multiplen Regressionsanalyse untersucht.

In 4.4. erfolgt wiederum in Form einer Ereignisstudie die Analyse möglicher Unterschiede bei Ankündigungseffekten hinsichtlich der Transaktionsmerkmale speziell bei der Verwendung von Aktien als Zahlungsform. Dabei werden neben der Größe der Transaktion auch unterschiedliche Charakteristika sowohl des Käufers als auch des Übernahmeziels[24] betrachtet. Unterkapitel 4.5. schließt die im vierten Teil dieser Arbeit durchgeführte Untersuchung mit einer Zusammenfassung der Ergebnisse und einer kritischen Würdigung empirischer Forschungsansätze ab.

Kapitel 5 rundet die Dissertation mit einem Fazit ab. Dabei werden u. a. auch auf Schwierigkeiten und Grenzen des verwendeten Untersuchungsansatzes hingewiesen und interessante Bereiche für künftige Forschungsprojekte aufgezeigt.

---

[24] Für die Begriffe Übernahmeziel bzw. -objekt wird in dieser Arbeit auch der in der M&A-Terminologie übliche englische Begriff „Target" synonym verwendet.

2. Bankenzusammenschlüsse als Untersuchungsgegenstand

2.1. Überblick über den Bankensektor

2.1.1. Begriffsabgrenzung und Charakteristika von Banken

Die vorliegende Arbeit untersucht die Wahl der Akquisitionswährung als Erfolgsfaktor bei Zusammenschlüssen von Banken. Ein typisches Merkmal zur Begriffsabgrenzung von Banken besteht in ihrer Funktion, zwischen Wirtschaftseinheiten mit Finanzdefiziten und solchen mit Überschüssen einen Ausgleich zu schaffen.[25] Dabei können Banken entweder als reine Vermittler auftreten, falls sich Nachfrage und Angebot am Markt vereinen lassen, oder aber als Finanzintermediäre, falls die Bank eine Transformationsfunktion übernimmt. Die Transformationsfunktion umfasst nachfolgende Dimensionen[26]:

- Fristentransformation[27]
- Risikentransformation[28]
- Losgrößentransformation und räumliche Transformation
- Liquiditätstransformation[29]

Prinzipiell lässt sich bei Banken zwischen Universalbanken, die alle Bankgeschäfte betreiben, und Spezialbanken, die nur einzelne bzw. wenige Arten von Finanzdienstleistungen anbieten, unterscheiden.[30] Letztere sind zwar typisch für Trennbanksysteme, können aber auch parallel zu Universalbanken existieren. Universalbanken kann man dabei nach ihrer Zugehörigkeit zum privaten Bankensektor oder zum Sparkassen- bzw. Genossenschaftssektor unterscheiden, wobei die Zielsetzung – erwerbswirtschaftlich, gemeinwirtschaftlich bzw. förderungswirtschaftlich – eine wesentliche Rolle spielt.[31] Eine produktgruppenorientierte Einteilung der Bankgeschäfte lässt sich

---

[25] Vgl. Burghof/ Rudolph, 1996, S.4-6. Eine grafische Übersicht der Finanzierungs- und Anlagemöglichkeiten der direkten und indirekten Finanzierung für Defizit- und Überschusseinheiten findet sich bei Thießen, 1999, S. 121, Abb. 2.

[26] Von den nachfolgend aufgezählten Transformationsfunktionen sind mit der Fristen-, Risiken- und Liquiditätstransformation Risiken für die Bank verbunden, woraus sich die Notwendigkeit der staatlichen Regulierung des Sektors ableiten lässt. Vgl. Rudolph, 1991, S. 20.

[27] Für eine Erläuterung der Fristentransformation vgl. bspw. Rudolph, 1991, S. 25.

[28] Für eine Erläuterung der Risikentransformation vgl. bspw. Rudolph, 1991, S. 21-25.

[29] Für eine Erläuterung der Liquiditätstransformation vgl. bspw. Rudolph, 1991, S. 26-28.

[30] Vgl. Krumnow u. a., 2002, S. 1191f und S. 1299.

[31] Vgl. Kloten/ Stein, 1993, S. 217. Dabei ist insbesondere der deutsche Bankenmarkt von einem Gruppenwettbewerb unter diesen drei Institutsgruppen gekennzeichnet. Hierzu und zu der Bedeutung der Bankengruppen in Deutschland vgl. Rudolph, 2005a, S. 441f. Allerdings bestehen auch im europäischen Ausland spezielle Ausprägungen des Bankensektors, auch wenn dort diverse Reformen seit Anfang der 90er Jahre zu einer unterschiedlich starken Aufweichung der Drei-Säulen-Struktur geführt haben. Vgl. Rudolph, 2005b, S. 20.

auch nach Commercial Banking (Einlagen- und Kreditgeschäft sowie Zahlungsverkehr), und Investment Banking (Wertpapiergeschäft) vornehmen.[32] Hinsichtlich der Kundengruppen ist eine Differenzierung nach Privatkunden (Retail Banking) und Groß- bzw. Firmenkunden (Wholesale Banking) möglich.[33] Weitere Einteilungskriterien für Banken stellen bspw. die Rechtsform, die Betriebsgröße, wobei insbesondere Großbanken hervorgehoben werden, und die räumliche Ausdehnung dar.[34]

Im deutschen Rechtssystem erfolgt die Definition von Kreditinstituten nach dem Kreditwesengesetz (KWG) anhand der Betreibung von Bankgeschäften, wobei diese in § 1 Abs. 1 KWG einzeln aufgeführt werden.[35] Hierbei ist zu beachten, dass sich Anzahl und Art der Bankgeschäfte im Zeitablauf ändern können und zudem in anderen Ländern unterschiedliche aufsichtsrechtliche Abgrenzungen für Bankgeschäfte bzw. für die Definition von Kreditinstituten bestehen.[36] Die EU stützt sich bei der Definition von Kreditinstituten auf ein weit ausgelegtes Konzept entsprechend dem deutschen Universalbankmodell.[37] Des Weiteren sind heutzutage in allen Ländern der EU und der Schweiz Finanzkonglomerate zugelassen.

2.1.2. Bedeutung und Struktur des Bankensektors

In modernen Finanzsystemen kommt Banken eine wichtige Rolle zu.[38] Ihre wesentlichen Aufgaben umfassen u. a. die Abwicklung des Zahlungsverkehrs, die Gewährung von Finanzierungen, Kapitalmarkttransaktionen und die Kapitalanlage. Dabei unterhalten sie Beziehungen sowohl zu Privatpersonen als auch zu Unternehmen und dem Staat.

---

[32] Vgl. Krumnow u. a., 2002, S. 283 und S. 739.
[33] Vgl. Krumnow u. a., 2002, S. 1095 und S. 1423.
[34] Vgl. Kloten/ Stein, 1993, S. 217.
[35] Bankgeschäfte nach KWG: Einlagengeschäft, Kreditgeschäft, Diskontgeschäft, Finanzkommissionsgeschäft, Depotgeschäft, Investmentgeschäft, Eingehung der Verpflichtung, Darlehensforderungen vor Fälligkeit zu erwerben, Garantiegeschäft, Girogeschäft, Emissionsgeschäft, Ausgabe und Verwaltung von elektronischem Geld. Vgl. Kreditwesengesetz, 1998, § 1 Abs. 1.
[36] Vgl. Burghof/ Rudolph, 1996, S. 3.
[37] Vgl. Vander Vennet, 2002, S. 254f. Die EU-Richtlinie über die Aufnahme und Ausübung der Tätigkeit der Kreditinstitute (2000/12/EG) unterscheidet dabei zwischen den Begriffen „Kreditinstitut" (Entgegennehmen von Geldern des Publikums und Gewährung von Krediten auf eigene Rechnung) und „Finanzinstitut" (Beteiligungserwerb als Haupttätigkeit oder Betreiben von mindestens einem der in den Nr. 2-12 aufgeführten Geschäfte aus der Liste der Tätigkeiten, für die die gegenseitige Anerkennung gilt). Kreditinstitute dürfen alle der in der Liste in Anhang I der Richtlinie genannten Geschäfte in jedem Mitgliedstaat ausüben. Vgl. hierzu Europäische Union, 2000a, Art. 1, Abs. 1 und Abs. 5 sowie Art. 18, jeweils in Verbindung mit Anhang I. Als Kreditinstitute gelten zudem auch E-Geld-Institute. Vgl. hierzu Europäische Union, 2000b, Art. 1, Abs. 1b).
[38] Vgl. Burghof/ Rudolph, 1996, S. 1f.

Die Bedeutung und Struktur des Bankensektors unterscheidet sich zwischen einzelnen Ländern deutlich. Bspw. zeigte sich die Bankenlandschaft in den USA, die in der bisherigen empirischen M&A-Forschung eine dominante Rolle als Untersuchungsgegenstand einnimmt, als besonders einzigartig hinsichtlich überregionaler Ausdehnung und zulässiger Aktivitäten aufgrund strikter Begrenzungen in der Vergangenheit.[39] Zu Beginn der 90er Jahre verfügten die USA über eine erheblich größere Anzahl an Banken, einen deutlich niedrigeren Konzentrationsgrad und eine geringere gesamtwirtschaftliche Bedeutung[40] im Vergleich zu den meisten anderen Nationen.
Innerhalb Europas, das im regionalen Fokus der vorliegenden Arbeit steht, traten ebenfalls zahlreiche länderspezifische Unterschiede auf.[41] Länder wie Frankreich, Niederlande, Schweden und die Schweiz wiesen bspw. über die gesamten 90er Jahre hinweg einen hohen Konzentrationsgrad im Bankensektor auf. In einigen Ländern ließ sich in diesem Zeitraum eine erhebliche Zunahme der Konzentration beobachten, z. B. in Belgien und Italien. Am Ende der 90er Jahre nahm zudem der Bankensektor in einigen Nationen (Belgien, Niederlande, Schweiz und Großbritannien) einen besonders hohen Stellenwert ein, abzulesen am Anteil der aggregierten Bilanzsumme der Banken am Bruttoinlandsprodukt (BIP), der jeweils das Dreifache des BIP überstieg.[42]
Das aktuelle Bild der Bedeutung des Bankensektors in der EU zeichnet sich aus durch eine leichte Zunahme der aggregierten Bilanzsumme auf das 2,80-fache des BIP im Jahr 2004 (2003: 2,67). Zwischen den EU-Mitgliedsstaaten lassen sich allerdings weiterhin große Unterschiede feststellen, wie Abb. 1 aufzeigt. Während in Großbritannien der Bankensektor mit dem Vierfachen des BIP einen hohen Grad an Bankenintermediation aufweist, kommt bspw. Italien lediglich auf das 1,7-fache des BIP. Bei etlichen Ländern und auch im EU-Durchschnitt ließ sich zuletzt eine weitere Zunahme dieser Kennzahl feststellen, wogegen das Niveau in Deutschland über die vergangenen Jahre hinweg annähernd unverändert bei dem knapp Dreifachen des BIP blieb.

---

[39] Vgl. Group of Ten, 2001, S. 54. Die funktionalen Beschränkungen für Banken fanden sich dabei im Glass-Steagall Act (1933) und dem Bank Holding Company Act (1956). Vgl. hierzu Vander Vennet, 2002, S. 255.

[40] Gemessen an dem Verhältnis von aggregierter Bilanzsumme zu Bruttoinlandsprodukt (BIP), das in den USA in den 90er Jahren unterhalb der Marke von 100% verharrte. Vgl. hierzu Group of Ten, 2001, S. 54.

[41] Vgl. Group of Ten, 2001, S. 54.

[42] Der Anteil der aggregierten Bilanzsumme der Banken eines Landes am BIP stellt eine wichtige Kennzahl für den Grad der Bankenintermediation dar. Vgl. hierzu European Central Bank, 1999, S. 16. Als Indikatoren können alternativ auch Bankkredite im Verhältnis zum BIP bzw. Kundeneinlagen zum BIP herangezogen werden. Vgl. hierzu Rajan/ Zingales, 2003, S. 126, Tab. 1.

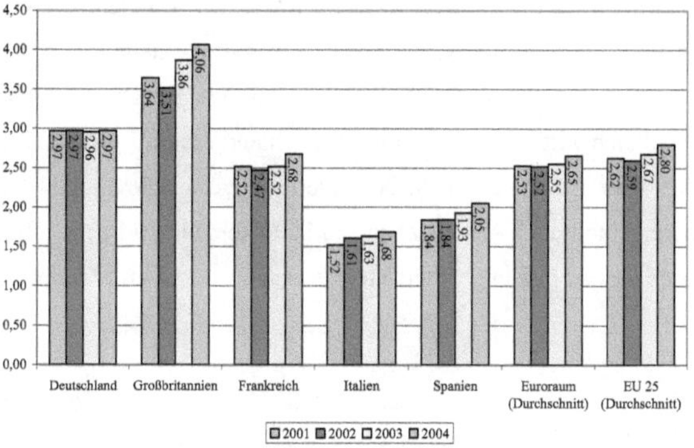

Abb. 1: Anteil der aggregierten Bilanzsummen am BIP im Ländervergleich in der EU[43]

Aus Abb. 2 ist abzulesen, dass sich der Marktanteil ausländischer Banken im Europäischen Wirtschaftsraum (EWR) im Jahr 2004 auf insgesamt 24,7% belief (2003: 23,4%).[44] Dabei sind die neuen EU-Mitgliedsstaaten von einem besonders hohen ausländischen Besitzanteil in Höhe von 71% gekennzeichnet, wovon 63,5% auf EWR-Banken entfielen. Im Euroraum belief sich der Auslandsanteil hingegen auf lediglich 15,5%.

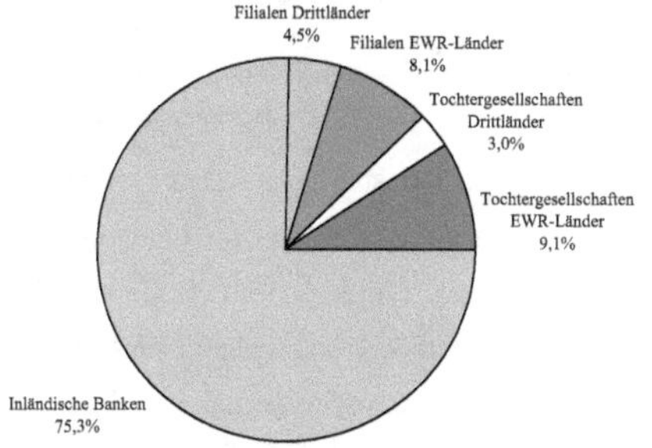

Abb. 2: Marktanteil ausländischer Banken in der EU (2004)[45]

---

[43] Basierend auf den Daten von European Central Bank, 2005a, S. 49, Tab. 2 und S. 61, Tab. 14.
[44] Vgl. European Central Bank, 2005a, S. 11.
[45] Vgl. European Central Bank, 2005a, S. 11, Chart 4.

Auch innerhalb der EU zeigen die Strukturen der jeweiligen Bankenmärkte wesentliche Unterschiede.[46] Dies ist u. a. an dem unterschiedlichen Konzentrationsgrad[47] in den Mitgliedsländern zu erkennen. Während bspw. in Frankreich die fünf größten Banken in 2004 zusammen 44,7% der Bilanzsumme auf sich vereinten, kamen in Deutschland die fünf größten Institute lediglich auf einen gemeinsamen Anteil von 22,1%. Insbesondere kleinere EU-Mitgliedsstaaten weisen einen hohen Konzentrationsgrad auf.[48] Abb. 3 zeigt die Unterschiede und Entwicklungen der Konzentration im EU-Bankensektor in den größten Mitgliedsländern und im EU-Durchschnitt.[49]

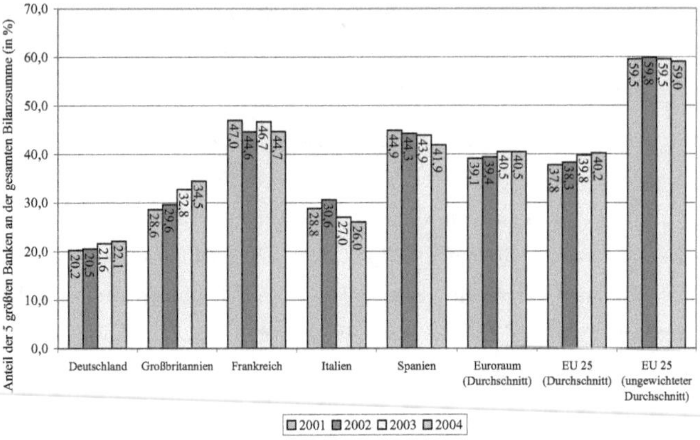

Abb. 3: Unterschiede und Entwicklungen des Konzentrationsgrades innerhalb der EU[50]

Für die Beurteilung der Sektorkapazität stellen die Bankstellendichte (Anzahl der Filialen pro Einwohner) und die Zahl der Bankangestellten pro Einwohner eines Landes traditionelle Indikatoren dar. Wenn der Bankensektor eines Landes durch ein dichtes Bankstellennetz und eine hohe Anzahl an Bankmitarbeitern charakterisiert ist, so kann dies auf Überkapazitäten bei den Vertriebskanälen hindeuten.[51] Zwischen den einzelnen Ländern zeigen sich hierbei sowohl hinsichtlich der absoluten Höhe als auch der Entwicklungstrends erhebliche Unterschiede.[52] Während un-

---

[46] Vgl. European Central Bank, 2005a, S. 14.

[47] Der Marktanteil einer Bank lässt sich dabei als ihr Anteil an der aggregierten Bilanzsumme eines Landes messen. Vgl. hierzu Vander Vennet, 2002, S. 273.

[48] Vgl. European Central Bank, 2005a, S. 10.

[49] Die entsprechenden Daten für alle 25 EU-Mitgliedsstaaten finden sich bei European Central Bank, 2005a, S. 50, Tab. 3.

[50] Basierend auf den Daten von European Central Bank, 2005a, S. 50, Tab. 3.

[51] Vgl. European Central Bank, 2005a, S. 11.

[52] Vgl. European Central Bank, 1999, S. 15.

ter den fünf wichtigsten EU-Mitgliedsstaaten Spanien mit 1.050 Einwohnern pro Bankstelle in 2004 das dichteste Filialnetz aufwies, hatte Großbritannien mit 4.287 Einwohnern pro Bankstelle ein weit unterdurchschnittliches Filialnetz (EU-Durchschnitt: 2.306 Einwohner pro Bankstelle).[53]

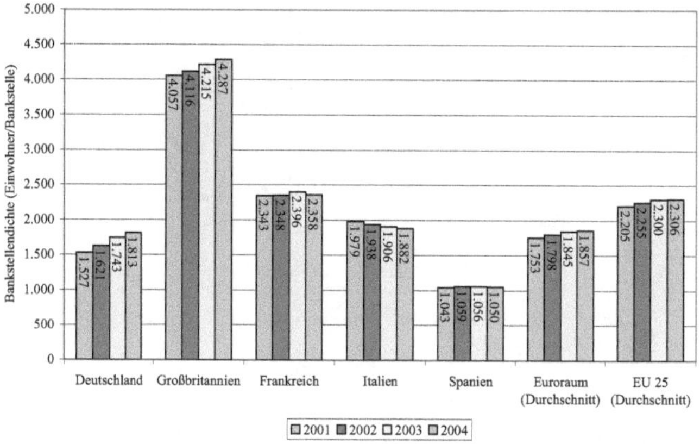

Abb. 4: Unterschiede bei der Bankstellendichte innerhalb der EU[54]

Abb. 5 zeigt, dass Deutschland und Großbritannien mit 8,6 bzw. 8,5 Bankangestellten pro 1000 Einwohner eine hohe Mitarbeiterintensität aufweisen. In Italien und Spanien beläuft sich diese Kennzahl hingegen auf lediglich 5,8 Mitarbeiter pro 1000 Einwohner (EU-Durchschnitt: 6,6). Bei Berechnung der Anzahl der Bankmitarbeiter pro Filiale nimmt hingegen Großbritannien mit 36,5 Angestellten mit Abstand eine Spitzenposition ein. Dies liegt neben der in Relation zur Bevölkerung hohen Zahl an Bankangestellten auch an der geringen Bankstellendichte, d. h. relative viele Mitarbeiter verteilen sich auf vergleichsweise wenige Filialen. Dagegen kommt Spanien, das Land mit der höchsten Bankstellendichte unter den fünf größten EU-Mitgliedsstaaten, lediglich mit durchschnittlich 6,1 Mitarbeitern pro Bankstelle aus (EU-Durchschnitt: 15,3).

---

[53] Siehe Abb. 4.
[54] Basierend auf den Daten von European Central Bank, 2005a, S. 48, Tab. 1 und S. 61, Tab. 14.

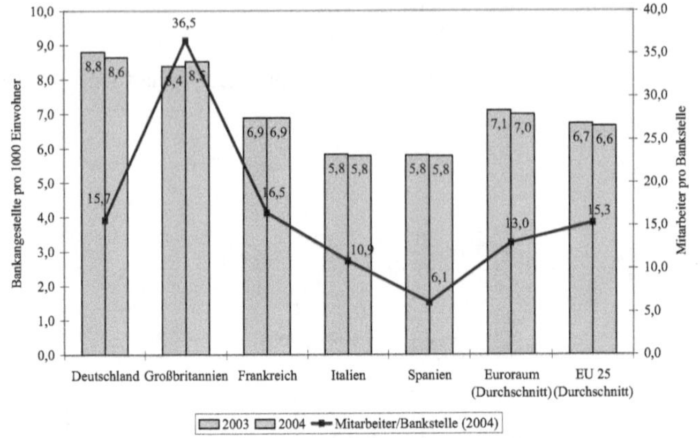

Abb. 5: Unterschiedliche Mitarbeiterintensität im EU-Bankensektor[55]

Auffällig sind auch die unterschiedlichen Profitabilitätsniveaus der Bankenmärkte im EU-Vergleich. Mit einer durchschnittlichen Eigenkapitalrendite (ROE) von 18,0% nach Steuern erwies sich bspw. in 2004 der britische Bankenmarkt als hochprofitabel, wogegen Deutschland mit einem durchschnittlichen ROE von 3,9% das Schlusslicht im Euroraum bildete (Sektordurchschnitt im Euroraum von 10,5% und in der EU-25 von 12,2%).[56] Entsprechend lassen sich – gemessen durch die Cost-Income-Ratio (CIR) – erhebliche Unterschiede in der Kosteneffizienz der EU-Bankenmärkte feststellen. Abb. 6 zeigt die Durchschnittswerte sowohl für den ROE als auch für die CIR der größten EU-Staaten.[57]

[55] Basierend auf den Daten von European Central Bank, 2005a, S. 48, Tab. 1, S. 49, Tab. 2 und S. 61, Tab. 14.

[56] Dabei ist zu berücksichtigen, dass internationale Vergleiche von Erträgen und Aufwendungen bei Banken aufgrund erheblicher Unterschiede nationaler Bankensysteme und Rechnungslegungsvorschriften besonders schwierig sind. Vgl. hierzu Organisation for Economic Co-operation and Development, 2002, S. 3.

[57] Eine Übersicht der entsprechenden Daten für alle Staaten des Euroraums findet sich bei European Central Bank, 2005b, S. 51, Tab. 14.

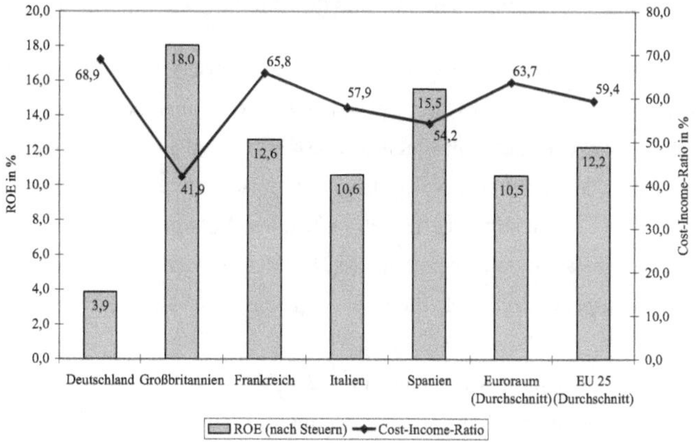

Abb. 6: Durchschnittlicher ROE (nach Steuern) und Cost-Income-Ratio im EU-Vergleich (2004)[58]

Augenfällig ist bei Betrachtung der unterschiedlichen Effizienzniveaus innerhalb der EU, dass dies nicht eindeutig auf eine bestimmte Filial- bzw. Mitarbeiterstrategie zurückführen ist. Dies lässt sich v. a. an den beiden hochprofitablen Ländern Großbritannien und Spanien ablesen. Während der Bankenmarkt in Großbritannien von einer äußerst geringen Bankstellendichte gekennzeichnet ist, weist er dennoch eine vergleichsweise hohe Mitarbeiterintensität auf. Spanien zeichnet sich hingegen durch eine extrem hohe Bankstellendichte, aber gleichzeitig auch durch eine sehr geringe Mitarbeiterintensität aus.

Einen bedeutenden Trend im Bankensektor stellt die Neuausrichtung der Wertschöpfungskette von einem integrierten Modell hin zu einer „offenen Architektur“ mit einer Trennung von Produktion, Vertrieb und Abwicklung dar, der sich zuletzt weiter fortsetzte.[59] Die Fokussierung auf Kerngeschäftsfelder und die gesteigerte Effizienz infolge von Verkäufen und Restrukturierungen von Geschäftseinheiten hat weiter zu einer Verbesserung der operativen Performance der EU-Banken im Jahr 2004 beigetragen.

---

[58] Basierend auf den Daten von European Central Bank, 2005b, S. 42, Tab. 2, S. 45, Tab. 6 und S. 51f, Tab. 14.
[59] Vgl. European Central Bank, 2005a, S. 12.

2.1.3. Grundlegende Unterschiede zu Unternehmen aus anderen Branchen

Die mit der Übernahme einer Bank erworbenen Vermögensgegenstände unterscheiden sich deutlich von denjenigen bei Zusammenschlüssen von Industrieunternehmen.[60] Der Fokus bei einer Bankenübernahme liegt eher auf dem durch das bisherige Management des Übernahmeobjekts aufgebauten Beziehungsgeflecht als auf dem Erwerb physischer Vermögensgegenstände. Die hohe Bedeutung der Weiterbeschäftigung der relevanten Top-Mitarbeiter und damit der Erhaltung der Kundenbeziehungen stellt einen wesentlichen Unterschied zu Zusammenschlüssen in der Industrie dar. Dieser Aspekt sorgt auch für eine vergleichsweise geringe Bedeutung feindlicher Übernahmen im Bereich von Banken-M&A.

Zudem ergeben sich Probleme bei der Bewertung der Aktiva von Banken insbesondere im Zusammenhang mit dem Kreditportfolio, welches Vermögensgegenstände mit geringer Marktliquidität enthält.[61] Eine Bewertung des Kreditportfolios umfasst dabei auch die schwierige Aufgabe der Beurteilung des Risikomanagements des Übernahmeobjekts. Bei Bankenzusammenschlüssen wirken sich daher im Vergleich zu Industrieunternehmen Informationsasymmetrien besonders verkomplizierend aus.[62] Zudem birgt auch die Struktur der Passivseite von Kreditinstituten Besonderheiten in sich: Da die Refinanzierung von Banken i. d. R. zu einem bedeutenden Teil durch eine Vielzahl kleiner, vergleichsweise uninformierter Sparer erfolgt und häufig ein öffentliches Sicherungssystem besteht, neigen Banken u. U. bei der Auswahl ihrer Finanzierungsprojekte zu einem gesteigerten Risiko.[63]

Ein wesentlicher Unterschied zu den meisten anderen Branchen ist, dass es sich bei Banken um einen regulierten Sektor handelt.[64] Dieser Aspekt kann auch Auswirkungen auf die Wahl der Akquisitionswährung haben.[65] Außerdem ergeben sich infolge der Regulierung z. T. erhebliche Verzögerungen, da jeder Zusammenschluss durch die jeweiligen Bankenaufsichtsbehörden geneh-

---

[60] Vgl. Baradwaj/ Fraser/ Furtado, 1990, S. 1230.

[61] Vgl. Group of Ten, 2001, S. 79f.

[62] Diese Problematik verschärft sich dabei zusätzlich bei grenzüberschreitenden Transaktionen. Vgl. hierzu Focarelli/ Pozzolo, 2001, S. 2334.

[63] Vgl. Carletti/ Hartmann, 2002, S. 9.

[64] Zumindest in wirtschaftlich entwickelten Ländern besteht ein System zur Bankenbeaufsichtigung. Vgl. hierzu Burghof/ Rudolph, 1996, S. 24. Zur Regelung und Entwicklung der Bankenaufsicht in Deutschland vgl. Rudolph, 2005a, S. 457f.

[65] Vgl. Houston/ Ryngaert, 1997, S. 198.

migt werden muss.[66] Das wiederum erhöht die Unsicherheit hinsichtlich des erfolgreichen Abschlusses einer Transaktion.[67]
Die Ursache für die Regulierung des Bankensektors und die Schaffung von Sicherheitsnetzen liegt in der Gefahr von Marktversagen.[68] Eine Besonderheit von Banken ist, dass illiquide Vermögensgegenstände wie Kredite teilweise durch kurzfristige Kundeneinlagen finanziert werden. Durch schlechte Nachrichten über die Vermögenslage eines Instituts bzw. auch durch unbegründete Ängste kann ein Kundenansturm auf eine Bank ausgelöst werden, der zu einem Abzug von Kundeneinlagen führt. Das betroffene Kreditinstitut muss zur Erfüllung der Auszahlungswünsche u. U. illiquide Assets unter Wertabschlägen verkaufen und Verluste daraus hinnehmen. Wenn eine große Kundenzahl gleichzeitig ihre Einlagen zurückverlangt, können Banken in die Situation geraten, Kredite zurückzufordern und damit Restrukturierungen von Investitionsprojekten auszulösen, die ansonsten künftig zusätzliche Liquidität erzeugt hätten.[69] Bankenpleiten können damit zusätzliche Liquiditätsprobleme für die gesamte Volkswirtschaft nach sich ziehen. Zudem kann eine Insolvenz ein negatives Signal für die Solvenz des gesamten Sektors aussenden und so über einen Ansteckungseffekt zu einer Systemkrise führen.[70] Eine der wesentlichen Ursachen für die Beaufsichtigung des Bankensektors ist die Gefahr, dass Kreditinstitute zu Lasten der Kunden zu hohe Risiken eingehen könnten.[71]
Die Gründe für zahlreiche Regulierungsvorschriften und Aufsichtsaktivitäten liegen somit in potenziellen Gefahren für die Stabilität des Bankensektors und dem Ziel des Einlagenschutzes.[72] Zu den Maßnahmen gehören neben der Erteilung spezieller Banklizenzen, einer Eignungsprüfung der Manager etc. auch Eigenkapitalanforderungen. In der EU existiert eine Richtlinie (2000/12/EG), welche die Aufnahme und Ausübung der Tätigkeit sämtlicher Kreditinstitute betrifft.[73]
Vor allem die aufsichtsrechtlichen Vorschriften für das Eigenkapital stellen eine Besonderheit des Bankensektors dar. Im internationalen Vergleich spielt dabei die Kapitalquote gemäß der Defini-

---

[66] Vgl. Baradwaj/ Fraser/ Furtado, 1990, S. 1230. In den USA hat dies in der Vergangenheit zu Verzögerungen von durchschnittlich mehr als vier Monaten geführt. Vgl. dazu Shawky/ Kilb/ Staas, 1996, S. 118.
[67] Die vergleichsweise niedrige Intensität grenzüberschreitender Zusammenschlüsse im Bankensektor in den 90er Jahren betrachten bspw. Focarelli und Pozzolo (2001) als Bestätigung für die Besonderheit von Banken, die sie insbesondere auf strengere regulatorische Beschränkungen und die größere Bedeutung von Informationsasymmetrien zurückführen. Vgl. Focarelli/ Pozzolo, 2001, S. 2307.
[68] Vgl. Dermine, 2003, S. 66f. Wesentliche Finanzkrisen waren bisher verbunden mit Problemen im Bankensektor. Dies stellt u. a. einen Grund dafür dar, dass Banken strenger reguliert werden als der restliche Finanzsektor. Vgl. hierzu Pilbeam, 2005, S. 438.
[69] Vgl. Diamond/ Rajan, 2003, S. 35.
[70] Vgl. Burghof/ Rudolph, 1996, S. 22-24.
[71] Vgl. Buch/ DeLong, 2004, S. 29.
[72] Vgl. Carletti/ Hartmann, 2002, S. 9.
[73] Vgl. Europäische Union, 2000a, Art. 2, Abs. 1.

tion der Bank für Internationalen Zahlungsausgleich (BIZ) eine wichtige Rolle, national werden hingegen z. B. in Deutschland die Eigenkapitalanforderungen durch die §§ 10 und 10a KWG vorgegeben, die durch den Grundsatz I konkretisiert werden.[74] Die Ermittlung des regulatorischen Eigenkapitals unterscheidet sich dabei vom bilanziell ausgewiesenen Eigenkapital, wobei sich insbesondere der Abzug von aktiviertem Goodwill und Unterschiede im Konsolidierungskreis auswirken. Innerhalb der Europäischen Union müssen die nationalen Umsetzungen im Einklang mit den Vorschriften des Abschnitts zum Solvabilitätskoeffizienten[75] der EU-Richtlinie 2000/12/EG stehen.

Auch wenn bereits bisher im Rahmen der gültigen Regelungen des Baseler Ausschusses für Bankenaufsicht (kurz: „Basel I") eine hohe Regelungsdichte im Vergleich zu Industrieunternehmen besteht, so werden die Anforderungen an Banken mit der Einführung von „Basel II"[76] noch weiter zunehmen. Die Kritik an „Basel I" liegt u. a. in der nur wenig differenzierenden Betrachtung der Kreditrisiken, der mangelnden Berücksichtigung von Neuerungen bei Finanzinstrumenten und bei der Risikosteuerung sowie in der Beschränkung der Eigenkapitalanforderungen ausschließlich auf Kredit- und Marktpreisrisiken.[77] Mit „Basel II" werden daher zum einen die Messverfahren für die Eigenkapitalunterlegung von Kreditrisiken[78] verfeinert, zum anderen zusätzlich zu Marktpreisrisiken nun auch operationale Risiken unterlegungspflichtig.[79] Eine weitere wesentliche Änderung von „Basel II" ist, dass die Mindesteigenkapitalanforderungen nur noch eine von insgesamt drei Säulen darstellen. Darüber hinaus betreffen die neuen Regelungen nun auch die qualitative Aufsicht und die Transparenzvorschriften.[80] Zudem ist zu berücksichtigen, dass „Basel II" lediglich Mindesteigenkapitalanforderungen enthält, über welche die nationalen Regelungen auch hinausgehen können.[81] Zur EU-weiten Umsetzung der neuen Eigenkapitalregeln hat die Europäische Kommission Vorschläge zur Neufassung der Kreditinstitut-Richtlinie (2000/12/EG) und der

---

74 Vgl. Roggenbuck, 2004, S. 175.

75 Vgl. Europäische Union, 2000a, Abschnitt 2, Art. 40-47.

76 Gültigkeit nach aktuellem Stand ab 01.01.2007. Vgl. Bellavite-Hövermann, 2004, S. 448.

77 Vgl. Deutsche Bundesbank, 2004, S. 76 und Europäische Union, 2004d, S. 2f.

78 Ein Überblick der verschiedenen Berechnungsmethoden der Eigenkapitalanforderungen für das Kreditgeschäft findet sich z. B. bei Rudolph, 2004, S. 250-254. Zu möglichen prozyklischen Verstärkereffekten durch die Umsetzung von „Basel II" bzw. für entsprechende Lösungsvorschläge vgl. Rudolph, 2004, S. 257-260 bzw. S. 261-265.

79 Vgl. Bellavite-Hövermann, 2004, S. 457f. Eine Studie der EU-Kommission zur Folgenabschätzung durch die Einführung von „Basel II" ergab für die EU-Kreditinstitute eine Verringerung der Eigenkapitalanforderungen um rund 5% gegenüber dem heutigen Stand. Vgl. hierzu Europäische Union, 2004d, S. 5.

80 Für einen zusammenfassenden Überblick über die Inhalte der drei Säulen der Bankenaufsicht nach „Basel II" vgl. bspw. Bellavite-Hövermann, 2004, S. 458-467, Dierick u. a., 2005, S. 9-20 und Schierenbeck, 2003, S. 142-147. Für eine detaillierte grafische Darstellung des 3-Säulen-Systems von „Basel II" vgl. bspw. Basler Ausschuss für Bankenaufsicht, 2004, S. 6. Zur möglichen Rolle nachrangiger Schuldverschreibungen für die Marktdisziplinierung von Banken vgl. Rudolph/ Schulz, 2004, S. 356-364.

81 Vgl. Basler Ausschuss für Bankenaufsicht, 2004, S. 3, Abs. 9.

Kapitaladäquanz-Richtlinie (93/6/EWG) vorgelegt, die nach zahlreichen Änderungen schließlich im September und Oktober 2005 vom Europäischen Parlament bzw. vom Europäischen Rat verabschiedet wurden.[82] Die Umsetzung reflektiert zwar in hohem Maße die Vereinbarungen von „Basel II", ist aber spezifisch auf die Eigenschaften des EU-Marktes zugeschnitten.[83]
Ein Sonderstatus kommt dem Bankensektor auch bei der Wettbewerbskontrolle zu. In den meisten Ländern spielt im Genehmigungsprozess von Bankenzusammenschlüssen – im Gegensatz zu M&A-Transaktionen im Industriesektor – nicht nur die Wettbewerbsaufsicht eine Rolle, sondern auch die Bankenaufsicht.[84] Ihre Einbeziehung in den Genehmigungsprozess[85] variiert dabei zwischen den einzelnen Ländern.[86] Für die EU gilt allgemein ein zweischichtiges System. Unternehmenszusammenschlüsse mit gemeinschaftsweiter Dimension fallen in den Zuständigkeitsbereich der EU-Kommission, Transaktionen ohne entsprechende europäische Dimension hingegen in die jeweilige nationale Kompetenz.[87] Die Unterscheidung der Fälle nach EU- bzw. nationaler Kompetenz erfolgt auf der Basis von Höhe und geografischer Verteilung der Umsätze.[88] Tab. 1 gibt einen Überblick über die jeweilige Zuständigkeit, die Gesetzesbasis und die Kriterien für die Genehmigung von Bankenzusammenschlüssen. Für Zusammenschlüsse mit gemeinschaftsweiter Dimension gelten dabei die EU-Regelungen, für M&A-Projekte mit lediglich nationaler Bedeutung zeigt die Tabelle die Regelungen für Frankreich, Italien, Deutschland und Großbritannien.[89]
Obwohl die Genehmigung von Fusionsvorhaben mit europäischer Dimension für alle Sektoren in die Zuständigkeit der EU-Kommission fällt und unter Wettbewerbsgesichtspunkten entschieden wird, gab die Zweite Bankenrichtlinie den nationalen Aufsichtsbehörden bei Zusammenschlüssen

---

[82] Vgl. Dierick u. a., 2005, S. 20.

[83] Ein wesentlicher Unterschied ist bspw. der Anwendungsbereich: Während „Basel II" lediglich auf international aktive Banken abzielt, sind die EU-Anforderungen im Prinzip unabhängig von Größe oder regionalem Umfang der Aktivitäten auf alle Banken anzuwenden. Hierzu und für einen Gesamtüberblick der Besonderheiten bei der Umsetzung von „Basel II" in der EU vgl. Dierick u. a., 2005, S. 23-28.

[84] Vgl. zu diesem Unterabschnitt Carletti/ Hartmann, 2002, S. 11-17.

[85] Folgende Gründe lassen sich für eine Einbeziehung der Bankenaufsicht in das Genehmigungsverfahren für Banken-M&A aufführen: 1) Zuständigkeit für die Erteilung von Banklizenzen, welche auch ein aus einem Zusammenschluss hervorgehendes Institut benötigt. 2) M&A-Transaktionen erfolgen z. T. auch im Zusammenhang mit Restrukturierungsmaßnahmen infolge von Bankenkrisen, die in das Aufgabengebiet der Bankenaufsicht fallen. 3) Ein zu hoher Wettbewerb kann zu Instabilitäten des Bankensektors führen, deren Vermeidung ein Ziel der Bankenaufsicht ist. Vgl. hierzu Carletti/ Hartmann, 2002, S. 12.

[86] Für eine Diskussion der unterschiedlichen Herausforderungen an die Regulierungsbehörden bei der Fusionskontrolle von Banken in Asien, Europa und USA vgl. Kashyap, 1999, S. 623-627.

[87] Vgl. hierzu ergänzend auch Europäische Union, 2004a, S. 2, Abs. 9, S. 3, Abs. 18, S. 17, Art. 21, Abs. 2 und Abs. 3.

[88] Die detaillierten Umsatzkriterien zur Definition von Zusammenschlüssen mit gemeinschaftsweiter Bedeutung finden sich bei Europäische Union, 2004a, S. 6, Art. 1, Abs. 2 und Abs. 3. Die Definition des Umsatzbegriffes für Kreditinstitute findet sich in Europäische Union, 2004a, S. 9, Art. 5, Abs. 3a.

[89] Die Reihenfolge der Nennung dieser Länder reflektiert eine Abnahme der Bedeutung der Bankenaufsicht und eine Zunahme der Rolle der Wettbewerbsbehörden im Genehmigungsverfahren.

von Kreditinstituten einen gewissen Handlungsspielraum. So kann die nationale Bankenaufsicht qualifizierte Veränderungen der Eigentümerverhältnisse und neue Unternehmensstrukturen, welche eine effiziente Aufsicht behindern, unterbinden. Dies lässt unterschiedliche Interpretationen auf nationaler Ebene zu und schafft Handlungsspielräume für die Aufsichtsbehörden, z. B. hinsichtlich ihrer Haltung gegenüber feindlichen Übernahmen. Eine Folge dieser nationalen Entscheidungsfreiheiten für M&A im Bankensektor kann eine Ablehnung von grenzüberschreitenden Zusammenschlüssen und eine Unterstützung der Entstehung „nationaler Champions" durch Inlandsfusionen sein.[90] Auf EU-Ebene ist allerdings ein starker politischer Wille feststellbar, grenzüberschreitende Bankenzusammenschlüsse frei von eventuellen Verhinderungstaktiken nationalstaatlicher Regulierungsbehörden zu ermöglichen.[91]

	Frankreich	**Italien**	**Deutschland**	**Großbritannien**	**EU**
Zuständigkeit	Komitee für die Vergabe von Bankenlizenzen mit Vorsitz des Zentralbankgouverneurs	Zentralbank (zugleich Bankenaufsicht)	Kartellamt; Bankenaufsicht	Handelsministerium; Beratung durch Finanzaufsicht und Zentralbank	Wettbewerbsausschuss der EU-Kommission
Gesetzliche Verankerung	Bankengesetz	Wettbewerbsrecht	Spezielle Regeln im Wettbewerbs- und Bankengesetz	Wettbewerbsrecht	EC Merger Regulation
Kriterien	Aspekte der Bankenaufsicht und politische Motive	Wettbewerbs- und Aufsichtsaspekte	Wettbewerbsaspekte (Kartellamt) und Aufsichtsaspekte (Bankenaufsicht)	Überwiegend Wettbewerbsaspekte	Wettbewerbsaspekte

Tab. 1: Überblick über die Genehmigung von Bankenzusammenschlüssen in Europa[92]

[90] Von der Europäischen Kommission werden „...eine unangemessene Intervention der nationalen Aufsichtsbehörden und eine politische Einmischung..." u. a. als Gründe dafür genannt, dass „...die grenzübergreifende Konsolidierung zwischen Banken nicht stärker voranschreitet." Vgl. hierzu Europäische Union, 2005a, Anhang 1, S. 15.

[91] Vgl. Europäische Union, 2005b, S. 4. Die Europäische Kommission hält hierbei insbesondere eine höhere Transparenz und eine genaue Definition gemeinsamer Aufsichtskriterien für die in Art. 16 der Bankenrichtlinie (2000/12/EG) geregelte Prüfung des Erwerbs von qualifizierten Beteiligungen für notwendig. Vgl. hierzu Europäische Union, 2005a, Anhang 1, S. 15f.

[92] Basierend auf den Ausführungen bei Carletti/ Hartmann, 2002, S. 13-16 und Group of Ten, 2001, S. 290-293.

2.2. Charakterisierung von Zusammenschlüssen von Kreditinstituten

2.2.1. Akquisitionen und Fusionen als primäre Methode zur Konsolidierung des Bankensektors

Bankenzusammenschlüsse, die als Untersuchungsobjekte hinsichtlich der Thematik der Wahl der Akquisitionswährung im Rahmen der vorliegenden Arbeit dienen, sind im Kontext einer Konsolidierung des Sektors zu sehen. Allgemein bedeutet der Begriff Bankenkonsolidierung, dass die Kontrolle über die Ressourcen des Sektors gestrafft wird, indem sich entweder die Anzahl der wichtigsten Kreditinstitute reduziert oder die Rivalität innerhalb des Sektors abnimmt.[93] Konsolidierung kann aus dem Zusammenschluss bestehender Unternehmen, dem Wachstum der führenden Banken oder aber dem Rückzug schwächerer Konkurrenten resultieren.

Für den Zusammenschluss von Banken gibt es wiederum mehrere Alternativen, die je nach Situation ihre Vorzüge bzw. Schwächen haben.[94] Die wichtigste Alternative hierbei sind Übernahmen und Fusionen. Mit beiden Vorgehensweisen wird die einheitliche Kontrolle über zwei zuvor unabhängige Unternehmen erreicht. Die Unterscheidung zwischen den Begriffen Fusion (Merger) und Übernahme (Acquisition) ist dabei eher vage. Bei einer Fusion verliert zumindest eines der zusammengeschlossenen Unternehmen seine ursprüngliche Identität. Damit erfolgt bei einer Fusion eine vollständige Integration und folglich kann die Kontrolle über eine einzige Einheit leichter ausgeübt werden. Bei einer Übernahme hingegen erwirbt ein Unternehmen einen Kontrollanteil an einem anderen Unternehmen, ohne jedoch eine Verschmelzung vorzunehmen. Die Beibehaltung separater Unternehmensstrukturen kann aus operativen, geografischen oder gesetzlichen Gründen erfolgen. Manchmal findet eine Unterscheidung der beiden Begriffe auch entsprechend der Größenverhältnisse der sich zusammenschließenden Unternehmen statt. So wird nach dieser Begriffsdifferenzierung unter einer Fusion ein Zusammenschluss von Unternehmen vergleichbarer Größenordnung verstanden, wogegen bei Übernahmen ein Institut eindeutig die Kontrolle über ein anderes erhält. Darüber hinaus kann eine Konsolidierung des Sektors auch über strategische Allianzen und Joint Ventures erreicht werden. Darunter versteht man Formen des Zusammenschlusses, bei denen die beteiligten Banken ihre jeweilige Unabhängigkeit erhalten.

Im Rahmen der vorliegenden Arbeit werden unter Zusammenschlüssen von Banken Transaktionen verstanden, durch die zwei zuvor unabhängige Institute eine oder mehrere Einheiten unter gemeinsamer Kontrolle bilden. Lockerere Formen der Kooperation wie strategische Allianzen

---

[93] Vgl. Group of Ten, 2001, S. 31. Diese Definition gilt entsprechend auch für die Konsolidierung anderer Sektoren.
[94] Vgl. Group of Ten, 2001, S. 31f.

und Joint Ventures sind in der für die vorliegende Arbeit gewählten Begriffsdefinition nicht enthalten. Die Begriffe Bankenzusammenschlüsse, Fusionen und Übernahmen, Mergers & Acquisitions (M&A) werden in dieser Arbeit – ohne die Berücksichtigung der oben aufgeführten Begriffsdifferenzierung – synonym verwendet, soweit nicht explizit auf ein Abweichen von dieser Vorgehensweise hingewiesen wird.[95]

2.2.2. Ökonomische Motive für Bankenzusammenschlüsse

2.2.2.1. Überblick über Ziele bei M&A-Transaktionen

Im Folgenden soll zunächst ein Überblick über mögliche ökonomische Beweggründe für Bankenzusammenschlüsse gegeben werden, die sich z. T. auch allgemein auf Zusammenschlüsse von Industrieunternehmen beziehen, teilweise aber bankenspezifisch sind. Dies bildet die Grundlage für die Analyse der Wahl der Akquisitionswährung, da diese der prinzipiellen Entscheidung über eine Akquisition nachfolgt. Denn leider kann die durch die gewählte Zahlungsform bedingte Kursänderung nicht von den Preiseffekten getrennt werden, die sich aus der Beurteilung ergeben, ob ein Zusammenschluss ökonomisch sinnvoll ist oder nicht.[96]
Das Ziel der Steigerung des Aktionärsvermögens sollte theoretisch den primären Grund für M&A-Aktivitäten darstellen.[97] Bei annähernd jedem Unternehmenszusammenschluss werden Effizienzsteigerungen oder eine verbesserte Diversifizierung in Aussicht gestellt.[98] In der Realität beeinflussen die Interessen von Management und Politik jedoch häufig Fusionsentscheidungen, so dass zwischen Wert steigernden (Kapitel 2.2.2.) und anderen Gründen (Kapitel 2.2.3.) für die Konsolidierung des Bankensektors unterschieden werden muss. Prinzipiell sind Bankenzusammenschlüsse nur dann Wert steigernd für Aktionäre, wenn das neu geschaffene Unternehmen einen höheren Wert aufweist als die einfache Summe der beiden einzelnen Banken.[99] Als Hauptursache für eine solche Wertsteigerung wird eine verbesserte Performance infolge der Fusion gesehen. Diese kann z. B. aus Effizienzsteigerungen, einer erhöhten Marktmacht oder einer stärkeren Diversifizierung resultieren.

---

[95] Auch in der Realität ist eine Begriffsabgrenzung aufgrund fließender Grenzen nur schwer vorzunehmen. Vgl. Zademach, 2006, S. 434. Eine Übersicht möglicher Ausprägungsformen von M&A-Transaktionen findet sich bspw. bei Zademach, 2006, S. 435, Tab. 15.1.
[96] Vgl. Beitel/ Schiereck/ Wahrenburg, 2004, S. 129.
[97] Vgl. Berger/ Demsetz/ Strahan, 1999, S. 144.
[98] Vgl. Kane, 2000, S. 671.
[99] Vgl. Piloff/ Santomero, 1998, S. 61.

Steigerungen der Effizienz bei Zusammenschlüssen von Banken (Kapitel 2.2.2.2.) können auf drei Arten erreicht werden.[100] Falls das Management des Akquisiteurs über herausragende Fähigkeiten verfügt, so können diese bei einer Fusion u. U. auf das Übernahmeobjekt übertragen werden. Des Weiteren kann die Effizienz durch Skaleneffekte erhöht werden. Dies ist sowohl in der Form von Kostensynergien durch die Verteilung der Fixkosten auf ein höheres Geschäftsvolumen als auch durch Ertragssynergien möglich. Neben dem Argument von Effizienzsteigerungen kann auch eine höhere Marktmacht (Kapitel 2.2.2.3.) Wert steigernd wirken, falls eine wesentliche regionale Überlappung der fusionierenden Banken vorliegt.[101] Bei einem Zusammenschluss von Banken innerhalb desselben Marktes steigt der Marktanteil des neu entstandenen Instituts. Aus der verringerten Konkurrenzsituation kann die Bank z. B. möglicherweise durch höhere Kredit- bzw. niedrigere Einlagenzinsen profitieren. Darüber hinaus wird oftmals eine stärkere Diversifizierung (Kapitel 2.2.2.4.) durch eine daraus folgende Stabilisierung der Erträge als Wert steigernd betrachtet.[102] Diversifizierung kann entweder durch eine regionale Ausdehnung oder durch eine Ausweitung der angebotenen Produkte und Dienstleistungen erreicht werden. Schließlich kann auch der Zugang zum Sicherungssystem eines Landes für die übernehmende Bank ein ökonomisch sinnvolles Motiv darstellen (Kapitel 2.2.2.5.).

Zu berücksichtigen ist, dass hinter jeder einzelnen Transaktion i. d. R. nicht ein einzelnes Motiv, sondern eine Kombination aus mehreren Motiven steht.[103] Zudem dürften die Gründe für Bankenzusammenschlüsse mit unterschiedlichen Unternehmensmerkmalen wie Größe oder Organisationsform, über Zeit und Länder hinweg und je nach Subsegment variieren.

---

[100] Vgl. Amel u. a., 2003, S. 5.

[101] Vgl. Piloff/ Santomero, 1998, S. 61f.

[102] Vgl. Piloff/ Santomero, 1998, S. 62.

[103] Vgl. Group of Ten, 2001, S. 65. Eine tabellarische Übersicht der jeweils wichtigsten Motive, angeordnet nach Arten des Zusammenschlusses, findet sich bspw. bei European Central Bank, 2000, S. 20.

2.2.2.2. Steigerungen der Effizienz

2.2.2.2.1. Verbesserung der Qualität des Managements

Falls das existierende Management einer Bank nicht den Shareholder Value maximiert, dann besteht ein Anreiz für einen Führungswechsel, der durch eine Übernahme herbeigeführt werden kann.[104] Dieser Anreiz besteht, soweit die Gewinne aus dem Managementwechsel die mit der Transaktion verbundenen Kosten übersteigen. Zur Abschätzung der operativen Performance des Managements kommen dabei insbesondere zwei Rentabilitätskennzahlen in Frage.[105] Hierbei handelt es sich zum einen um die Gesamtkapitalrentabilität (ROA), welche den Konzerngewinn in Relation zur Bilanzsumme der Bank setzt, zum anderen um die Eigenkapitalrendite (ROE), die den Nettogewinn als Prozentsatz des Eigenkapitals misst.[106]

Effizienzsteigerungen werden bspw. dadurch erreicht, dass infolge einer Übernahme durch eine Bank mit einem überlegenen Management das Übernahmeobjekt näher an die „Best Practice" im Bankensektor herangeführt wird.[107] Empirische Untersuchungen ergaben, dass Banken im Durchschnitt Kosten aufweisen, die 20-25%[108] über denjenigen der besten Banken liegen. Daher sollten die stärksten Effizienzsteigerungen dann erreichbar sein, wenn eine relativ effiziente Bank ein verhältnismäßig ineffizientes Institut übernimmt und das überlegene Management damit seine Fähigkeiten auf mehr Ressourcen ausdehnt. Analog trifft dies auch für die Ertragsseite zu, wenn das bestehende Management nicht in der Lage ist, den Produktmix mit dem höchsten Wert bei gegebenen Kapazitäten und Produktpreisen zu generieren.[109] Ein Unternehmen arbeitet bspw. ineffizient, wenn es mit den vorhandenen Kapazitäten einen zu geringen Output erzeugt. Alternativ dazu kann ein Unternehmen auch deshalb ineffizient sein, weil es ungenügend auf Preise reagiert

---

[104] Vgl. Schranz, 1993, S. 299f. Allein die Bedrohung, durch eine Übernahme den Arbeitsplatz zu verlieren, hat auf das existierende Management eine potenzielle Anreizwirkung, den Unternehmenswert zu maximieren. Vgl. hierzu Schranz, 1993, S. 299-323.

[105] Vgl. Shawky/ Kilb/ Staas, 1996, S. 123.

[106] In der Untersuchung von Shawky, Kilb und Staas (1996) erwies sich der ROE als diejenige Variable mit der höchsten Signifikanz für die Erklärung von Übernahmeprämien im Verhältnis zum Buchwert des Übernahmeziels. Allerdings ist der ROA als gutes Substitut verwendbar. Die Höhe der Kapitaladäquanz hatte nur im Zusammenhang mit dem ROA Erklärungskraft. Dies lässt sich damit erklären, dass der ROE gleichzeitig die Dimensionen Rentabilität und Kapitalisierung der Bank umfasst. Vgl. hierzu Shawky/ Kilb/ Staas, 1996, S. 126.

[107] Vgl. Akhavein/ Berger/ Humphrey, 1997, S. 98f.

[108] Bei einer Untersuchung von insgesamt 130 Studien zur Effizienz von Finanzinstituten über 21 Länder hinweg errechnen Berger und Humphrey (1997) eine durchschnittliche Effizienz von 77% verglichen mit den besten Banken. Vgl. hierzu Berger/ Humphrey, 1997, S. 204. Das Ergebnis von Kostenineffizienzen in der Größenordnung von 20% in der Untersuchung europäischer Banken durch Vander Vennet (2002) bestätigt ebenfalls dieses Niveau. Dabei werden lediglich geringe Unterschiede hinsichtlich der Größe der Banken festgestellt. Vgl. hierzu Vander Vennet, 2002, S. 267.

[109] Vgl. Akhavein/ Berger/ Humphrey, 1997, S. 100.

und über ein zu großes Angebot an günstigen Produkten verfügt, aber zu wenig im Hochpreissegment anbietet.

Obwohl viele Zusammenschlüsse durchaus erfolgreich die Effizienz verbessern konnten, traten bei zahlreichen anderen M&A-Transaktionen Verschlechterungen auf, so dass sich im Durchschnitt keine signifikanten Effizienzgewinne feststellen lassen.[110] In diesem Zusammenhang ist zu erwähnen, dass regulatorische Beschränkungen von M&A-Aktivitäten ineffiziente Manager tendenziell schützen. Die Zulassung von Finanzkonglomeraten führt hingegen zu einer stärkeren Überwachung der Manager durch den Markt für Unternehmensübernahmen.[111]

2.2.2.2.2. Realisierung von Kostensynergien

Die wohl am häufigsten genannte Ursache für Wertsteigerungen durch M&A ist die Nutzung von Skaleneffekten.[112] Banken, die durch Zusammenschlüsse ihre Größe signifikant steigern, haben einen besseren Zugang zu kostensparenden Technologien und können ihre Fixkosten auf eine höhere Produktzahl verteilen, wodurch die Durchschnittskosten sinken und folglich die Profitabilität ansteigt.[113]

Für die Erzielung von Kostensynergien bei einem Bankenzusammenschluss gibt es zahlreiche Beispiele.[114] Dazu zählen u. a. die Eliminierung überflüssiger Managementpositionen, Filialschließungen bei sich überschneidenden Vertriebsnetzen, die Freisetzung von Kapazitäten in den Bankzentralen und die Zusammenlegung von Back-Office-Einheiten[115] wie z. B. dem Zahlungsverkehr. Dabei sind Einsparpotenziale bei regionalen Überschneidungen zwischen Käufer und Übernahmeobjekt i. d. R. besonders ausgeprägt.[116] Der Grund hierfür liegt an den sich überlap-

---

[110] Vgl. Berger/ Humphrey, 1997, S. 196. Zu diesem Ergebnis kamen Berger und Humphrey im Rahmen ihrer Analyse von insgesamt 130 Studien zu der Thematik „Effizienz von Finanzinstituten". Vgl. hierzu Berger/ Humphrey, 1997, S. 176.

[111] Vgl. Vander Vennet, 2002, S. 258.

[112] Vgl. Group of Ten, 2001, S. 253. Alternativ zu Fusionen könnten Skaleneffekte allerdings auch über das Outsourcing von typischen Verwaltungs- und Abwicklungstätigkeiten erreicht werden.

[113] In diesem Zusammenhang spricht man von „Economies of Scale", wenn sich bei einem konstanten Produktmix die Durchschnittskosten durch eine höhere Produktmenge senken lassen. „Economies of Scope" bezeichnet hingegen Kosteneinsparungen durch Änderungen des Produktmix, indem bestimmte Fixkosten auf mehrere Produktarten verteilt werden können. Vgl. hierzu Vander Vennet, 2002, S. 256f.

[114] Vgl. Houston/ James/ Ryngaert, 2001, S. 288f.

[115] Back-Office-Kosten stellen i. d. R. einen signifikanten Kostenblock bei Banken dar und beinhalten u. a. die Aufwendungen für die Datenverarbeitung und für den Datentransfer zwischen dem IT-Zentrum und den einzelnen Niederlassungen. Vgl. Hancock/ Humphrey/ Wilcox, 1999, S. 392.

[116] Bankmanager sprechen im Falle starker regionaler Überlappungen häufig von einem Einsparpotenzial von 30% der Verwaltungsaufwendungen des Übernahmeobjekts. Vgl. Houston/ James/ Ryngaert, 2001, S. 288f.

penden Filialnetzen und redundanten Bankzentralen.[117] Bei der Bildung von Finanzkonglomeraten lassen sich zudem auch die Informationskosten für die Kundendaten auf mehrere Finanzprodukte und -dienstleistungen verteilen.[118] Eine besondere Form von Kostensynergien stellt die Stärkung des Markennamens zu geringeren durchschnittlichen Marketingkosten pro verkauftes Produkt dar.[119] Ein starker Markenname ist i. d. R. ein strategischer Wettbewerbsvorteil.
Konsolidierung kann in diesem Zusammenhang auch einen Weg darstellen, Überkapazitäten abzubauen, die in den sich zusammenschließenden Unternehmen entstanden sein könnten.[120] Dies ist vor dem Hintergrund zu sehen, dass Banken in ihren Heimatmärkten zunehmend Konkurrenz bekommen haben. Im Kreditgeschäft treten verstärkt ausländische Banken auf, zudem stellt der direkte Zugang zum Kapitalmarkt ebenfalls eine Alternative für den Bankkunden dar. Im Anlagegeschäft finden Produkte anderer Finanzdienstleiser als Alternative zu den klassischen Bankeinlagen einen verstärkten Zulauf. Für Banken, die eine ineffiziente Größe haben oder über einen ineffizienten Produktmix verfügen, kann der Zusammenschluss mit einem Konkurrenten einen Ausweg darstellen und das Überleben sichern. Falls sich eine Bank bereits in der Situation einer finanziellen Schieflage befindet, stellt eine Übernahme u. U. eine effiziente Alternative zu einer Insolvenz dar.[121] Zudem dürfte in Zeiten finanzieller Krisen von Seiten der Aufsichtsbehörden zusätzlicher Druck zu Konsolidierungsmaßnahmen ausgehen.
Kosteneinsparungen spielen bei den Managementerwartungen hinsichtlich Gewinnsteigerungen durch eine Übernahme eine primäre Rolle und haben auch bei der Beurteilung durch den Kapitalmarkt eine hohe Glaubwürdigkeit.[122] Allerdings können Reduzierungen des Kostenniveaus u. U. auch Ertragseinbußen nach sich ziehen. Zudem stellt sich bei Prognosen des Managements hinsichtlich von Kostensynergien die Frage, ob nicht ein Teil der Einsparungen beim Verwaltungsaufwand auch ohne einen Zusammenschluss erzielbar wäre.
Hinsichtlich der optimalen Betriebsgröße von Banken zeigten empirische Untersuchungen in den USA aus den 70er und 80er Jahren, dass „Economies of Scale“ bereits bei einer relativ geringen

---

[117] Vgl. Houston/ Ryngaert, 1997, S. 207. In diesem Zusammenhang ist jedoch zu betonen, dass Bankenkonsolidierung nicht automatisch zu Filialschließungen führen muss. Lediglich bei sich eng überschneidenden Bankstellen ist die Fortführung einer einzelnen – u. U. erweiterten – Filiale in dem betroffenen Gebiet zu erwarten. Liegen die Filialen hingegen räumlich weiter auseinander oder sogar in verschiedenen Märkten, dann ist per saldo nicht automatisch mit Schließungen zu rechnen, da neben der Realisierung von Kostensynergien auch andere Motive – wie z. B. eine Ausweitung des Produktangebots oder erhöhte Diversifizierung – Zusammenschlüsse von Banken begründen. Vgl. hierzu Avery u. a., 1999, S. 501f.
[118] Vgl. Vander Vennet, 2002, S. 270f.
[119] Vgl. Dermine, 2003, S. 58.
[120] Vgl. Berger/ Demsetz/ Strahan, 1999, S. 149.
[121] Vgl. Berger/ Demsetz/ Strahan, 1999, S. 149f.
[122] Vgl. Houston/ James/ Ryngaert, 2001, S. 287f.

Bankengröße ausgeschöpft waren.[123] Studien jüngeren Datums stellten hingegen Möglichkeiten zur Nutzung von Skaleneffekten auch für größere Banken fest. Berger und Mester (1997) kommen bspw. in einer Untersuchung von US-Bankenzusammenschlüssen in den 90er Jahren zu dem Ergebnis, dass erhebliche Möglichkeiten zur Erhöhung der Skaleneffizienz nicht ausgeschöpft werden, d. h. dass Bankprodukte bei einer Steigerung der Menge zu niedrigeren Durchschnittskosten erzeugt werden könnten.[124] Die erzielten Ergebnisse unterscheiden sich insbesondere hinsichtlich der Größenordnung von Banken, bei denen Skaleneffekte zu beobachten sind. Während in den Untersuchungen auf Basis von Daten aus den 80er Jahren in annähernd allen Fällen „Econmies of Scale" bereits bei einer Bilanzsumme von USD 10 Mrd. ausgeschöpft waren, erhöhte sich diese Zahl in den 90er Jahren auf USD 25 Mrd. Die Anzahl großer Banken mit einer Bilanzsumme von mehr als USD 25 Mrd. war in der Studie von Berger und Mester allerdings zu gering, um eine fundierte Aussage für Institute mit einer Größe oberhalb dieser Marke ableiten zu können.[125] Allerdings scheint im Vergleich zu den 80er Jahren die Chance gestiegen zu sein, aus Bankenzusammenschlüssen Steigerungen bei der Kosteneffizienz erzielen zu können bzw. zumindest keinen signifikanten Effizienzverlust erleiden zu müssen.[126] Die Ursache für die tendenzielle Erhöhung der optimalen Betriebsgröße für Banken dürfte v. a. im technischen Fortschritt und regulatorischen Änderungen begründet liegen.[127]

Insgesamt scheinen empirische Untersuchungen zwar darauf hinzuweisen, dass die Erzielung von Kostensynergien ein Motiv für Zusammenschlüsse kleinerer und mittelgroßer Banken in den 90er Jahren darstellte.[128] Allerdings ergaben diese Analysen wenig Unterstützung für die Betrachtung von Kostenreduzierungen als bedeutenden Treiber für die größten Zusammenschlüsse im Bankensektor. Hierbei ist jedoch zu beachten, dass bei sehr großen und stark diversifizierten Banken Kostensynergien schwerer aufgedeckt werden können, da diese u. U. nur in einzelnen Bereichen auftreten und auf Konzernebene nicht entsprechend sichtbar werden.

---

[123] Vgl. Vander Vennet, 2002, S. 257.

[124] Vgl. Berger/ Mester, 1997, S. 926-928.

[125] Vgl. Berger/ Mester, 1997, S. 928.

[126] Vgl. Berger/ Demsetz/ Strahan, 1999, S. 159. Untersuchungen von US-Bankenzusammenschlüssen in den 80er Jahren ergaben im Durchschnitt kaum Verbesserungen der Kosteneffizienz (Veränderungen in der Größenordnung von 5% und weniger). Vgl. hierzu Milbourn/ Boot/ Thakor, 1999, S. 197.

[127] Vgl. Vander Vennet, 2002, S. 257. Eine Untersuchung von Altunbas, Molyneux und Thornton (1997) zeigt jedoch, dass sich bei Zusammenschlüssen von Großbanken nur begrenzte Möglichkeiten für Kosteneinsparungen ergeben und sogar eine Erhöhung der Gesamtkosten wahrscheinlicher ist. Vgl. hierzu Altunbas/ Molyneux/ Thornton, 1997, S. 324.

[128] Vgl. Group of Ten, 2001, S. 67.

2.2.2.2.3. Erzielung von Ertragssynergien

Ertragssteigerungen infolge eines Bankenzusammenschlusses können mehrere Ursachen haben.[129] Der am häufigsten genannte Grund ist hierbei das Cross-Selling-Potential, d. h. die Erhöhung der Zahl der verkauften Bankprodukte pro Kunde. Ertragssynergien ergeben sich u. a. dadurch, dass bestimmte Kundengruppen eine Präferenz für Großbanken mit überregionaler Präsenz und höherer Produkttiefe haben.[130] Darüber hinaus lassen sich Vorteile erzielen, indem bspw. Kundeninformationen über die verschiedenen Produktlinien hinweg gemeinsam genutzt werden.[131] Als Beispiel für die Erzielung von Ertragssynergien aus Bankenfusionen kann zudem auch eine Verbesserung der Zinsmarge durch eine Reduktion der niedrigverzinslichen liquiden Mittel angeführt werden.[132] Dies erfolgt entweder durch eine Erhöhung des Kreditvolumens oder durch eine Verminderung des Refinanzierungsbedarfs für das bestehende Kreditbuch. Eine weitere Quelle für Ertragsverbesserungen stellt das Repricing von Krediten und Bankdienstleistungen dar. Unternehmensgröße und Kapitalstärke bringen für Banken außerdem Vorteile im Emissionsgeschäft mit sich, da die Möglichkeit entsteht, auch größere Kredite und Wertpapieremissionen auf das eigene Buch nehmen zu können.[133] Dies wirkt sich positiv auf die Nachfrage nach diesen Dienstleistungen aus. Vor allem im Kontext mit dem einheitlichen Eurowährungsraum und integrierten Kapitalmärkten ist Größe ein Wettbewerbsvorteil.

Allerdings können – vor allem jenseits einer bestimmten Größe – Unternehmenszusammenschlüsse auch zu Dissynergien führen, wenn Übernahmen in Bereichen stattfinden, für die keine Managementkompetenzen vorhanden sind, oder wenn die internen hierarchischen Strukturen die Eigentümerkontrolle über die Unternehmensleitung einschränken.[134] Zudem steht dem Versuch, Kostensynergien aus der Zusammenlegung von Back-Office-Kapazitäten und Informationssystemen sowie durch eine gemeinsame Produktentwicklung und Vermarktung zu erzielen, die Gefahr

---

[129] Vgl. Vgl. Houston/ James/ Ryngaert, 2001, S. 289.

[130] Aus Transaktions- und Informationskostengründen können Kunden ein gebündeltes Angebot an Finanzdienstleistungen einem über mehrere separate Banken verstreuten Produktangebot bevorzugen. Vgl. Vander Vennet, 2002, S. 258f. Bspw. fordern insbesondere global tätige Unternehmenskunden häufig von ihren Finanzdienstleistern das Angebot aller benötigten Produkte und Dienstleistungen an jedem beliebigen Ort. Vgl. hierzu Group of Ten, 2001, S. 73. Auch mit der Schaffung der europäischen Währungsunion besteht für Unternehmen, die in mehreren EWU-Ländern tätig sind, ein Anreiz zur Zentralisierung ihrer gesamten Finanzaktivitäten. Um für derartige Kunden eine Referenzbank zu werden bzw. zu bleiben, ist es notwendig, komplexere Produkte anzubieten und in einer größeren Anzahl an Ländern vertreten zu sein. Vgl. Group of Ten, 2001, S. 148.

[131] Vgl. Amel u. a., 2003, S. 5.

[132] Vgl. Linder/ Crane, 1993, S. 38f.

[133] Vgl. Dermine, 2003, S. 59.

[134] Vgl. Amel u. a., 2003, S. 5.

gegenüber, infolge des Integrationsprozesses Kunden zu verlieren.[135] In diesem Zusammenhang sind insbesondere die Risiken aus einer Diskontinuität oder Demotivation des Personals und des Managements der übernommenen Bank zu nennen.[136]

Obwohl die Ausführungen in diesem Unterkapitel etliche Beispiele für die Realisierung von Ertragssynergien aufzeigen, sind diese im Verhältnis zu der Erzielung von Kostensynergien als Beweggrund für einen Zusammenschluss untergeordnet.[137] Auch die vermuteten Ertragssynergien innerhalb von Finanzkonglomeraten bspw. durch Cross-Selling scheinen in der Realität eher begrenzt zu sein.[138]

2.2.2.3. Steigerung der Marktmacht

Horizontale Zusammenschlüsse zwischen Banken, die zumindest teilweise in den gleichen geografischen Märkten operieren, führen zu einer Steigerung der Marktanteile.[139] Eine erhöhte Marktmacht kann sich dabei in weniger attraktiven Preisen für die Kunden niederschlagen, z. B. in der Form sinkender Guthabenzinsen bzw. steigender Darlehenssätze. Bei dieser Betrachtungsweise muss jedoch berücksichtigt werden, dass Preisänderungen infolge eines Zusammenschlusses – entgegen den preissteigernden Effekten aus einer erhöhten Marktmacht – auch die Weitergabe von Effizienzgewinnen an die Kunden reflektieren können.[140]

Ein entscheidendes Kriterium für eine potenzielle Erhöhung der Marktmacht ist die geografische Überschneidung und damit eine höhere lokale Marktkonzentration.[141] Denn höhere Preise lassen sich insbesondere im Privatkundengeschäft und bei kleineren Firmenkunden durchsetzen, da Produkte für diese Kundengruppen eine starke lokale Bezugsbasis haben. M&A-Transaktionen, die

---

[135] Vgl. Houston/ James/ Ryngaert, 2001, S. 289.
[136] Vgl. Group of Ten, 2001, S. 150.
[137] Vgl. Houston/ James/ Ryngaert, 2001, S. 287.
[138] Vgl. Vander Vennet, 2002, S. 268.
[139] Vgl. Prager/ Hannan, 1998, S. 433-435. In der Praxis wird unter Marktmacht manchmal eher Marktanteil verstanden als tatsächlich die Möglichkeit, Preise zu beeinflussen. Vgl. hierzu Group of Ten, 2001, S. 69. Empirische Untersuchungen kommen zu unterschiedlichen Ergebnissen hinsichtlich des Zusammenhangs von Marktkonzentration und Wettbewerb: Während bspw. Bikker und Haaf (2002) einen signifikanten Einfluss der Marktkonzentration auf den Wettbewerb feststellen, finden Claessens und Laeven (2004) keinen entsprechenden Zusammenhang. Vgl. hierzu Bikker/ Haaf, 2002, S. 2211 und Claessens/ Laeven, 2004, S. 581.
[140] So weisen bspw. die Ergebnisse einer Studie von Akhavein, Berger und Humphrey (1997) darauf hin, dass Zusammenschlüsse von großen US-Banken in den 80er Jahren nur zu geringen Preisveränderungen führten, aber gleichzeitig erhebliche Effizienzwirkungen hatten. Vgl. hierzu Akhavein/ Berger/ Humphrey, 1997, S. 132-134. Eine Analyse von Sapienza (2002) zeigt, dass sich Übernahmen von Banken mit einem geringen Marktanteil aufgrund von Effizienzgewinnen positiv, und nur bei Vorliegen eines höheren Marktanteils negativ auf die Kreditzinsen auswirken. Vgl. hierzu Sapienza, 2002, S. 364.
[141] Vgl. Berger/ Demsetz/ Strahan, 1999, S. 152.

eine geografische Ausdehnung zum Ziel haben bzw. sogar grenzüberschreitend sind, werden hingegen kaum Auswirkungen auf die lokale Marktmacht haben. Im überregionalen Geschäft, wie z. B. mit multinationalen Unternehmen oder im Handel mit Derivaten, erscheint es ebenfalls unwahrscheinlich, dass sich aus Bankenzusammenschlüssen erhebliche Steigerungen der Marktmacht ergeben, da Großkunden i. d. R. zwischen einer Vielzahl von Anbietern auf internationaler Ebene wählen können. Anzumerken ist auch, dass eine höhere Marktkonzentration und Steigerungen der Marktanteile infolge von M&A nicht zwangsläufig zu höheren Preisen führen müssen.[142] Dies ist insbesondere dann der Fall, wenn der Markt von einem starken Wettbewerb gekennzeichnet ist und wenn ähnliche Dienstleistungen alternativ auch von Nichtbanken bezogen werden können.

In einer der wenigen Untersuchungen zu dieser Thematik im Bankensektor kommen Prager und Hannan (1998) allerdings zu dem Ergebnis, dass sich die Erhöhung der Marktmacht infolge von M&A-Transaktionen durchaus auf die Preisgestaltung auswirkt.[143] In ihrer Analyse von Zusammenschlüssen zwischen US-Banken in der Zeit von 1992-1994 fokussieren sie dabei auf die Veränderung von Zinssätzen für Kundeneinlagen. Sie stellen fest, dass die Zinssenkungen in Märkten, die von M&A-Aktivitäten betroffen waren, stärker ausfielen als in Märkten ohne entsprechende Transaktionen. Auch andere Studien kommen zu dem Ergebnis, dass höhere Marktkonzentration im Allgemeinen mit höheren Kreditzinsen für kleinere Firmenkunden und niedrigeren Guthabenzinsen für Kundeneinlagen[144] bzw. einer langsameren Weitergabe von gestiegenen Marktzinsen an Einlagenkunden verbunden ist[145]. Trotz der empirischen Ergebnisse hinsichtlich der Auswirkungen von Marktkonzentration auf die Preisbildung in regionalen Märkten bleiben die Effekte auf die Gewinne der Banken dagegen sehr begrenzt.[146] Eine Begründung hierfür mag darin liegen, dass das Management infolge der größeren Marktmacht die Anstrengungen zur Erzielung von Effizienzgewinnen reduziert.

Im Zeitablauf dürfte die Marktmacht lokaler Banken tendenziell nachgelassen haben.[147] Eine wesentliche Ursache hierfür ist die Beseitigung regionaler Beschränkungen und damit die Erhöhung des Konkurrenzdrucks auch auf regionalen Märkten. Außerdem nehmen Finanzdienstleistungen

---

[142] Vgl. Akhavein/ Berger/ Humphrey, 1997, S. 103.

[143] Vgl. Prager/ Hannan, 1998, S. 434f.

[144] Vgl. bspw. Berger/ Hannan, 1989, S. 298f; Berger/ Hannan, 1997, S. 22; Hannan, 1991, S. 148; Sapienza, 2002, S. 364.

[145] Vgl. bspw. Hannan/ Berger, 1991, S. 944f; Neumark/ Sharpe, 1992, S. 678f; Jackson, 1997, S. 56.

[146] Vgl. Berger/ Demsetz/ Strahan, 1999, S. 154.

[147] Vgl. Berger/ Demsetz/ Strahan, 1999, S. 153f. Empirische Untersuchungen hierzu geben ein gemischtes Bild ab, wobei der Zusammenhang zwischen lokaler Marktkonzentration und Einlagenzinsen in den 90er Jahren nachgelassen zu haben scheint. Vgl. hierzu bspw. Hannan, 1997, S. 34f und Radecki, 1998, S. 32.

im Retail Banking zunehmend den Charakter von Standardprodukten an, was zu einem erhöhten Wettbewerb führt. Hinzu kommt, dass neue Vertriebswege wie Internet- und Telefon-Banking und die zunehmende Automatisierung wie der Einsatz von Geldautomaten etc. die geografischen Beschränkungen des Privatkundengeschäfts teilweise aufheben. Einige neuere Studien zeigen sogar, dass stärker konzentrierte Bankenmärkte mit einem höheren Wettbewerbsgrad einhergehen.[148] Entscheidend für einen hohen Wettbewerb ist weniger die Marktstruktur als vielmehr das Fehlen von Markteintrittsbarrieren.[149] Dabei tragen eine höhere Präsenz ausländischer Banken und geringe Beschränkungen der Aktivitäten zu einem höheren Wettbewerbsgrad im Bankensektor eines Landes bei.

Insgesamt gesehen hat sich der Wettbewerb im Bankensektor in den vergangenen Jahren aufgrund fortschreitender Deregulierung und technologischer Innovation verschärft.[150] Zwar kann die Sektorkonsolidierung in lokalen Märkten, die eine signifikante Zunahme der Konzentration erfahren, dennoch Preise beeinflussen, allerdings sollte es sich hierbei vor dem Hintergrund einer strikten Wettbewerbskontrolle um Einzelfälle handeln. So finden regelmäßig Verbote von Zusammenschlüssen statt, falls diese eine erhebliche Einschränkung des Wettbewerbs zur Folge hätten, bzw. werden Genehmigungen nur unter Auflagen wie dem Verkauf bestimmter Zweigstellen erteilt. Ergebnisse von Untersuchungen, die im Durchschnitt geringe Wirkungen von Bankenzusammenschlüssen auf die Marktmacht aufzeigen, lassen sich auch dahingehend interpretieren, dass die Wettbewerbsaufsichtsbehörden in der Lage waren, Zusammenschlüsse mit einer starken Erhöhung der Marktkonzentration zu verhindern.[151] In Europa hat sich operative Effizienz zum wichtigsten Einflussfaktor auf die Profitabilität von Banken herausgebildet, während die Erzielung oligopolistischer Renten zunehmend an Bedeutung verloren hat.[152]

2.2.2.4. Erhöhung der Diversifizierung

Man kann bei Unternehmenszusammenschlüssen zwischen fokussierenden und diversifizierenden M&A-Transaktionen unterscheiden.[153] Bei fokussierenden M&A schließen sich zwei Banken desselben regionalen Marktes bzw. mit gleichen Geschäftsaktivitäten zusammen. Das Potenzial für Wertsteigerungen durch die Realisierung von Kostensynergien ist bei dieser Form besonders

---

[148] Vgl. European Central Bank, 2005a, S. 10f.
[149] Vgl. Claessens/ Laeven, 2004, S. 581.
[150] Vgl. Group of Ten, 2001, S. 271.
[151] Vgl. Akhavein/ Berger/ Humphrey, 1997, S. 134.
[152] Vander Vennet, 2002, S. 256.
[153] Vgl. DeLong, 2001, S. 225.

ausgeprägt. Demgegenüber schließen sich bei diversifizierenden M&A Kreditinstitute aus unterschiedlichen Märkten bzw. mit verschiedenen Aktivitäten zusammen.

Aus theoretischer Sicht hat Diversifizierung allgemein betrachtet sowohl Wert steigernde als auch mindernde Effekte.[154] Zu den denkbaren positiven Auswirkungen durch das Betreiben unterschiedlicher Geschäftsaktivitäten gehören eine Erhöhung der operativen Effizienz[155], eine verbesserte Verschuldungsfähigkeit, Steuervorteile sowie geringere Anreize, kapitalwertpositive Projekte auszulassen. Mögliche Belastungen aus einer Diversifizierungsstrategie resultieren aus höheren Firmenressourcen, die auch zur Realisierung Wert vernichtender Projekte führen können, aus Quersubventionierungen unrentabler Segmente sowie aus falschen Anreizsetzungen im Hinblick auf eine Interessengleichheit von zentralen und divisionalen Managern.

Bei einer Diversifizierung nach Produktart kommt bei Banken insbesondere eine Ausweitung der Aktivitäten über das traditionelle Bankgeschäft hinaus in die Bereiche Investment Banking, Versicherung und Immobilien in Betracht.[156] Zum einen sollte sich infolge von Diversifizierungseffekten im Sinne der Portfoliotheorie eine Risikoreduktion ergeben. Zum anderen könnten diese Effekte u. U. auch überkompensiert werden, falls die inhärenten Risiken der neuen Aktivitäten höher als diejenigen des allgemeinen Bankgeschäfts sind.

Ein weiteres wichtiges Argument für Wertsteigerungspotenziale durch Diversifizierung besteht insbesondere in der Bildung eines effizienten internen Kapitalmarktes, um so die Kapitalkosten zu senken.[157] In einem internen Kapitalmarkt müssen die einzelnen Investitionsprojekte um die begrenzten Finanzierungsmittel konkurrieren, wobei die Auswahl Erfolg versprechender Projekte auf die Konzernzentrale entfällt.[158] Falls das Management Informations- und Kontrollvorteile gegenüber externen Kapitalmärkten besitzt, dann können Unternehmen die Kapitalreallokation vergleichsweise effizienter gestalten.[159] Aufgrund der Schwierigkeiten bei der Bewertung der Vermögensgegenstände von Banken dürften diese bei der externen Kapitalaufnahme zumindest ebenso großen Kapitalmarktfriktionen gegenüberstehen wie Unternehmen aus dem Nichtbankensek-

---

[154] Vgl. Berger/ Ofek, 1995, S. 40.

[155] Zu diesem Ergebnis kommt auch Vander Vennet (2002), der für Finanzkonglomerate und Universalbanken im Vergleich zu spezialisierten Banken eine höhere operative Effizienz feststellt. Vgl. hierzu Vander Vennet, 2002, S. 279.

[156] Vgl. Boyd/ Graham/ Hewitt, 1993, S. 43.

[157] Vgl. DeLong, 2001, S. 225.

[158] Vgl. Stein, 1997, S. 111f.

[159] Vgl. Hubbard/ Palia, 1999, S. 1137.

tor.[160] Mit einer schnelleren Verfügbarkeit von Informationen sinkt allerdings der Wert von effizienten internen Kapitalmärkten.[161]

In regionaler Hinsicht dürfte bei grenzüberschreitenden M&A-Transaktionen der Diversifikationsaspekt als Motiv im Vordergrund stehen, da derartige Zusammenschlüsse im Vergleich zu Transaktionen im Inland geringere Synergiepotenziale in sich bergen und außerdem zu keiner Steigerung der Marktmacht in den jeweiligen Märkten führen.[162] Insbesondere in rezessiven Phasen ist eine geografische Diversifizierung bedeutender, da es hierdurch zu einer Risikostreuung kommt.[163] So kann eine stärkere Performance in bestimmten Regionen eine Schwäche in anderen Gebieten ausgleichen und somit zu einer Reduzierung des Gesamtrisikos der Bank führen.[164] Grenzüberschreitende Bankenzusammenschlüsse dürften außerdem durch die zunehmende Globalisierung der Weltwirtschaft begünstigt sein.[165] So schuf der wachsende internationale Austausch von Waren und Dienstleistungen auch eine steigende Nachfrage nach Bankprodukten von internationalen Finanzinstituten. Allerdings bestehen bei grenzüberschreitenden Akquisitionen auch Anreize zur Risikoerhöhung, welche die positiven Effekte einer höheren Diversifizierung kompensieren können.[166] Zudem können insbesondere bei länderübergreifenden Zusammenschlüssen Überwachungsprobleme bei der übernehmenden Bank auftreten und somit ebenfalls zu einem erhöhten Risiko führen. Speziell für den Bankensektor ist die Betrachtung des geografischen Aspekts auch aufgrund der länderspezifischen Vorschriften für das Bankwesen wichtig.[167] Dies wirkt sich nicht nur auf die Frage der Eigentümerstrukturen aus, sondern auch auf Art und Umfang der Geschäftsaktivitäten. Regulatorische Restriktionen können dabei einen Einfluss auf die Höhe der Übernahmeprämie haben.

Eine weitere Ursache für diversifizierende Akquisitionen kann auch in strategischen Unsicherheiten liegen.[168] Falls sich eine Bank nicht sicher ist, ob sie über die notwendige Kompetenz verfügt, in einem bestimmten Markt konkurrenzfähig zu agieren, dann kann eine Ausweitung der Ge-

---

[160] Vgl. Houston/ James/ Marcus, 1997, S. 136.
[161] Vgl. DeLong, 2001, S. 226.
[162] Vgl. Repullo, 2001, S. 2.
[163] Vgl. DeLong, 2001, S. 236.
[164] Vgl. Shawky/ Kilb/ Staas, 1996, S. 124.
[165] Vgl. Berger/ Demsetz/ Strahan, 1999, S. 150.
[166] Vgl. Amihud/ DeLong/ Saunders, 2002, S. 857f. Anreize zur Erhöhung des Risikos entstehen insbesondere durch den Zugang zum staatlichen Sicherungsnetz (siehe hierzu auch Unterkapitel 2.2.2.5). Eine empirische Untersuchung von Amihud, DeLong und Saunders (2002) ergibt im Durchschnitt keine Änderung des Risikos bei grenzüberschreitenden Zusammenschlüssen. Dies lässt darauf schließen, dass positive Effekte aus der Diversifizierung durch eine höhere Risikoneigung der Bank sowie Überwachungsschwierigkeiten hinsichtlich des übernommenen Instituts im Durchschnitt vollständig kompensiert werden. Vgl. Amihud/ DeLong/ Saunders, 2002, S. 876.
[167] Vgl. DeLong, 2001, S. 223.
[168] Vgl. Milbourn/ Boot/ Thakor, 1999, S. 199.

schäftsaktivitäten durch Zukäufe Wert steigernd für die Aktionäre sein. Der Hauptvorteil liegt in einem „First-Mover-Advantage“ in einem neuen Markt und dem Erlernen der notwendigen Eigenschaften, um hier erfolgreich konkurrieren zu können.

Eine eindeutige Voraussage des Gesamteffekts durch eine stärkere Diversifizierung lässt sich aus theoretischer Sicht nicht treffen.[169] Während allgemein in den 50er und 60er Jahren zahlreiche Unternehmen M&A-Aktivitäten mit dem Ziel einer stärkeren Diversifizierung vornahmen, so konnte im Anschluss daran wieder eine Rückkehr zur Spezialisierung festgestellt werden.[170] Empirische Untersuchungen von Bankenzusammenschlüssen ergaben z. T. positive Auswirkungen durch erhöhte Diversifizierung. So konnten Bankkonzerne ihr Kreditgeschäft ausweiten, ohne dafür mehr Eigenkapital unterlegen zu müssen.[171] Studien jüngeren Datums, die eine Segmentierung der Grundgesamtheit der Bankenzusammenschlüsse nach Produkt- bzw. Marktnähe vornahmen, kamen zu dem Ergebnis, dass hohe Übereinstimmungen Wert schaffend sind, große Unterschiede hingegen Wert vernichten.[172] Insgesamt weisen die bisherigen Untersuchungen hinsichtlich der Bedeutung der Risikodiversifizierung jedoch ein gemischtes Bild auf.[173]

2.2.2.5. Zugang zum staatlichen Sicherungsnetz

Ein weiterer Grund für Zusammenschlüsse von Banken kann in einer Steigerung des Wertes durch den Zugang zum staatlichen Sicherungsnetz liegen, wozu bspw. die Einlagensicherung oder Garantien für das Zahlungssystem gehören.[174] Falls Marktteilnehmer sehr große Bankkonzerne als „too big to fail“ einstufen und eine Insolvenz für ausgeschlossen halten, da sie von expliziten oder impliziten staatlichen Garantien für Gläubiger und Aktionäre ausgehen, kann dies ebenfalls einen Anreiz darstellen, durch Konsolidierung die Unternehmensgröße auszuweiten, damit die Kapitalkosten zu senken und folglich den Unternehmenswert zu erhöhen.[175] Bei einer europäi-

---

[169] Vgl. Berger/ Ofek, 1995, S. 40. Zu berücksichtigen ist dabei auch, inwiefern es sich bei diversifizierenden M&A um nahe stehende Sektoren handelt. Vgl. hierzu Berger/ Ofek, 1995, S. 42.

[170] Vgl. Berger/ Ofek, 1995, S. 39f. Ihre empirische Untersuchung stellt im Durchschnitt Wertverluste durch diversifizierende M&A fest. Vgl. hierzu Berger/ Ofek, 1995, S. 59f.

[171] Vgl. Demsetz/ Strahan, 1997, S. 301. Bspw. ergab auch eine Untersuchung von großen US-Bankenzusammenschlüssen in den 80er Jahren, dass Profitabilitätssteigerungen durch Ausweitungen des Kreditgeschäfts ermöglicht wurden, ohne dabei die Eigenkapitalquote erhöhen zu müssen. Dies steht im Einklang mit der These von Risikoreduzierung durch Diversifizierung. Vgl. hierzu Akhavein/ Berger/ Humphrey, 1997, S. 133.

[172] Vgl. Altunbas/ Ibànez, 2004, S. 9. Eine empirische Untersuchung von DeLong (2001) weist ebenfalls auf eine bessere Wertentwicklung von Zusammenschlüssen mit regionaler und produktbezogener Fokussierung gegenüber diversifizierenden Transaktionen hin. Vgl. DeLong, 2001, S. 250.

[173] Vgl. D'Souza/ Lai, 2006, S. 272.

[174] Vgl. Berger/ Demsetz/ Strahan, 1999, S. 145f.

[175] Dies kann mit einer kostenlosen, faktischen Garantie der Steuerzahler für die unbesicherten Verbindlichkeiten eines sehr großen Kreditinstituts verglichen werden. Vgl. hierzu Kane, 2000, S. 673.

schen Grossbank mit signifikanten grenzüberschreitenden Aktivitäten dürfte wohl kaum mit einem Konkursverfahren gerechnet werden, sondern im Krisenfall vielmehr eine staatliche Rettungsaktion veranlasst werden.[176] Ein Grund hierfür sind hohe Konkurskosten aufgrund der Komplexität eines derartigen Instituts. Hinzu kommt, dass weniger ein Dominoeffekt zu befürchten ist[177] als vielmehr das Einfrieren von Spareinlagen während der Bewertung der Vermögenslage im Zuge der Schließung einer Bank, die sich über mehrere Monate erstrecken kann. Verzögerungen bei den Auszahlungen, die sowohl ungesicherte als auch durch ein Einlagenschutzsystem gesicherte Kundengelder betreffen können, bzw. Kürzungen des Rückzahlungsbetrags führen zu Liquiditätsverlusten bei den betroffenen Kunden der insolventen Bank.[178] Dies dürfte einen negativen Effekt auf den nationalen Konsum haben.

Eine Möglichkeit zur Ausnutzung des staatlichen Sicherungsnetzes besteht in der grenzüberschreitenden Akquisition risikobehafteter Banken.[179] Im Falle des Erfolgs entfällt auf die übernehmende Bank das gesamte Gewinnpotenzial. Wenn hingegen durch das Scheitern der Fusion die Solvenz des Übernehmers in Gefahr gerät, dann wird das gescheiterte Institut u. U. durch das staatliche Sicherungsnetz bzw. die Aufsichtsbehörden des eigenen Heimatlandes aufgefangen. Insofern steht bei grenzüberschreitenden Zusammenschlüssen der Risikoreduktion infolge einer höheren Diversifizierung ein Anreiz zur überhöhten Risikoneigung[180] aufgrund der potenziellen Absicherung durch das Sicherungsnetz entgegen. Dabei kann eine schwache Bankenaufsicht einen Anreiz zur Ausnutzung des Sicherheitsnetzes durch grenzüberschreitende Akquisitionen darstellen, da somit eine Art von „Aufsichts-Arbitrage" betrieben wird.[181] Schwächen in der Aufsicht können sich in diesem Zusammenhang sowohl in einer für die Banken zu billigen Einlagensicherung als auch in einer zu wenig strengen Regulierung äußern. Als Folge daraus können sich hohe gesellschaftliche Kosten ergeben.[182] Daher sollte das Sicherungsnetz Eigenschaften wie risikoabhängige Prämien und niedrige Absicherungshöhen bei der Einlagensicherung vorweisen. Aller-

---

[176] Vgl. Dermine, 2003, S. 67. Eine Untersuchung von Gropp und Vesala (2004) zeigt in diesem Zusammenhang auf, dass ein explizites Sicherungsnetz anreizkompatibler ist als implizite Absicherungen. Regierungen können u. U. nicht glaubwürdig versichern, im Krisenfall nicht einzuspringen. Vgl. hierzu Gropp/ Vesala, 2004, S. 27.

[177] Strikte Analysen des Gegenparteirisikos reduzieren die Gefahr eines Dominoeffekts. Vgl. hierzu Dermine, 2003, S. 67.

[178] Vgl. Kaufman/ Seelig, 2002, S. 27. Eine Übersicht über die Auszahlungsmodalitäten findet sich für geschützte Einlagen bei Kaufman/ Seelig, 2002, S. 36, Tab. 1 und für ungeschützte Einlagen bei Kaufman/ Seelig, 2002, S. 37, Tab. 2.

[179] Vgl. Amihud/ DeLong/ Saunders, 2002, S. 858.

[180] Eine Berücksichtigung der Management-Vergütungssysteme in der Bankenregulierung könnte jedoch zu einer optimalen Auswahl des Investitionsrisikos aus dem Blickwinkel der Aufsichtsbehörden führen. Vgl. hierzu John/ Saunders/ Senbet, 2000, S. 121f.

[181] Vgl. Buch/ DeLong, 2004, S. 2.

[182] Vgl. Hovakimian/ Kane/ Laeven, 2003, S. 202f.

dings weist eine aktuelle Studie von Buch und DeLong (2004) lediglich auf einen relativ geringen Erklärungsbeitrag der Ausgestaltung der Bankenaufsicht für grenzüberschreitende M&A-Aktivitäten hin.[183]

2.2.3. Nicht-ökonomische Motive und Probleme bei Zusammenschlüssen

2.2.3.1. Persönliche Motive des Managements

Es ist zu erwarten, dass die verantwortlichen Manager versuchen werden, bei M&A-Aktivitäten auch ihre eigenen Ziele zu verfolgen.[184] Diese Problematik dürfte insbesondere bei Zusammenschlüssen im Bankensektor verschärft auftreten, da in diesem Bereich der Markt für Unternehmenskontrolle schwächer ausgeprägt ist als in anderen industriellen Bereichen. Die Gründe hierfür liegen in der Regulierung des Sektors, in Verzögerungen durch Genehmigungsprozesse und in der Tatsache, dass in vielen Ländern zahlreiche Banken kleineren Ausmaßes existieren und nicht börsennotiert sind. Daher sind im Bankensektor feindliche Übernahmen, die den Ersatz des Managements zum Ziel haben, selten anzutreffen. Das Top-Management hat einen großen Einfluss auf den Akquisitionsprozess, da es oftmals der Gesprächspartner in Übernahmeverhandlungen mit einem potenziellen Bieter ist.[185]

Ein wesentlicher Faktor für die Einstellung des Managements hinsichtlich eines Zusammenschlusses mit einem Konkurrenten sind die Auswirkungen auf die eigene Karriere.[186] Dabei spielen die Höhe der Bezüge, das Alter im Hinblick auf Ruhestandsregelungen und die Firmenzugehörigkeit aufgrund des erworbenen firmenspezifischen Humankapitals eine Rolle. Ein persönliches Ziel des Managements kann allein in der Ausweitung der Unternehmensgröße bestehen, da tendenziell die Vergütung mit der Institutsgröße ansteigt.[187] Verbesserungen der Rahmenbedingungen können dabei einen steigernden Einfluss auf die M&A-Tätigkeit haben.[188] Niedrigzinsniveaus und Hochphasen an den Aktienmärkten verringern die Finanzierungsbeschränkungen von Übernahmen, auch wenn in einem derartigen Umfeld ein höherer Preis für das Übernahmeziel bezahlt werden muss. Ein weiteres Motiv für Konsolidierungsschritte seitens des Managements können auch rein defensive Überlegungen darstellen, d. h. wenn Akquisitionen nur deshalb erfol-

---

[183] Vgl. Buch/ DeLong, 2004, S. 29.
[184] Vgl. Berger/ Demsetz/ Strahan, 1999, S. 146.
[185] Vgl. Hadlock/ Houston/ Ryngaert, 1999, S. 225.
[186] Vgl. Hadlock/ Houston/ Ryngaert, 1999, S. 227.
[187] Vgl. Berger/ Demsetz/ Strahan, 1999, S. 146f und Dermine, 2003, S. 60.
[188] Vgl. Berger/ Demsetz/ Strahan, 1999, S. 149.

gen, um nicht selbst ein Übernahmekandidat zu werden, auch wenn dadurch keine Steigerung des Shareholder Value erreicht wird.[189] In diesem Zusammenhang kann es Fälle geben, in denen Manager auf ihre relative Größe gegenüber Konkurrenzinstituten achten und allein deswegen Akquisitionen tätigen, weil andere Banken ebenfalls aktiv sind.[190] Außerdem ist die Führung einer größeren Bank mit einer höheren Reputation für das Top-Management verbunden.[191] Dies kann einen persönlichen, nicht-monetären Grund für Akquisitionen darstellen. Dieser Anreiz wird zusätzlich verstärkt, falls der CEO seine eigenen Fähigkeiten überschätzt, so dass er die Wahrscheinlichkeit für die erfolgreiche Umsetzung eines Zusammenschlusses als unrealistisch hoch einschätzt.[192] Darüber hinaus hat das Management ein Interesse daran, sein eigenes firmenspezifisches Humankapital zu schützen.[193] Daher kann eine Senkung des Insolvenzrisikos durch eine über die Aktionärsinteressen hinausgehende Diversifizierung einen Grund für Konsolidierungsmaßnahmen darstellen. Falls die Corporate Governance-Strukturen die Interessen der Unternehmensführung nicht ausreichend in Einklang mit denjenigen der Eigentümer bringen, besteht die Gefahr, zu hohe Übernahmeprämien zu bezahlen. Auf der anderen Seite kann eine starke Stellung des Managements auch Wert steigernde Zusammenschlüsse verhindern, da nur eine reduzierte Bereitschaft besteht, selbst ein Übernahmeziel zu werden.

Allerdings existieren Mechanismen, um die Wahrscheinlichkeit von Aktivitäten des Managements, die nicht im Interesse der Eigentümer sind, zu reduzieren.[194] Hierzu gehören die Beteiligung des Managements am Unternehmen, eine konzentrierte Eigentümerstruktur, die zu einer besseren Überwachung als bei einem weit gestreuten Aktionärskreis führen kann, und die Präsenz unabhängiger Außenstehender in den Kontrollgremien der Bank.[195] Bei einer ablehnenden Haltung des Managements gegen ein vernünftiges Übernahmeangebot aufgrund persönlicher Interes-

---

[189] Vgl. Dermine, 2003, S. 60 und Group of Ten, 2001, S. 66.

[190] Akquisitionen, die unabhängig von der Wertschaffung für die Eigentümer das ausschließliche Ziel einer gesteigerten Unternehmensgröße haben, können u. U. zu einem Herdentrieb in der Branche führen und somit eine Sektorkonsolidierung anstoßen. Vgl. hierzu Milbourn/ Boot/ Thakor, 1999, S. 211.

[191] Vgl. Milbourn/ Boot/ Thakor, 1999, S. 211.

[192] Vgl. zur „Hybris-Hypothese" bei Übernahmeangeboten auch Roll, 1986, S. 199f.

[193] Vgl. Berger/ Demsetz/ Strahan, 1999, S. 146f.

[194] Vgl. Group of Ten, 2001, S. 68.

[195] Allerdings lassen sich Erkenntnisse über Corporate-Governance-Strukturen aus dem Nichtfinanzbereich nicht ohne weiteres auf Banken übertragen. In einer empirischen Untersuchung von Subrahmanyam, Rangan und Rosenstein (1997) erweist sich bspw. bei Banken die Eigentümerstruktur als ein wichtigerer Kontrollmechanismus als die Besetzung der Kontrollgremien mit Außenstehenden. Vgl. hierzu Subrahmanyam/ Rangan/ Rosenstein, 1997, S. 34f.

sen kommt den Kontrollgremien und eventuell vorhandenen Großaktionären eine entscheidende Rolle zu, indem sie Druck auf das Management ausüben.[196]

2.2.3.2. Probleme bei der Beurteilung der erwarteten Effekte von Bankenfusionen

Ein mangelhafter Informationsfluss kann die Unsicherheiten hinsichtlich der Folgen von Bankenzusammenschlüssen erhöhen.[197] Dies kann auf eine unvollständige Berichterstattung oder unterschiedliche Rechnungslegungsstandards zwischen einzelnen Ländern oder Sektoren zurückgehen. Eine mangelnde Vergleichbarkeit in der Unternehmensberichterstattung erschwert die Beurteilung der Risikoprofile und die Bewertung der in eine Transaktion involvierten Institute durch den Markt. Allerdings sind in den vergangenen Jahren infolge der Fortschritte in der Informationstechnologie und der zunehmenden Anwendung internationaler Rechnungslegungsstandards Verbesserungen hinsichtlich der Verbreitung und Qualität von Finanzinformationen festzustellen. Dennoch kann eine hohe Komplexität der durch einen Zusammenschluss geschaffenen Organisation die klare Beurteilung des Risikoprofils durch den Markt verhindern.[198]

Zudem gibt es einige Gründe dafür, dass das Management bei der Einschätzung der positiven Effekte aus einem Zusammenschluss zu optimistisch ist.[199] So werden i. d. R. die möglichen Ertragsverluste bei einer Übernahme nicht in den Prognosen berücksichtigt. Diese fallen bei Zusammenschlüssen von Banken mit hoher Überlappung im Allgemeinen stärker aus, da Filialschließungen infolge der Realisierung von Kosteneinsparungen mit einer höheren Wahrscheinlichkeit zu Kundenabwanderungen führen. Ein weiteres Beispiel für zu positive Managementerwartungen ist die Unterschätzung der mit der Integration verbundenen Restrukturierungskosten.[200] Darüber hinaus werden in Unternehmensprognosen hinsichtlich der Effizienzsteigerungen

---

[196] Vgl. Hadlock/ Houston/ Ryngaert, 1999, S. 228. Eine aktuelle Untersuchung von Jostarndt, Rudolph und Thierauf (2006) zeigt bspw. für deutsche Unternehmen einen direkten Zusammenhang zwischen der Performance und einem erzwungenen Austausch des CEO auf. Dieses Ergebnis deutet auf eine funktionierende Disziplinierung des Managements hin. Dabei steigen die Austauschraten des CEO mit zunehmender Eigentümerkonzentration im Aktionärskreis an. Vgl. Jostarndt/ Rudolph/ Thierauf, 2006, S. 223f. Die genannte Analyse bezieht sich dabei auf die im DAX 100 enthaltenen Unternehmen im Zeitraum von 1998 bis 2003, wobei allerdings der Finanzsektor aufgrund seiner Besonderheiten ausgeschlossen wurde. Vgl. Jostarndt/ Rudolph/ Thierauf, 2006, S. 209f.

[197] Vgl. Group of Ten, 2001, S. 79f.

[198] Vgl. Group of Ten, 2001, S. 150.

[199] Vgl. Houston/ James/ Ryngaert, 2001, S. 313-315.

[200] In einer Analyse von 27 Bankenzusammenschlüssen in den USA stellen Houston, James und Ryngaert (2001) fest, dass die tatsächlich verbuchten Restrukturierungskosten die ursprünglichen Managementprognosen im Durchschnitt um 24,2% übertrafen. Allerdings spielen die Restrukturierungsaufwendungen für die Bewertung der neu entstandenen Kreditinstitute in ihrer Studie nur eine untergeordnete Rolle. Vgl. Houston/ James/ Ryngaert, 2001, S. 314.

häufig Kosteneinsparungen berücksichtigt, die auch ohne einen Zusammenschluss hätten erzielt werden können.

Bei der Beurteilung des Integrationserfolgs über einen Zeitraum von mehreren Jahren hinweg sollten auch eventuelle Wahrnehmungsverzerrungen durch die Unternehmensberichtserstattung berücksichtigt werden.[201] So dürften Manager, die ihre ursprünglichen Kosteneinsparungsziele erreicht haben, eher darüber berichten als über unerwartet hohe Ertragseinbußen.

2.2.3.3. Störfaktoren bei der Umsetzung von M&A-Transaktionen

Obwohl Bankenzusammenschlüsse theoretisch zahlreiche Möglichkeiten zur Wertsteigerung bieten, ist die Umsetzung der entsprechenden Maßnahmen nicht problemfrei.[202] Bspw. können Kompetenzstreitigkeiten zu Verzögerungen bei den geplanten Kosteneinsparungen führen. Der Integrationsprozess kann zudem zu Kundenabwanderungen und hohen Restrukturierungsaufwendungen[203] führen. In der Umsetzungsphase einer Bankenfusion kann ein Wettbewerbsnachteil auch dadurch entstehen, dass Ressourcen anstelle für das Kundengeschäft eher für interne Angelegenheiten absorbiert werden.[204] Darüber hinaus sind die Auswirkungen von M&A-Transaktionen auf die operative Performance auch von den Eigenschaften der jeweiligen Arbeitsmärkte abhängig, da hier Rigiditäten tiefgreifende Restrukturierungen behindern können.[205] Insgesamt ist es meist schwierig, zwei zuvor selbständige Gesellschaften zusammen mit Erfolg zu führen.[206]

Selbst wenn durch Zusammenschlüsse Synergien realisiert werden können, so erhöht sich dadurch auch die Komplexität der neu geschaffenen Organisation.[207] Dies kann zu höheren Produktions- und Kontrollkosten führen, die möglicherweise zumindest einen Teil der erzielbaren positiven Effekte kompensieren. Dabei spielt die Größe der sich zusammenschließenden Unternehmen eine wesentliche Rolle. Je größer eine Transaktion ist, desto höher ist tendenziell auch deren Komplexität bei der sich anschließenden Integration.[208] Die geringere Transparenz hinsichtlich potenzieller Synergieeffekte wirkt sich dabei erschwerend auf die Beurteilung durch den Kapitalmarkt aus. Zwar bieten Mega-Zusammenschlüsse theoretisch erhebliches Synergiepotenzial,

---

[201] Vgl. Houston/ James/ Ryngaert, 2001, S. 327.
[202] Vgl. Houston/ James/ Ryngaert, 2001, S. 289.
[203] Beispiele hierfür sind Abfindungszahlungen, Beratungskosten und Sonderabschreibungen von IT-Kapazitäten.
[204] Vgl. European Central Bank, 1999, S. 25.
[205] Vgl. Group of Ten, 2001, S. 150.
[206] Vgl. Bühner, 1990, S. 296.
[207] Vgl. Hughes u. a., 1999, S. 295.
[208] Vgl. Beitel/ Schiereck, 2001, S. 21.

allerdings kann die hohe Komplexität deren Ausschöpfung einschränken bzw. verhindern.[209] Empirische Untersuchungen deuten z. T. darauf hin, dass Effizienzgewinne durch die Nutzung von Skaleneffekten ab einer gewissen Größenordnung aufgrund der steigenden Komplexität des neu geschaffenen Instituts verschwinden.[210] Allerdings spielt hierbei eine wesentliche Rolle, ob es sich um einen Zusammenschluss im Inland oder um eine grenzüberschreitende Transaktion handelt, worauf die Ergebnisse einer aktuellen Studie für den europäischen Bankenmarkt hinweisen.[211] Je größer bei Inlandsfusionen, die i. d. R. auf die Realisierung von Kostensynergien fokussieren, das Übernahmeobjekt im Verhältnis zum Käufer ist, desto geringer fallen im Durchschnitt die Verbesserungen der operativen Performance aus. Die Ursache hierfür ist, dass die Schwierigkeiten der Integration bei einer größeren Einheit zunehmen. Dagegen verbessert sich bei grenzüberschreitenden Zusammenschlüssen durchschnittlich die operative Performance umso stärker, je größer die übernommene Bank im Verhältnis zum Käufer ist. Die Begründung hierfür dürfte sein, dass die Ursachen für grenzüberschreitende M&A üblicherweise nicht primär in Kosteneinsparungen liegen, sondern andere Motive haben.

Einen wesentlichen Störfaktor bei Bankenzusammenschlüssen stellen außerdem kulturelle Unterschiede dar.[212] Diese treten auf Unternehmensebene, zwischen unterschiedlichen Subsektoren[213] und zwischen Ländern bzw. Regionen auf.[214] Kulturelle Unterschiede erhöhen die Komplexität und damit die Kosten der Steuerung des Integrationsprozesses. Unterschiedliche Unternehmenskulturen bei Käufer und Übernahmeobjekt können dazu führen, dass eine Offerte einen unfreundlichen Charakter erhält. Das kann den Informationsaustausch, das Verfolgen gemeinsamer Ziele und die Entwicklung einer einheitlichen Unternehmenskultur behindern. Differenzen in der Unternehmenskultur können dabei sowohl zwischen Banken innerhalb desselben Geschäftsfeldes als auch über Subsektoren hinweg auftreten. Darüber hinaus haben kulturelle Unterschiede bei grenzüberschreitenden Bankenzusammenschlüssen eine besondere Bedeutung in Form länderspezifischer Faktoren.[215] Hierzu zählen Sprachbarrieren, Unterschiede im Kommunikationsstil und beim Kundenverhalten sowie das Bestehen spezifischer Distributionskanäle. Neben regulatori-

---

[209] Vgl. Beitel/ Schiereck, 2001, S. 23. Beitel und Schiereck (2001) kommen im Rahmen ihrer Untersuchung zu diesem Schluss, da es einen signifikanten Unterschied in der Kursperformance der Akquisiteure bei den größten Transaktionen des Datensatzes im Vergleich zu den mittelgroßen Transaktionen gibt.

[210] Vgl. Group of Ten, 2001, S. 253. Allerdings basieren entsprechende Untersuchungen auf Daten der 80er und frühen 90er Jahre. Hohe Fixkosten infolge des technologischen Fortschritts in den vergangenen Jahren könnten hingegen auch für größere Banken Effizienzgewinne durch die Nutzung von Skaleneffekten ermöglichen.

[211] Vgl. Altunbas/ Ibánez, 2004, S. 23.

[212] Vgl. European Central Bank, 1999, S. 25.

[213] Bspw. zwischen Investment Banking und Privatkundengeschäft.

[214] Vgl. Group of Ten, 2001, S. 79.

[215] Vgl. European Central Bank, 2005a, S. 9.

schen Gründen und der starken Informationsasymmetrie zwischen Erwerber und Verkäufer können kulturelle Unterschiede eine signifikante abschreckende Wirkung hinsichtlich feindlicher Übernahmen im Bankensektor haben.[216]

Statistische Untersuchungen hinsichtlich potenzieller Wertsteigerungen durch Bankenzusammenschlüsse gaben insgesamt keinen eindeutigen positiven Nachweis hierfür.[217] Dies erscheint vor dem Hintergrund interessant, dass die Bankenkonsolidierung weiterhin mit hoher Geschwindigkeit voranschreitet. Die Planung und Durchführung einer Transaktion scheint ein mindestens ebenso wichtiger Erfolgsfaktor zu sein wie die zugrunde liegenden ökonomischen Motive – insbesondere vor dem Hintergrund der Unterschiede zwischen den Instituten und den bestehenden Strukturen in der europäischen Bankenlandschaft.[218]

2.2.4. Katalysatoren für den Konsolidierungsprozess

2.2.4.1. Technischer Fortschritt als beschleunigender Faktor

Im Folgenden werden Umweltfaktoren, die zu einer Beschleunigung bzw. Hemmung des Konsolidierungsprozesses führen können, gesondert betrachtet, auch wenn diese in der Praxis mit den Motiven und Ursachen für M&A-Aktivitäten eng verflochten sind.[219] Zu diesen „Katalysatoren" gehören neben dem in diesem Unterkapitel erläuterten technischen Fortschritt auch die Deregulierung (Kapitel 2.2.4.2.) und günstige Entwicklungen des Marktumfelds (Kapitel 2.2.4.3.). Im Bankensektor haben dabei sowohl technische Innovationen als auch tiefgreifende Deregulierung weltweit eine Fusionswelle verursacht, die zunächst in den 80er Jahren in den USA begann und schließlich in den 90er Jahren Europa erfasste.[220]

Der technische Fortschritt führt zu größeren Skaleneffekten bei der Produktion von Bankleistungen, und damit auch zu verstärkten Möglichkeiten zur Realisierung von Effizienzsteigerungen durch Konsolidierung.[221] Beispiele für Weiterentwicklungen finden sich u. a. bei der Erzeugung innovativer Produkte wie Finanzderivate. Auch Systeme für das Risikomanagement werden von größeren Instituten u. U. effizienter betrieben. Im Privatkundengeschäft ermöglichen neue Ver-

---

216 Vgl. Group of Ten, 2001, S. 13.

217 Vgl. Houston/ James/ Ryngaert, 2001, S. 286.

218 Vgl. Group of Ten, 2001, S. 151. Allerdings können die Kurseffekte des Käufers auch (positiv) mit der Anzahl alternativ zur Verfügung stehender Übernahmeobjekte bzw. (negativ) mit der potenziellen Anzahl konkurrierender Bieter zusammenhängen. Vgl. hierzu James/ Wier, 1987, S. 369.

219 Vgl. Group of Ten, 2001, S. 11.

220 Vgl. Focarelli/ Panetta/ Salleo, 2002, S. 1047.

221 Vgl. Berger/ Demsetz/ Strahan, 1999, S. 148f.

triebswege wie Telefoncenter und Online-Banking die Realisierung von höheren Skaleneffekten als das traditionelle Filialgeschäft. Technische Verbesserungen bei der Zahlungsverkehrsabwicklung bieten weitere Möglichkeiten für Effizienzsteigerungen im Back-Office-Bereich. Anzumerken ist allerdings, dass Skaleneffekte aufgrund technischen Fortschritts – alternativ zu M&A-Transaktionen – auch durch Kooperationen erreicht werden können.

Insbesondere die rasanten Weiterentwicklungen der Telekommunikations- und IT-Dienstleistungen führen zu niedrigeren Informations- und Transaktionskosten, die erhebliche Auswirkungen auf den Finanzsektor haben.[222] Eines von mehreren Beispielen hierfür sind die Änderungen in der Distributionskapazität. Als Folge schnellerer und gleichzeitig kostengünstigerer Verbindungen können Finanzdienstleistungsunternehmen mit der entsprechenden Technik ein breiteres Produktangebot für eine größere Kundenzahl bei einer erhöhten geografischen Reichweite zur Verfügung stellen. Ein weiteres Beispiel ist die Entwicklung neuer Produkte und Dienstleistungen. Technologischer Fortschritt in Kombination mit Innovationen im Financial Engineering ermöglicht das Angebot maßgeschneiderter Produkte entsprechend spezifischer Kundenbedürfnisse hinsichtlich Risikomanagement und Anlageprofil. Des Weiteren führt der technologische Fortschritt zusammen mit einer voranschreitenden Deregulierung zu einem Verschwimmen der Grenzen zwischen den einzelnen Bankentypen. Die Konkurrenz findet heutzutage zunehmend auf der Einzelproduktebene statt, da Banken und auch andere Anbieter ihr Spektrum an Finanzdienstleistungen erheblich ausweiteten. Zudem erleichtert der technische Fortschritt den Eintritt neuer Marktteilnehmer. Dies gilt v. a. für das Geschäft mit Privatkunden und kleineren Firmenkunden, da die Existenz eines Filialnetzes, das bisher eine wesentliche Markteintrittsbarriere darstellte, zunehmend an Bedeutung verliert. Dennoch dürfte eine physische Präsenz vor Ort i. d. R. auch weiterhin ein bedeutendes Element des Geschäftsmodells darstellen.

2.2.4.2. Beseitigung von Beschränkungen durch Deregulierung

Gewisse regulatorische Begrenzungen hinsichtlich der geografischen Ausdehnung und des Umfangs der Geschäftstätigkeit von Banken haben eine limitierende Wirkung auf die Sektorkonsolidierung.[223] Diese Beschränkungen führten in der Vergangenheit dazu, dass auch etliche ineffiziente Banken überleben konnten. Die Deregulierung hat zur Folge, dass nun Zusammenschlüsse stattfinden können, die zuvor nicht zulässig waren. Dies bewirkt wiederum einen erhöhten Druck

---

[222] Vgl. Group of Ten, 2001, S. 71f. Für einen umfassenden Überblick veränderter Wettbewerbsbedingungen im Bankensektor durch Informations- und Kommunikationstechniken vgl. auch Picot/ Neuburger, 2000, S. 21-23.

[223] Vgl. Berger/ Demsetz/ Strahan, 1999, S. 150f.

auf ineffiziente Banken, aus eigener Kraft oder durch Konsolidierung ihre Wettbewerbsfähigkeit zu steigern. Eine Aufweichung der vormals starken Regulierung setzte in den USA in den 80er und frühen 90er Jahren ein.[224]

Auch in Europa ist eine fortlaufende Deregulierung zu beobachten, wobei sich die Beseitigung rechtlicher Hürden hin zu einem integrierten Bankenmarkt in den Mitgliedsländern der Europäischen Union in fünf Phasen unterscheiden lässt[225]:

- Deregulierung des Markteintritts (1957-1973)
- Harmonisierungsinitiativen zur Regulierung von Banken (1973-1983)
- Vervollständigung des Binnenmarktes (1983-1992)
- Schaffung der europäischen Einheitswährung (bis 1999)
- Aktionsplan für Finanzdienstleistungen („Financial Services Action Plan"/FSAP) (1999-2005)

Das Ziel des Vertrags von Rom aus dem Jahr 1957 war die Transformation der stark segmentierten nationalen Märkte in einen gemeinsamen Binnenmarkt.[226] Im Juni 1973 wurden schließlich mit einer Richtlinie (73/183/EWG) Beschränkungen bei der Erbringung von Finanzdienstleistungen beseitigt. Dabei galt das Prinzip, dass für alle in einem bestimmten Land tätigen Unternehmen die regulatorischen Vorschriften und die Aufsichtszuständigkeiten des Gastlandes zur Anwendung kamen. Auch wenn damit diskriminierende Eintrittsbarrieren beseitigt wurden, bestanden starke Beschränkungen grenzüberschreitender Finanzdienstleistungen durch Regulierungen des internationalen Kapitalverkehrs weiter fort. Zudem verursachte die mangelnde Koordination der Bankenaufsicht hohe Zusatzkosten im Falle internationaler Tätigkeit.

---

[224] In den USA trug insbesondere der „Riegle-Neal Interstate Banking and Branching Efficiency Act" von 1994 zur Beschleunigung der Konsolidierung im US-Markt bei. So gestattete das Gesetz, ab dem 29. September 1995 auch Banken in jedem anderen US-Bundesstaat zu erwerben und zudem ab dem 1. Juni 1997 eigenes Filialgeschäft in annähernd jedem US-Staat zu betreiben. Vgl. hierzu Akhavein/ Berger/ Humphrey, 1997, S. 96f. Die Bildung von Finanzkonglomeraten wurde mit dem „Financial Services Modernization Act" (bzw. „Gramm-Leach-Bliley Act") in 1999 ermöglicht. Vgl. hierzu Vander Vennet, 2002, S. 255.

[225] Vgl. Dermine, 2003, S. 33-36. Bei der Betrachtung der rechtlichen Rahmenbedingungen beschränkt sich die vorliegende Arbeit auf die Europäische Union (EU), auch wenn das Thema dieser Dissertation weiter gefasst ist und sich auf Banken in Europa bezieht. Neben der zentralen wirtschaftlichen Bedeutung der EU innerhalb Europas liegt ein weiterer Grund hierfür in den zahlreichen Beitritten im Laufe der Zeit (Januar 1995: Finnland, Österreich und Schweden, vgl. Dermine, 2003, S. 35, Fußnote 14; Mai 2004: Estland, Lettland, Litauen, Malta, Polen, Slowakei, Slowenien, Tschechische Republik, Ungarn, Zypern, vgl. Europäische Union, 2004b, S. 1). Außerdem geht die Reichweite der Regelungen für einen einheitlichen europäischen Bankenmarkt über die Mitgliedsländer der EU hinaus, da die Mitglieder der Europäischen Freihandelszone (EFTA) mit Ausnahme der Schweiz dem Europäischen Wirtschaftsraum beitraten und somit die Regelungen für den Bankenmarkt akzeptierten. Vgl. hierzu Dermine, 2003, S. 35f.

[226] Vgl. Dermine, 2003, S. 33.

Einen wesentlichen Fortschritt in den Harmonisierungsbestrebungen stellte die Verabschiedung der Ersten Bankenrichtlinie (77/780/EWG) im Jahr 1977 dar.[227] Mit dieser Richtlinie wurde hinsichtlich der Zuständigkeit für die Bankenaufsicht das Heimatlandprinzip eingeführt. Damit wurde die Kontrolle von Banken, die in mehreren Ländern der EU operativ tätig waren, von dem Gastland auf das Heimatland übertragen. Bei der Ersten Bankendirektive handelte es sich um ein allgemeines Programm, das einen ersten Schritt zur Harmonisierung darstellte und weitere Direktiven erforderte. Dennoch blieb der europäische Bankenmarkt weiterhin fragmentiert, da bei grenzüberschreitenden Bankaktivitäten u. a. nach wie vor Autorisierungen der Aufsicht des Gastlandes notwendig waren und der Umfang der Leistungspalette durch Gesetze des Gastlandes eingeschränkt werden konnte.

Im Jahr 1985 veröffentlichte die Europäische Kommission ein Weißpapier zur Vervollständigung des Binnenmarktes.[228] Dieses forderte eine einzige Banklizenz, Heimatlandkontrolle und gegenseitige Anerkennung. Diese Prinzipien wurden in der Zweiten Bankenrichtlinie (89/646/EWG) des Jahres 1989 aufgenommen, nach der alle Kreditinstitute mit einer Banklizenz ihres Heimatlandes in anderen EU-Ländern Filialen errichten und grenzüberschreitende Finanzdienstleistungen erbringen durften, ohne hierfür eine weitere Autorisierung zu benötigen.[229] Das von der EU angewendete Modell ist das der Universalbank, welches auch Investment Banking-Aktivitäten zulässt. Die Kontrolle von Finanzkonglomeraten, der Eigentümerstrukturen von Banken und die Verbindungen zu Industrieunternehmen blieben hingegen im nationalen Zuständigkeitsbereich. Der Vertrag von Maastricht zur Europäischen Union hat schließlich das Programm zur Schaffung eines Binnenmarktes bestätigt.

Einen weiteren bedeutenden Schritt zur Beseitigung von Hindernissen für grenzüberschreitende Bankaktivitäten stellte die Einführung des Euros mit der Europäischen Währungsunion am 1. Januar 1999 dar.[230] Ab diesem Zeitpunkt galten für die Geld- und Kapitalmärkte fixe Wechselkurse für die Teilnehmerländer, während der Euro als Bargeld erst am 1. Januar 2002 eingeführt wurde.[231] Darauf folgte im Mai 1999 schließlich der Aktionsplan für Finanzdienstleistungen (FSAP),

---

[227] Vgl. Dermine, 2003, S. 33f.

[228] Vgl. Dermine, 2003, S. 34f.

[229] Diese Prinzipien gelten selbstverständlich auch in der aktuellen EU-Richtlinie (2000/12/EG) über die Aufnahme und Ausübung der Tätigkeit der Kreditinstitute fort. Vgl. hierzu Europäische Union, 2000a, Art. 18 und Art. 26.

[230] Vgl. Dermine, 2003, S. 36 und Europäische Zentralbank, 2005, S. 85.

[231] Die Einführung des Euros wirkt sich insbesondere auf die Konkurrenzsituation auf den Aktien- und Anleihemärkten aus, da nun die Heimatwährung als wesentlicher Wettbewerbsvorteil entfällt und Unternehmensgröße eine zunehmende Rolle spielt. Zudem besteht in einem einheitlichen Währungsraum größere Notwendigkeit zur Diversifizierung von Kreditrisiken, die durch grenzüberschreitende Kreditvergabe bzw. Bankenzusammenschlüsse erreicht werden kann. Vgl. Dermine, 2003, S. 37f und European Central Bank, 1999, S. 12-14. Zur großen Bedeu-

der zahlreiche Initiativen[232] beinhaltet, um die vollständige Integration der Banken- und Kapitalmärkte bis zum Jahr 2005 zu gewährleisten. Der FSAP ist damit als eine der treibenden Kräfte für die weitreichenden Veränderungen in der europäischen Finanzlandschaft zu sehen.[233] Von den ursprünglichen 42 FSAP-Maßnahmen wurden bis Mitte 2004[234] insgesamt 39 Maßnahmen abgeschlossen, womit der Aktionsplan als rechtzeitig und weitgehend umgesetzt betrachtet werden kann.[235] In der nächsten Phase soll der Schwerpunkt für den Zeitraum 2005-2010 v. a. auf der Konsolidierung bestehender Rechtsvorschriften, der Sicherstellung der tatsächlichen Umsetzung in der Praxis, einer kontinuierlichen nachträglichen Überprüfung und der Verbesserung der Zusammenarbeit bei der Aufsicht innerhalb der EU liegen.[236]

Der Wahl der Bankenstrategie – wozu auch M&A-Aktivitäten zählen – kommt in Zeiten struktureller Veränderungen, insbesondere durch steigenden Wettbewerb und Gewinndruck infolge der Euroeinführung, eine besonders hohe Bedeutung zu.[237] Allerdings hat – trotz der Lockerung der generellen Einschränkungen von Geschäftsaktivitäten bzw. Zusammenschlüssen – das Verhalten der jeweiligen Behörden bei Genehmigungen bzw. Verboten einzelner Transaktionen weiterhin Auswirkungen auf den Konsolidierungsprozess.[238] Ein weiterer Aspekt staatlicher Einflussnahme besteht zudem in der Existenz von Kreditinstituten, die sich in der öffentlichen Hand befinden.[239] Außerdem kann der politische Wille der Regierung eines Landes den Konsolidierungsprozess beeinflussen, indem diese in manchen Fällen eine fortschreitende Konsolidierung unterstützt, insbesondere um die sozialen Folgen im Falle eines Bankenzusammenbruchs zu minimieren.[240] Zudem ist oftmals das Interesse an so genannten „nationalen Champions“ zu beobachten. Dies führt tendenziell zu einer Förderung von Bankenzusammenschlüssen im Inland, aber einer eher ablehnenden Haltung gegenüber Übernahmen aus dem Ausland.[241]

---

tung der Euroeinführung für die Unternehmensfinanzierung über Anleihen vgl. auch Rajan/ Zingales, 2003, S. 156f.

[232] Für die Auflistung und Beschreibung der einzelnen Maßnahmen geordnet nach strategischen Zielen vgl. Europäische Union, 1999, S. 22-30.

[233] Vgl. Europäische Union, 2003, S. 2.

[234] Zum Stand des aktuellen, zehnten Fortschrittberichts vom 2.6.2004. Nach der eigentlichen Befristung auf das Jahr 2004 wurden im Laufe von 2005 zwei weitere Maßnahmen umgesetzt. Vgl. hierzu European Union, 2005b, S. 3, Fußnote 1.

[235] Vgl. Europäische Union, 2004c, S. 1 und S. 6.

[236] Vgl. Europäische Union, 2005c, S. 4.

[237] Vgl. European Central Bank, 1999, S. 18.

[238] Vgl. Group of Ten, 2001, S. 72.

[239] Vgl. Organisation for Economic Co-operation and Development, 2000, S. 26.

[240] Vgl. Group of Ten, 2001, S. 67.

[241] Gründe hierfür stellen bspw. die Sicherstellung des Zugangs zu Finanzierungen und auch nationales Prestigedenken dar. Vgl. Organisation for Economic Co-operation and Development, 2000, S. 34. Diesbezüglich lässt sich jedoch in der EU ein starker politischer Wille zum Abbau von Verhinderungsstrategien feststellen. Vgl. hierzu auch die Ausführungen zur Wettbewerbskontrolle in Unterkapitel 2.1.3.

Auch wenn Übernahmen und Fusionen ein wesentliches Element für Banken darstellen, um strategisch auf Anpassungsdruck zu reagieren, so existieren allerdings auch strategische Alternativen hierzu.[242] Diese umfassen Initiativen für organisches Wachstum, den Eintritt in neue Märkte und strategische Allianzen.

2.2.4.3. Änderungen des Marktumfelds

Sowohl die Entwicklung des Aktienmarktes als auch des Zinsniveaus haben allgemein eine Auswirkung auf Unternehmenszusammenschlüsse, besonders jedoch bei Bankenzusammenschlüssen.[243] Die Merger-Aktivität nimmt mit steigenden Aktienindizes zu. Bei Banken ist das Volumen der Zusammenschlüsse dabei stärker mit der Marktentwicklung korreliert als bei Industrieunternehmen. Hinsichtlich der Zinsentwicklung lässt sich für Banken eine stärker ausgeprägte negative Korrelation zwischen dem Volumen von Zusammenschlüssen und Zinsänderungen feststellen als bei Unternehmen aus anderen Sektoren. Übernehmende Banken zahlen bei niedrigen Zinsniveaus höhere Preise und weisen niedrigere Überrenditen auf, wobei gleichzeitig die Anzahl der Transaktionen hoch ist.[244]

Beide Korrelationen lassen sich u. a. mit den Möglichkeiten und Kosten externer Akquisitionsfinanzierung erklären. Der besonders ausgeprägte Zusammenhang mit Änderungen des Zinsniveaus bei Banken ist darauf zurückzuführen, dass sie in ihrem operativen Geschäft i. d. R. einem Zinsänderungsrisiko ausgesetzt sind.[245] Ein externer Schock in Form einer starken Zinsbewegung kann daher u. U. den Wert einer Bank reduzieren, wodurch sich der Finanzierungsbedarf für eine Übernahme ebenfalls ermäßigt und damit ein Angebot für ein entsprechend betroffenes Kreditinstitut wahrscheinlicher macht.[246]

Des Weiteren kann die Phase des Konjunkturzyklus einen Einfluss auf die M&A-Aktivität haben. In Wachstumsphasen der Wirtschaft reduzieren sich die Unsicherheiten hinsichtlich einer Investition – und damit auch die Adverse-Selection-Kosten – und die Volumina von Aktienausgaben

---

242 Vgl. Group of Ten, 2001, S. 70.

243 Vgl. Esty/ Narasimhan/ Tufano, 1999, S. 257. Zu diesem Ergebnis kommen Esty, Narasimhan und Tufano (1999) in ihrer Untersuchung von Zusammenschlüssen von US-Unternehmen für den Zeitraum 1980-97.

244 Vgl. Esty/ Narasimhan/ Tufano, 1999, S. 259.

245 Die bei Banken besonders ausgeprägten Zinsänderungsrisiken ergeben sich aus dem regelmäßigen Halten von offenen Festzinspositionen, die sich aus einer positiven Fristentransformation, einer technisch bedingten laufzeitinkongruenten Refinanzierung bzw. einer Divergenz der Geld- und Zinsbindungsfristen ergeben können. Vgl. hierzu Rudolph, 1981, S. 1-3.

246 Vgl. Esty/ Narasimhan/ Tufano, 1999, S. 261. Eine hohe Korrelation zwischen Zinsänderungen und Kursrenditen von Banken stellten bspw. auch Flannery und James (1984) bzw. Unal und Kane (1988) fest. Vgl. hierzu Flannery/ James, 1984, S. 1142 bzw. Unal/ Kane, 1988, S. 135.

nehmen zu.[247] Bei einer negativen Entwicklung können Marktumfeldfaktoren dagegen entsprechend auch eine hemmende Wirkung auf den Konsolidierungsprozess haben.[248] Allerdings können schockähnliche Nachfragerückgänge zu einem Zusammenlegen von Kapazitäten durch M&A-Transaktionen führen.[249]

Die zunehmende Globalisierung der Wirtschaft ist ebenfalls ein Beispiel für veränderte Marktbedingungen und hat insbesondere eine beschleunigende Wirkung für grenzüberschreitende Zusammenschlüsse im Hinblick auf das Großkundengeschäft.[250] Mit der Globalisierung von Unternehmen außerhalb des Finanzsektors stieg deren Nachfrage nach Dienstleistungen an ihren jeweiligen Standorten. Die hierfür notwendige internationale Präsenz und Verbreiterung des Produktangebots führt zu Fixkostensteigerungen für die Banken, so dass für diese eine steigende Unternehmensgröße zu Skaleneffekten führen kann. Ein weiterer Aspekt in diesem Kontext ist die Globalisierung der Kapitalmärkte und die damit verbundene Verschiebung von einem bankbasierten System hin zu einem marktbasierten. Die Folge hieraus sind engere Margen, v. a. im Kreditgeschäft mit Unternehmen höchster Bonität, und potenzielle Abflüsse niedrigverzinslicher Kundeneinlagen. Der daraus folgende Anpassungsdruck kann sich ebenfalls beschleunigend auf die M&A-Tätigkeit von Banken auswirken.

Auch wenn Änderungen des Marktumfelds insbesondere über die Beeinflussung der Finanzierungskosten von Übernahmen eine gewisse Rolle spielen, so dürften jedoch die primären Faktoren für die M&A-Aktivität der technologische Fortschritt und Regulierungsänderungen sein.[251]

2.3. Entwicklung und Dynamik der Konsolidierung des Bankensektors

In den 90er Jahren nahm sowohl die Anzahl der Bankenübernahmen und -fusionen als auch das Transaktionsvolumen erheblich zu. Dies lässt sich an den Daten einer Studie der „Group of Ten" (2001) ablesen, welche die Konsolidierung des Finanzsektors in den 90er Jahren zum Inhalt hat. So übernahmen im Jahr 1999 weltweit insgesamt 506 Banken aus den 13 in der Studie

[247] Vgl. Choe/ Masulis/ Nanda, 1993, S. 30.
[248] Vgl. Group of Ten, 2001, S. 11.
[249] Vgl. Mitchell/ Mulherin, 1996, S. 197.
[250] Vgl. Group of Ten, 2001, S. 73f. Zu Vor- und Nachteilen der Globalisierung der Finanzmärkte vgl. auch Pilbeam, 2005, S. 10f.
[251] Vgl. James, 1999, S. 289.

enthaltenen Ländern[252] Unternehmen aus dem Finanzsektor in einem Volumen[253] von beinahe USD 275 Mrd. (verglichen mit 180 Banken und einem Volumen von USD 20 Mrd. in 1990). Dies entsprach 1,22% des BIP im Jahr 1999 (1990: 0,12%). Das durchschnittliche Volumen belief sich in 1999 auf USD 805,5 Mio. pro Transaktion (1990: USD 180,4 Mio.).

Um Trends in der Konsolidierung des Finanzsektors zu erkennen, lassen sich die M&A-Transaktionen nach den Kriterien Herkunftsland und Branchenzugehörigkeit klassifizieren.[254] Mit rund 73% der Transaktionen (bzw. rund 88% des Volumens) entfiel in den 13 in der Studie der „Group of Ten" berücksichtigten Ländern im Jahr 1999 der weit überwiegende Anteil auf inländische Bankenzusammenschlüsse. Ein Grund hierfür kann in regulatorischen Beschränkungen liegen, da einige Länder grenz- oder sektorübergreifende M&A-Transaktionen für Banken nicht gestatten.[255]

Trotz der soeben erörterten allgemeinen Trends hinsichtlich der fortschreitenden Bankenkonsolidierung lassen sich für die 90er Jahre zahlreiche Unterschiede zwischen den einzelnen Ländern feststellen.[256] Die relative Bedeutung der M&A-Aktivität von Banken – gemessen durch den Anteil des Transaktionsvolumens am BIP – unterschied sich erheblich zwischen einzelnen Ländern. So betrug bspw. das Transaktionsvolumen in Deutschland, Japan und Kanada weniger als 0,5% des BIP, in Belgien, Großbritannien, Schweiz und USA hingegen mehr als 1% des BIP. Auch hinsichtlich grenzüberschreitender Übernahmen bestanden erhebliche Unterschiede. Während z. B. in Japan und den USA Zusammenschlüsse weit überwiegend zwischen inländischen Unternehmen vollzogen wurden, wiesen insbesondere Belgien und die Niederlande einen signifikanten Anteil länderübergreifender Akquisitionen auf. Obwohl in Bezug auf sektorübergreifende Konsolidierungsmaßnahmen ebenfalls länderspezifische Unterschiede auftraten, fielen diese im Vergleich zu denjenigen bei grenzüberschreitenden Transaktionen tendenziell geringer aus.

---

[252] Dabei handelt es sich um Australien, Belgien, Deutschland, Frankreich, Großbritannien, Italien, Japan, Kanada, Niederlande, Spanien, Schweden, Schweiz und USA. Vgl. Group of Ten, 2001, S. 1. Zu den Zahlen für 1990-1999 vgl. Group of Ten, 2001, S. 337f, 349f, 353f. Die Daten dieser Studie für 1990-1999 basieren auf „SDC Platinum" und finden sich auch in Tab. 27 im Anhang 1 der vorliegenden Arbeit. Bei „SDC Platinum" handelt es sich um eine Datenbank mit Unternehmenstransaktionen, die von Thomson Financial angeboten wird.

[253] Dabei ist zu berücksichtigen, dass nicht für alle Zusammenschlüsse auch Informationen zum Transaktionsvolumen vorliegen. Allerdings ist davon auszugehen, dass für die größeren Transaktionen entsprechende Daten existieren. Des Weiteren ist zu beachten, dass „SDC Platinum" vor 1992 lediglich Transaktionen mit einem Volumen von mindestens USD 1 Mrd. bzw. solche ohne Volumenangabe berücksichtigte.

[254] Nach Herkunftsland wird zwischen In- und Ausland unterschieden, nach Branchenzugehörigkeit zwischen Banken, Versicherungen und Wertpapierfirmen/ Sonstige. Vgl. hierzu Group of Ten, 2001, S. 34.

[255] Vgl. Group of Ten, 2001, S. 34.

[256] Vgl. Group of Ten, 2001, S. 36.

Auf Bankenzusammenschlüsse in Europa – dem Untersuchungsgegenstand der vorliegenden Arbeit – entfielen für 1990 bis 1999 im Durchschnitt rund 29% sowohl der Gesamtzahl als auch des Transaktionsvolumens.[257] Dies bleibt deutlich hinter den USA zurück, deren Anteil an der Gesamtzahl der Transaktionen für den gleichen Zeitraum durchschnittlich ca. 64% betrug (bzw. rund 57% des gesamten Transaktionsvolumens). Auffällig ist im Vergleich zu den USA, dass in Europa zwar weniger Übernahmen durch Banken erfolgten, diese aber im Allgemeinen ein höheres durchschnittliches Volumen pro Transaktion aufwiesen.[258] Besonders wichtig waren für Europa in den 90er Jahren die letzten drei Jahre, auf die rund 75% des Volumens des gesamten Zehnjahreszeitraums entfielen (bei ca. 35% der Transaktionen). Entsprechend den globalen M&A-Trends im Bankensektor nahmen auch in Europa die Zusammenschlüsse zwischen Instituten innerhalb desselben Heimatmarktes mit einem Anteil von rund 61% der Transaktionen und ca. 83% des Gesamtvolumens eine dominante Stellung im Jahr 1999 ein. Allerdings hatten grenzüberschreitende Übernahmen (inkl. sektorübergreifender Deals) mit 26% der Transaktionen und knapp 15% des Volumens in 1999 eine überdurchschnittlich hohe Bedeutung, insbesondere im Vergleich zu den USA (5% der Transaktionen und ca. 8% des Volumens in 1999).

In der EU ging seit 1999 die M&A-Aktivität wieder zurück.[259] Dies deutet zwar auf eine Fortsetzung der Sektorkonsolidierung hin, allerdings mit verlangsamter Geschwindigkeit. Dieser Rückgang basiert hauptsächlich auf einer geringeren Anzahl inländischer Zusammenschlüsse, während die grenzüberschreitenden Transaktionen sowohl absolut als auch relativ zunahmen. Eine zunehmende Integration der Finanzmärkte, wachsende Konkurrenz, Grenzen der Inlandskonzentration und die Einführung des Euros stellen mögliche Erklärungsansätze für den höheren Auslandsanteil dar. Die Ursachen für die insgesamt geringere M&A-Aktivität ab dem Jahr 2000 dürften v. a. in der schwächeren Aktienmarktentwicklung und den Unsicherheiten der Marktteilnehmer liegen.[260] Sektorübergreifende Kombinationen zwischen Banken und Versicherungen blieben – im Vergleich zu den hohen Werten in den Jahren 2000 und 2001 – in der jüngsten Zeit selten.[261]

---

[257] Wiederum bezogen auf die 13 in der Studie der „Group of Ten" (2001) enthaltenen Länder. Vgl. hierzu auch Fußnote Nr. 252.

[258] Vgl. Group of Ten, 2001, S. 39.

[259] Vgl. European Central Bank, 2005a, S. 8. Für eine grafische Darstellung der M&A-Entwicklung in der EU-15 von 1990 bis 2005 vgl. European Central Bank, 2005a, S. 8, Chart 1.

[260] Vgl. Europäische Zentralbank, 2005, S. 84.

[261] Vgl. European Central Bank, 2005a, S. 9. Für eine grafische Darstellung der Entwicklung der Zusammenschlüsse zwischen Banken und Versicherungen in der EU-25 für den Zeitraum von 1990-2005 vgl. European Central Bank, 2005a, S. 9, Chart 3.

In dem in Abb. 7 betrachteten Zehnjahreszeitraum von 1995 bis 2004 beschränkten sich die Transaktionen mit einem Anteil von 80% primär auf das Inland.[262] Darin liegt auch ein Grund, dass Zusammenschlüsse zunächst v. a. zwischen kleineren Instituten erfolgten. Großfusionen wurden hingegen erst im Zeitraum von 1998 bis 2000 realisiert.

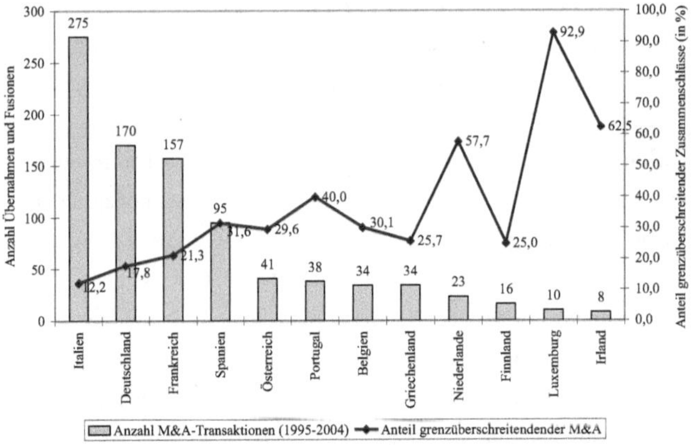

Abb. 7: Banken-M&A von 1995 bis 2004 im Eurowährungsraum[263]

Eine wesentliche Folge der fortschreitenden M&A-Aktivitäten ist, dass in beinahe allen Ländern eine Abnahme der Anzahl der Banken zu beobachten ist.[264] Abb. 8 zeigt, dass sich die Zahl der Banken in Euroland seit 1998 um beinahe ein Viertel reduziert hat. Dabei ist jedoch eine unterschiedliche Entwicklung innerhalb der einzelnen Länder festzustellen, wobei der Konsolidierungsprozess in Ländern mit zahlreichen Kreditinstituten stärker ausfiel.[265] Da Filialen für viele Haushalte und kleine Unternehmen den primären Zugang zu Finanzdienstleistungen darstellen, können Veränderungen in der Anzahl der Bankstellen infolge von M&A wesentliche Auswirkungen auf den Bankzugang für Kunden haben.[266]

---

[262] Vgl. Europäische Zentralbank, 2005, S. 83f.
[263] Basierend auf den Daten in Europäische Zentralbank, 2005, S. 84.
[264] Vgl. Group of Ten, 2001, S. 58 und Europäische Zentralbank, 2005, S. 83.
[265] Vgl. Europäische Zentralbank, 2005, S. 83. Ein Überblick zur Konsolidierung des Bankensektors in den einzelnen Mitgliedsstaaten des Euroraums findet sich bei Europäische Zentralbank, 2005, S. 84, Tab. 1.
[266] Vgl. Avery u. a., 1999, S. 498.

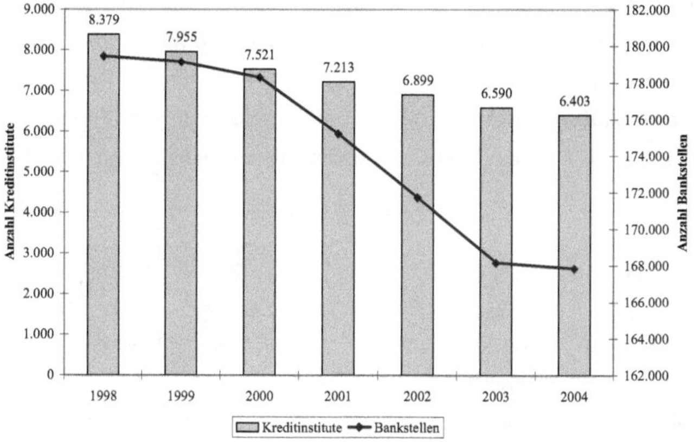

Abb. 8: Entwicklung von Kreditinstituten und Bankstellen im Eurowährungsraum[267]

Als weitere Folge der Konsolidierung nahm das Gewicht der größten Banken – gemessen am Anteil ihrer aggregierten Bilanzsummen am BIP[268] – im Zeitablauf beständig zu.[269] Gleichzeitig änderte sich die Verteilung der größten Kreditinstitute auf die unterschiedlichen Herkunftsländer im Zeitablauf erheblich.[270] Insbesondere die großen Zusammenschlüsse in den USA Ende der 90er Jahre ermöglichten etlichen US-Instituten, Spitzenplätze unter den weltweit größten Banken einzunehmen.

Für die Zukunft lassen sich zumindest drei Szenarien unterscheiden, die sich gegenseitig nicht ausschließen.[271] Erstens ist die Fortsetzung des Trends zu global tätigen, universalen Finanzdienstleistern denkbar.[272] Zweitens kann eine fortgesetzte Marktbereinigung zu spezialisierten Finanzdienstleistungsunternehmen führen, indem sich diese in ihren Kerngeschäftsfeldern durch

---

[267] Basierend auf den Daten von European Central Bank, 2005a, S. 48 und European Central Bank, 2002, S. 52.

[268] Diese Maßzahl dürfte die tatsächliche Konzentration des Bankensektors tendenziell unterschätzen, da außerbilanzielle Aktivitäten bei einer Betrachtung der Bilanzsumme nicht berücksichtigt werden. Die stark zunehmenden außerbilanziellen Aktivitäten werden von großen Instituten dominiert. Vgl. hierzu Group of Ten, 2001, S. 58.

[269] Vgl. Group of Ten, 2001, S. 55.

[270] Vgl. Group of Ten, 2001, S. 56.

[271] Vgl. Group of Ten, 2001, S. 14.

[272] Ein Beispiel hierfür ist der Mega-US-Zusammenschluss in 2004 von J. P. Morgan Chase mit Bank One. Zum Zeitpunkt der Ankündigung lag die gemeinsame Marktkapitalisierung bei rund USD 130 Mrd. Vgl. JPMorgan Chase, 2004, S. 1. Zu den Voraussetzungen für eine erfolgreiche Realisierung dieses als „Strategie der Generalisierung" bezeichenbaren Modells vgl. Picot/ Neuburger, 2000, S. 86.

M&A verstärken, dagegen Randaktivitäten abstoßen.[273] Drittens kann eine fortschreitende Konsolidierung mit einer schrittweisen Zerlegung der Wertschöpfungskette einhergehen.[274] Dies entspricht einer Extremform des zweiten Szenarios. Mit einem Anstieg der Kosten für M&A, insbesondere bei Transaktionen zwischen großen Instituten, könnten lockere Formen der Konsolidierung – wie strategische Allianzen und Gemeinschaftsunternehmen – eine attraktive Alternative werden.[275]

2.4. Zwischenfazit

Interessanterweise lassen in der Vergangenheit durchgeführte empirische Untersuchungen, welche potenzielle Effizienzsteigerungen durch Bankenzusammenschlüsse zum Gegenstand haben, im Durchschnitt auf keine Verbesserung der Performance schließen.[276] Dennoch lässt sich daraus nicht ableiten, dass durch Bankenfusionen grundsätzlich keine Effizienzsteigerungen erreicht werden können. Zahlreichen ökonomisch sinnvollen Motiven stehen oftmals nicht-ökonomische Gründe und Fehleinschätzungen bzw. Probleme in der Umsetzung der Integration gegenüber.[277] In jedem untersuchten Datensatz dürften gleichzeitig unterschiedlich motivierte Fälle von Zusammenschlüssen vorliegen und daher zu den oftmals nicht eindeutigen Ergebnissen empirischer Untersuchungen führen.[278] Einen möglichen Erklärungsbeitrag hinsichtlich des Erfolgs von M&A-Transaktionen bieten in diesem Zusammenhang mögliche Lerneffekte des Managements und die Ausrichtung der Entlohnung der Unternehmensführung an der Erreichung von Zielen, die im Interesse der Aktionäre sind.[279] Zudem deuten die Ergebnisse einer Studie von Altunbas und Ibánez aus dem Jahr 2004 für den Bankenmarkt der Europäischen Union darauf hin, dass Institute mit einer höheren strategischen Übereinstimmung bei einem Zusammenschluss im Durchschnitt

[273] Entscheidend für die Umsetzung einer Fokussierungsstrategie sind dabei die vorliegenden Kernkompetenzen der jeweiligen Unternehmen. Vgl. Picot/ Neuburger, 2000, S. 85. Als Beispiel kann der Verkauf eines Großteils der Versicherungsaktivitäten der Deutschen Bank an Zurich Financial Services (ZFS) bei gleichzeitigem Erwerb von Asset Management-Aktivitäten (Scudder) von ZFS in 2001 genannt werden. Vgl. Deutsche Bank, 2001, S. 1.

[274] Beispiel: Verkauf der Zahlungsverkehrsabwicklung seitens der Deutschen Bank und der Dresdner Bank an die Deutsche Postbank in 2004. Vgl. Deutsche Postbank, 2003, S. 1.

[275] Vgl. Group of Ten, 2001, S. 14.

[276] Vgl. Rhoades, 1994, S. 9. Eine Übersicht der insgesamt 39 von 1980 bis 1993 diesbezüglich durchgeführten Studien findet sich bei Rhoades, 1994, S. 10-35.

[277] Eine tabellarische Übersicht wesentlicher Risiken bei Banken-M&A, angeordnet nach der jeweiligen Art des Zusammenschlusses, findet sich bspw. bei European Central Bank, 2000, S. 30.

[278] Vgl. Berkovitch/ Narayanan, 1993, S. 348.

[279] Vgl. Becher, 2000, S. 211.

ihre operative Performance in einem größeren Ausmaß verbessern als Banken mit unterschiedlicher strategischer Ausrichtung.[280]

Das primäre Ziel von Kapitel 2 bestand darin, die zahlreichen Motive und Katalysatoren für M&A-Aktivitäten im Bankensektor aufzuzeigen. Diese haben teilweise gegenläufige Auswirkungen auf den Erfolg oder Misserfolg einer Transaktion bzw. auf deren Einschätzung durch den Kapitalmarkt und spiegeln sich entsprechend in den Kursreaktionen auf die Ankündigung eines Zusammenschlusses wider. Daraus wird auch die Problematik bei der Untersuchung der Wahl der Akquisitionswährung als Erfolgsfaktor ersichtlich, da die Entscheidung über die Zahlungsform der eigentlichen Entscheidung für oder gegen eine Transaktion nachgelagert ist. Eine von den Gründen und Wirkungsfaktoren bei M&A-Transaktionen unabhängige Betrachtung der Wahl der Akquisitionswährung erscheint vor diesem Hintergrund nicht sinnvoll. Aus diesem Grund stellt Kapitel 2 einen wichtigen Bezugsrahmen für die vorliegende Arbeit dar, insbesondere für die Interpretation der Ergebnisse der eigenen empirischen Untersuchung in Kapitel 4.

---

[280] Vgl. Altunbas/ Ibánez, 2004, S. 22.

3. Die Wahl der Akquisitionswährung als Erfolgsfaktor bei Unternehmenszusammenschlüssen

3.1. Die Auswahlentscheidung hinsichtlich der Akquisitionswährung

3.1.1. Entscheidungsparameter bei der Wahl der Akquisitionswährung

Im Folgenden soll ein kurzer Überblick über mögliche Zahlungs- und Finanzierungsformen und ihre jeweiligen Charakteristika gegeben werden. Dabei kann grundsätzlich zwischen der Form der Bezahlung einer Akquisition und der Art ihrer Finanzierung unterschieden werden.[281] So muss eine Stock Offer nicht zwangsläufig durch eine Kapitalerhöhung umgesetzt werden, sondern kann bspw. auch über den Erwerb eigener Aktien aus dem Zahlungsmittelbestand des Unternehmens erfolgen.[282] Eine Cash Offer kann dagegen neben einer Innenfinanzierung auch über eine Fremdkapitalaufnahme oder über die Ausgabe neuer Aktien finanziert werden. Allerdings ist bei einer Cash Offer die Finanzierung durch Fremdkapital derjenigen durch die Ausgabe neuer Aktien überlegen, da zum einen die Ausgabekosten für Fremdkapital geringer sind und zum anderen der Vorteil steuerfreier Kapitalgewinne im Zusammenhang mit einer Stock Offer verloren geht.[283] Da die meisten Unternehmen nur begrenzte Liquiditätsreserven haben, erfordern Barzahlungsangebote im Allgemeinen auch Fremdkapitalfinanzierung. Trotz der theoretischen Trennung zwischen Zahlungs- und Finanzierungsform steht das bietende Unternehmen somit implizit vor der Finanzierungsentscheidung, ob es Fremdkapital aufnimmt oder das Eigenkapital erhöht. Neben den beiden Grundformen Aktien oder Bargeld als Akquisitionswährung existieren darüber hinaus auch spezielle Konstrukte. Abb. 9 gibt einen Überblick der Möglichkeiten für die Auswahl der Akquisitionswährung und der Finanzierungsart, die zwei separierbare Entscheidungen darstellen.

---

[281] Vgl. Rudolph, 2000, S. 133f.

[282] Eine ausführliche wirtschaftsrechtliche Betrachtung der Möglichkeiten der Bezahlung einer Übernahme mit eigenen Aktien nach deutschem Recht findet sich bspw. bei Dietz, 2004, S. 24-33 und bei Herschlein, 2003, S. 7-105. Im Rahmen der vorliegenden Arbeit wird ausschließlich hinsichtlich der Akquisitionswährung und nicht nach der rechtlichen Natur der Transaktionen unterschieden. In diesem Zusammenhang ist insbesondere zu beachten, dass der Begriff „Share Deal" im rechtlichen Sinne den Erwerb von Anteilen des Targets beinhaltet und dies der Form des „Asset Deal" gegenübersteht, bei dem die einzelnen Vermögensgegenstände und Verbindlichkeiten des Zielobjekts erworben werden. Vgl. Kästle/ Oberbracht, 2005, S. 3. Ein Überblick der rechtlichen und steuerlichen Unterschiede von „Share Deals" und „Asset Deals" gemäß ihrer rechtlichen Natur in Deutschland findet sich bei Kästle/ Oberbracht, 2005, S. 4-8. In der vorliegenden Arbeit werden die Begriffe Stock Offer, Share Offer, Stock Deal, Share Deal und Aktienzahlungsangebote synonym für die Bezahlung einer M&A-Transaktion mit eigenen Aktien des Bieters verwendet.

[283] Vgl. Faccio/ Masulis, 2005, S. 1346, Fußnote 2.

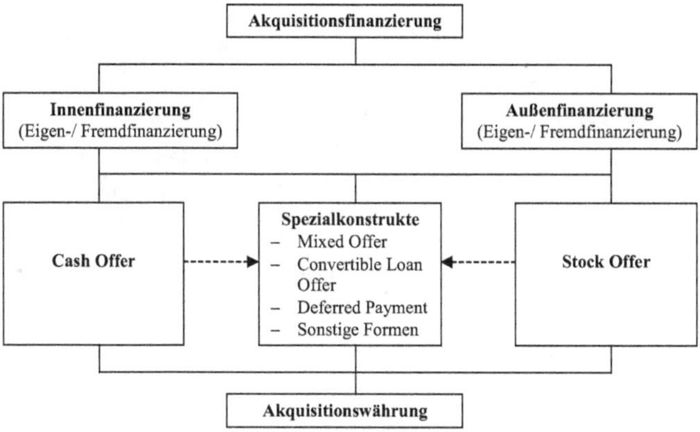

Abb. 9: Möglichkeiten der Finanzierungs- und Zahlungsformen von Akquisitionen[284]

Unter den Spezialkonstrukten findet sich die Mixed Offer als Kombination aus Bar- und Aktienkomponente.[285] Eine Convertible Loan Offer beinhaltet das Angebot von Wandelschuldverschreibungen als Akquisitionswährung. Bei der Vereinbarung eines Deferred Payment wird über einen festen Betrag hinaus eine Zuzahlung vereinbart, falls bestimmte Leistungskennzahlen erreicht werden. Darüber hinaus existieren weitere spezielle Formen – wie bspw. die Preferred Shares Offer – als Akquisitionswährung.[286]

3.1.2. Principal-Agent-Probleme bei Unternehmensübernahmen

Die Principal-Agent-Theorie betrachtet Auftraggeber-Auftragnehmer-Beziehungen, wobei unterstellt wird, dass die Aktionen des Auftragnehmers auch Auswirkungen auf den Nutzen des Principal haben.[287] Eine grundlegende Annahme stellt das Bestehen von Informationsasymmetrien dar.[288] Bei Unternehmensübernahmen und -fusionen können Principal-Agent-Probleme in Form von Adverse Selection und Moral Hazard auftreten. Als Adverse Selection werden Auswahlprobleme bei Vorliegen von Informationsasymmetrien bezüglich der Eigenschaften des Agents bzw.

[284] Basierend auf Rudolph, 2000, S. 133f.
[285] Vgl. Rudolph, 2000, S. 134.
[286] Ein detaillierter Überblick unterschiedlicher Zahlungsformen von Akquisitionen und der damit verbundenen Vor- und Nachteile für Bieter und Verkäufer findet sich bei DePamphilis, 2001, S. 399, Tab. 10-2.
[287] Vgl. Picot/ Dietl/ Franck, 2005, S. 72.
[288] Vgl. Picot/ Dietl/ Franck, 2005, S. 74.

der Qualität der Leistung vor Abschluss eines Vertrages bezeichnet.[289] Diese können im Extremfall zu einem Marktzusammenbruch führen. In seiner grundlegenden Arbeit zeigt Akerlof dies am Beispiel des Marktes für Gebrauchtwagen.[290] Weitere typische Beispiele für die Gefahr von Marktzusammenbrüchen infolge von Adverse-Selection-Problemen sind die Märkte für Versicherungen, Arbeit, Informationen oder Kredite.[291] Bei M&A-Transaktionen können sich Adverse-Selection-Probleme in Form von Schwierigkeiten bei der Beurteilung von Unternehmenswerten und Synergien äußern. Moral Hazard spielt dagegen eine Rolle bei Interessenkonflikten, die zwischen Management und Eigentümern bestehen können. Beide Erscheinungsformen sollen im Folgenden ausführlicher erläutert werden, da sie einen erheblichen Erklärungsbeitrag für die Auswahl einer bestimmten Akquisitionswährung beinhalten.

Allgemein betrachtet ist eine M&A-Transaktion ökonomisch nur dann sinnvoll, wenn sich aus den mit ihr verbundenen Vor- und Nachteilen ein positiver Nettobarwert ergibt.[292] Grundvoraussetzung hierfür ist, dass das neue, kombinierte Unternehmen mehr wert ist als die Summe der Einzelwerte der beiden Vorgängerunternehmen.[293] Dieser Mehrwert ergibt sich aus der erwarteten Realisierung von Nettosynergien.[294] Die Kosten einer Übernahme entsprechen dagegen der Differenz aus dem Kaufpreis und dem Wert des übernommenen Unternehmens auf Stand-Alone-Basis. Durch die Festlegung der Höhe eines Aufpreises wird der erwartete Mehrwert des fusionierten Unternehmens zwischen Käufer und Verkäufer aufgeteilt. Den Nettobarwert der Synergieeffekte errechnet man dabei durch Diskontierung der zusätzlichen Cashflows infolge des Zusammenschlusses.[295] Für die Kostensynergien entspricht dies den geschätzten Kosteneinsparungen (nach Steuern). Der zusätzliche Cashflow durch Ertragssynergien ergibt sich aus den prognostizierten Ertragsauswirkungen abzüglich dadurch ausgelöster zusätzlicher Aufwendungen (nach Steuern).

---

[289] Vgl. Picot/ Dietl/ Franck, 2005, S. 74.
[290] Vgl. Akerlof, 1970, S. 488-500.
[291] Vgl. Picot/ Dietl/ Franck, 2005, S. 80.
[292] Vgl. Brealey/ Myers, 1996, S. 914.
[293] Vgl. Rudolph, 2000, S. 135f.
[294] Ein Mehrwert aus der Zusammenführung zweier Unternehmen lässt sich bspw. durch Synergien in Form von niedrigeren durchschnittlichen Stückkosten, den sogenannten „Economies of Scale", erzielen. Dies ist typischerweise das Ziel bei horizontalen Unternehmenszusammenschlüssen. Bei vertikalen Unternehmenszusammenschlüssen können z. B. aus Erleichterungen bei der Koordinations- und Verwaltungstätigkeit Synergien realisiert werden. Weitere Möglichkeiten für die Schaffung eines Mehrwertes können auch komplementäre Ressourcen oder Steuervorteile aus ungenutzten Verlustvorträgen darstellen. Vgl. Brealey/ Myers, 1996, S. 917-919. Für eine detaillierte Darstellung ökonomischer Motive für Bankenzusammenschlüsse vgl. auch Kapitel 2.2.2.
[295] Vgl. Houston/ James/ Ryngaert, 2001, S. 295-297.

Bei Übernahmen und Fusionen kann bei asymmetrischer Informationsverteilung eine zweifache Adverse-Selection-Problematik auftreten.[296] Das Management des Übernahmeobjektes, das Informationsvorteile bezüglich des eigenen Unternehmenswertes besitzt, wird ein Angebot nur dann annehmen, wenn es höher ist als dessen Wert auf Stand-Alone-Basis.[297] Der Übernehmende muss somit seine Offerte auf Basis desjenigen Erwartungswertes erstellen, der die Bedingung berücksichtigt, dass das Angebot angenommen wird. Dabei tragen bei einer Cash Offer die Aktionäre des Käuferunternehmens die Nachteile aus einer potenziellen Überbewertung des Zielobjektes alleine.[298] Eine Fehlbewertung des Käuferunternehmens hat dagegen keine Auswirkungen, so dass entstehende Informationsprobleme auf die Seite des Übernahmekandidaten begrenzt bleiben. Darüber hinaus entsteht bei einem Stock Deal ein zweites Adverse-Selection-Problem, falls das Management des Akquisiteurs über Informationsvorteile verfügt. Denn durch den Einsatz von Aktien kommt es zu einer Risikoteilung zwischen beiden Eigentümergruppen hinsichtlich möglicher Fehlbewertungen von Unternehmenswerten und Synergien.[299] Bei einer Überbewertung des Übernahmeobjektes haben dessen Aktionäre auch an einer entsprechenden Kurskorrektur des neuen Unternehmens teil.[300] Entsprechend wird bei einer Überschätzung des Wertes des Käuferunternehmens der daraus folgende Verlust auch auf die Verkäufer mit übertragen. Somit erhöht die Bezahlung mit eigenen Aktien zwar die Wahrscheinlichkeit einer Annahme des Übernahmeangebotes, da die Eigentümer des Zielobjektes an dem erwarteten Mehrwert aus der Übernahme anteilsmäßig partizipieren. Jedoch ergeben sich gleichzeitig neue Informationsprobleme, die denjenigen bei einer Kapitalerhöhung unter Ausschluss des Bezugsrechts entsprechen.[301] Denn falls das Management des Käuferunternehmens bezüglich des Fusionserfolges optimistisch ist und daher den Wert des neuen Unternehmens höher einschätzt als Außenstehende, dann würde es eine Barzahlung bevorzugen, um eine Partizipation der neuen Aktionäre an dem höheren Unterneh-

---

[296] Hansen, 1987, S. 76. In dem Modell von Hansen wird als Verhandlungsstrategie die Abgabe eines einmaligen und endgültigen Angebots gewählt. Dies ist die optimale Verhandlungsstrategie des uninformierten Käufers bei Vorliegen von Informationsasymmetrie. Vgl. hierzu Samuelson, 1984, S. 1004. Einen Überblick alternativer Vorgehensweisen bei Unternehmensakquisitionen und daraus resultierenden Transaktionsmechanismen geben Berens/ Mertes/ Strauch, 2002, S. 34, Abb.1.

[297] Zusätzliche Probleme ergeben sich, wenn eine mögliche Akquisition antizipiert wird und sich bereits in dem Marktwert des Zielobjektes niederschlägt. Ist die Wertsteigerung aus einer potenziellen Übernahme bereits vollständig in den Kursen enthalten, dann besteht für die Aktionäre des Übernahmekandidaten kein Anreiz mehr zu verkaufen. Vgl. Rudolph, 2000, S. 136f.

[298] Vgl. Rudolph, 2000, S. 137.

[299] Vgl. Rappaport/ Sirower, 2000, S. 33.

[300] Vgl. Rudolph, 2000, S. 139f.

[301] Vgl. Myers/ Majluf, 1984, S. 419-453. Eine Darstellung dieses Modells findet sich in Unterkapitel 3.2.2. der vorliegenden Arbeit.

menswert zu verhindern.[302] Eine pessimistische Unternehmensleitung würde hingegen einen Stock Deal bevorzugen, um so die Neuaktionäre an dem geringeren Börsenwert zu beteiligen. Dieses Verhalten wird jedoch von den Marktteilnehmern als Signal für den erwarteten Fusionserfolg antizipiert, da die Bezahlung mit eigenen Aktien als Signal für eine Überbewertung interpretiert wird. Unter dem ausschließlichen Blickwinkel von Informationsproblemen hängt die Wahl von Aktien oder Cash somit davon ab, auf welcher Seite die größeren Informationsunsicherheiten liegen.[303] Falls man nicht nur von der Möglichkeit eines einzigen bietenden Unternehmens, sondern von mehreren potenziellen Akquisiteuren ausgeht, dann kann eine Cash-Offerte auch als Signal für eine hohe Bewertung des Targets[304] fungieren, um so weitere mögliche Bieter von einem konkurrierenden Angebot abzuhalten.[305] Erschwert wird die Entscheidungsfindung zusätzlich, wenn neben der Betrachtung von Informationsproblemen die Analyse weiterer Problemfelder[306] zu widersprüchlichen Empfehlungen führt. Hierbei kann der Einsatz hybrider Finanzinstrumente, die Charakteristika sowohl von Eigen- als auch von Fremdfinanzierung aufweisen, hilfreich sein.

Aber nicht nur die Entscheidung über die Bezahlung in bar oder mit Aktien hat Auswirkungen auf die Risikoverteilung zwischen den Eigentümergruppen, sondern auch die Strukturierung einer Stock Offer selbst.[307] Zum einen kann eine Stock Offer mit einer fixen Anzahl an auszugebenden Aktien gestaltet sein. Das Risiko von Kursschwankungen in dem Zeitraum zwischen der Bekanntgabe des Angebots und Abschluss der Transaktion wird damit von beiden Aktionärsgruppen getragen. Die Besitzanteile an dem neu entstandenen Unternehmen ändern sich nicht mehr. Zum anderen kann ein Fixwertangebot abgegeben werden, bei dem ein fester Wertumfang als Geldbetrag bekannt gegeben wird, die entsprechende Anzahl an Aktien jedoch erst bei Durchführung der Transaktion bestimmt wird. Damit tragen die Aktionäre des Käuferunternehmens das gesamte Marktrisiko vor Abschluss der Transaktion, das operative Risiko hinsichtlich des Gelingens des Zusammenschlusses wird hingegen entsprechend den tatsächlichen Beteiligungsverhältnissen zwischen beiden Eigentümergruppen aufgeteilt. Insofern ist die Abgabe eines Fixzahlangebotes kein Vertrauenssignal, da die Verkäufer neben den operativen Risiken aus der Realisierung der

---

302 Vgl. Brealey/ Myers, 1996, S. 927.
303 Vgl. Rudolph, 2000, S. 146f.
304 Der in der M&A-Terminologie übliche englische Begriff „Target" wird in der vorliegenden Arbeit synonym für Übernahmeobjekt bzw. -ziel verwendet.
305 Vgl. Fishman, 1989, S. 42f.
306 Siehe hierzu auch Unterkapitel 3.1.3. und 3.1.4.
307 Vgl. Rappaport/ Sirower, 2000, S. 36-38.

erwarteten Synergien auch das Marktrisiko vor Vertragsschluss mittragen.[308] Dieser Effekt kann abgeschwächt werden, indem ein Fixzahlangebot mit einem Mindestpreis verbunden wird. Ein deutlich stärkeres Vertrauenssignal stellt jedoch die Abgabe eines Fixwertangebotes dar. Einen gewissen Schutz vor Vermögensverlusten infolge von starken Kursveränderungen der Aktien des Käuferunternehmens bis zum Abschluss der Transaktion bietet zudem auch die Vereinbarung von Grenzwerten, bei deren Über- bzw. Unterschreiten dem Käufer bzw. Verkäufer die Annullierung oder eine Neuverhandlung des vereinbarten Zusammenschlusses gewährt wird.[309] Tab. 2 fasst die Grundtypen der Risikobeteiligung der Eigentümer des Übernahmeobjekts nochmals zusammen, wobei die Grenzen durch den Einsatz von Mixed Offers bzw. durch das beliebig skalierbare Ausmaß an Protektion fließend sind. Mit einer Zunahme der Unsicherheit hinsichtlich der Werthaltigkeit der Vermögensgegenstände verschärft sich auch die Adverse-Selection-Problematik.[310] Dies trifft besonders auf Zusammenschlüsse im Bankensektor zu.[311]

	Mit Risiko vor Abschluss	**Ohne Risiko vor Abschluss**
Mit Risiko nach Abschluss	Fixzahlangebot + Halten der Aktien	Fixwertangebot + Halten der Aktien
Ohne Risiko nach Abschluss	Fixzahlangebot + Verkauf bei Abschluss	Barzahlung Fixwertangebot + Verkauf bei Abschluss

Tab. 2: Grundtypen der Risikobeteiligung der Aktionäre des Übernahmeobjekts

Moral-Hazard-Probleme können sich hingegen aus den Interessenkonflikten zwischen Management und außenstehenden Eigentümern ergeben. So kann auch der Austausch des Managements des Kaufobjektes ein Motiv für eine Unternehmensübernahme darstellen.[312] Dies kann dann der Fall sein, wenn es bei Interessenkonflikten keine oder nur schwer umsetzbare Alternativen zur Disziplinierung des Managements gibt. Der Markt für Unternehmenskontrolle ist damit eine wichtige Komponente des Arbeitsmarktes für Manager.[313]

Zu den erwähnten Interessenkonflikten zwischen Management und Eigentümern kann es hinsichtlich der Ausschüttung von freien Zahlungsmitteln kommen.[314] Manager handeln als Agents für

[308] Vgl. Rappaport/ Sirower, 2000, S. 42f.
[309] Vgl. Houston/ Ryngaert, 1997, S. 203.
[310] Vgl. Faccio/ Masulis, 2005, S. 1352.
[311] Vgl. hierzu die Ausführungen zu den Besonderheiten von Banken in Unterkapitel 2.1.3.
[312] Vgl. Brealey/ Myers, 1996, S. 919f.
[313] Vgl. Jensen/ Ruback, 1983, S. 6.
[314] Vgl. Jensen, 1994, S. 21. Freie Zahlungsmittel sind dabei die überschüssigen Cashflows, die nach Durchführung aller kapitalwertpositiven Investitionsprojekte noch zur Verfügung stehen. Vgl. Jensen, 1994, S. 22.

die Aktionäre, verfolgen dabei jedoch ihre eigenen Ziele.[315] Zur Maximierung des Shareholder Value müssten die freien Zahlungsmittel an die Aktionäre ausgeschüttet werden. Das bedeutete jedoch eine Reduktion der Ressourcen, die im Einflussbereich des Managements stehen, weswegen jenes ein entgegengesetztes Interesse hat.[316] Des Weiteren bestehen Anreize, die Firmengröße über den Wert maximierenden Punkt hinaus zu erhöhen, da so der Einflussbereich der Unternehmensleitung ausgebaut wird. Die Machtinteressen des Managements können dabei auch eine Auswirkung auf die Wahl der Akquisitionswährung haben.[317] So könnte bspw. die Unternehmensführung des Akquisiteurs bei einer höheren eigenen Beteiligung an der Gesellschaft ein größeres Interesse an einer Bezahlung in bar haben, damit der eigene Machteinfluss auf das neue Unternehmen nicht verwässert wird. Auch die Beteiligungshöhe aktiv kontrollierender Aktionäre wie institutionelle Investoren oder Großaktionäre kann einen Einfluss auf die Wahl der Akquisitionswährung haben.[318] Da sich Aktienofferten oftmals negativ auf die Kursentwicklung des Akquisiteurs auswirken, sollte ein höherer Anteil aktiver Kontrollaktionäre die Wahrscheinlichkeit für ein Barzahlungsangebot erhöhen. Allerdings hat das Management bei Vorliegen einer hohen Eigentümerkonzentration einen Anreiz, die Bezahlung einer Akquisition mit eigenen Aktien anzustreben, um so den Anteil aktiver Kontrollaktionäre zu verwässern.[319] Unter Gesichtspunkten der Unternehmenskontrolle dürften die Anreize zur Bezahlung in bar am stärksten sein, wenn die Eigentümerstruktur des Übernahmeobjekts sehr konzentriert ist und der größte Eigentümer des Bieterunternehmens einen mittelgroßen Anteil der Stimmrechte in der Größenordnung von 20 bis 60 Prozent hält.[320] Bei einem Anteil in dieser Bandbreite ist der Großaktionär am anfälligsten für einen Kontrollverlust durch die Bezahlung einer Übernahme durch Aktien.[321] Diese Anreize zur Barzahlung verringern sich, wenn Bieter oder Target eine verstreute Eigentümerstruktur aufweisen, da somit der Kontrollanteil des Käuferunternehmens nicht bedroht ist.

Auch seitens des Zielobjekts bestehen potenzielle Interessenkonflikte, da sich die Unternehmensführung wegen des drohenden Kontrollverlusts auch dann gegen eine Übernahme wehren wird,

---

[315] Die daraus entstehenden Agency-Kosten lassen sich in Monitoring-Kosten, Bonding-Kosten und einen residualen Verlust unterscheiden. Vgl. Jensen/ Meckling, 1976, S. 308.

[316] Interessenkonflikte hinsichtlich der Ausschüttungspolitik sind besonders ausgeprägt, wenn das Unternehmen überschüssige Zahlungsmittel in hohem Ausmaß generiert. Bei hohen Agency-Kosten kann die Drohung bzw. die Durchführung einer Übernahme dazu beitragen, diese Kosten zu reduzieren.

[317] Vgl. Zhang, 2001, S. 4f.

[318] Vgl. Martin, 1996, S. 1232.

[319] Vgl. Allen/ Cebenoyan, 1991, S. 441.

[320] Vgl. Faccio/ Masulis, 2005, S. 1346.

[321] Die Gefahr, durch die Zahlung einer Übernahme mit Aktien einen neuen Blockaktionär zu schaffen, ist besonders ausgeprägt, wenn die Eigentümerstruktur des Übernahmeobjekts konzentriert ist und dessen Unternehmensgröße im Verhältnis zum Käufer relativ groß ist. Vgl. hierzu Faccio/ Masulis, 2005, S. 1350.

wenn diese eigentlich im Sinne der Aktionäre wäre. Je höher dessen Beteiligung an dem Übernahmeobjekt jedoch ist, desto eher könnte es an einer Bezahlung in Aktien des neuen Unternehmens interessiert sein, um so einen gewissen Einfluss zu wahren.[322] Auch wenn das zu übernehmende Unternehmen die Bedingungen einer Transaktion beeinflussen kann, so muss allerdings für einen erfolgreichen Abschluss letztendlich der Käufer mit der Finanzierungsstruktur zufrieden sein.[323] Wenn diese hingegen inakzeptabel für ihn ist, dann dürfte die Transaktion entweder abgesagt oder aber ein feindliches Übernahmeangebot vorgelegt werden.
Abb. 10 fasst die eben erläuterten möglichen Adverse-Selection- und Moral-Hazard-Probleme bei Unternehmensübernahmen und -fusionen überblicksartig zusammen.

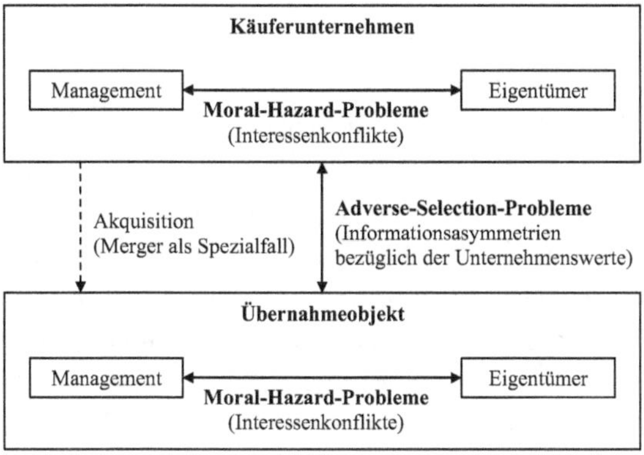

Abb. 10: Übersicht über Principal-Agent-Probleme bei Unternehmensübernahmen und -fusionen

3.1.3. Sonstige Erklärungsansätze zur Wahl der Akquisitionswährung

Ein wichtiges Argument für die Auswahl einer bestimmten Zahlungsform für eine Übernahme kann deren unterschiedliche steuerliche Behandlung darstellen.[324] Im Allgemeinen sind die bei einer Barzahlung realisierten Kursgewinne unverzüglich zu versteuern. Daher müsste eine Cash-Offerte aufgrund der damit verbundenen Steuerlast für die Eigentümer des Zielobjekts theoretisch eine höhere Prämie bringen als bei einer Bezahlung mit Aktien. Andererseits ermöglicht ein Bar-

322 Vgl. Zhang, 2001, S. 4f.
323 Vgl. Faccio/ Masulis, 2005, S. 1349.
324 Vgl. Gaughan, 1999, S. 530 und Zhang, 2001, S. 3. Für eine detaillierte Darstellung der steuerlichen Behandlung von M&A-Transaktionen nach deutschem Steuerrecht vgl. bspw. Eilers, 2002, S. 69-111.

zahlungsangebot normalerweise – im Gegensatz zu einer Stock Offer – die Anpassung der Vermögenswerte des übernommenen Unternehmens an deren Marktwerte.[325] Das erhöht die Abschreibungsbasis und wirkt sich somit steuermindernd auf Unternehmensebene aus. Es lässt sich aber nicht abschließend beurteilen, ob die Abschreibungsvorteile durch eine Cash Offer die mit ihr verbundenen höheren Akquisitionskosten aufgrund der Steuernachteile für die Aktionäre des Targets vollständig kompensieren können.

Ebenfalls im Kontext rechtlicher Rahmenbedingungen können regulatorische Anforderungen für M&A-Transaktionen und die rechnungslegungstechnische Behandlung eine Rolle bei der Auswahl der Akquisitionswährung spielen.[326] Ein Argument für die Bevorzugung von Barzahlungen seitens des Bieterunternehmens kann bspw. die Vermeidung einer Gewinnverwässerung des Ergebnisses pro Aktie durch eine Erhöhung der Aktienanzahl im Rahmen eines Stock Deal sein, die sich in einer negativen Kursreaktion auswirken könnte.[327] Andererseits dürften bspw. für nach US GAAP bilanzierende Unternehmen in der Vergangenheit die mittlerweile geänderten Vorschriften für die Rechnungslegung von Fusionen die Bezahlung mit Aktien begünstigt haben. So mussten nach der Erwerbsmethode die bisherigen Bilanzwerte des Übernahmeobjektes neu zu Marktwerten angesetzt werden.[328] Unterschiede zwischen Kaufpreis und Marktwerten mussten dabei als Goodwill gebucht werden, wobei dessen planmäßige Abschreibungen in der Folgezeit nach dem Abschluss der Transaktion eine Gewinn mindernde Wirkung hatte. Die Pooling-of-Interest-Methode erlaubte hingegen eine Beibehaltung der bisherigen Buchwerte und vermied dadurch die Ansetzung und Gewinn mindernde Abschreibung von Goodwill. Diese gewöhnlich bevorzugte Methode war jedoch an diverse Voraussetzungen gebunden, darunter u. a. die Bezahlung des Kaufpreises mit Aktien. In den Kontext rechtlicher Rahmenbedingungen gehört auch die höhere Schnelligkeit der Abwicklung von Barzahlungsangeboten, welche die Risiken in Form von Gegenangeboten oder aggressiven Abwehrmaßnahmen reduziert.[329]

Weitere Entscheidungskriterien können die Wachstumsmöglichkeiten und die relativen Größenverhältnisse der Unternehmen zueinander darstellen.[330] Sowohl das Vorliegen hoher Wachstumschancen für den Akquisiteur als auch ein im Verhältnis zum Übernehmer relativ großes Zielobjekt können theoretisch für die Bezahlung mit Aktien sprechen, da das Bargeld zur Bezahlung nicht

---

[325] Vgl. Cornett/ De, 1991, S. 768f.

[326] Vgl. Zhang, 2001, S.9. Bspw. hat in den USA die unterschiedliche rechtliche Behandlung der Zahlungsform einen Einfluss auf die Auswahlentscheidung. Vgl. hierzu Martin, 1996, S.1233.

[327] Vgl. Wansley/ Lane/ Yang, 1983, S. 20.

[328] Vgl. DeLong, 2001, S. 248.

[329] Vgl. Faccio/ Masulis, 2005, S. 1373.

[330] Vgl. Zhang, 2001, S. 7f.

ausreicht oder für andere Zwecke benötigt wird. Zwar handelt es sich hierbei eher um eine Frage der Finanzierung als um eine Auswahlentscheidung hinsichtlich der Zahlungsform, denn schließlich könnte auch zunächst eine Kapitalerhöhung durchgeführt und anschließend die Übernahme mit den Einzahlungen daraus in bar bezahlt werden. In der Praxis dürften jedoch höhere Transaktionskosten gegen ein derartiges Vorgehen sprechen.[331] Zudem hat die absolute Größe des Käuferunternehmens einen Einfluss auf die Finanzierungsentscheidung.[332] Große Unternehmen sind besser diversifiziert und haben infolgedessen ein geringeres Ausfallrisiko. Ihre Kosten für die Aufnahme von Fremdkapital sind tendenziell niedriger und der Zugang zu den Kapitalmärkten besser. Daher haben größere Unternehmen einen breiteren Handlungsspielraum für die Durchführbarkeit von Barzahlungsangeboten. Auch die jeweilige Phase des Konjunkturzyklus wird zur Begründung für die Auswahl der Akquisitionswährung herangezogen.[333] Ein wirtschaftlicher Aufschwung erhöht dabei die Wahrscheinlichkeit für eine Ausgabe neuer Aktien, da dies bessere Investitionsmöglichkeiten und geringere Unsicherheiten hinsichtlich der Werthaltigkeit bestehender Vermögensgegenstände mit sich bringt.[334] Die Wahl der Akquisitionswährung steht außerdem in engem Zusammenhang mit Änderungen der Kapitalstruktur des Unternehmens, da Cash Deals meist fremdfinanziert werden.[335] Wenn die Zahlungsströme der fusionierenden Gesellschaften nicht perfekt miteinander korreliert sind, dann verringert sich die Ausfallwahrscheinlichkeit des kombinierten Unternehmens, und damit wiederum kann es seinen Verschuldungsgrad ohne Auswirkungen auf das Ausfallrisiko erhöhen. Außerdem können Aktienmarktentwicklungen die Finanzierungsentscheidung beeinflussen, da sich dadurch die relativen Kosten von Fremd- und Eigenkapitalfinanzierung ändern.[336]

Bei grenzüberschreitenden Transaktionen ergeben sich einige zusätzliche Probleme bei der Bezahlung mit Aktien.[337] Oftmals haben Investoren bei ihren Anlageentscheidungen eine Präferenz für inländische Aktien. Dies kann auf höhere Transaktionskosten für den Handel von Auslandsaktien, eine niedrigere Marktliquidität, Wechselkursrisiken und einen beschränkten Informationszugang zurückgehen. Derartige Gründe verringern tendenziell die Akzeptanz von Aktien eines ausländischen Käuferunternehmens. Allerdings dürfte diese Problematik großteils auf Privatinvesto-

---

[331] Vgl. zu diesem Argument auch die Ausführungen in Unterkapitel 3.1.1.
[332] Vgl. Faccio/ Musalis, 2005, S. 1351.
[333] Vgl. Martin, 1996, S. 1233.
[334] Vgl. Choe/ Masulis/ Nanda, 1993, S. 10.
[335] Vgl. Chaney/ Lovata/ Philipich, 1991, S. 57.
[336] Vgl. Faccio/ Masulis, 2005, S. 1373f.
[337] Vgl. Faccio/ Musalis, 2005, S. 1353.

ren begrenzt sein, so dass der Anteil institutioneller Investoren am Streubesitz für grenzüberschreitende Übernahmen eine Rolle spielt.
Falls M&A-Transaktionen nicht börsennotierte Unternehmen betreffen, dann dürften auch die Liquiditätsbedürfnisse des Verkäufers von hoher Bedeutung sein.[338] Verkäufer derartiger Unternehmen haben tendenziell eine Präferenz für Barzahlungen, da oftmals ein Großteil ihres Gesamtvermögens in der illiquiden Unternehmensbeteiligung steckt und zudem häufig Nachfolgeregelungen für den Unternehmer-Manager einen Grund für den Verkauf darstellen. Ähnlich werden auch bei Verkäufen von Tochterunternehmen durch Konzerne Barzahlungsangebote bevorzugt, da oftmals finanzielle Krisen oder Restrukturierungen in Form einer Fokussierung auf die Kernkompetenzen die Motivation für M&A-Transaktionen darstellen.
Schließlich kann auch die disziplinierende Wirkung von Fremdkapital auf das Managementverhalten eine Rolle für die Finanzierungsform einer Akquisition spielen.[339] Denn wenn die Unternehmensleitung über ein hohes Maß an freien Zahlungsmitteln verfügt, könnte sie dazu verleitet werden, auch in unrentable Projekte zu investieren. Deshalb ist es bei Unternehmen mit hohen Free Cashflows im Interesse der Aktionäre, den Verschuldungsgrad zu erhöhen. Fremdfinanzierte und in bar bezahlte Übernahmen sollten damit höhere Wertzuwächse generieren als Aktienofferten.[340]

3.1.4. Bankspezifische Aspekte bei der Festlegung der Zahlungsform

Wie in Unterkapitel 2.1.3. dargestellt, ist das Bankwesen ein regulierter Sektor. Diese Tatsache kann auch Auswirkungen auf die Wahl der Akquisitionswährung haben.[341] Zum einen führen regulatorische Eigenkapitalanforderungen tendenziell zu einer Präferenz für die Ausgabe neuer Aktien im Zusammenhang mit einer Akquisition[342], zum anderen führt die Genehmigung durch die Bankenaufsicht zu Verzögerungen bis zum Abschluss eines Zusammenschlusses. Durch das gewöhnlich längere Zeitintervall zwischen Ankündigung und Abschluss einer Transaktion im Vergleich zu Industrieunternehmen sehen sich die Eigentümer einer zu übernehmenden Bank bei ei-

---

[338] Vgl. Faccio/ Musalis, 2005, S. 1352.
[339] Vgl. Jensen, 1986, S. 324.
[340] Vgl. Jensen, 1986, S. 329.
[341] Vgl. Houston/ Ryngaert, 1997, S. 198.
[342] Allerdings kann auch bei Erfüllen der regulatorischen Anforderungen die Fremdfinanzierung einer größeren Akquisition eine negative Auswirkung auf das Rating der übernehmenden Bank haben. Hieraus folgt ein gewisser Vorzug von Aktientransaktionen. Vgl. hierzu Bruckner/ Jakob, 2001, S. 66.

ner Bezahlung mit Aktien einem höheren (Kurs-)Risiko ausgesetzt.[343] Die Tendenz zur Abgabe von Aktienangeboten verbunden mit erhöhten Risiken aufgrund längerer Zeiträume bis zum Abschluss der Transaktion deutet bei Bankenzusammenschlüssen auf eine große Bedeutung von Schutzklauseln für die Eigentümer des Übernahmeobjektes hin.
Während die beschriebenen regulatorischen Anforderungen zwar auf eine Tendenz zur Bezahlung mit Aktien hinweisen, ist davon jedoch nicht die Ausgestaltung der Aktienofferte mit Schutzklauseln für die Eigentümer des Übernahmeobjekts betroffen. So hat die Entscheidung hinsichtlich der Gestaltung als Fixzahl- oder Fixwertangebot keine bzw. geringe Auswirkungen auf den Cashflow, die Kapitalstruktur und die steuerliche Behandlung.[344] Daher scheinen für diese Auswahlentscheidung alleine Informationsprobleme relevant zu sein.

3.2. Modelltheoretische Ansätze zur Wahl der Akquisitionswährung

3.2.1. Überblick und Kategorisierung modelltheoretischer Ansätze

Die Darstellung wesentlicher kapitalmarkttheoretischer Modelle in diesem Kapitel ergänzt die Betrachtungen hinsichtlich der Wahl der Akquisitionswährung aus Kapitel 3.1. um eine formale Perspektive. Sie stellen dabei eine wichtige Basis für die Formulierung der Hypothesen der eigenen empirischen Arbeit in Unterkapitel 4.1.3. dar. Die nachfolgend zu erläuternden Modelle basieren allesamt auf der Annahme von Informationsasymmetrien. Dies ist die grundlegende Annahme in der Principal-Agent-Theorie, die zwischen Adverse-Selection-, Moral-Hazard- und Hold-up-Problemen unterscheidet.[345] Der Fokus des Kapitels 3.2. liegt dabei auf der Adverse-Selection-Problematik[346] bei der Wahl der Akquisitionswährung für Unternehmenszusammenschlüsse, wobei die Ausgabe eigener Aktien als Alternative zu Barzahlungen betrachtet wird.
Unterkapitel 3.2.2. hat das Modell von Myers und Majluf (1984) zum Gegenstand, das auf negative Informationssignale hinsichtlich der Werthaltigkeit eines Unternehmens im Falle der Ausgabe neuer Aktien abstellt. Im Kontext der vorliegenden Arbeit ist dabei die Durchführung einer

---

[343] In diesem Zusammenhang sei allerdings nochmals darauf hingewiesen, dass bspw. ein Fixwertangebot den Aktionären des Übernahmeobjektes Schutz vor Kursrückgängen der Aktien des Bieters für den Zeitraum bis zum Abschluss der Transaktion bietet. Vgl. hierzu Unterkapitel 3.1.2.
[344] Vgl. Houston/ Ryngaert, 1997, S. 214f.
[345] Vgl. Picot/ Dietl/ Franck, 2005, S. 74f. Informationsasymmetrien vor Abschluss eines Vertrages können zu Adverse-Selection-Problemen bzw. nach Vertragsabschluss zu Moral-Hazard-Problemen führen, Informationsasymmetrien zwischen Auftragnehmer (bzw. Auftraggeber) und Dritten hingegen zu Hold-up-Problemen.
[346] Vgl. hierzu auch die Ausführungen in Unterkapitel 3.1.2.

Kapitalerhöhung speziell zum Zweck der Bezahlung einer Unternehmensübernahme zu sehen. Darüber hinaus erfolgt auch eine Modifikation des Originalmodells durch die Berücksichtigung von Private Benefits. Als weiteres wichtiges Modell für das Thema dieser Arbeit wird in Unterkapitel 3.2.3. das Modell von Hansen (1987) vorgestellt. Hansen analysiert die Wahl der Akquisitionswährung vor dem Hintergrund, dass Informationsprobleme sowohl hinsichtlich des Käuferunternehmens als auch des Übernahmeziels auftreten können.

Obwohl allen nachfolgend dargestellten Modellen die Annahme von Informationsasymmetrien zwischen Management und außenstehenden Aktionären zugrunde liegt, verfolgt das in Unterkapitel 3.2.4. dargestellte Modell von Shleifer und Vishny (2003) einen anderen Ansatz. Hier wird als grundlegende Annahme zusätzlich zu den Informationsasymmetrien zwischen Management und Aktionären auch ein ineffizienter Kapitalmarkt unterstellt. Die Erklärung der Wahl der Akquisitionswährung erfolgt daher nicht über Signaleffekte, sondern vielmehr über die – ineffizienten – Bewertungsverhältnisse am Kapitalmarkt.

3.2.2. Adverse Selection bei M&A-Finanzierungen durch Kapitalerhöhungen im Modell von Myers und Majluf (1984)

3.2.2.1. Modellprämissen

In Kapitel 3.2.2. erfolgt eine formale Darstellung der Adverse-Selection-Problematik bei Kapitalerhöhungen von Aktiengesellschaften anhand des Modells von Myers und Majluf (1984).[347] Die Ausgabe von Aktien zur Zahlung einer Akquisition stellt insofern eine Konkretisierung dar, die durch dieses Modell mit abgedeckt ist. In diesem Unterkapitel erfolgt zunächst die Darlegung der zugrunde liegenden Modellannahmen.[348]

Das Modell geht von Informationsasymmetrie zwischen Management und Aktionären aus. Die Unternehmensleitung verfügt über Informationen, die außenstehenden Eigentümern nicht zur Verfügung stehen, worüber sich beide Gruppen bewusst sind. Das Unternehmen verfügt über einen Vermögensgegenstand A, eine Investitionsmöglichkeit B[349] und Flüssige Mittel S.[350] Um die

---

[347] Vgl. Myers/ Majluf, 1984, S. 419-453.

[348] Vgl. Myers/ Majluf, 1984, S. 421-423.

[349] Im Kontext der vorliegenden Arbeit handelt es sich hier also konkret um ein anderes Unternehmen als potenzielles Übernahmeziel.

[350] Die flüssigen Mittel, der sogenannte „Financial Slack", kann aus Barmitteln und marktfähigen Wertpapieren bestehen. Vgl. Myers/Majluf, 1984, S. 422.

Investitionsmöglichkeit B wahrzunehmen, muss Eigenkapital in Höhe von I investiert werden.[351] Wenn die flüssigen Mittel (S) nicht zur Finanzierung der Investition (I) ausreichen, dann muss das Unternehmen Eigenkapital durch die Ausgabe neuer Aktien aufnehmen, und zwar in Höhe von E = I - S. Die Altaktionäre verhalten sich dabei passiv, d. h. sie nehmen nicht an der Kapitalerhöhung teil, so dass die jungen Aktien vollständig an Neuaktionäre gehen. Es wird unterstellt, dass das Management im Interesse der Altaktionäre handelt.[352]

Es gilt die Annahme vollkommener und effizienter Kapitalmärkte. Transaktionskosten für die Ausgabe neuer Aktien fallen nicht an. Alle verfügbaren Informationen werden richtig verarbeitet, so dass der Marktwert der Aktien dem tatsächlichen (inneren) Wert in Abhängigkeit der verfügbaren Informationen entspricht.

Es werden drei Zeitpunkte betrachtet. In t = -1 besteht Informationssymmetrie, Management und Markt haben also den gleichen Informationsstand. In t = 0 erhält das Management einen Informationsvorsprung durch Kenntnis über den Wert des Vermögensgegenstandes A und der Investitionsmöglichkeit B. Erst in t = 1 erreichen die Aktionäre den gleichen Kenntnisstand. Der Wert von A in t = -1 ist der Erwartungswert $\overline{A} = E(\widetilde{A})$. Dabei ist $\widetilde{A}$ die Wahrscheinlichkeitsverteilung des möglichen Wertes von A in t = 0. Der Kapitalwert der Investitionsmöglichkeit in t = -1 ist der Erwartungswert $\overline{B} = E(\widetilde{B})$, wobei $\widetilde{B}$ die Verteilung der möglichen Kapitalwerte der Investition in t = 0 darstellt. In t = 0 erfährt das Management die tatsächlichen Wertausprägungen a des Vermögensgegenstandes und b der Investitionsmöglichkeit. Negative Werte für a und b sind nicht zulässig. Dies ist begründbar für a über die Rechtsform der AG und für b über die Annahme, dass das Management im Interesse der Altaktionäre handelt.[353] Die Höhe der finanziellen Mittel S ist fix und zu allen Zeitpunkten sowohl dem Management als auch dem Markt bekannt.

Da die Unternehmensführung im Interesse der Altaktionäre handelt, versucht es, deren Vermögen $V_0^{old} = V(a,b,E)$ in Abhängigkeit der Variablen a, b und E zu maximieren. Die Entscheidung

[351] Eine eventuell mögliche, ausfallrisikolose Kreditaufnahme würde den gesamten Investitionsbetrag verringern. I stellt den über Eigenkapital zu finanzierenden Anteil der Investitionssumme dar. Vgl. Myers/Majluf, 1984, S. 422.

[352] Alternative Verhaltensannahmen wären, dass das Management im Interesse aller Aktionäre handelt oder aber annimmt, dass die Altaktionäre nicht passiv sind und ihre Portfolios anpassen. Vgl. Myers/ Majluf, 1984, S. 421. Durch die getroffene Verhaltensannahme werden außerdem mögliche Principal-Agent-Konflikte zwischen Management/ Kontrollaktionären und Minderheitsaktionären ausgeblendet. In Unterkapitel 3.2.2.4. erfolgt eine Modifikation des Modells von Myers/ Majluf (1984) um die Ergänzung von Private Benefits der Kontrollaktionäre.

[353] Unter der Annahme von Private Benefits der Kontrollaktionäre sind auch negative Werte von b begründbar. Vgl. hierzu Unterkapitel 3.2.2.4.

über Investition und Durchführung der Kapitalerhöhung wird auf Basis des besseren Informationsstandes und im Interesse der Altaktionäre getroffen. Der Marktwert für die Altaktionäre bei Durchführung der Investition und Kapitalerhöhung wird mit P', der Marktwert ohne Kapitalerhöhung dagegen mit P bezeichnet.

Tab. 3 fasst das Ausmaß an Informationsasymmetrie zwischen Management und Markt bezüglich der relevanten Variablen im Zeitablauf zusammen

	t = -1 Informationssymmetrie	**t = 0** **Informationsasymmetrie**	**t = 1** Informationssymmetrie
Management	Verteilung von $\tilde{A}$ und $\tilde{B}$; Wert von S	Wert von a, b, S	Wert von a, b, S
Markt	Verteilung von $\tilde{A}$ und $\tilde{B}$; Wert von S	Verteilung von $\tilde{A}$ und $\tilde{B}$; Wert von S; Höhe von E (E = 0 oder E = I - S)	Wert von a, b, S

Tab. 3: Informationsasymmetrie im Zeitablauf[354]

3.2.2.2. Darstellung des Modells

Im Folgenden soll gelten, dass die finanziellen Mittel S nicht ausreichen, um die Investitionssumme I vollständig abzudecken. Eine Kapitalerhöhung von E = I - S ist für die Durchführung der Investition damit notwendig. Wird nicht investiert, so beträgt das Vermögen der Altaktionäre $V^{old} = S + a$. Bei Ausgabe neuer Aktien dagegen beläuft sich der Wert für die bisherigen Aktionäre auf

$$(1) \quad V^{old} = \frac{P'}{P'+E}(E + S + a + b),$$

also ihrem Anteil an den bisherigen Vermögenswerten S und a, dem neu eingezahlten Kapital E und dem Kapitalwert der Investition b. Altaktionäre sind durch die Wahrnehmung der Investitionsmöglichkeit besser gestellt, wenn ihr Vermögen nach einer Kapitalerhöhung höher ist als ohne, also wenn

$$(2) \quad S + a \leq \frac{P'}{P'+E}(E + S + a + b)$$

[354] Vgl. Myers/ Majluf, 1984, S. 423.

gilt. Anders ausgedrückt muss der Anteil der Altaktionäre an dem neu eingezahlten Kapital und dem Kapitalwert der Investition den Anteil der neuen Aktionäre an den bestehenden Vermögenswerten (S und a) übersteigen. Es muss also

(3) $$\frac{E}{P'+E}(S+a) \leq \frac{P'}{P'+E}(E+b)$$

gelten. Dies lässt sich umformen zu

(4) $(E/P')(S+a) \leq E+b$.

Dieser Zusammenhang ist in Abb. 11 wiedergegeben, wobei (4) mit Gleichheitszeichen geschrieben die Trenngerade darstellt, welche die Region M', in der Investition und Kapitalerhöhung durchgeführt werden, von der Region M trennt, in der die Durchführung kapitalwertpositiver Investitionsmöglichkeiten unterbleibt.

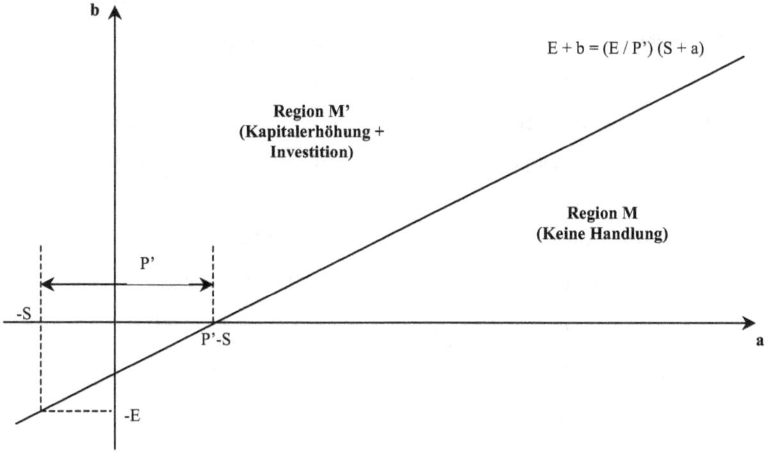

Abb. 11: Investitionsentscheidung bei Informationsasymmetrie[355]

Abb. 11 veranschaulicht, dass eine Kapitalerhöhung umso wahrscheinlicher ist, je höher b und je niedriger a ist. Der Marktwert P' der Altaktionäre bei Durchführung der Investition hängt von der Wahrscheinlichkeitsverteilung von $\widetilde{A}$ und $\widetilde{B}$ in den Regionen M und M' ab. Die Trennlinie zwi-

---

[355] Vgl. Myers/ Majluf, 1984, Fig. 1 auf S. 431.

schen M und M' hängt wiederum von P' ab. Somit müssen P', M und M' simultan bestimmt werden. Die Ausgabe neuer Aktien ist richtig bewertet bei

(5) $P' = S + \overline{A}(M') + \overline{B}(M')$,

wobei $\overline{A}(M') \equiv E(\widetilde{A}|E = I - S)$ und $\overline{B}(M') \equiv E(\widetilde{B}|E = I - S)$ die Erwartungswerte unter der Bedingung darstellen, dass die Kapitalerhöhung durchgeführt wird. Diese Erwartungswerte spiegeln den Informationsstand der Aktionäre wider, da diese die Verteilung von $\widetilde{A}$ und $\widetilde{B}$ kennen und mit der Entscheidung für die Ausgabe neuer Aktien wissen, dass die Bedingung aus (4) für a und b erfüllt ist.

Die Gleichgewichtsbedingung in (5) impliziert, dass mit der Wahrscheinlichkeit F(M) kapitalwertpositive Investitionsprojekte nicht durchgeführt werden. Die durch die Informationsasymmetrie entstehende Adverse-Selection-Problematik führt somit zu einem Unterinvestitionsproblem. Der Verlust L beläuft sich ex ante auf $F(M) * \overline{B}(M)$, dem Produkt aus der Wahrscheinlichkeit, in Region M zu liegen, und dem entsprechenden bedingten Erwartungswert.

Eine zweite Folge aus der Adverse-Selection-Problematik bei Kapitalerhöhungen ist ein negativer Ankündigungseffekt. In dem dargestellten Modell hat die Entscheidung der Ausgabe neuer Aktien stets einen Kursrückgang bei deren Ankündigung zur Folge. Dieser Sachverhalt lässt sich aus Abb. 11 erkennen. Alle Realisationen von a, die in die Region M fallen, müssen größer als P' - S sein. Der bedingte Erwartungswert $\overline{A}(M)$ muss damit ebenso größer als P' – S sein. Der Marktwert P bei Nichtinvestition beträgt S + $\overline{A}(M)$, woraus man P – S = $\overline{A}(M)$ erhält. Substituiert man $\overline{A}(M)$ mit diesem Ausdruck, so erhält man P – S > P' – S und damit P > P'.

In dem Extremfall, dass keine Investitionsmöglichkeit zur Verfügung steht, also $\widetilde{B}$ = 0 in allen Umweltzuständen gilt, kommt es zum Marktzusammenbruch. Dies lässt sich erkennen, wenn man in Gleichung (4) für P' den Ausdruck aus (5) substituiert und b bzw. $\overline{B}(M')$ gleich Null setzt. Dies führt zu

(6) $E \geq \dfrac{E(S+a)}{S+\overline{A}(M')}$,

woraus man nach Umformung $\overline{A}(M') \geq a$ erhält. Das bedeutet, eine Kapitalerhöhung würde nur durchgeführt, wenn der Erwartungswert größer oder gleich dem realisierten Wert des Vermögensgegenstandes A ist, also eine Überbewertung vorliegt. Unterbewertete Unternehmen hätten keinen Anreiz, neue Aktien auszugeben, so dass nur die schlechtesten (im Sinne von überbewerteten) Unternehmen am Markt für die Aufnahme von Eigenkapital verblieben.

3.2.2.3. Zwischenfazit

Das Modell von Myers und Majluf (1984) zeigt, dass Informationsasymmetrie zwischen Management und Aktionären zu Adverse-Selection-Problemen bei Kapitalerhöhungen führt, und damit analog auch bei der Zahlung von Akquisitionen durch eigene Aktien. Die negativen Folgen daraus sind Unterinvestitionsprobleme und negative Kursreaktionen auf die Ankündigung von Kapitalerhöhungen.[356]

Je höher der Kapitalwert der Investitionsmöglichkeit – im konkreten Fall also des Übernahmeobjekts – und/ oder je niedriger der Wert des Vermögensgegenstandes ist, desto eher liegt die Kombination von a und b in der Region M' und es kommt zur Vermeidung von Unterinvestition.

Die grundlegende Verhaltensannahme des Modells ist, dass sich das Management im Interesse der Altaktionäre verhält. Mögliche Agency-Probleme zwischen Unternehmensleitung und Eigentümern werden somit ausgeblendet. Negative Kursreaktionen auf die Ankündigungen von Kapitalerhöhungen können jedoch auch mit den durch Entscheidungsfreiheiten des Managements entstehenden Agency-Kosten erklärt werden.[357] Allerdings schließen sich die beiden Erklärungsansätze nicht gegenseitig aus.[358]

Die Probleme durch Adverse Selection haben wichtige Auswirkungen auf die Finanzierungspolitik eines Unternehmens und damit entsprechend auf die Wahl der Akquisitionswährung. Das Unternehmen kann versuchen, die Adverse-Selection-Probleme bei Kapitalerhöhungen zum einen durch die Wahl alternativer Finanzierungsmöglichkeiten, zum anderen durch eine Verringerung der Informationsasymmetrie zu mildern.

Bezüglich der Finanzierungspolitik eines Unternehmens impliziert das Modell von Myers und Majluf (1984) eine bestimmte Reihenfolge der zu wählenden Instrumente, die sogenannte „Pecking Order“. Die Probleme aus der Informationsasymmetrie werden vollkommen vermieden,

---

[356] Signifikant negative Kursreaktionen auf die Ankündigung von Kapitalerhöhungen wurden in der Vergangenheit in zahlreichen Studien empirisch nachgewiesen. Vgl. Denis, 1994, S. 159. Für einige Beispiele entsprechender empirischer Untersuchungen vgl. auch Denis, 1994, S. 159, Fußnote 1.

[357] Die empirische Untersuchung von Jung, Kim und Stulz (1996) stützt die Erklärung des negativen Ankündigungseffekts durch daraus entstehende Agency-Kosten. Vgl. hierzu Jung/ Kim/ Stulz, 1996, S. 159-185.

[358] Vgl. Jung/ Kim/ Stulz, 1996, S. 165.

wenn die flüssigen Mittel S ausreichen, die Investition I vollständig durchzuführen, da so jedes kapitalwertpositive Investitionsprojekt durchgeführt wird.[359] Falls S < I ist, so sind die Probleme umso geringer, je höher S ist, da der noch zu finanzierende Betrag E umso geringer wird. Innenfinanzierung ist somit die beste Finanzierungsmöglichkeit eines Unternehmens unter Adverse-Selection-Gesichtspunkten. Gleichwertig damit ist die Aufnahme ausfallrisikoloser Kredite.[360] Die Ausgabe risikobehafteter Bonds kann die Problematik verringern, wenn auch nicht vollständig beseitigen. Eine Kapitalerhöhung wird also nur dann durchgeführt, wenn keine alternative Finanzierungsmöglichkeit zur Verfügung steht. Zu beachten ist bei dieser Pecking Order der Finanzierung allerdings, dass neue Probleme entstehen können, wie z. B. Agency-Probleme der Fremdkapitalfinanzierung oder des Vorhaltens hoher finanzieller Reserven.

Ein weiterer Aspekt zur Minderung der Adverse-Selection-Problematik ist die Verringerung der Informationsasymmetrie über den Unternehmenswert. Bei Kenntnis des Wertes von A sowohl durch das Management als auch durch die Aktionäre würde das Problem eliminiert und Kapitalerhöhungen bei Vorliegen kapitalwertpositiver Projekte stets durchgeführt werden.[361] Informationsrisiken können bspw. im Rahmen von Investor-Relations-Maßnahmen durch Value Reporting gemindert werden.[362] Dies bringt allerdings auch Nachteile wie z. B. Kosten der Informationsaufbereitung und -verarbeitung mit sich, die für die Bestimmung eines optimalen Ausmaßes an Transparenz zu berücksichtigen sind. Die Problematik würde also nur bei kostenloser Beseitigung der Informationsasymmetrie verschwinden.[363]

3.2.2.4. Modifikation des Modells durch Berücksichtigung von Private Benefits durch Wu und Wang (2005)

Im Folgenden soll das Modell von Myers und Majluf (1984) durch die Berücksichtigung von Private Benefits, also persönlichem Nutzen, modifiziert werden.[364] Die einzige wesentliche Ände-

---

[359] Vgl. Myers/ Majluf, 1984, S. 433.
[360] Vgl. Myers/ Majluf, 1984, S. 439.
[361] Vgl. Myers/ Majluf, 1984, S. 433. Informationsasymmetrien bezüglich der Höhe von B spielen dabei unter der Voraussetzung, dass nur kapitalwertpositive Investitionen durchgeführt werden, keine Rolle.
[362] Vgl. Volkart/ Labhart, 2000, S. 153-157.
[363] Vgl. Myers/ Majluf, 1984, S. 421.
[364] Zu den Ausführungen in diesem Unterkapitel vgl. Wu/ Wang, 2005, S. 921-926. Das Zulassen von Private Benefits stellt eine Modifikation der Randbedingungen des Modells von Myers und Majluf (1984) dar. Untersucht werden sollen im Folgenden ausschließlich diesbezügliche Auswirkungen auf die Adverse-Selection-Problematik. Nicht betrachtet werden hingegen Einflussgrößen und Lösungsansätze des Agency-Problems aus Private Benefits selbst. Vgl. hierzu z. B. die grundlegende Arbeit von Jensen/ Meckling, 1976, S. 305-360.

rung von Wu und Wang (2005) zu dem Originalmodell ist die Annahme, dass das Management nicht den Nutzen aller Altaktionäre maximiert, sondern nur denjenigen der Kontrollaktionäre, wobei neben dem monetären Nutzen aus ihrem Anteil w am Aktienvermögen auch privater Nutzen c berücksichtigt wird.[365] Der persönliche Nutzen entsteht bei der Durchführung neuer Investitionen. Außenstehende Aktionäre können daran nicht teilhaben. Dadurch können auch kapitalwertnegative Investitionsprojekte durchgeführt werden, während in dem Originalmodell diese Möglichkeit ausgeschlossen wurde.

Im Zeitpunkt t = 0, also bei Bekanntgabe der Investitionsentscheidung, beträgt der erwartete Wert für die Kontrollaktionäre bei Investition

$$(7) \quad \frac{wP'}{P'+E}(a+b+E+S-c)+c\,,$$

also ihrem Anteil an dem um die Private Benefits c geminderten Unternehmenswert nach Durchführung der Investition zuzüglich dem persönlichen Nutzen c, der ihnen allein zufällt.[366] Wird dagegen das Projekt nicht durchgeführt, so beträgt der Wert für die Kontrollaktionäre w(a+S). Eine Investition und die damit verbundene Kapitalerhöhung wird dann durchgeführt, wenn

$$(8) \quad w(a+S) \le \frac{wP'}{P'+E}(a+b+E+S-c)+c$$

erfüllt ist. In dem modifizierten Modell lautet die Trennlinie nun

$$(9) \quad b=\frac{E}{P'}a+E(\frac{S}{P'}-1)+c(1-\frac{1}{w}-\frac{E}{wP'})\,.$$

Abb. 12 stellt den bereits in Abb. 11 für das ursprüngliche Modell gezeigten Zusammenhang nun unter Berücksichtigung von Private Benefits dar.

[365] Vgl. Wu/ Wang, 2005, S. 921f.
[366] Vgl. Wu/ Wang, 2005, S. 922f.

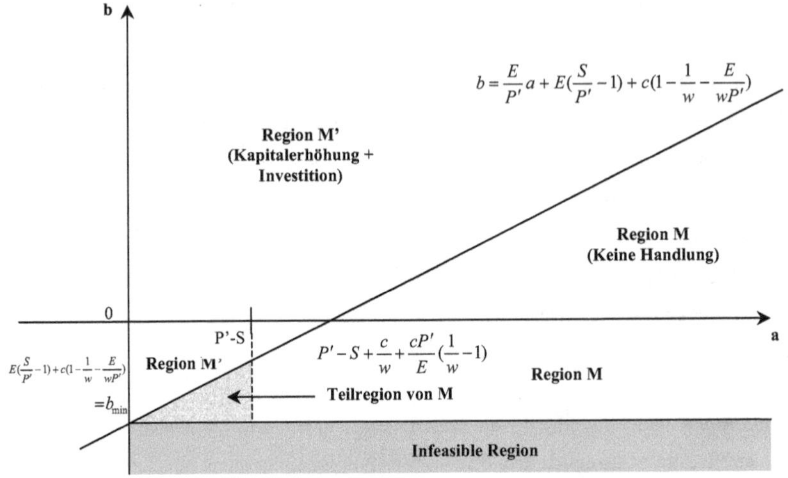

Abb. 12: Investitionsentscheidung bei Informationsasymmetrie unter Berücksichtigung von Private Benefits[367]

Liegen die Ausprägungen von a und b in der Region M', so ist die Bedingung in (8) erfüllt und die Investition und die Kapitalerhöhung werden durchgeführt.[368] Im Vergleich zum Originalmodell von Myers und Majluf (1984) kann es nun auch kapitalwertnegative Projekte geben, die dennoch durchgeführt werden. Dies ist umso wahrscheinlicher, je kleiner a ist. Liegen a und b dagegen in Region M, so unterbleibt die Kapitalerhöhung.[369]

Im Gegensatz zum Originalmodell kann es jetzt nicht nur zu Unterinvestition, sondern auch zu Überinvestition kommen.[370] Der durch asymmetrische Informationsverteilung entstehende Verlust kann somit sowohl aus Unter- als auch aus Überinvestitionsproblemen stammen.

Eine weitere Implikation aus der Zulässigkeit auch von kapitalwertnegativen Investitionsprojekten ist, dass der Kurseffekt bei Ankündigung einer Kapitalerhöhung nicht immer negativ sein muss.[371] Um dies zu zeigen, sollen zunächst die Marktwerte bei Durchführen der Investition $P' = \overline{A}(M') + \overline{B}(M') + S - c$ bzw. bei Unterlassen der Investition $P = \overline{A}(M) + S$ betrachtet wer-

[367] Abb. 12 basiert auf Wu/ Wang, 2005, Fig. 1 auf S. 923 und Fig. 2 auf S. 924.
[368] Vgl. Wu/ Wang, 2005, S. 923f.
[369] Region M ist nach unten durch b_{min} begrenzt, da $\tilde{A}$ nur Werte größer oder gleich Null annehmen kann.
[370] In Abb. 12 der Teil von Region M', der unterhalb der x-Achse liegt.
[371] Vgl. Wu/ Wang, 2005, S. 924f.

den. Wenn π die Wahrscheinlichkeit bezeichnet, dass a und b in die Region M' fallen, dann errechnet sich der Marktpreis in t = -1 mit $P_{-1} = \pi P' + (1-\pi)P$. Da also P_{-1} das gewichtete Mittel aus P' und P ist, kann es nur dann zu einer positiven Kursreaktion auf die Ankündigung einer Kapitalerhöhung kommen, wenn P' > P gilt. In dem Originalmodell wurde dagegen gerade gezeigt, dass P' immer kleiner als P sein muss, da stets $P' - S < \overline{A}(M)$ gilt, womit es immer zu einem negativen Kurseffekt kommt. Dies ist eine Folge aus der Annahme der Durchführung von ausschließlich kapitalwertpositiven Investitionsprojekten. In dem modifizierten Modell ist es jedoch auch möglich, dass $P' - S > \overline{A}(M)$ gilt. Das ist dann der Fall, wenn die gemeinsame Verteilung $(\widetilde{A}, \widetilde{B})$ in Abhängigkeit von M ausreichend konzentriert in der Teilregion von M in Abb. 12 liegt, die durch das grau hinterlegte Dreieck gekennzeichnet ist. In dem modifizierten Modell kann die Folge der Ankündigung einer Kapitalerhöhung damit auch eine positive Kursreaktion sein.

Es sind somit zwei verschiedene Informationseffekte der Ankündigung zu unterscheiden, nämlich die Information über die Werthaltigkeit der Vermögensgegenstände und die Information über das Investitionsprojekt abzüglich des privaten Nutzens.[372] Bei Myers und Majluf (1984) überwiegt der stets negative Informationseffekt bezüglich der Assets immer den positiven Informationseffekt bezüglich des Investitionsprojekts, da wegen der Nichtnegativität von b stets $P' - S < \overline{A}(M)$ gilt. In der Modellmodifikation kann dagegen der Informationseffekt bezüglich der Assets auch positiv, der Informationseffekt bezüglich der Investition auch negativ sein. Entscheidend für die Richtung der Kursreaktion ist, ob ein Effekt den anderen überwiegt bzw. beide das gleiche Vorzeichen haben.

3.2.2.5. Zusammenfassung und Beurteilung der Ergebnisse

In Kapitel 3.2.2. wurden Adverse-Selection-Probleme bei Kapitalerhöhungen von Aktiengesellschaften untersucht. Im Kontext des Themas der vorliegenden Arbeit ist dies gleichzusetzen mit der Wahl von eigenen Aktien als Akquisitionswährung. Die Problematik von Informationsasymmetrien zwischen Management und neuen Aktionären wurde zunächst formal anhand des Modells von Myers und Majluf (1984) dargestellt, das als Verhaltensannahme unterstellt, dass die Unternehmensleitung im Sinne der Altaktionäre handelt. Die Adverse-Selection-Probleme äußern sich

---

[372] Vgl. Wu/ Wang, 2005, S. 925f.

zum einen in einem Unterinvestitionsproblem, da auch kapitalwertpositive Investitionen nicht durchgeführt werden, und zum anderen in einer negativen Kursreaktion auf die Ankündigung einer Kapitalerhöhung.

Die Probleme können abgeschwächt werden durch die alternative Finanzierung mit flüssigen Mitteln innerhalb des Unternehmens oder durch die Aufnahme von Fremdkapital. Das Modell impliziert somit eine „Pecking Order" der Finanzierung, die man analog auf die Wahl der Akquisitionswährung bei M&A-Transaktionen übertragen kann. Eine weitere Möglichkeit der Milderung der Problematik besteht in der Ergreifung von Maßnahmen zur Reduktion der Informationsasymmetrien.

Modifiziert man das Modell dahingehend, dass Entscheidungen ausschließlich im Interesse der Kontrollaktionäre getroffen werden, wobei auch deren privater Nutzen berücksichtigt wird, dann verändert sich die Aussagekraft des Modells, wie Wu und Wang (2005) aufzeigen. Es kann neben Unterinvestitions- auch zu Überinvestitionsproblemen kommen. Der Kurseffekt auf die Ankündigung einer Kapitalerhöhung ist nicht unbedingt negativ, sondern kann auch positiv sein. Entscheidend sind Richtung und Größe der beiden Informationseffekte im Hinblick auf die Vermögensgegenstände und des Investitionsprojekts.

Das Modell von Myers und Majluf (1984) liefert einen guten Erklärungsbeitrag für die Adverse-Selection-Problematik bei isolierter Betrachtung von Informationsasymmetrien zwischen Management und Aktionären. Die Berücksichtigung von privatem Nutzen in der Modellvariante von Wu und Wang (2005) zeigt allerdings, dass die Aussagekraft durch Änderungen der Randbedingungen an Eindeutigkeit verliert.

3.2.3. Die Wahl der Akquisitionswährung bei Vorliegen von Informationsasymmetrien im Modell von Hansen (1987)

3.2.3.1. Modellprämissen

In diesem Kapitel wird das Modell von Hansen (1987)[373] vorgestellt, das explizit die Wahl der Akquisitionswährung modelltheoretisch analysiert.[374] Alternativ werden die Zahlung in bar oder mit eigenen Aktien des Übernehmers zugelassen. Untersucht wird die entstehende Adverse-

[373] Die Darstellungen dieses Kapitels basieren auf Hansen, 1987, S. 75-95.

[374] Vgl. zu Unterkapitel 3.2.3.1. Hansen, 1987, S.75-78.

Selection-Problematik bei asymmetrischer Informationsverteilung zwischen Unternehmensinsidern und Außenstehenden bezüglich der Firmenwerte.[375] Von möglichen Agency-Konflikten zwischen Management und Eigentümern wird dagegen abgesehen. Als Verhandlungsstrategie wird die Abgabe eines einmaligen und endgültigen Angebots gewählt.[376]

Das Übernahmeobjekt, im Folgenden mit T bezeichnet, kennt v, den Wert seiner Vermögensgegenstände für sich selbst. Dabei ist v eine Zufallsvariable, die Wertausprägungen im Bereich $(\underline{v}, \overline{v})$ annehmen kann. Die übernehmende Gesellschaft, im Folgenden mit A bezeichnet, kennt dagegen nur die Wahrscheinlichkeitsverteilung $F(v)$ der Wertausprägungen der Vermögensgegenstände v. Der Wert von T für A beträgt $w(v)$. Diese stellt eine in v monoton steigende Transformationsfunktion dar, für die $w(v) \succ v$ gilt. Die Transformationsfunktion selbst ist bekannt.

Der Wert der Vermögensgegenstände des Käufers A wird mit x bezeichnet und kann Werte im Bereich $(\underline{x}, \overline{x})$ annehmen. Die Zufallsvariable x ist mit $G(x)$ verteilt. Zunächst wird nur Informationsasymmetrie auf Seiten des Kaufobjektes untersucht, d. h. der Wert des Käufers x ist öffentlich bekannt. Anschließend wird beidseitige Informationsasymmetrie analysiert, d. h. öffentlich ist nur die Verteilungsfunktion $G(x)$ bekannt. Von Fremdkapitalfinanzierung und Steuern wird zunächst abgesehen. Annahmegemäß existieren keine Transaktionskosten.

3.2.3.2. Darstellung des Modells

Zunächst soll die Abgabe einer Cash Offer in Höhe von C betrachtet werden.[377] Das Übernahmeobjekt T wird diese nur dann akzeptieren, wenn $v \leq C$ gilt. Um das optimale Barangebot von A festzulegen, muss der erwartete Vermögenszuwachs

(1) $$E(\pi|C) = \int_{\underline{v}}^{C} [w(v) - C] f(v) dv \equiv F(C)[E(w|C) - C]$$

betrachtet werden. Dabei stellt $E(\pi|C)$ den bedingten Erwartungswert des Vermögenszuwachses unter der Bedingung C dar. $E(w|C)$ ist der bedingte Erwartungswert des Wertes der Vermögensgegenstände von T unter der Bedingung, dass die Transaktion zustande kommt, und ist als

---

375 Vgl. hierzu auch Unterkapitel 3.1.2.

376 Dies ist die optimale Verhandlungsstrategie des uninformierten Käufers bei Vorliegen von Informationsasymmetrie. Vgl. hierzu Samuelson, 1984, S. 1004. Einen Überblick alternativer Vorgehensweisen bei Unternehmensakquisitionen und daraus resultierenden Transaktionsmechanismen geben Berens/ Mertes/ Strauch, 2002, S. 34, Abb.1.

377 Vgl. hierzu Hansen, 1987, S. 78.

(2) $$E(w|C) = \int_{\underline{v}}^{C} \frac{f(v)}{F(C)} dv$$

definiert. Eine optimale einmalige und endgültige Barofferte ist implizit definiert als

(3) $$w(C) - C - \frac{F(C)}{f(C)} = 0 .$$

Dies setzt die Existenz einer inneren Lösung voraus. Bei dieser beträgt die Wahrscheinlichkeit $F(C)$. Allerdings sind auch zwei Randlösungen möglich. In einem Extremfall ist die Wahrscheinlichkeit einer Transaktion gleich Null. Dies entspricht einem Marktzusammenbruch. In dem zweiten Extremfall kommt es dagegen immer zum Abschluss des Kaufs und die Barzahlung beliefe sich auf $C = \underline{v}$.

Bei der Betrachtung von Stock Offers wird zunächst von Informationsasymmetrien auf Seiten des Erwerbers abgesehen. Unter diesen Bedingungen kann die Bezahlung einer Akquisition mit Aktien auch dann zu einem Abschluss führen, wenn dies bei einem Barangebot nicht der Fall wäre.[378] Das liegt daran, dass Aktien als zustandsabhängige Zahlungsform wirken, so dass der Preis erst ex post festgestellt werden kann. Denn wenn der Verkäufer weiß, dass sein Unternehmen einen hohen Wert besitzt, dann kann er auch die Wertsteigerung durch einen Anteil an dem fusionierten Unternehmen antizipieren. Das führt dazu, dass die Eigentümer des Zielobjektes in mehr Umweltzuständen bereit sind zu verkaufen als bei einer Cash Offer. Wenn jedoch das Käuferunternehmen in Relation zu groß ist, dann ist der Effekt einer zustandsabhängigen Bewertung vernachlässigbar. Es lässt sich zeigen, dass es bei einseitiger Informationsasymmetrie auf Verkäuferseite für jedes Barangebot, das für den Verkäufer akzeptabel ist, ein Aktienangebot gibt, das zu bevorzugen ist.[379] Die Wahrscheinlichkeit $F(v^*)$ für den Kaufabschluss bei Abgabe einer Stock Offer ist umso höher, je kleiner die übernehmende Gesellschaft ist. Der Grund liegt in einem dann größeren Effekt aus der zustandsabhängigen Bewertung.[380]

Der erwartete Gewinn des Käufers bei Abgabe einer optimalen Stock Offer nimmt mit zunehmenden Unternehmenswert x des Übernehmers ab.[381] Dies ist die Grundlage dafür, dass bei Durchbrechen der bisher geltenden Annahmen wie der Einführung von Informationsasymmetrie

---

[378] Vgl. Hansen, 1987, S. 79.
[379] Vgl. Hansen, 1987, S. 80.
[380] Vgl. Hansen, 1987, S. 81. Für den Beweis vgl. Hansen, 1987, S. 93, Appendix A.
[381] Vgl. Hansen, 1987, S.81.

auch auf Seiten des Unternehmenswertes des Käufers die Wahl von Aktien als Akquisitionswährung nicht mehr dominant ist und sich das Entscheidungsproblem damit komplexer gestaltet.[382]
Im Folgenden wird von Informationsasymmetrie auch bezüglich des Wertes des Käuferunternehmens ausgegangen. Das bedeutet, dass der Käufer zwar seinen Wert x kennt, das Übernahmeobjekt T hingegen lediglich die Verteilungsfunktion $G(x)$ des Unternehmenswertes.[383] Wie zuvor akzeptiert T nur dann ein Kaufangebot von A, wenn dieses den Wert des Kaufobjektes auf Stand-Alone-Basis übersteigt. Da allerdings T den Wert x des Käuferunternehmens A nicht kennt, muss T das Kaufangebot aufgrund einer Funktion $x(p)$ beurteilen. Aus der Funktion $x(p)$ schließt T auf Basis der angebotenen Beteiligungshöhe p am Käuferunternehmen auf dessen Wert x. Auf Basis dieser Strategie von T zur Annahme des Angebotes und der Funktion $x(p)$ trifft das Käuferunternehmen A die Auswahl der Akquisitionswährung und legt die optimale Angebotshöhe fest. Die Festlegung der Höhe einer Stock Offer p hängt dabei von dem eigenen Unternehmenswert x ab. Die Höhe von p wiederum dient als Informationssignal, aus dem T seine Schlüsse auf den tatsächlichen Wert von A zieht. Ein Gleichgewicht existiert dann, wenn die Funktion $x(p)$ von T durch die Auswahlentscheidungen von A gestützt wird.
Dabei ist $x(p)$ eine abnehmende Funktion in p, d. h. eine niedrigere angebotene Beteiligungshöhe p signalisiert einen höheren Unternehmenswert x des Käufers. Es besteht damit für A ein Anreiz zur Sendung eines Fehlsignals, so dass T aus dem Angebot von p einen zu hohen Wert x ableitet. Dennoch ist es aufgrund des zustandsabhängigen Preiseffektes eines Aktienangebots möglich, ein Gleichgewicht zu erhalten. Denn wie zuvor gezeigt wurde, verringert ein höherer Unternehmenswert x des Käufers A seinen Gewinn aus der Transaktion. Damit gewinnt A nicht notwendigerweise dadurch, dass A fälschlicherweise einen zu hohen Unternehmenswert x signalisiert. Zwar besteht auf der einen Seite ein Gewinn aus dem Betrug des Kaufobjektes T, allerdings führt dies auf der anderen Seite auch zu Kosten, da die Akquisition nur in weniger Umweltzuständen zustande kommt. Ein Gleichgewicht erfordert, dass sich Gewinn und Kosten gegenseitig ausgleichen.
Eine gleichgewichtige Bewertungsfunktion $x(p)$ ist dabei so ausgeprägt, dass bei hohen Werten von x seltener der Abschluss einer Transaktion erfolgt als wenn x öffentlich bekannt wäre. Dar-

---

[382] Neben Informationsasymmetrie auf Käuferseite können auch Steuereffekte und Rechnungslegungsvorschriften die Dominanz von Stock Offers beseitigen. Vgl. Hansen, 1987, S. 83.
[383] Vgl. Hansen, 1987, S. 83-85. Die Betrachtung von Reputation und eine höhere Transparenz bei größeren Unternehmen könnten die Effekte aus asymmetrischer Informationsverteilung abschwächen. Vgl. hierzu Hansen, 1987, S. 83, Fußnote 10.

aus folgt, dass A ein Barangebot bevorzugt, wenn sein Unternehmenswert hoch ist. Somit dienen sowohl die Wahl der Akquisitionswährung als auch die Festlegung der Höhe p eines Aktienangebotes als Signal für den Wert x des Käuferunternehmens. Die Wahrscheinlichkeit einer Stock Offer nimmt mit steigendem Unternehmenswert x ab.

In dem Modell müssen somit zum einen festgelegt werden, wann Bargeld oder Aktien angeboten werden, und zum anderen eine Funktion $x(p)$ zur Bewertung von Stock Offers durch T, die den Erwerber zu einer Bestimmung von p in der Art führt, welche die Funktion $x(p)$ stützt. Zur Festlegung eines optimalen Angebotes betrachtet der Käufer

$$(4)\quad E(Y|v^*) = x + F(v^*)\{E(w|v^*) - p[E(w|v^*) + x]\},$$

also den erwarteten Unternehmenswert nach Durchführung der Transaktion auf Basis des Wertes von T bei Durchführung. Der Wert v^* des übernommenen Unternehmens T ist definiert als

$$(5)\quad v^* = p[x(p) + w(v^*)].$$

Zu beachten ist, dass T vor der Entscheidung über die Annahme eines Angebotes über $x(p)$ den Wert des Käufers A einschätzen muss. Die Zielfunktion (4) des Käufers wird im Folgenden vereinfacht geschrieben als

$$(6)\quad E(Y|v^*) \equiv Y(p, x, v^*)$$

und v^* als

$$(7)\quad v^* \equiv v^*[p, x(p)].$$

Die Bedingung erster Ordnung für die Maximierung der Zielfunktion (4) des Käufers erhält man, wenn man die Ableitung von (6) nach p gleich Null setzt:

$$(8)\quad \frac{dE(Y|v^*)}{dp} = \frac{\partial Y}{\partial v^*}\frac{dv^*}{dp} + \frac{\partial Y}{\partial p} = \frac{\partial Y}{\partial v^*}\left(\frac{\partial v^*}{\partial p} + \frac{\partial v^*}{\partial x}\frac{dx}{dp}\right) + \frac{\partial Y}{\partial p} = 0$$

Der erste Term von (8) stellt den marginalen Nutzenzuwachs aus einer Erhöhung von p dar. Dieser resultiert daraus, dass T nun auch bei höheren Ausprägungen seines Unternehmenswertes v das Angebot annimmt. Dagegen stellt der zweite Term die marginalen Kosten aus einer Erhöhung des Aktienangebotes dar, da unter sonst gleichen Bedingungen ein höheres p bedeutet, dass der Bieter bereit ist, einen größeren Vermögensteil aufzugeben.

Um durchführbar zu sein, muss

$$(9)\quad \frac{dv}{dp} = \frac{\partial v^*}{\partial p} + \frac{\partial v^*}{\partial x}\frac{dx}{dp} > 0$$

gelten. Wie bereits oben dargestellt ist es genau diese Eigenschaft, dass v mit steigendem p zunimmt, die den Käufer davon abhält, eine niedrige Aktienbeteiligung p anzubieten und damit ein Fehlsignal über den Unternehmenswert zu produzieren. Um die Funktion $x(p)$ für den Gleichgewichtsfall zu finden, setzt man in (8) für jedes x den Ausdruck $x(p)$ ein und löst anschließend nach $x(p)$ auf. Dies stellt sicher, dass die Erwartungen des Kaufobjektes auch gestützt werden. Der erwartete Gewinn des Käufers aus einer Stock Offer ist für jede Unternehmensgröße x unter Informationsasymmetrie kleiner als wenn x öffentlich bekannt wäre. Daraus folgt auch, dass Aktien als Akquisitionswährung eine Barzahlung nicht notwendigerweise dominieren, falls beidseitige Informationsasymmetrie vorliegt. Abb. 13 veranschaulicht, wie die Wahl der Akquisitionswährung getroffen wird.

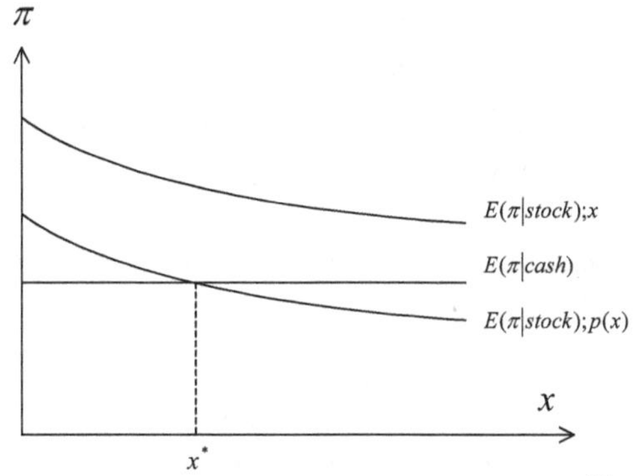

Abb. 13: Bestimmung der optimalen Akquisitionswährung[384]

Es existiert ein Wert x^* für die Größe des Käuferunternehmens, unterhalb von welchem Aktien und oberhalb von welchem Bargeld als Akquisitionswährung geboten werden.

3.2.3.3. Zusammenfassung und Beurteilung der Ergebnisse

In dem Modell von Hansen (1987) wurde die Auswahlentscheidung zwischen Aktien oder Bargeld als Akquisitionswährung bei Vorliegen von Informationsasymmetrien modelltheoretisch analysiert. Falls die ungleiche Informationsverteilung ausschließlich bezüglich dem Wert des

---

[384] Basierend auf Hansen, 1987, S. 82, Abb. 1 und S. 86, Abb. 2.

Kaufobjektes besteht, dann ist die Wahl einer Stock Offer gegenüber einer Cash Offer dominierend, da die Bezahlung mit Aktien einen zustandsabhängigen Preiseffekt hat. Die erwarteten Gewinne aus einer Stock Offer gehen jedoch mit einem Ansteigen des Wertes des Käuferunternehmens zurück.[385] Bei Vorliegen von beidseitiger Informationsasymmetrie gestaltet sich das Auswahlproblem dagegen komplexer. Es lässt sich zeigen, dass eine bestimmte Unternehmensgröße des Käufers existiert, bei deren Unterschreiten die Wahl von Aktien und bei deren Überschreiten die Wahl von Bargeld als Akquisitionswährung vorzuziehen ist.

In dem Modell von Hansen (1987) können auch weitere Sachverhalte untersucht werden, welche die Auswahlentscheidung beeinflussen. So führen Steuer- oder Rechnungslegungsvorschriften, die Einfluss auf den Unternehmenswert des Käufers haben, dazu, dass die Auswahlentscheidung auch bei einseitiger Informationsasymmetrie komplexer gestaltet ist und Aktien ein Barangebot nicht mehr dominieren.[386] Ebenso lassen sich die Auswirkungen der Kapitalstruktur auf die Auswahlentscheidung in dem Modell analysieren.[387] Ein höherer Verschuldungsgrad des Käuferunternehmens führt ceteris paribus zu einer höheren Wahrscheinlichkeit für einen Stock Deal. Ursache hierfür ist, dass der zustandsabhängige Preismechanismus von Aktien umso stärker wirkt, je höher das Eigenkapital des Zielunternehmens im Verhältnis zu dem des Käufers ist.

3.2.4. Die Zahlungsform aktienmarktgetriebener Akquisitionen im Modell von Shleifer und Vishny (2003)

3.2.4.1. Modellprämissen

Im Folgenden wird das Modell von Shleifer und Vishny (2003)[388] dargestellt, das – neben weiteren Aspekten zur Erklärung von M&A-Aktivitäten – die Wahl der Akquisitionswährung durch die Aktienmarktbewertung der sich zusammenschließenden Unternehmen erklärt. Die grundlegende Modellannahme ist, dass die Kapitalmärkte ineffizient sind, so dass Unternehmen inkorrekt bewertet sein können.[389] Dagegen sind die Manager der Unternehmen annahmegemäß vollkommen

---

[385] Faccio und Masulis (2005) sehen dies im Rahmen ihrer empirischen Untersuchung europäischer Unternehmenszusammenschlüsse von 1997-2000 durch das Ergebnis bestätigt, dass die relative Größe des Targets signifikant negativ korreliert ist mit dem Cash-Anteil bei der Bezahlung einer Übernahme. Vgl. hierzu Faccio/ Masulis, 2005, S. 1363.

[386] Vgl. Hansen, 1987, S. 82.

[387] Vgl. Hansen, 1987, S. 88-90.

[388] Die Darstellungen in Kapitel 3.2.4. basieren auf Shleifer/ Vishny, 2003, S. 295-311.

[389] Vgl. Shleifer/ Vishny, 2003, S. 296f.

rational, d. h. sie verstehen die Ineffizienzen am Aktienmarkt und ziehen Vorteile daraus, wobei dies auch durch M&A-Entscheidungen erfolgen kann.[390]

In dem Modell werden die zwei Unternehmen 0 und 1 betrachtet, die mit einem Kapital von K bzw. K_1 ausgestattet sind.[391] Die Bewertung pro Kapitaleinheit durch den Aktienmarkt wird mit Q bzw. Q_1 bezeichnet. Dabei stellen Q und Q_1 keine effizienten Bewertungen der Unternehmen 0 und 1 dar, sondern spiegeln vielmehr die Stimmung der Investoren gegenüber den beiden Gesellschaften wider.[392] Im Folgenden soll $Q_1 > Q$ gelten.

Bei einem Zusammenschluss der beiden Unternehmen soll die kurzfristige Bewertung pro Einheit des gemeinsamen Eigenkapitals mit S bezeichnet werden.[393] Daraus ergibt sich der Marktwert V der neuen Einheit nach der Fusion als $V = S(K + K_1)$. Dabei drückt S die vom Marktkonsens wahrgenommenen Synergien durch den Zusammenschluss aus. In dem Fall $S = Q$ entspricht die Marktbewertung des fusionierten Unternehmens (pro Kapitaleinheit) derjenigen der niedriger bewerteten Gesellschaft (0), bei $S = Q_1$ hingegen derjenigen des höher bewerteten Unternehmens (1). Obwohl S sowohl höher als Q_1 bzw. niedriger als Q sein kann, gilt typischerweise $Q < S < Q_1$. Unter diesen Annahmen lassen sich die kurzfristigen Gewinne aus der Ankündigung eines Unternehmenszusammenschlusses als $S(K + K_1) - KQ - K_1Q_1$ berechnen. Das Niveau S^*, für das $S^*(K + K_1) - KQ - K_1Q_1 = 0$ gilt, bezeichnet genau den Punkt, an dem keine Synergien erzielt werden. Für $S > S^*$ nimmt der Markt Synergien positiv wahr, womit auch der kurzfristige kombinierte Gewinn positiv ist.

Für eine langfristige Betrachtung soll die Extremannahme gelten, dass alle Assets einen Wert von q pro Kapitaleinheit haben.[394] Damit hat Unternehmen 0 langfristig einen Wert von qK, Gesellschaft 1 von qK_1, und die zusammengeschlossene Einheit von $q(K + K_1)$. Das impliziert im Rahmen des Modells, dass es langfristig keine Gewinne aus M&A-Transaktionen gibt – und zwar unabhängig von der Zahlungsform.

---

[390] Damit stehen die Modellannahmen gewissermaßen im Kontrast zu der Hybris-Annahme für Manager in dem Modell von Roll (1986). Vgl. hierzu Roll, 1986, S. 199f.

[391] Vgl. Shleifer/ Vishny, 2003, S. 297.

[392] Die Stimmung der Investoren kann (muss aber nicht) idiosynkratisch sein, d. h. es kann Über- bzw. Unterbewertungen für ganze Sektoren oder Gruppen von Unternehmen mit ähnlichen Eigenschaften widerspiegeln. Vgl. Shleifer/ Vishny, 2003, S. 297f.

[393] Vgl. Shleifer/ Vishny, 2003, S. 298.

[394] Vgl. Shleifer/ Vishny, 2003, S. 298.

3.2.4.2. Darstellung des Modells

Auf der Basis der vorab erläuterten Modellprämissen werden nachfolgend die kurz- und langfristigen Effekte sowohl für die Aktionäre des Übernahmeziels als auch für diejenigen des Akquisiteurs für den Fall untersucht, dass das höher bewertete Unternehmen 1 die Gesellschaft 0 übernimmt.[395] Der Übernahmepreis P pro Einheit des Kapitals des Targets kann dabei als relative Verhandlungsmacht der niedriger bewerteten Gesellschaft interpretiert werden. Folglich bedeutet $P = Q$, dass überhaupt keine Übernahmeprämie gezahlt wird. Für den Fall $P = S$ spiegelt der Preis das kurzfristige Bewertungsniveau der neu geschaffenen Einheit wider.[396] Aus Vereinfachungsgründen soll die Annahme gelten, dass der Markt aus der Ankündigung einer Akquisition keine Schlussfolgerungen hinsichtlich einer angemessenen Bewertung der beiden Unternehmen zieht, d. h. dass die Preise dadurch nicht in Richtung ihrer langfristigen Bewertungsniveaus beeinflusst werden.

Bei einer kurzfristigen Betrachtung sind daher die Wertänderungen des Käuferunternehmens, des Übernahmeobjekts und der kombinierten Einheit unabhängig von der Zahlung in bar oder mit Aktien, da die Ankündigung der Akquisition und damit auch die gewählte Zahlungsform annahmengemäß keinerlei Informationsgehalt hinsichtlich der Werthaltigkeit der beiden Unternehmen enthalten.[397] Der unmittelbare Effekt einer Akquisition auf den kombinierten Marktwert beträgt

(1) $S(K + K_1) - K_1Q_1 - KQ$,

auf den Wert des Übernahmeziels

(2) $(P - Q)K$

und auf denjenigen des Käufers

(3) $(S - P)K + (S - Q_1)K_1$.

Kurzfristig profitiert die Bewertung einer neu geschaffenen Einheit von der Wahrnehmung durch den Markt, dass bei dem Zusammenschluss Synergien realisiert werden können. In Formel (2) kommt zum Ausdruck, dass der Preis P darüber entscheidet, welcher Anteil des kurzfristigen Wertzuwachses durch den Zusammenschluss auf das Übernahmeobjekt entfällt.[398] In Ausdruck (3) zeigt sich, dass die Aktionäre des Käuferunternehmens kurzfristige Gewinne erzielen, falls

---

[395] Die Darstellung des Modells in diesem Unterkapitel basiert auf Shleifer/ Vishny, 2003, S. 299-301.

[396] In vielen Fällen dürfte P<S gelten, da i. d. R. zahlreiche alternative Übernahmeobjekte zur Auswahl stehen und zudem das Management des Targets für eine Zustimmung auf persönlicher Ebene kompensiert werden kann. Vgl. hierzu Shleifer/ Vishny, 2003, S. 299.

[397] Vgl. Shleifer/ Vishny, 2003, S. 299f.

[398] Für den Fall P=Q erhalten die Aktionäre des Übernahmeobjekts gar keinen Gewinn, für P=S profitieren sie hingegen proportional zu ihrem Kapital. Vgl. hierzu Shleifer/ Vishny, 2003, S. 300.

$P < S$ gilt. Sie profitieren dann von der höheren Bewertung des Targets, wobei dem allerdings die Verwässerung der Bewertung des eigenen Kapitals von Q_1 auf S gegenübersteht.

Im Rahmen des Modells von Shleifer und Vishny (2003) sind die langfristigen Bewertungseffekte interessanter, wobei hier die Bezahlung mit Cash oder Aktien separat betrachtet wird.[399] Bei einer Barzahlung ergeben sich für die kombinierte Einheit bei einer langfristigen Betrachtung keinerlei Bewertungsänderungen. Der langfristige Effekt auf das Übernahmeobjekt beträgt $K(P-q)$ und auf das Käuferunternehmen $K(q-P)$. Gemäß der Modellkonstruktion führen Firmenzusammenschlüsse damit zu keinen Profitabilitätsgewinnen. Der einzige Grund für eine Übernahme in bar besteht somit langfristig gesehen in einer Unterbewertung des Übernahmeobjekts.[400]

Bei der Bezahlung einer Übernahme mit eigenen Aktien lässt sich der auf die Aktionäre des Übernahmeobjekts entfallende Anteil x an dem neuen Unternehmen ausdrücken als

(4) $$x = \frac{PK}{S(K+K_1)}.$$ [401]

Langfristig hat dieser Anteil einen Wert von $xq(K+K_1) = q\frac{P}{S}K$.

Der langfristige Gewinn bei einem Aktien-Deal beträgt für die Aktionäre des Übernahmeobjekts $q\frac{P}{S}K - qK = qK(\frac{P}{S}-1)$ und für die Eigentümer des Käuferunternehmens mit $qK(1-\frac{P}{S})$ das Gegenteil davon. Daher profitieren die Aktionäre der bietenden Gesellschaft nur dann, wenn $P < S$ gilt, d. h. falls der Preis geringer ist als die kurzfristige Einschätzung der Synergien durch den Markt. Da langfristig die Bewertung pro Kapitaleinheit identisch ist, können die Eigentümer des Käuferunternehmens nur dadurch profitieren, dass sie ihren Anteil am Gesamtkapital ausbauen. Dies ist bei $P < S$ der Fall.

Im Rahmen des dargestellten Modells ist es dabei wichtig, zwischen der Auswirkung einer Akquisition auf die langfristige Bewertung und der beobachteten langfristigen Kursentwicklung zu differenzieren.[402] Die langfristige Wertentwicklung des Unternehmens 1 hätte ohne die Durchführung einer Akquisition $K_1(q-Q_1)$ betragen und wäre damit im Falle einer anfänglichen Überbewertung negativ. Der zusätzliche Werteffekt bei Durchführung der Akquisition beläuft sich auf

---

[399] Vgl. Shleifer/ Vishny, 2003, S. 300f.

[400] In diesem Modell ist die Unterbewertung des Targets eine notwendige, aber nicht hinreichende Bedingung für die Bezahlung einer Übernahme in Cash. Vgl. hierzu Shleifer/ Vishny, 2003, S. 300.

[401] Vgl. Shleifer/ Vishny, 2003, S. 301.

[402] Vgl. Shleifer/ Vishny, 2003, S. 301.

$qK(1-\frac{P}{S})$ und ist für $P < S$ positiv. Der Gesamteffekt kann also durchaus negativ sein, wobei dies vor allem bei einer anfänglich stark ausgeprägten Überbewertung der Fall sein dürfte. Dies heißt allerdings nicht, dass eine Übernahme nicht im langfristigen Interesse der Aktionäre ist, da diese auch bei einer insgesamt negativen Kursentwicklung von einer Akquisition unter der Bedingung $P < S$ profitieren.

3.2.4.3. Zusammenfassung und Beurteilung der Ergebnisse

Ein interessanter Aspekt des Modells besteht darin, dass eine ablehnende Haltung des Managements des Targets sogar gegenüber einem Cash Deal unter Offerierung einer Übernahmeprämie im Interesse seiner langfristigen Aktionäre ist, falls $Q < P < q$ gilt.[403] Die Eigentümer profitieren davon, dass der Aktienkurs langfristig ohnehin zu dem fundamental angemessenen Bewertungsniveau zurückkehren würde, auch wenn auf das Scheitern eines entsprechenden Übernahmeangebots zunächst ein kurzfristiger Kursrückgang zu beobachten wäre.

In diesem Zusammenhang ist eine interessante Fragestellung, weshalb das Management des Übernahmeziels einer Stock Offer zustimmen sollte, da im Rahmen des Modells annahmegemäß langfristig durch einen Zusammenschluss kein Wert für das kombinierte Unternehmen geschaffen wird.[404] Das Käuferunternehmen gewinnt genau den Wert hinzu, den das Target entsprechend verliert. Falls Unternehmen 1 mit einem Kauf im Interesse seiner langfristigen Aktionäre handelt, dann verletzt folglich das Management des Unternehmens 0 durch die Annahme des Angebots zwangsläufig die langfristigen Interessen seiner Eigentümer. Ein möglicher Erklärungsgrund liegt in unterschiedlich langen Zeithorizonten der Manager. Falls $Q < P < S$ gilt, dann profitieren die Aktionäre des Targets kurzfristig, auch wenn sie langfristig Wertverluste verzeichnen. Durch den Verkauf der neuen Aktien können sie jedoch die angebotene Übernahmeprämie realisieren. Vor diesem Hintergrund dürfte sich das Management eines Übernahmeobjekts dadurch auszeichnen, dass es sich tendenziell „herauskaufen" möchte, sei es bspw. aus Altersgründen oder aufgrund des Besitzes illiquider Aktienoptionen. Ein weiterer Beweggrund für die Annahme einer Kaufofferte durch das Management besteht in der Zahlung einer persönlichen Kompensation durch den Bie-

[403] Vgl. Shleifer/ Vishny, 2003, S. 300f.
[404] Vgl. Shleifer/ Vishny, 2003, S. 303f.

ter. Dies kann z. B. durch Laufzeitverkürzungen von Aktienoptionen, Gewährung von Abfindungszahlungen oder auch durch das Behalten des Managements in Top-Positionen bestehen.[405]
Aus der Perspektive der Eigentümer des Käuferunternehmens hingegen kann eine Übernahme durchaus im langfristigen, aber nicht im kurzfristigen Interesse sein.[406] Falls in dem Modell $P < S$, aber gleichzeitig auch $(S - P)K + (S - Q_1)K_1 < 0$ gilt, dann ist bei Ankündigung der Akquisition ein Kursrückgang zu beobachten. Langfristig ist die Transaktion dennoch im Aktionärsinteresse, da die Aktien des Unternehmens 1 ohne den Kauf noch stärker fallen würden. So können sowohl die kurz- als auch die langfristige Wertentwicklung des Käuferunternehmens insgesamt zwar negativ sein, aber trotzdem im Interesse der Aktionäre liegen, da die Bezahlung mit überbewerteten eigenen Aktien ihren Kapitalanteil erhöht und damit den langfristigen Wertrückgang abfedert.[407]

Damit sind auf Basis des Modells von Shleifer und Vishny (2003) Aussagen möglich, für welchen Fall und in welcher Form das Auftreten von M&A-Transaktionen wahrscheinlich ist.[408] Bei den Übernahmezielen von Barzahlungsangeboten sollte es sich demnach um unterbewertete Unternehmen handeln, zudem haben diese Übernahmen tendenziell öfter einen feindlichen Charakter. Dagegen sind Übernahmen mit Aktien als Akquisitionswährung bei gleichzeitigem Auftreten von drei Umständen wahrscheinlich. Erstens müssen hohe Marktbewertungen vorliegen, wobei sowohl überbewertete Unternehmen als potenzielle Käufer und vergleichsweise weniger überbewertete potenzielle Übernahmeziele existieren müssen. Zweitens muss der Markt ein Synergiepotenzial wahrnehmen, das einen Zusammenschluss kurzfristig attraktiver macht und dem Käufer trotz Zahlung einer Übernahmeprämie die langfristige Erhöhung des Kapitalanspruchs ermöglicht. Drittens haben die Manager des Übernahmeobjekts entweder kurzfristige Zeithorizonte oder sie werden für ihre Zustimmung zu der Übernahme auf persönlicher Ebene kompensiert.

Die Annahme des Modells, dass die Wahl von Cash oder Aktien als Akquisitionswährung keinen Signaleffekt hat und folglich bei kurzfristiger Betrachtung irrelevant ist, steht im Kontrast zu den beiden zuvor dargestellten Modellen von Myers und Majluf (1984)[409] und Hansen (1987)[410], die

---

[405] Mit dieser Modellaussage sind auch empirische Untersuchungsergebnisse konsistent, die bei Übernahmen auf signifikante Vermögenszuwächse des Managements des Targets hindeuten. Vgl. hierzu Hartzell/ Ofek/ Yermack, 2004, S. 58f.

[406] Vgl. Shleifer/ Vishny, 2003, S. 301.

[407] Dies wirft für die empirische Untersuchung von M&A-Transaktionen anhand von Kurseffekten das Problem auf, dass negative Renditen nicht zwangsläufig im Sinne unvorteilhafter Übernahmeangebote interpretiert werden können.

[408] Vgl. Shleifer/ Vishny, 2003, S. 304.

[409] Für eine Darstellung des Modells vgl. Kapitel 3.2.2. und Myers/ Majluf, 1984, S. 419-453.

[410] Für eine Darstellung des Modells vgl. Kapitel 3.2.3. und Hansen, 1987, S. 75-95.

jeweils auf die Informationseffekte durch die Entscheidung für eine bestimmte Zahlungsform abzielen. Allerdings ist diese getroffene Annahme nicht zwingend notwendig für das Modell von Shleifer und Vishny (2003), sondern erfolgt vielmehr aus Vereinfachungsgründen.[411] Die einzige notwendige Voraussetzung ist, dass ein möglicher Lerneffekt unvollständig ist, also die Anpassung an eine rationale Bewertung infolge der Ankündigung einer M&A-Transaktion nur teilweise erfolgt.[412] Insofern steht das Modell von Shleifer und Vishny (2003) nicht im Widerspruch zu den beiden anderen im Rahmen dieser Arbeit vorgestellten Modelle, auch wenn der Blickwinkel ein anderer ist.

3.3. Konzeptionen und Ergebnisse bisheriger empirischer Forschung

3.3.1. Systematisierung bisher durchgeführter Studien

Bis zum heutigen Zeitpunkt wurden bereits zahlreiche empirische Untersuchungen zu der Thematik der Akquisitionswährung durchgeführt, wobei diese in unterschiedlichem Maße auf die in den Kapiteln 3.1. und 3.2. erläuterten theoretischen Erklärungsansätze zurückgreifen. Dabei lassen sich generell zwei Arten von Analysen unterscheiden. Eine Gruppe von Studien untersucht die Gründe und Einflussfaktoren für die Wahl der Akquisitionswährung, wobei sich meist eine Fokussierung auf Einzelaspekte feststellen lässt. Die zweite Gruppe von Analysen richtet ihr Augenmerk auf die unterschiedlichen Erfolgsauswirkungen, die sich aus der Ankündigung einer M&A-Transaktion je nach Zahlungsform ergeben. Diese Studien unterscheiden sich wiederum je nach Erfolgskriterium in kapitalmarktorientierte Untersuchungen und solche unter Verwendung finanzieller Kennzahlen.[413] Zu den kapitalmarktorientierten Untersuchungen gehören sowohl Ereignisstudien, die kurzfristige Kurseffekte auf die Ankündigung einer Transaktion hin analysieren, sogenannte Ankündigungseffekte, als auch längerfristige Performancestudien. Abb. 14 veranschaulicht die für die vorliegende Arbeit gewählte Systematisierung. Im Folgenden soll durch die Vorstellung diverser Untersuchungen ein systematischer Überblick über die bereits erfolgte empi-

---

[411] Vgl. Shleifer/ Vishny, 2003, S. 299.

[412] Die Schlussfolgerung, dass das Marktgleichgewicht sowohl auf der Einschätzung rationaler Investoren als auch auf der Marktstimmung beruht, ist Standard in Modellen von ineffizienten Märkten. Vgl. hierzu bspw. De Long u. a., 1990, S. 705f. Solange die Stimmung von Investoren die Preise beeinflusst, bleiben die Ergebnisse des Modells gültig. Vgl. Shleifer/ Vishny, 2003, S. 299.

[413] Hinsichtlich dieser Differenzierung vgl. auch Bamberger, 1994, S. 151, Kaplan, 2000, S. 2f und Piloff/ Santomero, 1998, S. 62f.

rische Forschung hinsichtlich der Wahl der Akquisitionswährung gegeben werden.[414] Dabei werden sowohl branchenübergreifende Studien für alle Unternehmen bzw. Industrieunternehmen als auch Studien speziell für den Bankensektor berücksichtigt.

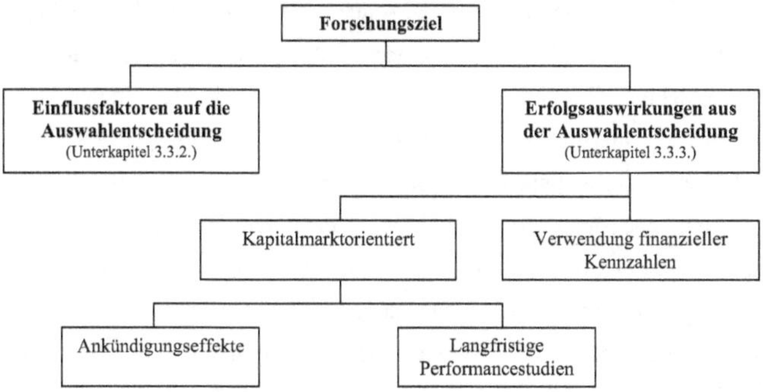

Abb. 14: Systematisierung empirischer Untersuchungen zur Wahl der Akquisitionswährung

3.3.2. Untersuchungen der Einflussfaktoren auf die Auswahlentscheidung

Eine sehr frühe Studie von Carleton u. a. (1983) stellt bei der Untersuchung von insgesamt 61 übernommenen Unternehmen für die Jahre 1976 und 1977 fest, dass die Wahrscheinlichkeit einer Bezahlung in bar mit niedrigerer Ausschüttungsquote und niedrigerem Preis-Buchwert-Verhältnis des Targets ansteigt.[415] Dies wird hauptsächlich mit Steuer- und Rechnungslegungsaspekten erklärt, wobei dies insbesondere hinsichtlich der Ausschüttungsquote nicht erschöpfend gelingt.[416] Auf mehrere unterschiedliche Merkmale seitens der Bieterunternehmen stellen hingegen Chaney, Lovata und Philipich (1991) in ihrer Studie von 123 Firmenzusammenschlüssen in der Zeit von 1971 bis 1978 ab.[417] Bei Stock Deals stellen sie fest, dass die Akquisiteure im Durchschnitt größer sind, einen niedrigeren Verschuldungsgrad, eine niedrigere Gesamtkapitalrentabilität (ROA) und ein höheres Kurs-Gewinn-Verhältnis (KGV) haben.[418] Hingegen sind bei Cash-Offerten die

---

[414] Obwohl zahlreiche Studien berücksichtigt wurden, ist es nicht das Ziel, eine vollständige Aufstellung aller bisher zu der Thematik durchgeführten empirischen Untersuchungen zu erheben, sondern vielmehr einen Überblick über diverse Forschungsansätze, gewählte Datensätze und die Vielfalt der Ergebnisse zu geben.
[415] Vgl. Carleton u. a., 1983, S. 813-826.
[416] Vgl. Carleton u. a., 1983, S. 823f.
[417] Vgl. Chaney/ Lovata/ Philipich, 1991, S. 55-69.
[418] Vgl. Chaney/ Lovata/ Philipich, 1991, S. 63.

Bieterunternehmen im Durchschnitt kleiner, verfügen über einen höheren Verschuldungsgrad und einen besseren ROA.

Den Einfluss mehrerer Parameter auf die Wahl der Akquisitionswährung untersucht auch Martin (1996).[419] Hierfür analysiert er insgesamt 846 US-Transaktionen, die im Zeitraum von 1978 bis 1988 unter der Beteiligung von an der NYSE oder AMEX notierten Unternehmen stattfanden. Zwei der wichtigsten Einflussfaktoren sind demnach die Art des Firmenzusammenschlusses und die Wachstumsaussichten.[420] Öffentliche Übernahmeangebote sind tendenziell Barzahlungsangebote. Die Begründung hierfür liegt in der einfacheren Durchführung im Rahmen der US-Vorschriften. Höhere Wachstumschancen steigern hingegen die Wahrscheinlichkeit für eine Stock Offer, da eine Eigenfinanzierung das Management weniger einschränkt, welches somit Investitionsmöglichkeiten flexibler wahrnehmen kann. Des Weiteren stellt Martin einen nichtlinearen Zusammenhang zwischen der Beteiligungshöhe des Managements des Akquisiteurs und der Zahlungsform fest. Eine größere Beteiligung innerhalb der Spanne von 5% bis 25% impliziert eine geringere Wahrscheinlichkeit für ein Aktienangebot aufgrund von Verwässerungseffekten. Außerdem bevorzugen Unternehmen mit geringeren liquiden Mitteln tendenziell eine Zahlung mit eigenen Aktien. Zudem zeigt die Analyse von Martin, dass eine größere Beteiligung durch institutionelle Investoren und die Existenz von Blockaktionären die Wahrscheinlichkeit für einen Stock Deal erhöhen.

Die Untersuchung von Ghosh und Ruland (1998) legt den Fokus auf den Einfluss der Beteiligung des Managements auf die Wahl der Zahlungsform.[421] Sie kommen zu dem Ergebnis, dass eine hohe Managementbeteiligung am Übernahmeobjekt einen wesentlichen Erklärungsbeitrag für den Einsatz von Aktien als Akquisitionswährung liefert.[422] Denn so kann die Leitung der zu übernehmenden Gesellschaft einen größeren Einfluss in dem neu geschaffenen Unternehmen erhalten und damit die Chancen auf den Erhalt ihres Arbeitsplatzes erhöhen. Die Ergebnisse von Ghosh und Ruland deuten darauf hin, dass die Beteiligungshöhe des Managements des zu übernehmenden Unternehmens bedeutender für die Auswahlentscheidung ist als diejenige der Leitung des Akquisiteurs.

Dem steht das Ergebnis der Untersuchung von insgesamt 209 Übernahmen in der Zeit von 1981 bis 1983 durch Amihud, Lev und Travlos (1990) gegenüber, die auf den Einfluss der Manage-

---

[419] Vgl. Martin, 1996, S. 1227-1246.
[420] Vgl. Martin, 1996, S. 1242-1244.
[421] Vgl. Ghosh/ Ruland, 1998, S. 785-798.
[422] Vgl. Ghosh/ Ruland, 1998, S. 785f.

mentbeteiligung des bietenden Unternehmens auf die Wahl der Akquisitionswährung abzielen.[423] So stellen sie bei Unternehmen mit einer ausgeprägten Managementbeteiligung eine höhere Wahrscheinlichkeit für die Finanzierung einer Akquisition in bar als durch eigene Aktien fest.[424] Dies begründen sie mit dem Interesse der Unternehmensleitung, eine hohe Beteiligung ihrerseits nicht durch die Ausgabe neuer Aktien zu verwässern, um so nicht einen Kontrollverlust zu riskieren.

Zu einem entsprechenden Ergebnis für Bankenzusammenschlüsse kommen auch Allen und Cebenoyan (1991) in ihrer Studie, die den Zusammenhang von Eigentümerstruktur und Bankenübernahmen zum Inhalt hat.[425] Darüber hinaus stellen sie jedoch fest, dass die Eigentümerkonzentration außenstehender Aktionäre einen wesentlich wichtigeren Effekt darstellt.[426] So neigen Manager mit einem niedrigen eigenen Anteil am Unternehmen, aber bei Existenz einer hohen Eigentümerkonzentration, dazu, Übernahmen mit Aktien zu bezahlen. Der Grund hierfür dürfte in der Absicht bestehen, den Anteil der Großaktionäre zu verwässern.

Für die Untersuchung der Wahl der Akquisitionswährung bei europäischen Unternehmenszusammenschlüssen analysieren Faccio und Masulis (2005) insgesamt 3.667 Akquisitionen durch Bieter aus 13 europäischen Ländern im Zeitraum von 1997 bis 2000.[427] Dabei legen sie den primären Fokus auf den Trade-off zwischen Bedrohungen für die bestehende Kontrolle des bietenden Unternehmens, die Anreize zu Barzahlungsangeboten setzen, und Finanzierungsbeschränkungen, die tendenziell die Ausgabe von Aktien fördern.[428] Sie kommen zu dem Ergebnis, dass die Anreize zu Barzahlungsangeboten besonders stark ausgeprägt sind, wenn der Kontrollaktionär des bietenden Unternehmens über eine mittelgroße Beteiligung von 20-60% verfügt. Zudem bevorzugt der Käufer eine Bezahlung in bar, wenn die Stimmrechtskontrolle seines Hauptaktionärs bedroht ist. Dies ist insbesondere dann der Fall, wenn das Übernahmeobjekt über eine hochkonzentrierte Eigentümerstruktur verfügt. Hingegen führt eine Verschlechterung der Finanzkennzahlen des Bieters zu einer verstärkten Nutzung von Aktien als Akquisitionswährung.[429] Darüber

---

[423] Vgl. Amihud/ Lev/ Travlos, 1990, S. 603-616.
[424] Vgl. Amihud/ Lev/ Travlos, 1990, S. 609.
[425] Vgl. Allen/ Cebenoyan, 1991, S. 436-445. Die Untersuchung umfasste 58 Zusammenschlüsse von US-Banken für den Zeitraum von 1979 bis 1986. Vgl. hierzu Allen/ Cebenoyan, 1991, S. 436 und S. 440, Tab. 1.
[426] Vgl. Allen/ Cebenoyan, 1991, S. 441.
[427] Vgl. Faccio/ Masulis, 2005, S. 1353f.
[428] Vgl. Faccio/ Masulis, 2005, S. 1379.
[429] Faccio und Masulis (2005) stellen eine höhere Eigentümerkonzentration in Europa und einen stärkeren Einfluss auf die Wahl der Akquisitionswährung durch Fragen der Unternehmenskontrolle und der finanziellen Ausstattung des Bieters fest als bspw. die Untersuchung von Martin (1996) für die USA. Vgl. hierzu Faccio/ Masulis, 2005, S. 1379.

hinaus identifizieren sie zahlreiche weitere Charakteristika des Käufers, des Übernahmeobjekts und der Transaktionsstruktur als signifikante Faktoren für die Wahl der Akquisitionswährung. Dong u. a. (2006) legen hingegen den Fokus auf die Bewertungsniveaus von Käuferunternehmen und Zielobjekten.[430] Zur Messung von Fehlbewertungen verwenden sie dabei sowohl das Preis-Buchwert-Verhältnis als auch das Verhältnis von Aktienkurs zu Residualgewinn. Die Untersuchung umfasst 2.922 erfolgreiche und 810 nicht erfolgreiche Übernahmeangebote unter Beteiligung börsennotierter US-Unternehmen im Zeitraum von 1978 bis 2000.[431] Die Käuferunternehmen weisen im Durchschnitt eine höhere Bewertung als die Übernahmeobjekte auf, wobei dieser Bewertungsunterschied bei Stock Offers höher ausfällt als bei Barzahlungsangeboten.[432] Aktienangebote sind im Vergleich zu Cash Offers mit höheren Bewertungen sowohl des Bieters als auch des Targets verbunden. Mit einer höheren Bewertung der Zielobjekte steigt die Wahrscheinlichkeit für den Einsatz von Aktien bzw. sinkt für die Abgabe von Cash Offers. Dagegen ist bei höher bewerteten Käufern die Abgabe von Stock Offers wahrscheinlicher bzw. von Cash Offers unwahrscheinlicher. Zahlreiche Ergebnisse von Dong u. a. (2006) sind dabei konsistent mit wesentlichen Aussagen des Modells von Schleifer und Vishny (2003).[433]

In eine vergleichbare Richtung geht die Studie von Ang und Cheng (2006), die u. a. auf den Einfluss von Fehlbewertungen auf die Auswahl der Zahlungsform bei Übernahmen abzielt.[434] Ihre Ansätze zur Messung von Fehlbewertungen stellen dabei sowohl auf das Preis-Buchwert-Verhältnis als auch auf den Residualgewinn ab. Der von Ang und Cheng (2006) verwendete Datensatz umfasst 3.862 Zusammenschlüsse börsennotierter US-Unternehmen im Zeitraum von 1981 bis 2001.[435] Eines ihrer Ergebnisse besagt, dass Überbewertungen der Käuferunternehmen

---

[430] Vgl. Dong u. a., 2006, S. 726f. Dong u. a. (2006) untersuchen u. a. Hypothesen hinsichtlich des Einflusses von Fehlbewertungen, die z. T. aus dem Modell von Shleifer und Vishny (2003) abgeleitet werden können. Vgl. für eine Darstellung dieses Modells Unterkapitel 3.2.2. In diesem Zusammenhang untersuchen Dong u. a. (2006) zwar auch Ankündigungseffekte, allerdings stehen hierbei die Bewertungsniveaus der Bieter und Targets im Fokus und nicht die Wahl der Akquisitionswährung. Aus diesem Grund wird die Studie von Dong u. a. (2006) bei dem Überblick der Untersuchungen über den Akquisitionserfolg in Unterkapitel 3.3.3. nicht nochmals berücksichtigt.

[431] Vgl. Dong u. a., 2006, S. 730f.

[432] Vgl. Dong u. a., 2006, S. 739-743.

[433] Vgl. Dong u. a., 2006, S. 750f.

[434] Vgl. Ang/ Cheng, 2006, S. 200f. Zudem untersuchen Ang und Cheng (2006) auch die langfristige Kursperformance von Käuferunternehmen bei Stock Offers: Die Aktionäre von Bietern, die auch unter Berücksichtigung der Übernahmeprämie eine stärkere Überbewertung als die Targets aufweisen, sind besser gestellt als Aktionäre ähnlich hoch bewerteter Unternehmen, die keine M&A-Transaktion durchführen. Vgl. hierzu Ang/ Cheng, 2006, S. 200. Da hier jedoch nicht nach unterschiedlichen Zahlungsformen differenziert wird, erfolgt in Unterkapitel 3.3.3. keine erneute Berücksichtigung der Studie von Ang und Cheng (2006).

[435] Vgl. Ang/ Cheng, 2006, S. 205.

die Wahrscheinlichkeit für die Abgabe von Stock Offers erhöhen.[436] Dies ist als Unterstützung des Modells aktienmarktgetriebener Übernahmen von Shleifer und Vishny (2003) anzusehen.
Eine weitere Analyse zum Einfluss von Fehlbewertungen auf die Wahl der Akquisitionswährung stammt von Rhodes-Kropf, Robinson und Viswanathan (2005).[437] Sie messen dabei Fehlbewertungen anhand des in Einzelkomponenten zerlegten Preis-Buchwert-Verhältnisses. Die Analyse von Rhodes-Kropf, Robinson und Viswanathan umfasst insgesamt 4.325 gelistete Bieterunternehmen für die Jahre 1978 bis 2001, wobei jedoch lediglich 1.542 als Cash Offers, 1.218 als Stock Offers bzw. 799 Transaktionen als Mixed Offers identifiziert werden konnten.[438] Die Übernahmeobjekte sind im Durchschnitt bei Barzahlungsangeboten unterbewertet, während sie bei Stock Offers eine leichte Überbewertung aufzeigen.[439] Die Käuferunternehmen sind bei Cash Offers weniger überbewertet als bei Aktienangeboten. Mit einer zunehmenden firmenspezifischen Überbewertung des Bieters steigt zudem die Wahrscheinlichkeit für die Abgabe einer Stock Offer. Die Ergebnisse unterstützen somit ebenfalls Fehlbewertungsmodelle.[440]
In seiner Studie nimmt Zhang (2001) eine umfassende Untersuchung der Abhängigkeit der Wahl der Akquisitionswährung von bestimmten finanzwirtschaftlichen Parametern vor.[441] Hierfür verwendet er einen Datensatz von insgesamt 103 Transaktionen im Zeitraum von 1990 bis 1999. Dieser resultiert aus den Anforderungen, dass es sich sowohl bei dem Akquisiteur als auch bei dem Übernahmeobjekt um börsennotierte Unternehmen aus Großbritannien handeln muss, für die Daten in dem Informationssystem Datastream vorliegen.[442] Zhang kommt zu dem Ergebnis, dass eine Bezahlung mit Aktien umso wahrscheinlicher ist, je größer das Übernahmeziel wertmäßig in Relation zum Akquisiteur ist. Höhere frei verfügbare Zahlungsmittel des Übernehmers führen hingegen zu einer Bevorzugung von Cash-Offerten. Zhang misst dies anhand der Ausschüttungsquote des Akquisiteurs. Auch eine höhere Eigenkapitalrentabilität des Übernehmers steigert die Wahrscheinlichkeit für eine Barzahlung. Je besser hingegen die Kursperformance des Akquisiteurs im Vorfeld der Übernahme war, desto eher erfolgt die Bezahlung durch einen Aktientausch. Die Performance misst Zhang dabei durch das Preis-Buchwert-Verhältnis der Aktie. Keine Relevanz kann er dagegen für die Managementbeteiligung sowohl am übernehmenden als auch an dem zu akquirierenden Unternehmen feststellen.

---

[436] Vgl. Ang/ Cheng, 2006, S. 215.
[437] Vgl. Rhodes-Kropf/ Robinson/ Viswanathan, 2005, S. 562f.
[438] Vgl. Rhodes-Kropf/ Robinson/ Viswanathan, 2005, S. 567f.
[439] Vgl. Rhodes-Kropf/ Robinson/ Viswanathan, 2005, S. 564.
[440] Vgl. Rhodes-Kropf/ Robinson/ Viswanathan, 2005, S. 601.
[441] Vgl. Zhang, 2001, S. 9-21.
[442] Vgl. Zhang, 2001, S. 11f.

Speziell für den Bankensektor analysieren Grullon, Michaely und Swary (1997) die Einflussfaktoren auf die Wahl der Akquisitionswährung.[443] Ihre Studie umfasst insgesamt 146 Zusammenschlüsse börsennotierter US-Banken von 1981 bis 1990. Diese ergab, dass die zwei wichtigsten Einflussfaktoren für die Wahl der Akquisitionswährung die relative Größe der fusionierenden Banken zueinander und die Koeffizienten zur Messung der Kapitaladäquanz sind.[444] Je kleiner der Akquisiteur im Verhältnis zum Übernahmekandidaten und je höher der Kapitaladäquanzkoeffizient des Bieters ist, desto wahrscheinlicher erfolgt die Durchführung der Transaktion durch einen Aktientausch. Darüber hinaus erhöhen weitere Faktoren die Wahrscheinlichkeit für einen Stock Deal. Dies sind eine geringere Managementbeteiligung an der übernommenen Bank, ein sich in dem gleichen US-Bundesstaat befindlicher Firmensitz beider Banken, ein überregionaler Charakter der Bieterbank und eine hohe Korrelation zwischen der Performance beider Banken.

Tab. 4 fasst die Studien hinsichtlich der Einflussfaktoren auf die Wahl der Akquisitionswährung nochmals überblicksartig in chronologischer Reihenfolge[445] zusammen.

Autoren	**Jahr**	**Untersuchter Datensatz**	**Forschungsziel**	**Ergebnisse**
Carleton u. a.	1983	61 übernommene US-Unternehmen für 1976/77	Unterschiede der übernommenen Gesellschaften bei Cash und Stock Deals	Steigende Wahrscheinlichkeit für Cash Deal bei niedrigerer Ausschüttungsquote und niedrigerem Kurs-Buchwert-Verhältnis des Targets. Erklärungsansatz durch Steuer- und Rechnungslegungseffekte.
Amihud/ Lev/ Travlos	1990	209 M&A-Transaktionen für 1981-83	Einfluss der Managementbeteiligung des Bieters auf die Wahl der Akquisitionswährung	Bei Unternehmen mit hoher Managementbeteiligung ist die Bezahlung einer Übernahme in bar wahrscheinlicher als mit Aktien.
Allen/ Cebenoyan	1991	58 US-Bankenzusammenschlüsse für 1979-86	Zusammenhang von Eigentümerstruktur und Bankenübernahmen	Ceteris paribus ist bei Unternehmen mit hoher Managementbeteiligung die Bezahlung einer Übernahme in bar wahrscheinlicher als mit Aktien. Wichtiger ist jedoch die Eigentümerkonzentration außenstehender Aktionäre, für die mit höheren Werten eine Bezahlung mit Aktien wahrscheinlicher wird.
Chaney/ Lovata/ Philipich	1991	123 US-Firmenzusammenschlüsse für 1971-78	Unterschiede der Bieterunternehmen bei Cash und Stock Deals	Bei Stock Deals sind Akquisiteure größer, haben niedrigeren Verschuldungsgrad, niedrigeren ROA und höheres KGV. Bei Cash Deals sind Bieterunternehmen kleiner, haben einen höheren Verschuldungsgrad und einen höheren ROA.

[443] Vgl. Grullon/ Michaely/ Swary, 1997, S. 97-124.
[444] Vgl. Grullon/ Michaely/ Swary, 1997, S. 98f.
[445] Die Reihenfolge im Textteil erfolgte hingegen nach inhaltlichen Gesichtspunkten.

Martin	1996	846 US-Transaktionen für 1978-88 (Listing an NYSE oder AMEX)	Einfluss unterschiedlicher Parameter auf die Wahl der Akquisitionswährung	Wichtigste Einflussgrößen sind Akquisitionsart und Wachstumschancen. Auch Managementbeteiligung, verfügbare Zahlungsmittel und Beteiligung durch institutionelle Investoren sind relevant.
Grullon/ Michaely/ Swary	1997	146 Zusammenschlüsse börsennotierter US-Banken für 1981-90	Einfluss unterschiedlicher Parameter auf die Wahl der Akquisitionswährung	Wichtigste Einflussfaktoren sind relative Größe und Kapitalkoeffizienten. Je kleiner der Akquisiteur und je höher dessen Kapitalkoeffizient, desto wahrscheinlicher ist ein Stock Deal.
Ghosh/ Ruland	1998	212 Zusammenschlüsse börsennotierter US-Gesellschaften für 1981-88	Einfluss der Managementbeteiligung auf die Wahl der Akquisitionswährung	Hohe Managementbeteiligung des Targets hat bedeutenden Erklärungsbeitrag für eine Bezahlung mit Aktien. Grund ist der Erhalt des Einflusses, insbesondere verbesserte Chancen auf den Job-Erhalt.
Zhang	2001	103 UK-Akquisitionen für 1990-99	Einfluss unterschiedlicher Parameter auf die Wahl der Akquisitionswährung	Relative Größe des Targets, Payout-Ratio, ROE und Kursperformance des Akquisiteurs spielen eine Rolle. Die Managementbeteiligung ist ohne Relevanz.
Faccio/ Masulis	2005	3.667 Akquisitionen durch Bieter aus 13 europäischen Ländern für 1997-2000	Einfluss unterschiedlicher Parameter auf die Wahl der Akquisitionswährung mit Fokus auf Unternehmenskontrolle und finanzieller Ausstattung des Bieters	Anreiz zu Barzahlungsangeboten ist besonders hoch, wenn der Kontrollaktionär des bietenden Unternehmens über einen Stimmrechtsanteil von 20-60% verfügt. Zunahme an Aktienangeboten mit einer Verschlechterung der Finanzkennzahlen des Bieters.
Rhodes-Kropf/ Robinson/ Viswanathan	2005	3.559 Zusammenschlüsse gelisteter Unternehmen für 1978-2001	Einfluss von Fehlbewertungen auf die Wahl der Akquisitionswährung	Targets sind bei Cash Offers unterbewertet, während sie bei Stock Offers leicht überbewertet sind. Bieter sind bei Cash Offers weniger überbewertet als bei Aktienangeboten. Mit zunehmender firmenspezifischer Überbewertung steigt die Wahrscheinlichkeit für die Abgabe einer Stock Offer. Die Ergebnisse unterstützen Fehlbewertungstheorien.
Ang/ Cheng	2006	3.862 US-Zusammenschlüsse börsennotierter Unternehmen für 1981-2001	Einfluss von Fehlbewertungen auf die Wahl der Akquisitionswährung	Überbewertungen der Käufer erhöhen die Wahrscheinlichkeit für die Abgabe von Stock Offers. Ergebnisse bestätigen Aussagen des Modells marktgetriebener Akquisitionen von Shleifer und Vishny (2003).
Dong u. a.	2006	3.732 Übernahmeangebote gelisteter Unternehmen in den USA für 1978-2000	Einfluss von Bewertungsniveaus der Bieter und Targets auf die Wahl der Akquisitionswährung	Käuferunternehmen sind höher bewertet als Targets, insbesondere bei Stock Offers. Wahrscheinlichkeit für Einsatz von Aktien steigt mit zunehmender Bewertung sowohl der Targets als auch der Bieter an.

Tab. 4: Überblick über Studien hinsichtlich der Einflussfaktoren auf die Auswahlentscheidung

3.3.3. Studien über den Akquisitionserfolg in Abhängigkeit von der Zahlungsform

Im Gegensatz zu den bisher dargestellten Studien, welche die Untersuchung der Einflussfaktoren auf die Auswahlentscheidung zum Inhalt hatten, werden in den nachfolgenden Studien die Auswirkungen aus der Wahl der Zahlungsform bei M&A-Transaktionen auf die Wertschaffung für die Aktionäre untersucht. Hierfür werden zunächst Analysen mit dem Fokus auf die kurzfristigen Ankündigungseffekte erörtert, beginnend mit branchenübergreifenden Studien und gefolgt von Untersuchungen speziell für den Bankensektor. Daran schließen sich die Analysen hinsichtlich der langfristigen Performance und des operativen Erfolgs an.

Andrade, Mitchell und Stafford (2001) beziehen in ihrer Studie 4.256 an US-Börsen gelistete Unternehmen mit ein, die im Zeitraum von 1973 bis 1998 eine Übernahme oder Fusion durchführten.[446] Sie kommen zu der Erkenntnis, dass durch die Ankündigung von M&A insgesamt zwar Wert geschaffen wird (1,8% innerhalb eines 3-Tage-Zeitfensters um den Ankündigungstag herum bei einem Signifikanzniveau von 5%), die Gewinner jedoch eindeutig die Aktionäre des Targets sind (+16,0% bei einem Signifikanzniveau von 5%).[447] Für die Aktionäre des Akquisiteurs ist der Effekt weniger eindeutig. Zwar müssen sie im Durchschnitt einen leichten Kursverlust hinnehmen (-0,7% innerhalb des 3-Tage-Zeitfensters), dieser ist jedoch statistisch nicht signifikant. Darüber hinausgehend untersuchen Andrade, Mitchell und Stafford auch die Vermögenseffekte für die Aktionäre getrennt nach der Art der Zahlungsform.[448] Von der Gesamtzahl der Untersuchungseinheiten konnten hierfür 2.194 Unternehmen als Stock Deal und 1.494 als Cash Deal klassifiziert werden. Während die gesamte Wertzunahme bei Barzahlungsangeboten (3,6%) statistisch signifikant ist, ergibt sich für Offerten unter Einbezug von Aktien kein eindeutiges Ergebnis (+0,6%). Interessanterweise beschränkt sich der negative Ankündigungseffekt für die übernehmende Gesellschaft auf Stock Deals (-1,5%, Signifikanzniveau von 5%). Bei Barzahlungsangeboten (+0,4%) ist dagegen kein statistisch signifikanter Effekt festzustellen. Der Wertzuwachs des Übernahmeobjekts ist bei einer Cash-Offerte (20,1%) statistisch signifikant höher als bei einem Aktienangebot (+13,0%). Darüber hinaus nehmen Andrade, Mitchell und Stafford auch eine Performanceuntersuchung über einen Dreijahreszeitraum vor, die jedoch insofern problembehaftet ist, als es sich hierbei stets um einen verbundenen Test von Markteffizienz und Marktbewertungsmodell handelt.[449] Die aus dieser Analyse resultierenden, größtenteils statistisch nicht signi-

---

[446] Vgl. Andrade/ Mitchell/ Stafford, 2001, S. 109-116.
[447] Vgl. Andrade/ Mitchell/ Stafford, 2001, S. 109-111.
[448] Vgl. Andrade/ Mitchell/ Stafford, 2001, S. 111f.
[449] Vgl. Andrade/ Mitchell/ Stafford, 2001, S. 112-114.

fikanten Ergebnisse führen daher nicht zu einer Änderung ihrer Einschätzung der Ergebnisse aus der Untersuchung der Ankündigungseffekte.

Zu einem signifikant negativen Ankündigungseffekt für die übernehmende Gesellschaft bei der Zahlung mit eigenen Aktien (-0,69% Überrendite am Ankündigungstag, Signifikanzniveau von 1%) kommt auch Travlos (1987) in seiner Analyse von 167 US-Transaktionen in dem Zeitraum von 1972 bis 1981.[450] Wie schon in der Untersuchung von Andrade, Mitchell und Stafford (2001) aufgezeigt, ist hingegen bei Cash-Offerten keine statistisch signifikante Überrendite der Aktien des Bieters festzustellen. Travlos und Papaioannou (1991) zeigen, dass dabei die bessere Kursentwicklung des Bieters bei Ankündigung einer Zahlung in bar im Vergleich zur Verwendung eigener Aktien unabhängig ist von der Veränderung der Kapitalstruktur des Unternehmens, die sich je nach Akquisitionswährung ergibt.[451]

Die Kursauswirkungen auf die Übernahmeobjekte bei Verwendung unterschiedlicher Akquisitionswährungen untersuchen Wansley, Lane und Yang (1983) anhand eines Datensatzes von 203 US-Übernahmen im Zeitraum von 1970 bis 1978.[452] Sie stellen bei Ankündigung einer Cash-Offerte im Durchschnitt eine signifikant höhere Überrendite des Targets fest (33,54% für den 40-Tage-Zeitraum vor Ankündigung) als bei einer Zahlung mit Aktien (17,47%).[453] Als mögliche Erklärung hierfür ziehen sie v. a. die aufschiebende Wirkung eines Stock Deals bei der Gewinnversteuerung heran.

Ein entsprechendes Ergebnis erhalten auch Peterson und Peterson (1991) in ihrer Untersuchung von insgesamt 272 M&A-Transaktionen von gelisteten US-Unternehmen.[454] Auch sie begründen die im Durchschnitt signifikant höhere Überrendite des Übernahmeobjektes bei Barzahlung (9,59% am Ankündigungstag gegenüber 4,58% bei Stock Deals) mit Unterschieden der Gewinnversteuerung. Außerdem stellen sie am Ankündigungstag einer Stock Offer durchschnittlich signifikante Kursverluste des Akquisiteurs fest (-0,94% am Ankündigungstag). Dieses Ergebnis ist konsistent mit der Theorie, dass der Markt bei Vorliegen asymmetrischer Informationen die Bezahlung mit Aktien als Signal für eine Überbewertung des Übernehmers interpretiert.[455] Des Weiteren erzielen bei einer Betrachtung des Gesamterfolges beider Unternehmen zusammen lediglich diejenigen Zusammenschlüsse einen signifikanten Gewinn, die als Cash Offer gestaltet sind oder

---

[450] Vgl. Travlos, 1987, S. 951f.
[451] Vgl. Travlos/ Papaioannou, 1991, S. 11.
[452] Vgl. Wansley/ Lane/ Yang, 1983, S. 16-22.
[453] Vgl. Wansley/ Lane/ Yang, 1983, S. 19f.
[454] Vgl. Peterson/ Peterson, 1991, S. 392-400.
[455] Vgl. Peterson/ Peterson, 1991, S. 402.

bei einer Mischform die Option auf eine Barzahlung beinhalten. Peterson und Peterson sehen dies als Unterstützung für die Theorie freier Cashflows von Jensen.[456]

Neben ihrer Analyse der Einflussfaktoren auf die Auswahlentscheidung[457] untersuchen Amihud, Lev und Travlos (1990) auch den Ankündigungseffekt einer Übernahme auf die Kursentwicklung des Bieters.[458] Wie andere Studien auch erhalten sie einen statistisch signifikanten negativen Effekt bei Stock Deals (-1,19% für den Zweitagezeitraum bis zur Ankündigung). Dieser beschränkt sich allerdings auf die Fälle mit einer niedrigen Beteiligung (< 5%) des Managements (-1,50%).

Hinsichtlich steuerlicher Aspekte stellen Franks, Harris und Mayer (1988) in ihrer Untersuchung von insgesamt 2.509 M&A-Transaktionen in den USA und Großbritannien keinen direkten Bezug zwischen der Verwendung einer bestimmten Akquisitionswährung und der Ausgestaltung der Kapitalertragssteuer fest.[459] Des Weiteren ermitteln sie signifikant höhere Übernahmeprämien für die Aktionäre des Targets bei einem Barzahlungsangebot.[460] Ein Unterschied zwischen beiden Ländern ergibt sich hinsichtlich des Ankündigungseffektes auf die Kursentwicklung der übernehmenden Gesellschaft.[461] Während sich für Großbritannien keine signifikanten Verluste bei einem Aktienangebot feststellen lassen, weisen hingegen US-Akquisiteure hierbei eine negative Performance auf. Schließlich zeigt die Analyse, dass Käuferunternehmen bei einer Cash-Offerte eine bessere langfristige Kursentwicklung in der auf die Fusion folgenden Zeit haben.[462]

Eine differenziertere Sichtweise bezüglich der Analyse von Cash-Offerten nehmen McCabe und Yook (1997) ein, indem sie sowohl nach der Höhe des freien Cashflows als auch nach der Reinvestitionsrate der Unternehmen unterscheiden.[463] Ihre Untersuchung der kumulativen Überrenditen der Käufer im Zweitagezeitraum bis zum Ankündigungstag umfasst 234 Zusammenschlüsse von börsennotierten Unternehmen für den Zeitraum von 1976 bis 1986. Bei Barzahlungsangeboten von Unternehmen, die durch einen hohen Free Cashflow und gleichzeitig eine hohe Reinvestitionsrate gekennzeichnet sind, fällt die kumulierte Überrendite mit 0,909% positiv aus und ist zudem – statistisch signifikant – höher als bei allen anderen Kategorien der Analyse.[464] Dies sehen McCabe und Yook als Unterstützung für die Free-Cashflow-Theorie von Jensen an.[465]

---

[456] Vgl. Peterson/ Peterson, 1991, S. 400. Zur Free-Cashflow-Theorie vgl. Jensen, 1986, S. 323-329.
[457] Siehe hierzu Unterkapitel 3.3.2.
[458] Vgl. Amihud/ Lev/ Travlos, 1990, S. 611-614.
[459] Vgl. Franks/ Harris/ Mayer, 1988, S. 239-241.
[460] Vgl. Franks/ Harris/ Mayer, 1988, S. 241-243.
[461] Vgl. Franks/ Harris/ Mayer, 1988, S. 243f.
[462] Vgl. Franks/ Harris/ Mayer, 1988, S. 251-253.
[463] Vgl. McCabe/ Yook, 1997, S. 700.
[464] Vgl. McCabe/ Yook, 1997, S. 702f.
[465] Vgl. McCabe/ Yook, 1997, S. 705.

Ein anderes Ergebnis hinsichtlich der Kurseffekte des Übernehmers bei einer Bezahlung mit Aktien ergibt sich, wenn es sich bei dem Übernahmeobjekt um ein nicht börsennotiertes Unternehmen handelt. Hierfür untersucht Chang (1998) insgesamt 281 Übernahmen von nicht börsennotierten US-Unternehmen.[466] Während sich bei Cash-Offerten wie bei den bisher erwähnten Studien keine statistisch signifikanten Überrenditen feststellen lassen, so zeigte sich im Gegensatz dazu bei Zahlungen in Aktien eine positive Kursreaktion (2,64% Überrendite innerhalb der zwei Tage bis inklusive zu der Ankündigung, Signifikanzniveau von 1%).[467] Chang erklärt dies durch die Eigenschaft der nicht börsennotierten Unternehmen, die über wenige, dafür aber gut informierte Blockaktionäre verfügen. Somit kommt deren Bezahlung mit Aktien des Akquisiteurs einer Privatplatzierung gleich und weist daher nicht die typischerweise negative Signalwirkung einer öffentlichen Kapitalerhöhung auf.[468] Denn die Bereitschaft der bisherigen Blockaktionäre, relativ große Anteile an der fusionierten Gesellschaft zu halten, kann als positives Signal über den Bieter interpretiert werden.

Mit der expliziten Betrachtung von „Debt“[469] als Akquisitionswährung setzen Nayar und Switzer (1998) einen etwas anderen Schwerpunkt als die bisher dargestellten Studien, die explizit lediglich zwischen Aktien und Cash unterschieden.[470] Von den insgesamt 339 untersuchten börsennotierten US-Unternehmen nutzten 41 Gesellschaften auch Fremdkapitaltitel als Zahlungsmittel bei einer Übernahme.[471] Für die Bieterunternehmen stellen Nayar und Switzer den höchsten Wert der kumulierten Überrendite in dem Zweitagezeitraum, der den Ankündigungstag selbst und den Tag zuvor umfasst, bei denjenigen Transaktionen fest, die zumindest teilweise Debt in ihr Angebot mit einbeziehen.[472] Die Überrenditen bei Debt-Transaktionen sind dabei statistisch signifikant höher als bei reinen Stock Offers und bei Mixed Offers, die eine Aktienkomponente enthalten. Nayar und Switzer interpretieren ihr Ergebnis mit positiven Signaleffekten von Debt hinsichtlich des Firmenwertes des Bieters und sehen dies als konsistent mit den Aussagen des Modells von Myers und Majluf (1984) an.

Für europäische Unternehmenszusammenschlüsse untersuchen Goergen und Renneboog (2004) die Ankündigungseffekte sowohl hinsichtlich der Bieterunternehmen als auch der Zielobjekte bei

466 Vgl. Chang, 1998, S. 773-784.
467 Vgl. Chang, 1998, S. 777f.
468 Vgl. Chang, 1998, S. 774f.
469 Unter diesem Begriff werden die unterschiedlichen Arten von Fremdkapital zusammengefasst.
470 Vgl. Nayar/ Switzer, 1998, S. 51.
471 Vgl. Nayar/ Switzer, 1998, S. 55.
472 Vgl. Nayar/ Switzer, 1998, S. 62f.

insgesamt 187 Transaktionen aus 18 europäischen Ländern.[473] Die Wahl der Akquisitionswährung stellt dabei einen von mehreren potenziellen Einflussfaktoren in ihrer Untersuchung dar. Für die Targets beobachten Goergen und Renneboog bei Barzahlungsangeboten mit einer kumulierten Überrendite von beinahe 10% innerhalb des Zweitagezeitraums bis zur Ankündigung einen erheblich höheren Wertzuwachs als bei Stock Offers (6,7%) und Mixed Offers (5,6%).[474] Hinsichtlich der kumulierten Überrendite der Bieterunternehmen stellen sie bei Stock Offers (1%) einen höheren Wert fest als bei Cash Offers (0,4%). Goergen und Renneboog interpretieren dieses Ergebnis dahingehend, dass von reinen Aktienangeboten kein Überbewertungssignal hinsichtlich des Bieterunternehmens ausgeht.

Speziell für den Bankensektor kommen Cornett und De (1991) in ihrer Analyse von insgesamt 132 M&A-Transaktionen zwischen börsennotierten US-Banken zu dem Ergebnis, dass sowohl Akquisiteur als auch Übernahmeobjekt bei Ankündigung eines Zusammenschlusses im Durchschnitt signifikant positive Überrenditen erzielen.[475] Die Art der Zahlungsform spielt dabei keine wesentliche Rolle. Dies steht im Gegensatz zu Ergebnissen aus Untersuchungen von Unternehmen außerhalb des Bankensektors. Den Unterschied erklären Cornett und De zum einen mit einer geringeren Relevanz physischer Vermögensgegenstände bei Banken, wodurch der negative Signaleffekt bei der Ausgabe von Aktien abgeschwächt würde, zum anderen mit dem positiven Signal, das aus der notwendigen Zustimmung zu einer Fusion durch zahlreiche Regulierungsbehörden hervorgeht. Darüber hinaus kann eine Ausgabe von Aktien durch eine Verbesserung der Kapitalausstattung der Bank einen positiven Effekt haben.

Neben der Analyse der Einflussfaktoren auf die Wahl der Akquisitionswährung bei Bankenzusammenschlüssen[476] untersuchen Grullon, Michaely und Swary (1997) auch die daraus folgenden Kurseffekte auf die Aktien der beteiligten Kreditinstitute.[477] Sie ermitteln höhere Kursverluste des Akquisiteurs zum Ankündigungszeitpunkt im Falle eines Stock Deals. Wie zahlreiche andere Studien zeigen auch sie im Durchschnitt eine positive Überrendite der übernommenen Banken auf. Zusammenfassend stellen Grullon, Michaely und Swary fest, dass die Zahlungsform zumindest bei Banken ein wichtiger Faktor bei der Fusionsentscheidung ist.[478]

---

[473] Vgl. Goergen/ Renneboog, 2004, S. 13f.

[474] Vgl. Goergen/ Renneboog, 2004, S. 27. Die detaillierten Ergebnisse ihrer Analyse hinsichtlich der Zahlungsform finden sich bei Goergen/ Renneboog, 2004, S. 28, Tab. 8.

[475] Vgl. Cornett/ De, 1991, S. 774f.

[476] Siehe hierzu Unterkapitel 3.3.2.

[477] Vgl. Grullon/ Michaely/ Swary, 1997, S. 97-124.

[478] Vgl. Grullon/ Michaely/ Swary, 1997, S. 120.

Für den Bankensektor kann auch Becher (2000) in seiner Studie von Bewertungseffekten bei 558 US-Bankenzusammenschlüssen im Zeitraum von 1980-1997 einen relevanten Unterschied in der Kursperformance hinsichtlich der Wahl der Zahlungsform feststellen.[479] Während das Übernahmeobjekt bei der Bezahlung mit Cash oder einer Mixed Offer in einem 36-Tage-Fenster[480] durchschnittlich eine kumulierte Überrendite von 25,38% erzielt, beläuft sich diese bei einer reinen Stock Offer auf lediglich 20,84%. Die übernehmende Bank schneidet bei einem Angebot unter Einbeziehung einer Barkomponente mit einer kumulierten Überrendite von +0,65% ebenfalls besser ab als bei reiner Aktienzahlung (-1,04%).[481]

Hingegen betrachten Houston und Ryngaert (1997) in ihrer Studie weniger die prinzipielle Entscheidung für Aktien oder Cash als Akquisitionswährung, sondern vielmehr die Ausgestaltung von Aktienofferten hinsichtlich des Ausmaßes an Schutz für die Eigentümer der zu übernehmenden Banken.[482] Hierfür untersuchen sie insgesamt 209 US-Bankenzusammenschlüsse von 1985 bis 1992. Im Durchschnitt stellen Houston und Ryngaert eine negative Überrendite des Übernehmers von -2,4% für den Zeitraum von vier Tagen vor dem erstmaligen Bekanntwerden von Übernahmegesprächen bis einen Tag nach der Einigung über den Zusammenschluss fest.[483] Hierbei ergeben sich Unterschiede je nach Ausgestaltung des Angebots. Bei der Bezahlung mit Aktien in Form eines Fixzahlangebots, das den Eigentümern des Übernahmeobjekts keinen Schutz vor Kursschwankungen bis zum Abschluss der Transaktion bietet, beträgt die negative Überrendite -3,4%. Bei bedingten Aktienofferten, die somit ein gewisses Ausmaß an Protektion bieten, beträgt diese hingegen nur -1,3%. Im Rahmen einer Regressionsanalyse ermitteln sie einen – statistisch signifikanten – negativen Zusammenhang zwischen der Überrendite des Übernehmers und der Elastizität der Kompensation des Verkäufers in Abhängigkeit von Kursveränderungen der übernehmenden Bank.[484] Nicht die Höhe der Aktienkomponente selbst, sondern vielmehr die Elastizität des Kaufpreises und damit das Ausmaß an Schutz für den Verkäufer vor Kursrückgängen im Zeitraum bis zum Abschluss der Transaktion beeinflusst die Höhe der Überrendite des Überneh-

---

479 Vgl. Becher, 2000, S. 204-207.

480 Beginnend 30 Tage vor der Ankündigung des Zusammenschlusses, endend 5 Tage nach der Ankündigung. Vgl. Becher, 2000, S. 190.

481 Für ein 11-Tage-Zeitfenster (5 Tage vor bis 5 Tage nach der Ankündigung der Transaktion) fallen die kumulierten Überrenditen zwar geringer aus, die durchschnittlichen Unterschiede hinsichtlich der Wahl der Akquisitionswährung bestätigen sich jedoch auch in diesem kürzeren Zeitintervall. Vgl. Becher, 2000, S. 206.

482 Vgl. Houston/ Ryngaert, 1997, S. 199-215.

483 Vgl. Houston/ Ryngaert, 1997, S. 208-211. Zusätzlich ermitteln Houston und Ryngaert auch die Überrenditen für einen kürzeren Zeitraum, beginnend einen Tag vor dem erstmaligen Bekanntwerden von Übernahmegesprächen bis einen Tag nach der Einigung über den Zusammenschluss. Dies führt jedoch qualitativ zu keinen abweichenden Ergebnissen. Vgl. hierzu Houston/ Ryngaert, 1997, S. 209, Tab. 1 und S. 210, Tab. 2.

484 Vgl. Houston/ Ryngaert, 1997, S. 211-215.

mers. Ihre Ergebnisse begründen Houston und Ryngaert (1997) mit der Adverse-Selection-Problematik.

Speziell für den europäischen Bankensektor untersucht die Studie von Beitel, Schiereck und Wahrenburg (2004) die kurzfristigen Ankündigungseffekte bei insgesamt 98 Übernahmen durch große, börsennotierte Banken für die Zeit von 1985 bis 2000.[485] Dabei wird die Wahl der Akquisitionswährung als einer von insgesamt 13 potenziellen Erfolgsfaktoren bei Bankenzusammenschlüssen analysiert.[486] Als Ergebnis erhalten Beitel, Schiereck und Wahrenburg statistisch signifikant höhere Kursgewinne für die Aktionäre der zu übernehmenden Bank bei Ankündigung eines Barzahlungsangebotes (14,45% bei einer Cash Offer gegenüber 8,18% bei einer Stock Offer in einem 3-Tage-Zeitfenster um die Ankündigung herum; Signifikanzniveau von 1%).[487] Als Begründung hierfür führen sie die negative Signalwirkung durch die Ausgabe von Aktien des Käufers an. Kein klares Ergebnis erzielen Beitel, Schiereck und Wahrenburg dagegen hinsichtlich der Kurseffekte für die Eigentümer der bietenden Bank (kein statistisch signifikanter Wert bei Barzahlung, +0,68% bei Aktienangeboten bei einem Signifikanzniveau von lediglich 10%). Für das kombinierte Unternehmen ergeben sich zwar Kursgewinne bei Ankündigung der Transaktion (Signifikanzniveau: 1%), allerdings lassen sich keine statistisch signifikanten Unterschiede je nach verwendeter Akquisitionswährung feststellen.

Die langfristigen Kurseffekte von M&A-Transaktionen hat hingegen die Studie von Loughran und Vijh (1997) zum Inhalt, die insgesamt 947 Übernahmen von börsennotierten US-Unternehmen analysiert.[488] Sie untersuchen hierbei sowohl den Einfluss der Akquisitionswährung als auch der Art des Zusammenschlusses (direktes Übernahmeangebot an die Aktionäre oder Fusion der beiden Unternehmen) auf die Fünfjahresperformance nach Abschluss der Transaktion im Verhältnis zu einem Vergleichsportfolio. Die Analyse zeigte bei Stock Deals eine um 24,2 Prozentpunkte schwächere Performance der Bieterunternehmen gegenüber dem Vergleichsportfolio, bei Cash Deals hingegen einen positiven Performanceunterschied von 18,5 Prozentpunkten.[489] Loughran und Vijh erklären dies mit der negativen Signalwirkung von Aktienofferten bei Vorliegen von Informationsasymmetrien, die sich aufgrund von Unterreaktionen der Kapitalmärkte bei Ankündigung erst in der langfristigen Performance widerspiegeln. Darüber hinaus erklären sie die langfristige Performance durch die Art der Akquisition hinsichtlich einer eher freundlichen bzw.

---

485 Vgl. Beitel/ Schiereck/ Wahrenburg, 2004, S. 115.
486 Vgl. Beitel/ Schiereck/ Wahrenburg, 2004, S. 111-114.
487 Vgl. Beitel/ Schiereck/ Wahrenburg, 2004, S. 129f. Die Detailergebnisse finden sich bei Beitel/ Schiereck/ Wahrenburg, 2004, S. 124-126, Tab. 8-10.
488 Vgl. Loughran/ Vijh, 1997, S. 1765-1790.
489 Vgl. Loughran/ Vijh, 1997, S. 1774f.

feindlichen Natur, welche die Auswahl der Zahlungsform stark beeinflusst. Letzteres wiederum kann auch in Verbindung mit der Höhe der Managementbeteiligung an dem zu übernehmenden Unternehmen stehen.[490]

Gegen eine Unterreaktion des Marktes bei Ankündigung einer Transaktion spricht hingegen die Untersuchung von Franks, Harris und Titman (1991), welche die langfristigen Kurseffekte des Bieters bei insgesamt 399 Zusammenschlüssen börsennotierter US-Unternehmen zwischen 1975 und 1984 analysieren.[491] Während die Autoren bei der Verwendung gleich- oder wertgewichteter Indizes als Benchmark im Durchschnitt eine signifikant schwächere Überrendite des Akquisiteurs bei Stock Deals ermitteln, sind bei Heranziehen von Mehrfaktoren-Benchmarks keine statistisch signifikanten Unterschiede feststellbar.[492] Sie deuten ihr Ergebnis als Indiz dafür, dass die Ermittlung einer längerfristig negativen Performance des Bieters eher auf Fehler bei der Benchmark als auf Fehlbewertungen zum Ankündigungszeitpunkt der Transaktion zurückzuführen ist.[493]

Dagegen untersuchen Healy, Palepu und Ruback (1992) die langfristige operative Performance bei den 50 größten US-Übernahmen aus dem industriellen Bereich im Zeitraum von 1979 bis 1984 anhand von Jahresabschlussdaten.[494] Bezüglich der Finanzierungsform einer Akquisition stellen sie bei der Verwendung von Cash, Aktien oder einer Mischform keine signifikanten Unterschiede in der operativen Performance in der Zeit nach dem Zusammenschluss fest.[495]

Die nachfolgende Tab. 5 enthält die soeben erörterten Studien hinsichtlich der Erfolgswirkungen in Abhängigkeit von der Wahl der Akquisitionswährung im chronologischen Überblick.[496] Darüber hinaus gibt es auch zahlreiche Untersuchungen über die Erfolgsfaktoren bei Unternehmenszusammenschlüssen, welche zwar die Wahl der Akquisitionswährung berücksichtigen, ihr jedoch keine größere Bedeutung zumessen.[497]

---

[490] Song und Walkling (1993) stellen in ihrer Studie auf der Basis von 153 US-Transaktionen im Zeitraum von 1977 bis 1986 fest, dass im Durchschnitt die Managementbeteiligung an der zu übernehmenden Gesellschaft bei unfreundlichen Übernahmen signifikant geringer ist als bei freundlichen M&A. Vgl. Song/ Walkling, 1993, S. 456.

[491] Vgl. Franks/ Harris/ Titman, 1991, S. 83.

[492] Vgl. Franks/ Harris/ Titman, 1991, S. 91f.

[493] Vgl. Franks/ Harris/ Titman, 1991, S. 95.

[494] Vgl. Healy/ Palepu/ Ruback, 1992, S. 135-175.

[495] Vgl. Healy/ Palepu/ Ruback, 1992, S. 163.

[496] Die Reihenfolge im Textteil erfolgte hingegen nach inhaltlichen Gesichtspunkten.

[497] So untersucht bspw. DeLong (2001) Performanceeffekte bei Banken-M&A primär nach der Zielsetzung des Zusammenschlusses (geografische und geschäftsfeldmäßige Fokussierung oder Diversifizierung), vgl. hierfür DeLong, 2001, S. 221-252. Rau/ Vermaelen (1998) untersuchen v. a. die Unterschiede in der langfristigen Kursentwicklung von Bieterunternehmen mit niedrigem Buchwert-Marktpreis-Verhältnis ("Glamour Bidders") gegenüber denjenigen mit einer hohen Ausprägung dieser Kennzahl ("Value Bidders"). Vgl. hierzu Rau/ Vermaelen, 1998, S. 223-253.

Autoren	Jahr	Untersuchter Datensatz	Forschungsziel	Ergebnisse
Wansley/ Lane/ Yang	1983	203 Zusammenschlüsse gelisteter US-Unternehmen für 1970-78	Kurseffekte auf Target bei Ankündigung	Übernahmeobjekt weist deutlich höhere Kursgewinne bei der Ankündigung von Cash Deals auf. Begründung erfolgt über Gewinnbesteuerung.
Travlos	1987	167 US-Transaktionen gelisteter Unternehmen für 1972-81	Kurseffekte auf Aktien des Akquisiteurs infolge von M&A-Ankündigungen	Stock Deals haben signifikant negativen Kurseffekt auf Aktien des Akquisiteurs bei Ankündigung der Transaktion.
Franks/ Harris/ Mayer	1988	1.555 US- und 954 UK-Transaktionen für 1955-85	Kurseffekte infolge von M&A-Ankündigungen	Wahl der Akquisitionswährung ist kaum allein mit Steuereffekten zu erklären. Übernahmeprämie bei Cash-Offerten fällt deutlich höher als bei Zahlung in Aktien aus. US-Akquisiteure verzeichnen negativen Ankündigungseffekt bei Stock Offer. Bieter mit Cash erzielen bessere langfristige Performance.
Amihud/ Lev/ Travlos	1990	209 M&A-Transaktionen für 1981-83	Einfluss der Managementbeteiligung beim Bieter auf die Wahl der Akquisitionswährung	Negative Kurseffekte des Akquisiteurs bei Stock Deals konzentrieren sich auf Unternehmen mit geringer Managementbeteiligung.
Cornett/ De	1991	132 Zusammenschlüsse börsennotierter US-Banken für 1982-86	Kurseffekte infolge von M&A-Ankündigungen bei Banken	M&A unter Banken sind sowohl für Akquisiteur als auch für Target Wert steigernd. Wahl der Akquisitionswährung spielt bei untersuchten Bankenzusammenschlüssen keine Rolle.
Franks/ Harris/ Titman	1991	399 börsennotierte US-Unternehmen für 1975-84	Langfristige Kursperformance (36 Monate) infolge von M&A-Transkationen	Schwächere Überrendite des Akquisiteurs wird bei Stock Deals realisiert, falls ein einfacher Index als Benchmark verwendet wird. Bei Mehrfaktoren-Benchmark ergeben sich hingegen keine statistisch signifikanten Unterschiede.
Peterson/ Peterson	1991	272 M&A-Transaktionen gelisteter US-Unternehmen	Ankündigungseffekte und Vermögensverschiebungen in Abhängigkeit von der Zahlungsform	Höhere Kursgewinne des Targets bei Ankündigung von Cash Deals werden über Gewinnbesteuerung begründet. Ergebnis signifikant negativer Überrenditen für Akquisiteur bei einer Stock Offer ist konsistent mit negativer Signalwirkung. Signifikant positiver Gesamteffekt nur bei Barangeboten wird mit Theorie freier Zahlungsmittel begründet.
Travlos/ Papaioannou	1991	132 US-Übernahmen für 1972-81 (mit US-Listing)	Ankündigungseffekte auf Kurs des Bieters hinsichtlich Zahlungsform	Stock Deals haben signifikant negativen Kurseffekt auf Aktien des Akquisiteurs bei Ankündigung der Transaktion, unabhängig von der Veränderung der Kapitalstruktur.
Healy/ Palepu/ Ruback	1992	50 größte US-Übernahmen (Nichtfinanz, gelistet für 1979-84	Langfristige operative Performance von Unternehmenszusammenschlüssen	Signifikante Unterschiede hinsichtlich der Finanzierung mit Cash, Aktien oder einer Mischform in der operativen Performance für die Zeit nach dem Zusammenschluss sind nicht feststellbar.
Grullon/ Michaely/ Swary	1997	146 Zusammenschlüsse börsennotierter US-Banken für 1981-90	Performanceeffekte bei Ankündigung einer Transaktion	Bei Bezahlung mit Aktien ergeben sich negative Kurseffekte für Übernehmer. Target erzielt Kursgewinne.

Houston/ Ryngaert	1997	209 Zusammenschlüsse börsennotierter US-Banken für 1985-92	Adverse-Selection-Probleme bei Aktienofferten	Durchschnittlich erzielen die Übernehmer negative Überrenditen, allerdings in unterschiedlicher Höhe je nach Akquisitionswährung. Ausschlaggebend ist dabei nicht die Entscheidung für Aktien an sich, sondern vielmehr das Ausmaß an Schutz für die Eigentümer des Übernahmeobjekts.
Loughran/ Vijh	1997	947 Übernahmen von börsennotierten US-Unternehmen für 1970-89	Einfluss von Art des Zusammenschlusses und Akquisitionswährung auf langfristige Kursentwicklung	5-Jahres-Performance des Akquisiteurs ist bei Übernahmeangebot und Barzahlung höher als Rendite von Vergleichsportfolio und schwächer bei Fusionen und Bezahlung mit eigenen Aktien.
McCabe/ Yook	1997	234 Zusammenschlüsse gelisteter Unternehmen für 1976-86	Ankündigungseffekte auf Kurs des Bieters hinsichtlich Zahlungsform	Barzahlungsangebote von Unternehmen mit hohem Free Cashflow und gleichzeitig hoher Reinvestitionsrate führen zu signifikant höherem Ankündigungseffekt. Begründung mit Free-Cashflow-Theorie von Jensen.
Chang	1998	281 Übernahmen von nicht börsennotierten US-Unternehmen durch gelistete Gesellschaften	Kurseffekte auf Aktien des Akquisiteurs bei Übernahmen von ungelisteten Gesellschaften	Positiver Kurseffekt des Akquisiteurs wird bei Ankündigung einer Stock Offer für ein nicht börsennotiertes Target erzielt. Keine signifikanten Effekte ergeben sich bei Barzahlungsangeboten.
Nayar/ Switzer	1998	339 Zusammenschlüsse von börsennotierten US-Unternehmen für 1969-1989	Kurseffekte auf Aktien des Akquisiteurs mit Fokus auf „Debt" als Akquisitionswährung	Ankündigungseffekt für den Bieter fällt am besten bei Angebot unter Einbezug von Fremdkapitaltiteln aus. Unterschiede der Kursreaktionen sind statistisch signifikant gegenüber Stock Offers und Mixed Offers (unter Einschluss einer Aktienkomponente).
Becher	2000	558 Zusammenschlüsse börsennotierter US-Banken für 1980-1997	Bewertungseffekte bei Bankenzusammenschlüssen. Dabei u. a. Untersuchung der Ankündigungseffekte in Abhängigkeit der Zahlungsform	Sowohl Übernahmeobjekt als auch Bieter weisen bei einer Zahlung unter Einbezug einer Barkomponente eine höhere kumulierte Überrendite auf als bei einer reinen Aktienofferte.
Andrade/ Mitchell/ Stafford	2001	4.256 US-Transaktionen für 1973-98	Kurseffekte infolge von M&A-Ankündigungen	M&A erweisen sich insgesamt als Wert steigernd. Gewinner sind Aktionäre des Übernahmeziels. Höhere Gewinne weisen Cash-Offerten auf. Negativer Ankündigungseffekt des Akquisiteurs zeigt sich nur bei Stock-Offerten.
Goergen/ Renneboog	2004	187 europäische M&A-Transaktionen für 1993-2000.	Ankündigungseffekte bei Bietern und Targets hinsichtlich potenzieller Einflussfaktoren	Überrenditen für die Targets sind bei Barzahlung höher als bei Aktienangeboten und bei Mixed Offers. Für die Bieterunternehmen sind hingegen die Kursreaktionen bei Stock Offers besser als bei Cash Offers. Damit kein Überbewertungssignal hinsichtlich der Bieter aus dem Einsatz von Aktien.
Beitel/ Schiereck/ Wahrenburg	2004	98 große Bankenzusammenschlüsse in Europa für 1985-2000	Ankündigungseffekte bei M&A-Transaktionen hinsichtlich 13 potenzieller Erfolgsfaktoren	Aktionäre des Übernahmeziels weisen höhere Gewinne bei Cash-Offerten auf. Keine eindeutigen Ergebnisse für Ankündigungseffekte des Bieterunternehmens festgestellt. Kursgewinne ergeben sich für kombiniertes Unternehmen, signifikante Unterschiede je nach Zahlungsform jedoch nicht feststellbar.

Tab. 5: Überblick über Studien hinsichtlich des Akquisitionserfolges in Abhängigkeit von der Akquisitionswährung

3.3.4. Zusammenfassung und Zwischenfazit

Das Kapitel 3.3. hatte zum Ziel, einen strukturierten Überblick der bisher erfolgten empirischen Forschung zur Wahl der Akquisitionswährung zu geben. Dabei boten zwar die Untersuchungen bezüglich der Einflussfaktoren auf die Auswahlentscheidung ein Bild zahlreicher Einzelaspekte, die eine Auswirkung haben können, erzielten jedoch keine eindeutigen, teilweise sogar widersprüchliche Ergebnisse. Für Banken können außerdem branchenspezifische Einflussfaktoren eine Rolle spielen.[498] In Bezug auf die jeweils verwendete Datenbasis lässt sich feststellen, dass sich die bisher erfolgte empirische Forschung überwiegend auf Daten aus den USA und, in deutlich geringerem Umfang, aus Großbritannien stützt.[499] Die Fokussierung auf US-Daten birgt den Nachteil in sich, dass zahlreiche institutionelle Faktoren relativ konstant gehalten werden.[500] Bei Untersuchungen europäischer Zusammenschlüsse lässt sich hingegen ein breiteres Spektrum an Faktoren beurteilen.[501] Zudem untersuchen die Arbeiten häufig nur spezifische Einzelaspekte hinsichtlich der Erklärung von Unterschieden bei der Zahlungsform.

Der überwiegende Teil der Untersuchungen der Erfolgsauswirkungen in Abhängigkeit von der Zahlungsform erfolgte kapitalmarktorientiert und betrachtete den kurzfristigen Ankündigungseffekt. Die Ergebnisse zeigen hier für börsennotierte US-Industrieunternehmen ein klareres Bild. Bei Cash-Transaktionen ist der positive Ankündigungseffekt für das Übernahmeobjekt deutlich höher als bei Aktienangeboten. Der Kurs des Akquisiteurs reagiert hingegen bei Aktienangeboten im Durchschnitt mit signifikanten Rückgängen, während sich bei Barzahlungsangeboten keine eindeutige Aussage treffen lässt. Der Gesamteffekt ist bei Cash-Offerten im Durchschnitt positiv, bei Aktienzahlungen lässt sich kein klares Ergebnis feststellen. Auch wenn die Studien langfristiger Performanceeffekte weniger übereinstimmende Ergebnisse erzielten, so scheinen sie in ihrer Gesamtheit tendenziell die wesentlichen Aussagen der Untersuchungen der kurzfristigen Ankündigungseffekte zu bestätigen. Während die zahlreichen kapitalmarktorientierten Studien insgesamt eindeutig auf eine hohe Relevanz der Akquisitionswährung als Erfolgsfaktor hinweisen, misst die Untersuchung von Healy, Palepu und Ruback (1992) auf Basis finanzieller Kennzahlen der Zahlungsform keine Bedeutung zu.[502]

---

498 Ein Beispiel hierfür ist die Ausprägung des Kapitalkoeffizienten. Vgl. Grullon/ Michaely/ Swary, 1997, S. 98f.

499 Vgl. Zhang, 2001, S. 1.

500 Vgl. Faccio/ Masulis, 2005, S. 1345.

501 Hierzu gehören bspw. unterschiedliche Eigentümerstrukturen, Regelungen der Corporate Governance, Unternehmens- und Aktienrecht, Marktumfeld und -konzentration und Entwicklungsgrad der Kapitalmärkte. Vgl. hierzu Faccio/ Masulis, 2005, S. 1345.

502 Vgl. Healy/ Palepu/ Ruback, 1992, S. 163.

Speziell im Bankensektor bezieht sich der überwiegende Teil der bisherigen M&A-Untersuchungen auf den US-Markt.[503] In diesem Zusammenhang ist zu berücksichtigen, dass die Bankenmärkte in den USA und Europa große Unterschiede aufweisen. Bspw. war das US-Bankenwesen im Gegensatz zu vielen anderen Ländern historisch von einer hohen Fragmentierung gekennzeichnet.[504] Dies wiederum ist auf starke Einschränkungen hinsichtlich der zulässigen Geschäftsaktivitäten und der regionalen Expansionsmöglichkeiten zurückzuführen. Die Aufweichung dieser Limitierungen erklärt zumindest teilweise die Zunahme der M&A-Aktivität von US-Banken. Auch in der EU wurden Hemmnisse für grenzüberschreitendes Bankgeschäft beseitigt.[505] Allerdings bestand – zumindest in der Vergangenheit – ein wesentliches Merkmal darin, dass in Europa Inlandsbanken häufig vor grenzüberschreitenden Übernahmen geschützt wurden, da die politische Überzeugung überwog, dass Kreditinstitute nicht durch Ausländer kontrolliert werden sollten. Eine Folge daraus ist die bisher vergleichsweise geringe Anzahl bedeutender grenzüberschreitender Bankenzusammenschlüsse innerhalb Europas und ein verstärkter Konsolidierungsdruck im jeweiligen Heimatmarkt.

Ihres Zeichens die erste Untersuchung von Kurseffekten bei europäischen Bankenzusammenschlüssen ist die Ereignisstudie von Cybo-Ottone und Murgia (2000), die im Durchschnitt signifikante Wertsteigerungen durch die Ankündigung von M&A-Transaktionen ergibt.[506] Der für die vorliegende Arbeit relevante Aspekt, d. h. eine Analyse der Wahl der Akquisitionswährung, wird dabei jedoch nicht durchgeführt. Die einzige aufgefundene Untersuchung von Erfolgsfaktoren bei europäischen Bankenzusammenschlüssen, die auch die Relevanz der Zahlungsform berücksichtigt, ist die Ereignisstudie von Beitel, Schiereck und Wahrenburg (2004).[507]

---

[503] Vgl. Cybo-Ottone/ Murgia, 2000, S. 832.

[504] Vgl. Boot, 1999, S. 609.

[505] Vgl. Boot, 1999, S. 610f. Zu der Bedeutung von Deregulierung als Katalysator für den Konsolidierungsprozess vgl. auch die Ausführungen in Kapitel 2.2.4.2. der vorliegenden Arbeit.

[506] Vgl. Cybo-Ottone/ Murgia, 2000, S. 831-859.

[507] Vgl. Beitel/ Schiereck/ Wahrenburg, 2004, S. 111.

4. Empirische Untersuchung zur Wahl der Akquisitionswährung bei europäischen Bankenzusammenschlüssen

4.1. Konzeption der empirischen Untersuchung

4.1.1. Zielsetzung des empirischen Teils der Arbeit

Bei der in Kapitel 3.3. erfolgten Betrachtung der bisherigen empirischen Forschung zur Wahl der Akquisitionswährung fällt zum einen in sektoraler Hinsicht die vergleichsweise geringe Anzahl an Untersuchungen zu Banken und zum anderen unter regionalen Gesichtspunkten der Mangel an Studien zu europäischen Unternehmen auf. Ziel des empirischen Teils der vorliegenden Arbeit ist daher, zur weiteren Schließung dieser Lücke beizutragen, indem die Eingrenzung der Untersuchung hinsichtlich der Zahlungsform auf Bankenzusammenschlüsse in Europa erfolgt. Die in Kapitel 2 herausgearbeiteten Besonderheiten von Banken lassen dabei eine von sonstigen Unternehmen separierte Analyse als sinnvoll erscheinen. Zudem soll der nachfolgende Teil der Arbeit die bereits bestehende empirische Forschung durch die Verwendung eines aktuellen Datensatzes ergänzen.

Bezüglich der in Kapitel 3.3.1. erfolgten Systematisierung bisher durchgeführter Studien hat die vorliegende Arbeit sowohl die Analyse der Einflussfaktoren auf die Auswahlentscheidung als auch die Erfolgswirkungen aus der Wahl der Akquisitionswährung zum Gegenstand. Dabei beschränkt sich die Untersuchung der Erfolgswirkungen ausschließlich auf die Ankündigungseffekte und verzichtet auf langfristige Performancestudien bzw. auf die Verwendung finanzieller Kennzahlen. Da die bisherige Forschung hinsichtlich der Kurseffekte beim Übernahmeziel bereits relativ eindeutige und unstrittige Ergebnisse erzielt hat, stellt die vorliegende Arbeit ausschließlich auf die übernehmende Bank als Untersuchungsgegenstand ab.

In der Analyse der Einflussfaktoren auf die Wahl der Akquisitionswährung werden zunächst einzelne Aspekte separat untersucht. Daran schließt sich eine gemeinsame Untersuchung der sich als relevant erweisenden Einflussfaktoren in Form einer logistischen Regression an. Dabei ist zu betonen, dass es aufgrund der Limitierungen des Datensatzes nicht das Ziel des empirischen Teils dieser Arbeit ist, alle potenziellen Einflussfaktoren umfassend zu berücksichtigen. Vielmehr steht im Vordergrund, relevante Einzelaspekte für die Auswahlentscheidung hinsichtlich der Zahlungsform bei europäischen Bankenzusammenschlüssen herauszuarbeiten.

Im Anschluss daran erfolgt die Untersuchung der Kurseffekte bei Ankündigung einer M&A-Transaktion im Rahmen einer Ereignisstudie. Dabei ist ein weiteres Ziel dieser Arbeit zu analysieren, ob die Wahl der Zahlungsform eine Kursauswirkung für die übernehmende Bank hat. Die

Konstruktion eines umfassenden Erklärungsmodells der Erfolgsfaktoren für Übernahmen im Bankensektor ist hingegen nicht Gegenstand der vorliegenden Arbeit. Abschließend werden darüber hinaus diejenigen Transaktionen separat analysiert, bei denen eigene Aktien als Akquisitionswährung zum Einsatz kamen. Hier ist das Ziel die Erforschung möglicher Unterschiede bei den Ankündigungseffekten in Abhängigkeit bestimmter Merkmalsausprägungen der Transaktion bzw. der beteiligten Banken.

Im weiteren Verlauf der Arbeit werden zunächst die methodische Vorgehensweise und der verwendete Datensatz erläutert. Dies umfasst auch die Aufstellung der Forschungshypothesen und erfolgt auf Basis der theoretischen Ausführungen in Kapitel 3, insbesondere in Bezug auf die in Kapitel 3.2. dargestellten kapitalmarkttheoretischen Modelle. Eine Zusammenfassung der Ergebnisse, eine kritische Würdigung empirischer Forschungsmethoden und ein Ausblick auf weitere mögliche Forschungsansätze schließen den empirischen Teil der vorliegenden Dissertation ab.

4.1.2. Überblick über die verwendete Datenbasis

4.1.2.1. Erhebung des Datensatzes

Empirische Untersuchungen haben nur dann Relevanz, wenn sie auch Indikationen für die Zukunft geben.[508] So hat die Einführung des Euros hinsichtlich des Kapitalmarktgeschäfts tendenziell zu einer Erhöhung der notwendigen Unternehmensgröße für Banken geführt. Auch vor diesem Hintergrund ist eine aktuelle Untersuchung von Bankenzusammenschlüssen in Europa in der Folgezeit der Euroeinführung sinnvoll. Um einen möglichst vollständigen Datensatz aller Transaktionen für einen bestimmten Zeitraum zu erhalten, erscheint es dabei sinnvoll, auf eine M&A-Datenbank zurückzugreifen. Zu diesem Zweck wird die Datenbank „Zephyr" verwendet, die von dem Unternehmen „Bureau van Dijk" angeboten wird und insgesamt rund 350.000 Transaktionen weltweit erfasst.[509] Zephyr ermöglicht die Datenauswahl über mehrere Suchkriterien und bietet zahlreiche Informationen zu den einzelnen Transaktionen.[510]

Entsprechend dem Untersuchungsgegenstand dieser Arbeit sollen die zu betrachtenden Akquisiteure auf Banken begrenzt werden, wofür Zephyr unterschiedliche Branchenklassifizierungen zur Verfügung stellt. Im Rahmen dieser Untersuchung wurde dabei auf die „NACE"-

---

508 Vgl. Dermine, 2003, S. 65.

509 Stand: Dezember 2005. Für Europa sind Transaktionen seit 1997 erfasst. Vgl. Bureau van Dijk, 2006, S. 2.

510 Für einen Überblick der verschiedenen Kriterien und Informationen vgl. Bureau van Dijk, 2006, S. 3.

Klassifizierung[511] zurückgegriffen, wobei die Rubrik „6512. Other monetary intermediation“ gewählt wurde, die innerhalb der Kategorie „65. Financial intermediation, except insurance and pension funding” Zentralbanken und sonstige Finanzintermediation ausschließt. In regionaler Hinsicht wurde die Auswahl für die Käuferunternehmen auf die EU-15-Staaten zuzüglich der – strukturell mit den EU-15-Ländern vergleichbaren – Schweiz begrenzt. Die Begründung hierfür liegt in den – zumindest in der Vergangenheit – erheblichen Unterschieden bei Marktstruktur und Kapitalmärkten der neuen EU-Mitglieder. Aufgrund der großen Bedeutung der Euroeinführung für den europäischen Bankensektor[512] wird im Rahmen der vorliegenden Arbeit der Zeitraum von 1999 bis 2005 analysiert. Als relevantes Transaktionsdatum gilt dabei der Tag der Ankündigung.[513] Da die Datenbank auch zahlreiche andere Transaktionsarten wie bspw. Börsengänge oder Aktienrückkäufe enthält, wurden für die nachfolgende Untersuchung lediglich die Klassifizierungen „Acquisition“ und „Merger“ berücksichtigt. Hinsichtlich des Deal-Status wurden nur Transaktionen betrachtet, die tatsächlich abgeschlossen wurden oder die Zustimmung durch die Hauptversammlung bzw. die Aufsichtsbehörden noch ausstand. Abgesagte Zusammenschlüsse und Gerüchte bleiben hingegen unberücksichtigt.[514] Verzichtet wird in dieser Arbeit hingegen auf die zusätzliche Beschränkung einiger bisher durchgeführter Untersuchungen ausschließlich auf diejenigen Banken, die lediglich in einen einzigen Zusammenschluss innerhalb des Analysezeitraums involviert waren.[515] Ziel der zuletzt genannten Analysen ist, durch den Ausschluss von mehrfach auftretenden Akteuren die Effekte aus einzelnen Transaktionen zu isolieren. Ihre Ergebnisse lassen sich allerdings kaum auf die große Anzahl von Banken übertragen, die in eine Vielzahl von M&A-Transaktionen verwickelt sind. Mit den bisher erwähnten Suchkriterien ergibt sich eine Anzahl von 1.520 M&A-Transaktionen für den Zeitraum von 1999-2005.[516]

Als zusätzliche Einschränkung wurde in einem ersten Schritt festgelegt, dass die bestehende Beteiligungshöhe vor der zu betrachtenden Transaktion maximal 50% betragen darf, wobei Minderheitsbeteiligungen ohne exakte Angaben berücksichtigt wurden. Damit werden Aufstockungen von bereits zuvor bestehenden Mehrheitsbeteiligungen ausgeschlossen. Außerdem werden nur

---

[511] Statistische Systematik der Wirtschaftszweige in der Europäischen Union („Nomenclature générale des activités économiques“).

[512] Vgl. hierzu bspw. auch Europäische Zentralbank, 2005, S. 85.

[513] Dieses Vorgehen findet sich bspw. auch in einer Studie der Group of Ten (2001). Vgl. hierzu Group of Ten, 2001, S. 333.

[514] Andere Studien verzichten dagegen z. T. auf eine Beschränkung auf erfolgreiche M&A-Transaktionen. Vgl. bspw. Faccio/ Masulis, 2005, S. 1353f.

[515] Vgl. Hughes u. a., 1999, S. 295. Aus Sicht des bietenden Unternehmens ist die M&A-Aktivität ein Teil seiner Investitionsstrategie, die oftmals mehr als eine einzige Transaktion umfasst. Vgl. hierzu Asquith/ Bruner/ Mullins, 1983, S. 123.

[516] Stichtag für die endgültige Datenbankabfrage in Zephyr war der 02.01.2006.

Transaktionen berücksichtigt, nach deren Abschluss die Beteiligung mindestens 50% beträgt (inklusive Mehrheitsbeteiligungen ohne Detailangaben).[517] Somit werden Minderheitsbeteiligungen, die i. d. R. lediglich einen beschränkten Einfluss gewähren, ausgeblendet. Transaktionen, die entsprechend den soeben erläuterten Kriterien selektiert wurden, resultieren im Allgemeinen zweifelsfrei in einer Übernahme der Unternehmenskontrolle.[518] Außerdem muss die übernehmende Bank börsennotiert sein, da nur in diesem Fall eigene Aktien als Akquisitionswährung in Frage kommen und sich Kurseffekte bei Ankündigung einer Transaktion ermitteln lassen. Die Börsennotierung des Übernahmeziels spielt dagegen für die Berücksichtigung der Transaktionen keine Rolle. Durch die somit erfolgte Eingrenzung auf Mehrheitsübernahmen durch börsennotierte Banken reduziert sich die Zahl der Transaktionen weiter auf 302 Zusammenschlüsse.

In insgesamt 169 Fällen der 302 ausgewählten Zusammenschlüsse enthielt Zephyr Angaben zur Zahlungsform. Des Weiteren wurden hinsichtlich der Übernahmeziele lediglich Unternehmen aus dem Finanzdienstleistungsbereich berücksichtigt. Damit ist dieses Selektionskriterium jedoch weiter gefasst als das für die Akquisiteure, um so auch diversifizierende Strategien von Banken erfassen zu können. Die Auswahl der Übernahmeobjekte über die „NACE"-Klassifizierung erfolgte dabei mit „65. Financial intermediation, except insurance and pension funding" und „66. Insurance and pension funding, except compulsory social security". Hingegen wurden für diese keinerlei Einschränkungen in regionaler Hinsicht vorgenommen. Zusammengefasst führt dies zu einem Datensatz von insgesamt 127 Transaktionen, die für die Untersuchung in Frage kommen.

Bei einer Stichprobenkontrolle der Datenbank Zephyr zeigte sich, dass diese für zahlreiche Transaktionen keine Angaben zur Beteiligungshöhe vor und nach der Transaktion enthielt, auch wenn es sich eindeutig um Mehrheitsübernahmen handelte. Daher wurde in einem zweiten Schritt die Datenbankabfrage dahingehend modifiziert, dass Transaktionen mit einem erworbenen Anteil von mindestens 50% berücksichtigt wurden, auch wenn keine Angaben zur Beteiligungshöhe vor und nach der Transaktion vorlagen. Derartige Zusammenschlüsse stellen ebenfalls eindeutig Mehrheitsübernahmen dar. Bei ansonsten unveränderten Auswahlkriterien führte dies zu 197 selektierten M&A-Transaktionen. Von dieser Anzahl waren bereits 115 Deals in der ersten Abfrage enthalten, da für sie gleichzeitig Angaben zur Beteiligungshöhe vor und nach der Transaktion existierten. Daher wurden diese 115 Zusammenschlüsse bereinigt, so dass sich der Datensatz lediglich

[517] Zu dieser Definition vgl. auch DeLong, 2001, S. 226. In Abweichung zu der Definition von DeLong (2001) wird in der vorliegenden Arbeit allerdings kein Delisting der übernommenen Bank vorausgesetzt.
[518] Vgl. Group of Ten, 2001, S. 33.

um weitere 82 Deals erhöht. Darüber hinaus wurde ein weiterer Deal aus dem Jahr 2005 berücksichtigt, der mittlerweile abgeschlossen wurde, dessen Status in Zephyr allerdings zum Zeitpunkt der endgültigen Datenbankabfrage noch nicht aktualisiert war.[519] Insgesamt ergab sich somit aus den Datenbankabfragen ein Datensatz von 210 Transaktionen. Abb. 15 zeigt die hierfür gewählten Selektionskriterien.

Search summary

	Selected criteria	Specified values or options	Step result	Search result
1.	NACE Rev. 1.1 Code	Acquiror : 6512 - Other monetary intermediation	18,372	18,372
2.	Time period	From 1/01/1999 to 31/12/2005	290,392	15,741
3.	Country	**Acquiror** Austria, Belgium, Denmark, Finland, France...	129,860	6,969
4.	Current deal status	Completed, Pending - awaiting regulating approval, Pending - awaiting shareholder approval	231,124	5,619
5.	Deal type	Acquisition, Merger	166,004	1,520
6.	Percentage of Stake	**Initial Stake** Min = 0 Max = 50 Inc.unknow minority **Final Stake** Min = 50 Inc.unknow majority	110,545	641
7.	Quoted companies	Quoted Acquiror	121,971	302
8.	Method of payment	Cash, Converted Debt, Debt, Deferred payment, Earn Out...	174,070	169
9.	NACE Rev. 1.1 Code	Target : 65 - Financial intermediation, except insurance and pension funding, 66 - Insurance and pension funding, except compulsory social security	41,155	127

Total number of deals selected: 127

Search summary

	Selected criteria	Specified values or options	Step result	Search result
1.	NACE Rev. 1.1 Code	Acquiror : 6512 - Other monetary intermediation	18,372	18,372
2.	Time period	From 1/01/1999 to 31/12/2005	290,392	15,741
3.	Country	**Acquiror** Austria, Belgium, Denmark, Finland, France...	129,860	6,969
4.	Current deal status	Completed, Pending - awaiting regulating approval, Pending - awaiting shareholder approval	231,124	5,619
5.	Deal type	Acquisition, Merger	166,004	1,520
6.	Percentage of Stake	**Initial Stake** Min = 0 Max = 50 Inc.unknow % **Acquired Stake** Min = 50 **Final Stake** Min = 50 Inc.unknow %	163,587	1,034
7.	Quoted companies	Quoted Acquiror	121,971	516
8.	Method of payment	Cash, Converted Debt, Debt, Deferred payment, Earn Out...	174,070	273
9.	NACE Rev. 1.1 Code	Target : 65 - Financial intermediation, except insurance and pension funding, 66 - Insurance and pension funding, except compulsory social security	41,155	197

Total number of deals selected: 197

Abb. 15: Screenshots der Selektionskriterien und Ergebnisse der Zephyr-Datenbankabfragen[520]

---

[519] Hierbei handelt es sich um die Übernahme der HypoVereinsbank durch UniCredit, welche die Voraussetzungen des Übernahmeangebots am 10.11.2005 als erfüllt erklärte. Vgl. UniCredit, 2005b, S.1.

[520] Stand: 02.01.2006

Der über die Zephyr-Abfrage ermittelte Datensatz wurde anschließend im Rahmen einer Durchsicht der einzelnen Transaktionen weiter bereinigt. In einem ersten Schritt wurden Zusammenschlüsse mit Kleinstunternehmen ausgeschlossen. Als Kriterium wurde hierfür ein Nominalkapitalverhältnis der sich zusammenschließenden Banken von weniger als einem Prozent[521] bzw. – bei Vorliegen der Daten – ein Transaktionswert von unter einem Prozent des Eigenkapitals (EK) des Käuferunternehmens verwendet. Insgesamt 39 Transaktionen erfüllten das Kriterium für die relative Mindestgröße nicht. Darüber hinaus wurden Transaktionen ausgeschlossen, bei denen der Akquisiteur – bzw. der Hauptakteur bei mehreren Käufern in einer gemeinsamen Transaktion – nicht eindeutig als Bank identifiziert werden konnte,[522] keine Mehrheitsübernahme durch eine europäische Bank entsprechend der Selektionskriterien stattfand, das relevante Unternehmen (im Falle einer Gruppe von Käufern) nicht börsennotiert war, der Marktwert des Käuferunternehmens weniger als EUR 100 Mio. betrug oder notwendige Daten nicht erhoben werden konnten. Durch die manuelle Bereinigung reduziert sich der Datensatz auf nunmehr 117 M&A-Transaktionen (vgl. Tab. 6).

Bereinigung des Datensatzes	**Anzahl Fälle**
Nettozahl erhobener Transaktionen	210
Deal-Volumen bzw. EK des Targets kleiner als 1% des EK des Käufers	*39*
Hauptkäufer ist keine Bank	*23*
Keine Mehrheitsübernahme (durch europäische Mutterbank)	*12*
Relevantes Unternehmen nicht börsennotiert	*10*
Keine Daten für Käuferunternehmen in Bankscope vorhanden	*5*
Marktwert unter EUR 100 Mio.	*2*
Kein Deal Value und keine Bankscope-Daten / keine Hinweise auf Relevanz	*1*
Keine Kursdaten vorhanden	*1*
Summe Bereinigungen	93
Verwendeter Datensatz	**117**

Tab. 6: Bereinigung der Transaktionen aus den durchgeführten Zephyr-Datenbankabfragen

Der soeben beschriebene Datensatz wurde um Kursdaten und I/B/E/S-Konsensusschätzungen über Thomson Financial Datastream und um Rechnungslegungsdaten über die Datenbank „Bankscope“ ergänzt.[523] Die Darstellung der erhobenen Merkmale findet sich in Unterkapitel 4.1.5.2. Mögliche Schwachstellen des derart erhobenen Datensatzes könnten in einer unterschiedlichen

---

[521] Vgl. zu diesem Vorgehen Bühner, 1990, S. 297.

[522] Dies erfolgte dann, wenn über die zusätzlich abgefragte Branchenklassifizierung „Industry Classification Benchmark“ in Zephyr die Einstufung als „Banks“ vollständig fehlt.

[523] Bei Bankscope handelt es sich um eine Datenbank von Bureau van Dijk, die umfangreiche Informationen zu Banken weltweit enthält. Stichtag für die endgültigen Datenbankabfragen war der 07.01.2006.

Verfügbarkeit von Daten je nach Land liegen. Des Weiteren besteht durchaus die Möglichkeit, dass einige Transaktionen in dem Datensatz enthalten sind, die hinsichtlich des Landes bzw. der Sektorzugehörigkeit unzulänglich klassifiziert sind.[524] Allerdings bringt die Verwendung einer einzigen Datenbasis für alle Transaktionen den Vorteil einer erhöhten Konsistenz der Daten zwischen den einzelnen Ländern und den unterschiedlichen Subsektoren mit sich.[525] Die tatsächliche Berücksichtigung von Transaktionen für die einzelnen statistischen Auswertungen hängt allerdings von der Art der jeweils benötigten Informationen ab, die sich erst aus der Operationalisierung der Hypothesen ergeben. Nicht alle u. U. benötigten Informationen sind für jede der insgesamt 117 selektierten M&A-Transaktionen erhältlich.[526]

4.1.2.2. Merkmalsausprägungen des untersuchten Datensatzes

Im Folgenden werden die Charakteristika des Datensatzes dargestellt, wobei zunächst eine Betrachtung der Merkmale der Transaktionen selbst erfolgt, der sich ein Überblick sowohl über die Käuferunternehmen als auch über die Targets anschließt. Von den insgesamt 117 in dem Datensatz berücksichtigten Transaktionen lag in der Datenbank Zephyr für 110 Deals das jeweilige Transaktionsvolumen vor. Bei insgesamt 49 Übernahmen oder beinahe 42% des gesamten Datensatzes handelt es sich um Milliarden-Deals, wobei 11 Zusammenschlüsse sogar die Marke von EUR 10 Mrd. überstiegen. Der Anteil der Kleinsttransaktionen mit einem Gegenwert von unter EUR 100 Mio. beläuft sich mit 20 Transaktionen auf rund 17%. Damit umfasst der Datensatz hinsichtlich der Deal-Größe das gesamte Wertespektrum in relativ ausgeglichener Weise. Dies ist in Abb. 16 grafisch veranschaulicht.

---

[524] Auf diese möglichen Schwachstellen weist auch eine Studie der Group of Ten (2001) hin. Vgl. hierzu Group of Ten, 2001, S. 32. Der dabei verwendete Datensatz wurde allerdings auf der Basis der Datenbank „SDC Platinum" von Thomson Financial erhoben.

[525] Vgl. Group of Ten, 2001, S. 334.

[526] Für die Anzahl der Fälle, für welche die benötigten Merkmale jeweils erhoben werden konnten, vgl. Tab. 8 in Unterkapitel 4.1.5.2.

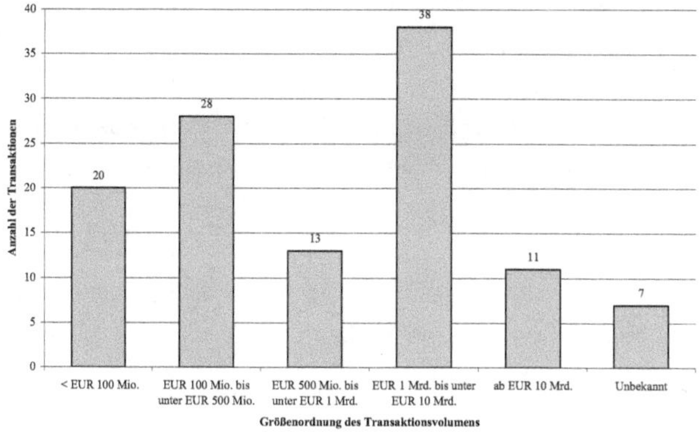

Abb. 16: Anzahl der Transaktionen hinsichtlich ihrer Größenordnung

Wichtiger als die absolute Größe der Transaktionen dürfte jedoch für analytische Zwecke die relative Größe im Verhältnis zur übernehmenden Bank sein. Auch hier ergibt sich ein weitgehend ausgewogenes Bild (vgl. Abb. 17). Auf die kleinsten Transaktionen mit einem relativen Verhältnis des Deal-Volumens zum Marktwert des Käuferunternehmens von weniger als 1%[527] entfallen 17% des Datensatzes. Die 24 enthaltenen „Mega-Zusammenschlüsse" mit einem Gewicht von über 25% des Marktwerts der übernehmenden Bank entsprechen einem Anteil von rund 21%.

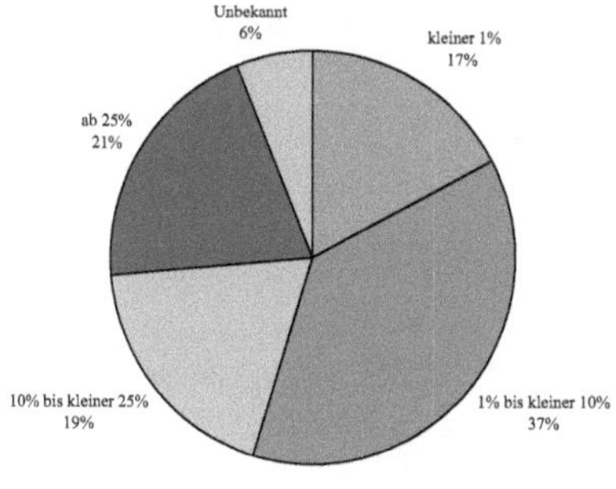

Abb. 17: Anteil der Transaktionen hinsichtlich ihrer relativen Größe zur übernehmenden Bank

[527] Jeweils am 21. Tag vor Ankündigung der Transaktion. Dies entspricht dem letzten Tag vor Beginn des Zeitfensters für die Untersuchung der Ankündigungseffekte in der vorliegenden Arbeit. Vgl. hierzu auch Unterkapitel 4.1.5.1. Kleinsttransaktionen mit einem Verhältnis des Deal-Volumens zum Eigenkapital des Käufers von weniger als 1% wurden bereits im Rahmen der Erhebung des Datensatzes bereinigt. Vgl. hierzu Unterkapitel 4.1.2.1.

Auffällig jedoch ist, dass mit 59 Transaktionen gut die Hälfte des verwendeten Datensatzes und damit vermutlich ein überproportional hoher Anteil im Vergleich zur Gesamtzahl aller Bankenzusammenschlüsse in Europa auf Übernahmen im Ausland entfällt. Innerhalb der EU stellten bisher Inlandszusammenschlüsse die weit überwiegende Form dar und das Bankwesen blieb ein verhältnismäßig fragmentierter und regionaler Sektor auf paneuropäischer Ebene.[528] In Europa sind grenzübergreifende Zusammenschlüsse im Bankensektor zudem ungewöhnlicher als in anderen Wirtschaftssektoren.[529] Bezüglich der Art des Übernahmeziels stellt mit insgesamt 97 Transaktionen die Akquisition einer anderen Bank die weit überwiegende Form eines Zusammenschlusses innerhalb des erhobenen Datensatzes dar. Lediglich 20 Übernahmen erfolgten sektorübergreifend,[530] was ca. 17% der Gesamtzahl entspricht.

Hinsichtlich des Untersuchungsgegenstandes der vorliegenden Arbeit, also der Wahl der Akquisitionswährung, erfolgten 97 Transaktionen – und somit der Löwenanteil – unter der Verwendung von Bargeld. Dies entspricht somit auch dem Ergebnis von Faccio und Masulis (2005), die in einer der wenigen Studien zur Wahl der Akquisitionswährung in Europa feststellten, dass Barzahlungsangebote über alle Länder hinweg die überwiegende Form darstellen.[531] Aktien kamen bei insgesamt 45 Transaktionen zum Einsatz. Abb. 18 veranschaulicht, dass andere Zahlungsformen innerhalb des verwendeten Datensatzes dagegen eine untergeordnete Rolle spielen. Zu beachten ist in diesem Zusammenhang, dass die Zählung der Transaktionen in Abhängigkeit der Akquisitionswährung kumulativ erfolgt, d. h. bei gleichzeitiger Verwendung mehrerer Zahlungsformen erfolgt eine entsprechende Mehrfachzählung.

---

[528] Vgl. Europäische Union, 2005b, S. 3.

[529] Vgl. Europäische Union, 2005a, Anhang 1, S. 15. Vgl. zu möglichen Erklärungen hierfür die Ausführungen in Unterkapitel 2.2.3.3. hinsichtlich der Störfaktoren bei der Umsetzung von M&A-Transaktionen.

[530] Dies bedeutet die Übernahme von Finanzdienstleistungsunternehmen außerhalb des Bankensektors. Die entsprechende Einstufung der Transaktionen erfolgte anhand der Sektorklassifizierung in der M&A-Datenbank „Zephyr". Vgl. hierzu auch Unterkapitel 4.1.5.2.

[531] Vgl. Faccio/ Masulis, 2005, S. 1354f.

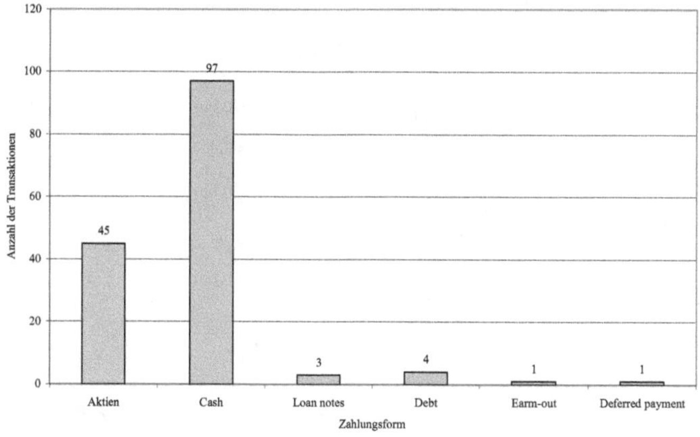

Abb. 18: Anzahl der Transaktionen hinsichtlich eingesetzter Akquisitionswährung

Der Anteil reiner Cash Offers[532] im Datensatz beläuft sich mit 65 Transaktionen auf 56%, womit reine Barzahlungsangebote den mit Abstand höchsten Anteil an dem untersuchten Datensatz aufweisen. Auf reine Share Offers entfällt mit 20 Transaktionen ein Anteil von 17%, auf Mixed Offers mit 32 Deals die restlichen 27% (vgl. Abb. 19).[533] Interessant ist in diesem Zusammenhang, dass die Datenbank Zephyr für 52 Transaktionen die Information enthielt, dass die Finanzierung der jeweiligen Übernahme durch eine Kapitalerhöhung erfolgte. Da sich die Zahl der Transaktionen unter der Verwendung von Aktien auf lediglich 45 beläuft, kann dies als Indiz dafür angesehen werden, dass die Wahl der Akquisitionswährung auch in der Praxis nicht automatisch gleichzusetzen ist mit der Art der Finanzierung, sondern dass dies prinzipiell zwei separate Entscheidungen darstellt.[534]

---

[532] Nicht zu verwechseln sind die hier verwendeten Begriffe mit den später in Unterkapitel 4.1.5.2. definierten Variablen „Rein Cash" (Transaktionen bei vollständigem Verzicht auf Aktien, ansonsten aber auch unter Einsatz anderer Instrumente wie bspw. Fremdkapitaltitel) und „Mixed Offer" (Transaktionen unter Einsatz mehrer Akquisitionswährungen einschließlich einer Aktienkomponente).

[533] Damit ergibt sich im Vergleich zu einer aktuellen Studie von Faccio und Masulis (2005), die keine Sektorbeschränkungen vornehmen, ein höherer Anteil von Aktienangeboten bzw. Mixed Offers, die in der genannten Untersuchung lediglich einen Anteil von 11,3% bzw. 8,4% aufweisen. Vgl. Faccio/ Masulis, 2005, S. 1354. Eine Ursache hierfür dürfte allerdings auch in der Beschränkung der vorliegenden Arbeit auf Mehrheitsübernahmen liegen, während Faccio und Masulis (2005) auf eine entsprechende Eingrenzung verzichten. Vgl. hierzu Faccio/ Masulis, 2005, S. 1353f. Die Berücksichtigung auch geringerer Beteiligungshöhen dürfte tendenziell den Anteil an Barzahlungsangeboten erhöhen.

[534] Vgl. hierzu auch die Ausführungen in Unterkapitel 3.1.1.

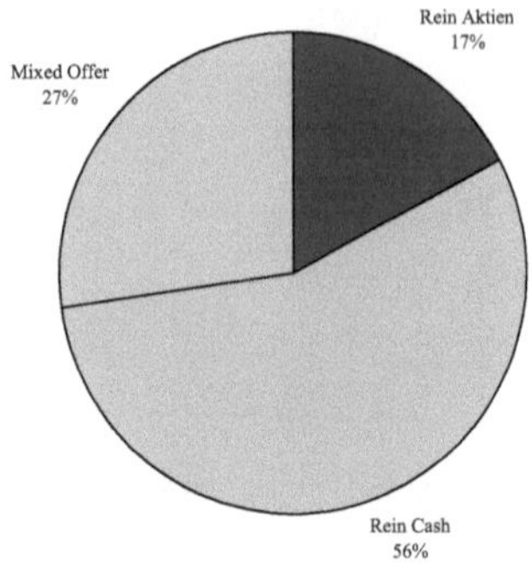

Abb. 19: Anteil der Transaktionen hinsichtlich der Zahlungsform

Hinsichtlich der Betrachtung des jeweiligen Ankündigungsjahres entfallen mit 27 Transaktionen die meisten auf das Jahr 2000, was einem Anteil von 23% entspricht. Die Verteilung auf die einzelnen Jahre ist dabei auch im Kontext des jeweiligen Kapitalmarktumfeldes zu sehen. Von den 117 Zusammenschlüssen des Datensatzes erfolgten 44% in einem guten, 33% in einem weitgehend stabilen und lediglich 23% in einem schwachen Börsenumfeld.[535] Dies könnte auch den deutlich höheren Anteil des Boomjahres 2000 erklären. Insgesamt lassen sich jedoch hinsichtlich der zeitlichen Verteilung der berücksichtigten Deals keine besonderen Verzerrungen erkennen (vgl. Abb. 20).

[535] Die Klassifizierung erfolgt anhand der prozentualen Veränderung des Index Dow Jones STOXX innerhalb des 90-tägigen Zeitraums bis zur Ankündigung der jeweiligen Transaktion. Ein Kursrückgang in diesem Zeitraum um mehr als 5% führt zu der Einstufung des Börsenumfelds als „schwach", ein Anstieg um mehr als 5% als „gut" und eine Indexbewegung zwischen -5% und +5% als „stabil".

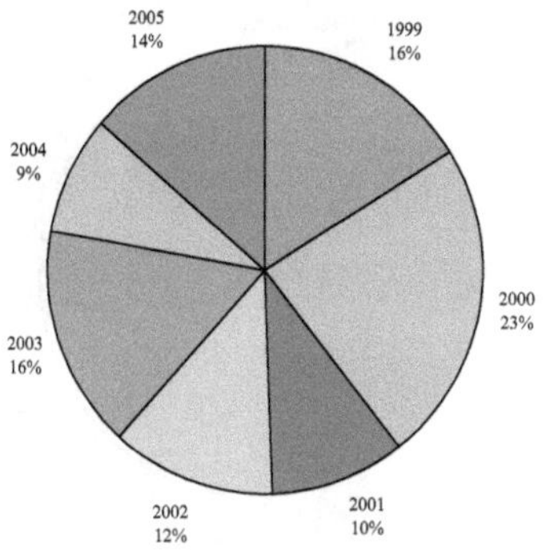

Abb. 20: Anteil der Transaktionen hinsichtlich des Jahres der Ankündigung

Bezüglich der Herkunftsländer der berücksichtigten Käuferbanken entfallen die meisten Zusammenschlüsse mit einer Anzahl von 28 (23% des Datensatzes) auf Großbritannien, gefolgt von Italien mit 23 Bankenzusammenschlüssen (19% des Datensatzes). Darüber hinaus zeigt Abb. 21, dass auf kein weiteres Land alleine mehr als 10% der gesamten Transaktionen entfallen, und dass jedes der in der Untersuchung eingeschlossenen Länder (EU-15-Staaten zuzüglich der Schweiz) mit mindestens einem Deal vertreten ist. Insbesondere bei einem Vergleich mit Abb. 7 in Unterkapitel 2.3., welche die Anzahl der Transaktionen für die EWU-Länder im Zeitraum 1995-2004 darstellt, zeigt der verwendete Zephyr-Datensatz einen stark unterdurchschnittlichen Anteil von Übernahmen durch deutsche und französische Banken. Ein Grund hierfür dürfte u. a. in den zahlreichen Zusammenschlüssen im Sparkassen- und Genossenschaftsbereich in diesen beiden Ländern bestehen. Damit liegen keine börsennotierten Käuferunternehmen vor, so dass die entsprechenden Transaktionen für den Zweck dieser Arbeit nicht berücksichtigt werden können.

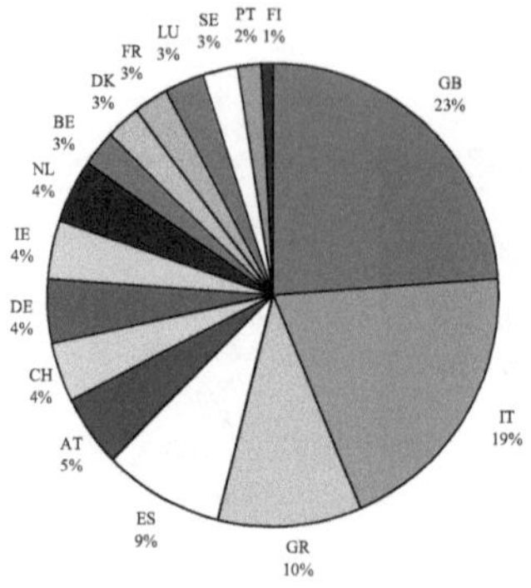

Abb. 21: Anteil der Transaktionen hinsichtlich des Heimatlandes der übernehmenden Bank

Im Hinblick auf die Marktkapitalisierung der Käuferunternehmen zeigt sich insgesamt ein ausgewogenes Bild (vgl. Abb. 22). Sehr kleine Banken mit einem Marktwert von unter einer Milliarde Euro sind jedoch mit einem Anteil von 8% am Datensatz (neun Transaktionen) in relativ geringem Ausmaß vertreten. Lediglich drei Banken unterschritten dabei die Marke von EUR 0,5 Mrd. In diesem Zusammenhang ist daran zu erinnern, dass bereits bei der Erhebung des Datensatzes Banken mit einer Bewertung von unter EUR 100 Mio. per definitionem ausgeschlossen wurden. Dies kann als Indiz dafür angesehen werden, dass prinzipiell denkbare Illiquiditätsprobleme im Zusammenhang mit der Auswertung von Kursdaten keine wesentliche Rolle spielen sollten und diese Problematik für den verwendeten Datensatz höchstens in Einzelfällen bei den wenigen, sehr kleinen Banken auftreten dürfte. Dagegen wiesen beinahe zwei Drittel aller berücksichtigten Banken eine Marktkapitalisierung von über EUR 5 Mrd. auf.

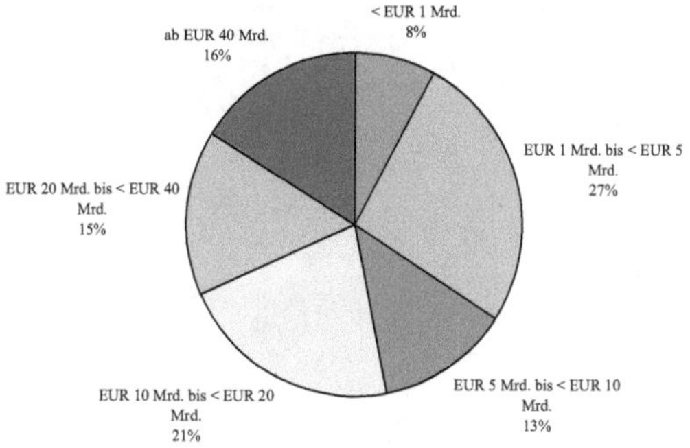

Abb. 22: Anteil der Transaktionen hinsichtlich der Marktkapitalisierung der übernehmenden Bank

Die in dem Datensatz enthaltenen Käuferbanken verfügten im Durchschnitt über ein Eigenkapital von EUR 11,1 Mrd. (Median: EUR 5,5 Mrd.) und wiesen eine Bilanzsumme in Höhe von EUR 211,4 Mrd. auf (Median: EUR 117,9 Mrd.).[536] Für den jeweiligen Zweijahresdurchschnitt vor Ankündigung einer Transaktion erzielten sie im Durchschnitt einen ROE von 14,2% (Median: 14,1%), eine Cost-Income-Ratio (CIR) von 62,2% (Median: 62,8%) und einen ROA von 0,93% (Median: 0,82%).[537]

Hinsichtlich des Heimatlandes des jeweiligen Übernahmeobjekts fällt auf, dass mit 35% der Transaktionen ein relativ hoher Anteil auf ein Target außerhalb der EU-15-Staaten zuzüglich der Schweiz entfällt, wovon 9 Übernahmen (8% des Datensatzes) die USA betreffen. Innerhalb der EU-15 plus Schweiz entfällt – wie bei der Betrachtung der Herkunft der Käufer auch – der größte Anteil auf Großbritannien mit 16 und auf Italien mit 15 Transaktionen, was jeweils rund 13% des Datensatzes entspricht (vgl. Abb. 23). Auffällig ist, dass 7% der Akquisitionen ein deutsches Finanzunternehmen zum Ziel hatten, wogegen lediglich 4% der Übernahmen durch deutsche Banken getätigt wurden. Außerdem handelt es sich bei lediglich einem Drittel aller Übernahmeobjekte (39 Transaktionen) um ein börsennotiertes Unternehmen.

536 Jeweils zum Ende des Geschäftsjahres vor dem Jahr der Ankündigung der entsprechenden Transaktion.

537 Ausführliche deskriptive Statistiken aller sonstigen verwendeten metrischen Variablen finden sich in Tab. 9 in Unterkapitel 4.1.5.2.

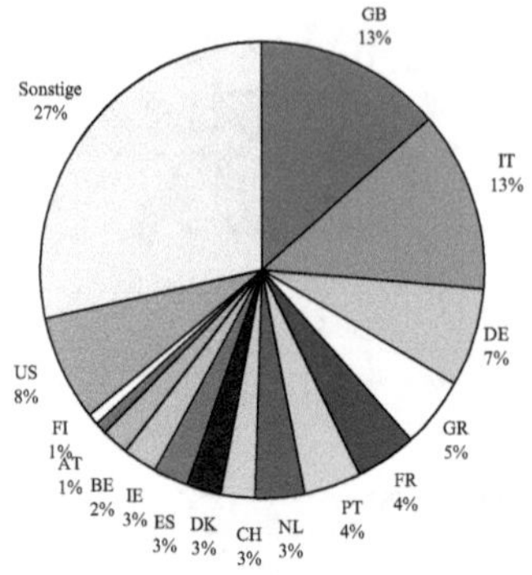

Abb. 23: Anteil der Transaktionen hinsichtlich des Heimatlandes des Übernahmeobjekts

Für eine Charakterisierung der Transaktionen anhand von Größen- und Rentabiltätskennzahlen der Übernahmeobjekte konnten auf der Basis von „Bankscope“ Rechnungslegungsdaten für lediglich bis zu 77 Unternehmen ermittelt werden. Eine wesentliche Ursache hierfür ist auch, dass 20 Transaktionen sektorübergreifenden Charakter hatten, weshalb für diese Targets in der bankspezifischen Datenbank „Bankscope“ per definitionem keine Daten vorhanden sind. Im Durchschnitt wiesen die Übernahmeobjekte, für die entsprechende Daten verfügbar waren, in dem jeweiligen Jahr vor Ankündigung des Zusammenschlusses eine Bilanzsumme von EUR 42,5 Mrd. (Median: EUR 6,9 Mrd.) und ein Eigenkapital von EUR 1,9 Mrd. (Median: EUR 0,5 Mrd.) auf. Für die 73 Übernahmeobjekte, für die gleichzeitig auch Informationen zum Transaktionsvolumen vorlagen, wurde ein Preis-Buchwert-Verhältnis von durchschnittlich 2,45 bezahlt (Median: 1,98). Die Eigenkapitalrendite (ROE) der Targets belief sich im Zweijahresdurchschnitt vor dem Ankündigungsjahr auf 8,8% (Median: 9,8%), die Cost-Income-Ratio (CIR) auf 71,5% (Median: 69,8%) und die Gesamtkapitalrendite (ROA) auf 0,34% (Median: 0,67%).

4.1.3. Formulierung von Forschungshypothesen für die empirische Untersuchung

4.1.3.1. Hypothesen zu möglichen Einflussfaktoren auf die Auswahlentscheidung

Den Ausgangspunkt für empirische Analysen können sowohl formale Modelle als auch weniger formalisierte ökonomische Theorien darstellen.[538] Die nachfolgende Ableitung von Forschungshypothesen[539] erfolgt dabei auf der Basis der theoretischen Ausführungen in Kapitel 3, insbesondere unter Berücksichtigung der Implikationen aus den drei in 3.2. dargelegten Modellen. Entsprechend liegt der Schwerpunkt der nachfolgenden empirischen Untersuchung auf Informationsproblemen im Kontext der Adverse-Selection-Thematik. Während in Unterkapitel 4.1.3.1. zunächst Hypothesen zu möglichen Einflussfaktoren auf die Auswahlentscheidung aufgestellt werden, folgen die Hypothesen für die Ereignisstudie hinsichtlich der Ankündigungseffekte in 4.1.3.2. und 4.1.3.3.

H1.1: Übernahmen unter Verwendung eigener Aktien als Akquisitionswährung weisen eine höhere relative Unternehmensgröße des Übernahmeobjekts auf als Transaktionen ohne Einsatz eigener Aktien.

H1.2: Reine Barzahlungsangebote zeichnen sich im Vergleich zu sonstigen Zahlungsformen durch eine niedrigere relative Unternehmensgröße des Targets aus, reine Aktienangebote hingegen durch eine höhere relative Deal-Größe.

Die Hypothesen H1.1 und H1.2 haben ihre theoretische Begründung v. a. in der aus dem Modell von Myers und Majluf (1984) folgenden „Pecking Order" der Finanzierung.[540] Demnach ist Fremdkapitalfinanzierung (in der Praxis bei Unternehmenszusammenschlüssen aus Transaktionskostenargumenten i. d. R. einhergehend mit Barzahlungsangeboten) gegenüber der Bezahlung durch die Ausgabe neuer Aktien vorzuziehen. Die Ursache liegt in der negativen Signalwirkung aus Kapitalerhöhungen aufgrund von Adverse-Selection-Problemen. Weitere Unterstützung erfährt die genannte Rangfolge der Finanzierung durch das Transaktionskostenargument, da die

---

[538] Bortz/ Döring, 2002, S. 493.

[539] Hinsichtlich der Forschungshypothesen kann nach Zusammenhangs-, Unterschieds- und Veränderungshypothesen differenziert werden. Vgl. hierzu Bortz/ Döring, 2002, S. 493. Letztere sind nicht Gegenstand der vorliegenden empirischen Arbeit. Für eine Forschungsfrage können auch mehrere Untersuchungsvarianten zum Einsatz kommen. Vgl. hierzu Bortz/ Döring, 2002, S. 503.

[540] Vgl. Myers/ Majluf, 1984, S. 419-453. Eine ausführliche Darstellung des Modells findet sich in Kapitel 3.2.2.

Durchführung einer Kapitalerhöhung üblicherweise kostspieliger als eine Fremdkapitalaufnahme oder die Nutzung vorhandener Ressourcen ist. Allerdings lassen sich H1.1 und H1.2 auch aus dem Blickwinkel des Modells von Hansen (1987)[541] begründen. Falls die Informationsprobleme eher auf der Seite des Übernahmeziels liegen, dann bringen Aktien als Akquisitionswährung aufgrund ihres zustandsabhängigen Preiseffekts Vorteile mit sich, die jedoch mit einer Zunahme der relativen Größe des Käuferunternehmens abnehmen.

H2.1: Banken, die eigene Aktien als Akquisitionswährung einsetzen, weisen im Durchschnitt eine höhere Bewertung auf als Institute, die Angebote ohne Aktienkomponente abgeben.

H2.2: Die Übernahmeobjekte weisen bei Transaktionen mit Aktienkomponente eine höhere Bewertung auf als bei denjenigen ohne Einsatz eigener Aktien.

Die Hypothesen H2.1 und H2.2 sind sowohl mit dem bereits zuvor genannten Überbewertungssignal von Kapitalerhöhungen als auch mit dem Modell aktienmarktgetriebener Akquisitionen von Shleifer und Vishny (2003) begründbar.[542]

H3: Bei grenz- und sektorübergreifenden Bankenzusammenschlüssen kommen eigene Aktien im Vergleich zu M&A-Transaktionen im Inland innerhalb des gleichen Sektors seltener zum Einsatz.

Der Verkäufer eines Unternehmens ist mit steigender Adverse-Selection-Problematik, d. h. mit zunehmender Unsicherheit hinsichtlich des Wertes der Vermögensgegenstände und der Wachstumsperspektiven, weniger bereit, Aktien als Akquisitionswährung zu akzeptieren.[543] Dies dürfte sich besonders bei industrieübergreifenden Zusammenschlüssen zeigen. Bei Transaktionen innerhalb des Sektors dürfte hingegen die Bereitschaft zur Akzeptanz von Aktien als Zahlungsmittel größer sein, da bereits ein besserer Kenntnisstand hinsichtlich der Aussichten und Risiken der Branche besteht. Die Hypothese H3 basiert in diesem Zusammenhang auf der Annahme, dass die Informationsprobleme bei grenz- und sektorübergreifenden Zusammenschlüssen besonders aus-

---

[541] Vgl. Hansen, 1987, S. 75-95. Eine ausführliche Darstellung des Modells findet sich in Kapitel 3.2.3.
[542] Vgl. Shleifer/ Vishny, 2003, S. 295-311. Eine ausführliche Darstellung des Modells findet sich in der vorliegenden Arbeit in Kapitel 3.2.4. Die in Hypothese H2 aufgegriffenen Bewertungsniveaus von Akquisiteur und Target werden auch von Shleifer und Vishny als Gegenstand bisher ungetesteter Vorhersagen ihres Modells genannt. Vgl. hierzu Shleifer/ Vishny, 2003, S. 308.
[543] Vgl. Faccio/ Masulis, 2005, S. 1352f.

geprägt sind und daher die Attraktivität von Aktien als Akquisitionswährung beeinträchtigen. Eine weitere Begründung für eine zu erwartende geringere Akzeptanz von Aktien als Zahlungsform bei grenzüberschreitenden M&A-Transaktionen besteht auch in dem Transaktionskosten-Argument.[544]

H4: Banken, die bei einer Übernahme auf eigene Aktien als Akquisitionswährung zurückgreifen, weisen im Durchschnitt eine niedrigere Eigenkapitalausstattung auf als Institute, die sonstige Zahlungsformen einsetzen.

Das theoretische Fundament der Hypothese H4 findet sich wiederum bei Hansen (1987). Aus diesem Modell folgt, dass sich ein höherer Verschuldungsgrad positiv auf den Einsatz von Aktien als Akquisitionswährung auswirkt. In ihrer Studie stellen auch Faccio und Masulis (2005) fest, dass finanziell angespannte Käuferunternehmen häufiger die Bezahlung einer Übernahme mit Aktien wählen.[545]

4.1.3.2. Hypothesen zu Kurseffekten bei Ankündigung der Akquisitionswährung

H5.1: Die Kurseffekte für das Käuferunternehmen sind bei Ankündigung von Übernahmen im Rahmen eines Aktien-Deals im Durchschnitt negativ.

H5.2: Der durchschnittliche Ankündigungseffekt für die Kursentwicklung des bietenden Unternehmens fällt bei der Verwendung eigener Aktien als Zahlungsform schlechter aus als bei Transaktionen ohne Einsatz eigener Aktien.

Die Formulierung von H5.1 und H5.2 erfolgt auf der Basis des Modells von Myers und Majluf (1984), wonach negative Informationssignale bei der Ankündigung von Kapitalerhöhungen zu Kursverlusten führen bzw. durch Barzahlungsangebote entsprechende negative Signalwirkungen vermieden werden. Falls keine statistisch signifikanten Unterschiede der durchschnittlichen Kursreaktionen bei Cash- und Aktienangeboten festzustellen sind, könnte dies hingegen im Sinne des Modells von Shleifer und Vishny (2003) interpretiert werden. Aus diesem Modell folgt, dass kurzfristige Kursänderungen infolge der Ankündigung einer M&A-Transaktion unabhängig von

---

[544] Vgl. Faccio/ Masulis, 2005, S. 1353. Für Erläuterungen zum Transaktionskostenargument vergleiche auch Unterkapitel 3.1.3.

[545] Vgl. Faccio/ Masulis, 2005, S. 1358.

der gewählten Akquisitionswährung sind.[546] Problematisch für die Analyse des Kurseffekts hinsichtlich der Ankündigung der Akquisitionswährung dürfte sich erweisen, dass eine Vielzahl von Faktoren die Einschätzung einer M&A-Transaktion durch den Kapitalmarkt und die daraus folgende Kursreaktion beeinflusst.

H6: Die Wahl der Akquisitionswährung liefert einen statistisch signifikanten Erklärungsbeitrag zur Kursreaktion des Käufers bei Ankündigung eines Bankenzusammenschlusses. Der Einsatz eigener Aktien als Zahlungsform hat dabei eine negative Auswirkung.

Die Hypothese H6 trägt der Tatsache Rechnung, dass eine Vielzahl ökonomischer (vgl. Kapitel 2.2.2.) und nicht-ökonomischer (vgl. Kapitel 2.2.3.) Motive bei einer Übernahmeentscheidung und ihrer Einschätzung durch den Kapitalmarkt eine Rolle spielen. Die Auswahlentscheidung der Akquisitionswährung ist demgegenüber eine nachgelagerte, wenn auch bedeutende Entscheidung.

4.1.3.3. Hypothesen zu Ankündigungseffekten bei Stock Offers in Abhängigkeit von Charakteristika der Transaktion

Die nachfolgenden Hypothesen zielen speziell auf Transaktionen unter der Verwendung einer Aktienkomponente ab, da bei diesen Deals aus theoretischer Sicht mögliche Informationsprobleme besonders ausgeprägt sein dürften. Die Hypothesen betrachten dabei die Auswirkungen mehrerer potenzieller Erfolgsfaktoren bei Bankenzusammenschlüssen auf die Kursentwicklung von Käuferunternehmen bei der Verwendung von Aktien als Akquisitionswährung. Die Erfolgsfaktoren ergeben sich nicht alle direkt aus den in Kapitel 3.2. dargestellten kapitalmarkttheoretischen Modellen, sondern vielmehr auch aus Einzelaspekten bisheriger empirischer Untersuchungen.

H7: Bei Ankündigung eines Aktien-Deals ist die Überrendite des Käuferunternehmens umso niedriger, je höher die relative Deal-Größe ist.

---

[546] Vgl. Shleifer/ Vishny, 2003, S. 299. Gleichwohl kommt in ihrem Modell der Wahl der Akquisitionswährung eine hohe Bedeutung im Hinblick auf die langfristige Kursperformance zu. Die Untersuchung langfristiger Kurseffekte ist jedoch nicht Gegenstand der im Rahmen der vorliegenden Arbeit durchgeführten empirischen Untersuchung. Vgl. zur Darstellung des Modells von Shleifer und Vishny (2003) auch Kapitel 3.2.4.

Die Begründung von H7 liegt darin, dass die Informationsprobleme bei der Verwendung von Aktien mit einer Zunahme der relativen Deal-Größe ebenfalls ansteigen sollten.
Die folgenden unter H8 zusammengefassten Hypothesen stellen auf unterschiedliche Charakteristika des Käuferunternehmens ab.

H8.1: In der Vergangenheit operativ erfolgreiche Unternehmen weisen bei der Übernahme unter der Verwendung eigener Aktien als Akquisitionswährung eine bessere Kursentwicklung auf als Käuferunternehmen mit einer vergleichsweise schwachen Erfolgsbilanz.

Ein interessanter potenzieller Erfolgsfaktor ergibt sich aus Untersuchungsergebnissen, dass Unternehmenszusammenschlüsse dann eine bessere Gesamtkursperformance erreichen, wenn der Übernehmer eine höhere Rentabilität aufweist.[547] Dies führt zu dem Schluss, dass bei Banken, die bereits in der Vergangenheit gute Erfolge erzielten, eher vermutet wird, dass sie Wert steigernde Akquisitionen durchführen.[548]

H8.2: Bei Ankündigung einer Stock Offer ist bei der Verfolgung einer Fokussierungsstrategie im Durchschnitt eine bessere Kursentwicklung des Käuferunternehmens zu beobachten als bei diversifizierenden M&A-Transaktionen.

Der Grad der strategischen Übereinstimmung als Erfolgsfaktor bei M&A-Transaktionen ist ein interessanter Gegenstand der bisherigen empirischen Forschung. So zeigte bspw. DeLong (2001), dass sich bei Bankenzusammenschlüssen, die sowohl eine geografische als auch eine geschäftsfeldmäßige Fokussierungsstrategie verfolgen, eine bessere Performance als bei M&A mit einer Diversifizierungsabsicht ergibt.[549] Die genannten Aspekte können vor dem Hintergrund kapitalmarkttheoretischer Modelle als Reduktion der Informationsprobleme interpretiert werden.

---

[547] Vgl. bspw. für Industrieunternehmen Morck/ Shleifer/ Vishny, 1990, S. 31-48 und für Banken Houston/ Ryngaert, 1994, S. 1155-1176.

[548] Houston/ Ryngaert, 1994, S. 1157. Eine – zumindest bei kurzfristiger Betrachtung – alternative Sichtweise dazu ist: Wenn bereits ein hoher ROE vor der Transaktion erzielt wurde, so ist kurzfristig aufgrund des Fusionsprozesses demgegenüber mit einer Verschlechterung der Performance der neu geschaffenen Einheit zu rechnen. Dagegen dürfte ein Bieter mit einem niedrigeren Rentabilitätsniveau leichter Verbesserungen infolge von M&A erreichen. Vgl. hierzu Altunbas/ Ibànez, 2004, S. 15.

[549] Vgl. DeLong, 2001, S. 250.

H8.3: Je höher bei einem Aktienangebot die Bewertung der übernehmenden Bank ist, desto schlechter fällt ihre Überrendite bei Ankündigung der Transaktion aus.

Diese Hypothese ist vor dem Hintergrund des Modells von Myers und Majluf (1984) zu sehen. Ein hohes Bewertungsniveau des Käufers bei Ankündigung der Finanzierung einer Übernahme durch die Ausgabe von Aktien könnte die negativen Informationssignale verstärken.
Die nachfolgenden unter H9 zusammengefassten Hypothesen beziehen sich exklusiv auf Eigenschaften des Übernahmeziels.

H9.1: Bei Aktienofferten lässt sich im Durchschnitt ein umso besserer Kurseffekt der übernehmenden Bank feststellen, je schwächer die operative Performance des Übernahmeobjekts in der Vergangenheit war.

H9.2: Eine Stock Offer weist im Durchschnitt einen umso besseren Ankündigungseffekt des Käufers auf, je niedriger das Target bewertet ist.

Die Formulierungen von H9.1 und H9.2 zielen auf Übernahmen mit Restrukturierungsabsicht ab, wobei beide Einzelhypothesen in engem Zusammenhang stehen. So liegt eine Begründung dafür, dass Targets im Durchschnitt über eine schwächere operative Performance als die übernehmenden Banken verfügen, darin, dass für diese Objekte ein niedrigerer Kaufpreis gezahlt werden muss.[550] Eine niedrige Profitabilität der Übernahmeobjekte ist auch im Zusammenhang mit dem Ziel des Auswechselns von schlechtem Management zu sehen. Allerdings dürften bei anders motivierten Zusammenschlüssen Banken mit niedriger Rentabilität nicht im Fokus stehen.[551] Bspw. ist für Fusionen, die auf eine Reduzierung der Kosten ausgerichtet sind, der Grad der Überlappung der Geschäftsaktivitäten ausschlaggebend. Käufer, die hingegen eine Expansion in neue Märkte anstreben, werden eher das Augenmerk auf ein in guter Verfassung befindliches Unternehmen richten als auf ein unprofitables.

---

[550] Vgl. Esty/ Narasimhan/ Tufano, 1999, S. 261.
[551] Vgl. Hadlock/ Houston/ Ryngaert, 1999, S. 229.

4.1.4. Angewendete statistische Analysemethoden

4.1.4.1. Grundlegende Methodik statistischer Hypothesentests

In Unterkapitel 4.1.4. werden überblicksartig die angewendeten Analysemethoden für die Überprüfung der in Unterkapitel 4.1.3. aufgestellten Hypothesen dargestellt. Sämtliche statistischen Auswertungen und Testverfahren werden in der vorliegenden Arbeit mit dem Statistikprogramm SPSS 13.0 für Windows umgesetzt. Der Schwerpunkt dieses Unterkapitels liegt dabei auf Fragen der Auswahl, Anwendbarkeit und Implementierung der Testverfahren und nicht auf den statistischen Grundlagen, für die auf die einschlägige Literatur verwiesen wird.

Für eine Anwendung der in diesem Unterkapitel darzustellenden Methoden müssen die in 4.1.3. aufgestellten Forschungshypothesen – nach entsprechender Operationalisierung[552] – in statistische Hypothesen umformuliert werden.[553] Diese müssen immer als komplementäres Hypothesenpaar formuliert werden, die alle möglichen Ergebnisse einer Untersuchung abdecken. Die Alternativhypothese H_1 entspricht dabei üblicherweise der operationalisierten Forschungshypothese. Die Nullhypothese H_0 drückt hingegen aus, dass die erwarteten Effekte nicht bzw. nicht in der erwarteten Art und Weise auftreten. Bei Ablehnung von H_0 kann daher auf die Annahme von H_1 geschlossen werden.[554] Zu unterscheiden ist in diesem Zusammenhang zwischen – informationsreicheren – gerichteten Hypothesen, welche die Richtung der angenommenen Zusammenhänge bzw. Unterschiede enthalten, und ungerichteten Hypothesen.[555] Für die Entscheidung über Annahme oder Ablehnung ist ein geeigneter Signifikanztest heranzuziehen. Die in der vorliegenden Arbeit verwendeten Verfahren werden in den Unterkapiteln 4.1.4.2. und 4.1.4.3. kurz dargestellt.

Mit einem Signifikanztest wird die sogenannte Irrtumswahrscheinlichkeit α^* ermittelt, welche die bedingte Wahrscheinlichkeit dafür darstellt, dass das empirisch gefundene Ergebnis unter Gültigkeit der Nullhypothese zustande kommt.[556] Falls die Irrtumswahrscheinlichkeit kleiner als ein vorab vorgegebenes Signifikanzniveau ist, das per Konvention üblicherweise bei 5% liegt,[557] wird ein Ergebnis als statistisch signifikant bezeichnet. Moderne Statistikprogramme machen den klassischen Vergleich des Testwerts mit statistischen Tabellen überflüssig, da sie regelmäßig die ex-

---

[552] Vgl. hierzu Unterkapitel 4.1.5.
[553] Vgl. Bortz/ Döring, 2002, S. 27-29.
[554] Vgl. Rüger, 1996, S. 239.
[555] Vgl. Bortz/ Döring, 2002, S. 494f.
[556] Vgl. bspw. Bortz/ Döring, 2002, S. 496f und Schwarze, 2006, S. 192f.
[557] Zu den häufigsten Signifikanzniveaus gehören neben $\alpha^* = 0{,}05$ auch $\alpha^* = 0{,}01$ und $\alpha^* = 0{,}1$. Vgl. hierzu Schwarze, 2006, S. 193.

akte Irrtumswahrscheinlichkeit berechnen. Daher wird in dieser Arbeit bei allen Teststatistiken hinsichtlich der Entscheidung über die Ablehnung der Nullhypothese das in SPSS ebenfalls ausgewiesene empirische α^* betrachtet (und nicht die originären Testwerte). Es sei nochmals darauf hingewiesen, dass ein signifikantes Ergebnis nur die vorläufige Annahme der Alternativhypothese bedeutet, nicht jedoch ihren definitiven Nachweis.

Während gerichtete Hypothesen mit einem einseitigen Signifikanztest überprüft werden, erfolgt dies bei ungerichteten Hypothesen mit einem zweiseitigen Test.[558] Die Entscheidung hierüber ist bereits vor Durchführung der Analyse zu treffen, wobei gerichtete Hypothesen Informationen zur Plausibilisierung der unterstellten Richtung voraussetzen. Wichtig ist dabei zu beachten, dass beim einseitigen Test die Irrtumswahrscheinlichkeit nur halb so groß ist wie beim zweiseitigen Test und daher die Nullhypothese eher abgelehnt wird.[559]

Außerdem ist zu berücksichtigen, dass nicht bei allen in der vorliegenden Arbeit verwendeten Signifikanztests die erhobenen 117 M&A-Transaktionen dem jeweils optimalen Stichprobenumfang entsprechen, insbesondere bei der Bildung von Untergruppen. Der jeweils optimale Stichprobenumfang für einen Test ergibt sich aus der gleichzeitigen Fixierung von Signifikanzniveau, Teststärke und Effektgröße, für die sich in der empirischen Wissenschaft mittlerweile entsprechende Konventionen herausgebildet haben.[560] Zudem setzen die wichtigen parametrischen Tests eine Normalverteilung[561] der Grundgesamtheit voraus.[562] Infolge des zentralen Grenzwertsatzes kann jedoch ab einem hinreichend großen Stichprobenumfang davon ausgegangen werden, dass die Verteilung des arithmetischen Mittels zu einer Normalverteilung tendiert. Dabei nennen Faustregeln als Mindestumfang einen Wert von über 30[563] bzw. ab 50[564] Fällen.[565] Da nicht für alle in dieser Arbeit zu überprüfenden Hypothesen entsprechend zahlreiche Werte in dem ver-

---

[558] Vgl. Bortz/ Döring, 2002, S. 498f. Zur Formulierung einseitiger und zweiseitiger Nullhypothesen vgl. auch Schwarze, 2006, S. 187.

[559] Vgl. Zöfel, 2003, S. 97f. Für die Fälle, in denen in SPSS keine Option zur Auswahl eines einseitigen Tests zur Verfügung steht, liest man den zweiseitigen Signifikanzwert ab und halbiert diesen. Vgl. hierzu bspw. Gelbrich, 1998, S. 102 und Toutenburg, 2005, S. 158.

[560] Vgl. zu Details hinsichtlich optimaler Stichprobenumfänge Bortz/ Döring, 2002, S. 612-618. Insbesondere lassen sich optimale Stichprobenumfänge ableiten aus Bortz/ Döring, 2002, S. 613, Tab. 50.

[561] Definition und Eigenschaften der Normalverteilung finden sich bspw. bei Heinrich, 2006, S. 240f, Meißner, 2004, S. 285-289 und Schwarze, 2006, S. 94-100.

[562] Vgl. Precht/ Kraft/ Bachmaier, 2005, S. 203f.

[563] Vgl. bspw. Bellgardt, 2004, S. 65, Gelbrich, 1998, S. 106, Precht/ Kraft/ Bachmaier, 2005, S. 204, Schira, 2003, S. 413 und Schwarze, 2006, S. 211.

[564] Vgl. Eckstein, 2004, S. 108.

[565] Mit einem wachsenden Stichprobenumfang gilt die Tendenz gegen eine Normalverteilung auch für andere Maßzahlen wie bspw. die Varianz. Für eine ausreichend genaue Annäherung sollten hierbei allerdings über 100 Fälle vorliegen. Vgl. hierzu Precht/ Kraft/ Bachmaier, 2005, S. 204.

wendeten Datensatz vorliegen,[566] werden gegebenenfalls auch Tests auf Normalverteilung durchgeführt. Dies erfolgt in der vorliegenden Arbeit durch den in SPSS zur Verfügung stehenden Kolmogorov-Smirnov-Anpassungstest in der Modifikation nach Lilliefors, bei dem es sich um einen unvollständig spezifizierten Anpassungstest handelt.[567] Bei Vorliegen einer kleinen Anzahl an Fällen, bei der Teststatistiken empfindlich auf Ausreißer reagieren, sollte dagegen u. U. ein nichtparametrischer Test herangezogen werden.[568]

Im Zusammenhang mit der Interpretation von nicht-signifikanten Ergebnissen ist abschließend anzumerken, dass Falsifikationen in der Wissenschaft eine hohe Bedeutung zukommt, um Unzulänglichkeiten von Theorien nachzuweisen.[569] Zudem können auch Unzulänglichkeiten der operationalen Indikatoren ausschlaggebend für den Erhalt eines nicht signifikanten Ergebnisses sein, so dass ein falsifizierendes Untersuchungsergebnis nicht automatisch das Verwerfen einer Theorie zur Folge haben muss.

4.1.4.2. Signifikanztests für Unterschiedshypothesen

Als parametrisches Testverfahren wird der t-Test eingesetzt, für den es verschiedene Ausprägungen gibt.[570] Dabei kann mit dem einfachen t-Test überprüft werden, ob ein beobachteter Mittelwert von einem bestimmten Wert verschieden ist. Der doppelte t-Test dient dagegen dem Mittelwertvergleich von zwei unabhängigen Gruppen.[571] Damit ist die zu testende Größe die Differenz zweier Mittelwerte.[572] Zu beachten ist dabei, dass für die Anwendung des t-Tests mindestens eine Intervallskalierung der Daten und zugleich ihre Normalverteilung sowie Varianzgleichheit erforderlich ist.[573] Hinsichtlich der Varianzgleichheit wird bei Durchführung des doppelten t-Tests in SPSS automatisch der Levene-Varianzhomogenitätstest durchgeführt. Falls hierbei für das empi-

---

[566] Dies gilt insbesondere für die separate Analyse der lediglich 45 Transaktionen mit einer Aktienkomponente, für die zudem nicht immer alle Variablen vollständig erhoben werden konnten.

[567] Vgl. Eckstein, 2004, S. 94f. Von einem unvollständig spezifizierten Verteilungsmodell wird gesprochen, falls seine Parameter nicht bekannt sind und daher aus einem Stichprobenbefund geschätzt werden. Vgl. hierzu Eckstein, 2004, S. 95. Für eine detaillierte theoretische Darstellung des Kolmogorov-Smirnov-Anpassungstest vgl. bspw. Hartung, 2005, S. 183-186.

[568] Vgl. Gelbrich, 1998, S. 73 und S. 107.

[569] Vgl. Bortz/ Döring, 2002, S. 31f.

[570] Vgl. Brace/ Kemp/ Snelgar, 2003, S. 62.

[571] Erläuterungen zur Umsetzung des doppelten t-Tests in SPSS finden sich bspw. in Brace/ Kemp/ Snelgar, 2003, S. 63-65 und Eckstein, 2004, S. 112-116. Zu den statistischen Grundlagen des doppelten t-Tests vgl. bspw. Rüger, 1996, S. 260-262 und Toutenburg, 2005, S. 143-145.

[572] Vgl. Bellgardt, 2004, S. 72f.

[573] Ein systematischer Überblick über die Anwendbarkeit von Testverfahren in Abhängigkeit des Skalenniveaus und der Normalverteilungseigenschaft der Variablen findet sich bei Zöfel, 2003, S. 125f.

rische $\alpha^* \leq 0{,}05$ gilt, ist die Nullhypothese der Varianzgleichheit abzulehnen und die ebenfalls im SPSS-Ergebnisprotokoll ausgewiesene Teststatistik für ungleiche Varianzen heranzuziehen.[574] Wichtig ist in diesem Zusammenhang zu betonen, dass das arithmetische Mittel sehr sensitiv hinsichtlich Ausreißerwerte ist.[575] Diesbezügliche Verzerrungen der arithmetischen Mittelwerte sind zu vermeiden, wobei eine unreflektierte Mittelwertbildung ein häufig vorkommender methodischer Fehler ist.[576] Im Rahmen der vorliegenden Arbeit erfolgt daher vor der Anwendung von Mittelwerttests jeweils auch eine deskriptive Analyse der Daten anhand von Boxplots, um Extremwerte zu identifizieren und gegebenenfalls zu bereinigen. Extremwerte sind in SPSS als diejenigen Werte definiert, deren Entfernung von der unteren bzw. oberen Boxgrenze, die selbst durch das erste bzw. dritte Quartil festgelegt ist, mehr als die dreifache Boxhöhe beträgt.[577] Dagegen werden in dieser Arbeit Ausreißerwerte nach der Definition in SPSS (Entfernungen von den Box-Grenzen von mehr als die eineinhalbfache, aber maximal die dreifache Boxlänge) nicht bereinigt, um die Datenbasis nicht übermäßig zu reduzieren.

Zusätzlich wird in der vorliegenden Arbeit der nichtparametrische Mann-Whitney-Test durchgeführt, der zwei unabhängige Stichproben auf Gleichheit prüft.[578] Dieser ist einem doppelten t-Test insbesondere dann vorzuziehen, wenn nicht von normalverteilten Daten ausgegangen werden kann bzw. kleine Stichprobenumfänge vorliegen.[579] Dem Vorteil, dass dieser Test keine Voraussetzungen an die Verteilungseigenschaften stellt, steht eine geringere Effizienz im Vergleich zu dem entsprechenden parametrischen Test gegenüber.[580] Zu beachten ist insbesondere, dass der Mann-Whitney-Test keinen Mittelwertvergleich darstellt, da der Mittelwert der Rangzahlen und nicht der Originaldaten verglichen wird.[581]

---

574 Vgl. Brace/ Kemp/ Snelgar, 2003, S. 66 und Eckstein, 2004, S. 116.

575 Vgl. Bellgardt, 2004, S. 31. Dies fällt umso stärker ins Gewicht, wenn die Stichprobe sehr klein oder die Werteverteilung asymmetrisch ist. In diesen Fällen ist der Median dem arithmetischen Mittel vorzuziehen. Vgl hierzu Gelbrich, 1998, S. 23.

576 Vgl. Bortz/ Döring, 2002, S. 33.

577 Vgl. Bellgardt, 2004, S. 102.

578 Erläuterungen zur Umsetzung des Mann-Whitney-Tests in SPSS finden sich bspw. in Brace/ Kemp/ Snelgar, 2003, S. 72f und Eckstein, 2004, S. 119f.

579 Vgl. Brace/ Kemp/ Snelgar, 2003, S. 71 und Eckstein, 2004, S. 119.

580 Vgl. Zöfel, 2003, S. 128.

581 Vgl. Gelbrich, 1998, S. 109.

4.1.4.3. Zusammenhangsanalysen

Da es sich bei den Informationen hinsichtlich der Akquisitionswährung um nominale Daten handelt, wird in dieser Arbeit der für die Zusammenhangsanalyse von zwei kategorialen Merkmalen geeignete X^2-Unabhängigkeitstest verwendet.[582] Anwendungsvoraussetzungen sind das Vorliegen von mindestens zwei jeweils unabhängigen, kategorialen Merkmalen, wobei andere Skalenniveaus gegebenenfalls umgewandelt werden können.[583] Für die deskriptive Darstellung nominaler Daten sind in diesem Zusammenhang Kontingenztabellen hilfreich, welche die Anzahl der beobachteten Fälle pro Kategorie enthalten. Wichtig für die Anwendbarkeit des Tests ist außerdem, dass nicht mehr als 20% aller Zellen der zugehörigen Kreuztabelle eine erwartete absolute Häufigkeit von weniger als fünf haben.[584] In SPSS werden bei Anwendung des X^2-Unabhängigkeitstests mehrere Maßzahlen für die empirische Signifikanz α^* angegeben, wobei prinzipiell die Verwendung des „Chi-Quadrat nach Pearson" zu empfehlen ist.[585]

Da der X^2-Unabhängigkeitstest allein noch keine Informationen über die Stärke eines Zusammenhangs gibt, wird das „V nach Cramer" als Kontingenzmaß verwendet. Dieses kann Werte zwischen 0 und 1 annehmen, wobei die Interpretation von Ergebnissen zwischen den Extremwerten am schwierigsten ist und es hierzu keine allgemeingültigen Regeln gibt.[586] Die Interpretation der Stärke einer Kontingenz orientiert sich in dieser Arbeit an der Faustregel von Eckstein (2004), wonach ein Cramer-V zwischen 0 und 0,2 als schwache, von 0,2 bis 0,5 als ausgeprägte und ab 0,5 als starke Kontingenz aufzufassen ist.[587]

In der vorliegenden Dissertation werden des Weiteren auch Korrelationsanalysen durchgeführt. Dabei ist es wichtig zu beachten, dass eine statistisch signifikante Korrelation nicht automatisch auch Kausalität bedeutet, sondern der gemessene Zusammenhang auch durch eine Drittvariable erklärt sein könnte.[588] Daher ist bei der Interpretation von Korrelationen zu berücksichtigen, dass diese per se noch nichts über die eigentlich interessierenden Kausalitäten aussagen.[589] Um größere Verzerrungen zu vermeiden, sollte außerdem mindestens eine Anzahl von rund 100 Fällen ver-

---

582 Vgl. Eckstein, 2004, S. 154. Darstellungen zur Umsetzung in SPSS finden sich bspw. bei Brace/ Kemp/ Snelgar, 2003, S. 101-103 und Eckstein, 2004, S. 154-156.

583 Vgl. Brace/ Kemp/ Snelgar, 2003, S. 98f.

584 Vgl. bspw. Eckstein, 2004, S. 154, Gelbrich, 1998, S. 80 und Zöfel, 2003, S. 182. Die erwartete Häufigkeit für eine Zelle ergibt sich aus dem Produkt der betreffenden Zeilen- und Spaltensummen dividiert durch die Gesamtzahl der Beobachtungen. Vgl. hierzu Brace/ Kemp/ Snelgar, 2003, S. 100.

585 Vgl. Brace/ Kemp/ Snelgar, 2003, S. 107-111.

586 Vgl. Baur, 2003, S. 19 und S. 22.

587 Vgl. Eckstein, 2004, S. 157.

588 Vgl. bspw. Brace/ Kemp/ Snelgar, 2003, S. 80, Granados, 2004, S.135 und Müller-Benedict, 2006, S. 271f.

589 Vgl. Bortz/ Döring, 2002, S. 491f.

wendet werden. Dies muss insbesondere bei der Interpretation der Ergebnisse aus der separaten Untersuchung der lediglich 45 Deals unter der Verwendung von Aktien in Unterkapitel 4.4. berücksichtigt werden.[590] Für die Zusammenhangsanalyse von zwei metrischen und normalverteilten Variablen eignen sich der Maßkorrelationskoeffizient nach Bravais und Pearson und der zugehörige Unabhängigkeitstest.[591] Bei Vorliegen von zwei ordinalen oder nicht normalverteilten Variablen sollte hingegen eine Zusammenhangsanalyse über den Rangkorrelationskoeffizienten nach Spearman und den dazugehörenden Unabhängigkeitstest erfolgen.[592] Beide soeben erwähnten Korrelationskoeffizienten sind normierte Maße, die Werte zwischen -1 und +1 annehmen können. Ein Wert nahe 0 indiziert keine statistische Korrelation, ein Wert nahe +1 hingegen einen gleichläufigen bzw. nahe -1 einen gegenläufigen statistischen Zusammenhang.[593] Wichtig im Kontext von Korrelationsanalysen ist die besondere Beachtung von extremen Wertausprägungen von Variablen, da diese einen großen Einfluss auf die Höhe des Korrelationskoeffizienten haben können.[594] Einen guten Überblick über die Datenlage kann man sich dabei mit Streudiagrammen verschaffen.

4.1.4.4. Regressionsanalysen

Allgemein dienen Regressionsanalysen der Untersuchung der Art der Abhängigkeit in der Form einer mathematischen Funktion und erfordern prinzipiell das Vorliegen metrisch skalierter Daten.[595] In der vorliegenden Arbeit kommen diverse Regressionsanalysen zum Einsatz, deren Implementierung nachfolgend überblicksartig dargestellt wird.

Die einfache lineare Regression, die einen linearen Zusammenhang zwischen einer abhängigen und einer unabhängigen Variable nach der Methode der kleinsten Quadrate[596] misst, kommt im

---

[590] Allerdings wird manchmal auch bereits ein Wert von über 30 Fällen als hinlänglich angesehen. Vgl. Schira, 2003, S. 525.

[591] Vgl. Eckstein, 2004, S. 162 und S. 166.

[592] Die Implementierung von Maßkorrelationsanalysen in SPSS findet sich bspw. bei Brace/ Kemp/ Snelgar, 2003, S. 87f und Eckstein, 2004, S. 169 bzw. für Rangkorrelationsanalysen bei Brace/ Kemp/ Snelgar, 2003, S. 90 und Eckstein, 2004, S. 165.

[593] Eine Einstufung von Korrelationskoeffizienten nach ihrer Stärke findet sich bspw. bei Zöfel, 2003, S. 152 und bei Bortz/ Döring, 2002, S. 604, die jedoch nicht vollständig übereinstimmen. So klassifizieren bspw. Bortz und Döring (2002) bereits Korrelationen bei einem Koeffizienten von 0,3 als mittel und von 0,5 als groß, während diese bei Zöfel (2003) lediglich als gering (0,3) bzw. erst ab einem Wert des Korrelationskoeffizienten von über 0,5 als mittel eingestuft werden.

[594] Vgl. Norusis, 2005, S. 199f.

[595] Vgl. Bleymüller/ Gehlert/ Gülicher, 2004, S. 139.

[596] Darstellungen hierzu finden sich bspw. bei Bleymüller/ Gehlert/ Gülicher, 2004, S. 141-143, Hartung, 2005, S. 574-578 und Meißner, 2004, S. 155-157.

Rahmen dieser Arbeit zur Berechnung der Überrenditen nach dem Marktmodell zum Einsatz.[597] Die Schätzgleichung der einfachen linearen Regression lautet

$$Y' = b_0 + b_1 x,$$

wobei sich die Messwerte y_i mit

$$y_i = y'_i + e_i$$

aus den jeweiligen Schätzwerten y'_i und den Residuen e_i zusammensetzen.[598]

Das Bestimmtheitsmaß (R^2) zeigt dabei an, welcher Anteil der Varianz der abhängigen Variable bereits durch Änderungen der unabhängigen Variable erklärt wird.[599] An das stochastische Regressionsmodell sind zahlreiche Bedingungen geknüpft.[600] Insbesondere müssen die Residuen als Eigenschaften einen Erwartungswert von Null und eine konstante Varianz (Homoskedastizität) aufweisen sowie untereinander unkorreliert sein.[601] Grafisch kann die Konstanz der Varianz mit einem Streudiagramm der Residuen gegenüber den geschätzten Werten überprüft werden.[602] Ein zu- oder abnehmender Verlauf der Residuen lässt auf eine sich ändernde Varianz und damit auf die Verletzung der Homoskedastizitätsannahme bzw. das Vorliegen von Heteroskedastizität schließen. Während Heteroskedastizität v. a. bei Querschnittsregressionen auftritt, stellt sich insbesondere bei Zeitreihenregressionen das Problem der Autokorrelation.[603] Autokorrelationen stellen bei Regressionsanalysen insofern ein besonderes Problem dar, als sie zu Verzerrungen führen und die Aussagen über die statistische Signifikanz der Regressionskoeffizienten einschränken.[604] Ein häufig standardmäßig verwendeter Test auf Autokorrelation in den Regressionsresiduen ist der Test nach Durbin-Watson, dessen Prüfgröße bei der Ermittlung der Überrenditen auf Basis des Marktmodells im Rahmen dieser Arbeit jeweils angegeben wird. Diese Prüfgröße, die in einem Intervall zwischen 0 und 4 liegt, sollte idealerweise einen Wert nahe 2 einnehmen, womit zumindest keine Autokorrelation erster Ordnung anzunehmen wäre.

---

[597] Vgl. zur Berechnungsmethode der Überrenditen in dieser Arbeit Unterkapitel 4.1.5.1. Erläuterungen zur Umsetzung in SPSS finden sich bspw. bei Duller, 2006, S. 151-155, Eckstein, 2004, S. 183f und Norusis, 2005, S. 236.

[598] Vgl. Fromm, 2003, S. 6.

[599] Vgl. zur diesbezüglichen Interpretation des SPSS-Ausgabeprotokolls Norusis, 2005, S. 221. Detaillierte Erläuterungen zum Bestimmtheitsmaß finden sich bspw. bei Bleymüller/ Gehlert/ Gülicher, 2004, S. 143-146 und Hartung, 2005, S. 578f.

[600] Eine detaillierte Auflistung der Annahmen findet sich bspw. bei Fromm, 2003, S. 8f und bei Neubauer/ Bellgardt/ Behr, 2002, S. 432f.

[601] Vgl. Bleymüller/ Gehlert/ Gülicher, 2004, S. 149.

[602] Vgl. Norusis, 2005, S. 228, Hartung, 2005, S. 585-587 und Bleymüller/ Gehlert/ Gülicher, 2004, S. 158f.

[603] Vgl. Poddig/ Dichtl/ Petersmeier, 2001, S. 307.

[604] Vgl. Poddig, 1999, S. 164f. Für eine ausführliche Darstellung des Durbin-Watson-Tests vgl. auch Poddig/ Dichtl/ Petersmeier, 2001, S. 297-306.

Die Methode der multiplen linearen Regression stellt auf lineare Zusammenhänge zwischen einer abhängigen und mehreren unabhängigen Variablen ab.[605] Die Schätzgleichung lautet dabei $Y' = b_0 + b_1x_1 + b_2x_2 + ... + b_mx_m$.[606]

Diese Methode wird im Rahmen der vorliegenden Arbeit zur Untersuchung eines Zusammenhangs zwischen der Überrendite am Ankündigungstag und der Wahl der Akquisitionswährung unter gleichzeitiger Berücksichtigung weiterer möglicher Einflussfaktoren eingesetzt. Dabei ist die Verwendung nominaler Merkmale dann möglich, wenn es sich um dichotome Variablen handelt, also lediglich zwei Kategorien vorliegen.[607] Diese mit den Werten „0" und „1" kodierten Variablen bezeichnet man auch als „Dummy-Variablen". Zusätzlich zu den Voraussetzungen für die Anwendung der linearen Einfachregression ist eine wesentliche Modellannahme der multiplen Regression, dass die unabhängigen Variablen untereinander keine Korrelation aufweisen.[608] Allerdings wird man in der Praxis i. d. R. diesem als Kollinearität bezeichneten Problem gegenüberstehen, das entsprechend überprüft werden muss. Im Rahmen dieser Arbeit erfolgt dies über die im SPSS-Ergebnisprotokoll ebenfalls ausgewiesenen „Variance-Inflation-Factors" (VIF), wobei als Faustregel VIF-Werte von über fünf auf eine hohe Kollinearität hinweisen.

In SPSS sind mehrere Vorgehensweisen für die Durchführung einer multiplen Regression implementiert. In der vorliegenden Arbeit wird sowohl die simultane Methode (in SPSS als „Einschluss" bezeichnet) als auch die schrittweise Regression verwendet. Bei der simultanen Methode werden alle selektierten unabhängigen Variablen berücksichtigt, die Güte des Modells ist im Anschluss daran zu beurteilen.[609] Bei der schrittweisen Regression handelt es sich hingegen um eine statistische Methode, bei der alle Variablen sukzessive in das Modell eingefügt und nur dann beibehalten werden, wenn das Hinzunehmen der Variable einen Erklärungsbeitrag leistet. Im Anschluss daran erfolgt ein erneuter Test der bereits enthaltenen Variablen, wobei diejenigen Variablen entfernt werden, die keinen signifikanten Erklärungsbeitrag mehr leisten. Diese Methode führt zu der kleinstmöglichen Anzahl an Variablen im Modell. Ein Nachteil dieser statistischen Methode ist, dass eine hohe Anzahl an Fällen vorliegen sollte, da bereits kleinere Variationen einen großen Effekt auf die Berücksichtigung der unabhängigen Variablen haben können.

---

605 Vgl. für eine Darstellung der multiplen Regression vgl. bspw. Hartung, 2005, S. 595-600. Erläuterungen zur Umsetzung in SPSS finden sich bspw. bei Brace/ Kemp/ Snelgar, 2003, 216-218 und Eckstein, 2004, S. 183.

606 Vgl. Fromm, 2003, S. 8.

607 Vgl. Brace/ Kemp/ Snelgar, 2003, S. 212 und Voelkl/ Gerber, 1999, S. 190f.

608 Vgl. Eckstein, 2004, S. 197.

609 Vgl. Brace/ Kemp/ Snelgar, 2003, S. 214f.

Zur Interpretation der Ergebnisse wird in SPSS bei Anwendung der multiplen Regression neben dem Bestimmtheitsmaß R^2 auch ein korrigiertes R^2 angegeben, das die Anzahl der verwendeten Variablen und die Fallanzahl berücksichtigt und das nützlichste Gütemaß bei einer multiplen Regression darstellt.[610] Im Rahmen der vorliegenden Dissertation wird zur Beurteilung der Erklärungskraft der jeweiligen linearen Modelle auf diese Kennzahl abgestellt. Die Signifikanz des Gesamtmodells wird in SPSS ebenfalls gemessen und findet sich im Ausgabeprotokoll in der Tabelle „ANOVA" (multiple Varianzanalyse).[611] Der jeweilige Wert der empirischen Signifikanz des Gesamtmodells wird in den Auswertungstabellen dieser Arbeit ebenfalls aufgeführt.

Darüber hinaus wird im Rahmen der Untersuchung der Einflussfaktoren auf die Wahl der Akquisitionswährung auch die Methode der logistischen Regression verwendet.[612] In einem binären logistischen Regressionsmodell wird ein dichotomes Merkmal als zweipunktverteilte Zufallsvariable betrachtet, wobei die Interpretation der auf einer logistischen Verteilungsfunktion basierenden Regressionsfunktion als Wahrscheinlichkeitsmodell erfolgt.[613] In einer logistischen Regression werden die logarithmierten „Odds"[614] dafür berechnet, dass ein bestimmtes Ergebnis eintreten wird.[615] Ein hoher Wert für die logarithmierten Odds eines Ereignisses indiziert eine erhöhte Eintrittswahrscheinlichkeit. Dabei zeigt ein positives Vorzeichen an, dass das Eintreten des Ereignisses wahrscheinlicher ist als sein Nichteintreten. Bei den unabhängigen Variablen handelt es sich normalerweise um metrische Merkmale, allerdings können auch kategoriale Variablen in der logistischen Regression verwendet werden.[616] Die Schätzgleichung für das Modell der logistischen Regression lautet

$$p(y=1)=\frac{1}{1+e^{z}} \text{ mit } z=b_0+b_1x_{i1}+b_2x_{i2}+\ldots+b_mx_{im}.$$ [617]

Die Schätzung erfolgt dabei anhand der Maximum-Likelihood-Methode.[618]

---

610 Vgl. Brace/ Kemp/ Snelgar, 2003, S. 213 und Norusis, 2005, S. 247. Die formelmäßige Darstellung findet sich bspw. bei Schira, 2003, S. 553f.

611 Vgl. Norusis, 2005, S. 249.

612 Zur Implementierung der binären logistischen Regression in SPSS vgl. bspw. Brace/ Kemp/ Snelgar, 2003, S. 270f und Eckstein, 2004, S. 209f.

613 Vgl. bspw. Eckstein, 2004, S. 206 und Fromm, 2005, S. 5.

614 Ein „Odd" ist definiert als das Verhältnis der komplementären Ereigniswahrscheinlichkeiten p/(1-p) und kann als Chance für ein Ereignis im Vergleich zu dem Gegenereignis interpretiert werden. Vgl. hierzu Eckstein, 2004, S. 213.

615 Vgl. Brace/ Kemp/ Snelgar, 2003, S. 269.

616 Vgl. bspw. Brace/ Kemp/ Snelgar, 2003, S. 251 und Fromm, 2005, S. 5. Zur Definition von kategorialen Variablen in SPSS vgl. auch Brace/ Kemp/ Snelgar, 2003, S. 270.

617 Vgl. Fromm, 2005, S. 7.

618 Vgl. bspw. Eckstein, 2004, S. 208 und Fromm, 2005, S. 8.

Zur Beurteilung der Signifikanz des binären Logit-Modells bietet das SPSS-Ergebnisprotokoll einen „Omnibus-Test der Modellkoeffizienten" an, dessen empirische Signifikanz im Rahmen dieser Arbeit entsprechend betrachtet wird.[619] Darüber hinaus bietet SPSS die Möglichkeit der Anforderung des Hosmer-Lemeshow-Tests, der ein Test auf die Güte des Modells ist.[620] Zu beachten ist hierbei, dass die Nullhypothese dieses Tests beinhaltet, dass ein gutes Modell vorliegt, also ein hoher Wert für α^* ein gutes Modell indiziert bzw. bei $\alpha^* < 0{,}05$ die Nullhypothese hinsichtlich des Vorliegens eines guten Modells abgelehnt werden muss. Bei einer logistischen Regression kann zudem Nagelkerkes R^2 als Gütemaß für das binäre Logit-Modell verwendet und wie das Bestimmtheitsmaß in der linearen Regression interpretiert werden.[621] Darüber hinaus bietet SPSS anhand einer Klassifizierungstabelle die Möglichkeit, die Anzahl bzw. Prozentsätze der richtigen Vorhersagen durch das Modell insgesamt und getrennt nach den beiden Kategorien zu betrachten. Außerdem liefert das SPSS-Ergebnisprotokoll die Modellparameter des binären Logit-Modells. Positive Regressionskoeffizienten zeigen dabei an, dass die Odds für den Ereigniseintritt hinsichtlich des untersuchten Merkmals mit einem Ansteigen der jeweiligen unabhängigen Variablen ebenfalls zunehmen, bei einem negativen Koeffizienten dagegen abnehmen. Die Überprüfung der Signifikanz der Modellkonstante und der Regressionskoeffizienten erfolgt anhand des Tests nach Wald, wobei in SPSS auch die jeweils zugehörige empirische Signifikanz α^* berechnet wird. Um die Bedeutung einer Variablen abzuschätzen, sollte v. a. der „Effekt-Koeffizient" Exp(B) betrachtet werden. Dieser stellt den Faktor für die Veränderung der Chance für das Eintreten des Ereignisses dar, wenn sich die unabhängige Variable um eine Einheit ändert.[622]

4.1.5. Operationalisierung der zu untersuchenden Hypothesen

4.1.5.1. Ermittlung der Überrenditen für die Ereignisstudie

In Kapitel 4.3. und 4.4. werden die Ankündigungseffekte in Form einer Ereignisstudie („Event Study") untersucht, welche die Reaktionen des Kapitalmarkts auf ein bestimmtes Ereignis hin messen.[623] In der vorliegenden Dissertation handelt es sich hierbei speziell um die Ankündigung

---

[619] Vgl. Brace/ Kemp/ Snelgar, 2003, S. 273 und Fromm, 2005, S. 20.
[620] Vgl. Brace/ Kemp/ Snelgar, 2003, S. 274.
[621] Vgl. Fromm, 2005, S. 22. Während der Höchstwert des R^2 von Cox und Snell von der jeweiligen Stichprobe abhängig ist, handelt es sich bei Nagelkerkes R^2 um ein normiertes Maß mit Werten zwischen 0 und 1.
[622] Vgl. Fromm, 2005, S. 24. Interpretation: Exp(B) < 1 Chance sinkt; Exp (B) > 1 Chance steigt; Exp(B) = 1 Chance unverändert.
[623] Vgl. Bühner, 1990, S. 297.

eines Bankenzusammenschlusses in Verbindung mit der Auswahl der Zahlungsform. Einer der Vorteile der Analyse des Erfolgs von Unternehmenszusammenschlüssen durch die Messung der Kurseffekte besteht darin, dass die Reaktionen des Kapitalmarkts die Erwartungen langfristiger Erfolgswirkungen ausdrücken.[624] Zudem können Kurseffekte verhältnismäßig einfach beobachtet werden.[625]

Dabei lassen sich Aktienkursreaktionen bereits bei der Ankündigung eines beabsichtigten Zusammenschlusses beobachten.[626] Studien, die auf M&A-Ereignisse abzielen, müssen für Untersuchungen der Kurseffekte allerdings einen Zeitraum vor und nach dem Ereignis definieren.[627] Die Berücksichtigung eines möglichen Durchsickerns von Informationen bereits vor der Ankündigung einer Transaktion[628] bzw. das Zugestehen einer gewissen Zeit bis zum Sichtbarwerden realisierter Synergieeffekte führen tendenziell zu einer Ausdehnung des Untersuchungszeitraums. Je weiter jedoch der Analysezeitraum gewählt wird, desto schwieriger lassen sich die Effekte aus einem Zusammenschluss von anderen Einflussfaktoren trennen. In bisherigen Ereignisstudien werden Zeitfenster unterschiedlicher Länge verwendet.[629] Im Rahmen der vorliegenden Arbeit werden unterschiedliche Zeitintervalle beginnend mit 20 Tage vor der Ankündigung einer Übernahme bis zu 20 Tage nach dem Ereignis analysiert.[630] Zwar nimmt die Signifikanz von Mittelwerttests üblicherweise mit einer Messung der „abnormalen“ Rendite (bzw. Überrendite)[631] über ein den Ankündigungstag hinausgehendes Zeitfenster ab, allerdings bleibt die Teststatistik allgemein weiter anwendbar.[632]

Die Kurseffekte werden in kapitalmarktorientierten Studien durch die abnormale Rendite gemessen, d. h. die Abweichung der Aktienrendite bei Ankündigung eines Zusammenschlusses von einer normalen Durchschnittsentwicklung.[633] Dafür lassen sich drei unterschiedliche Verfahren in

---

[624] Vgl. Bühner, 1990, S. 296.

[625] Vgl. Campa/ Hernando, 2004, S. 49.

[626] Vgl. Asquith, 1983, S. 80f. An informationseffizienten Kapitalmärkten bezüglich öffentlich verfügbarer Informationen passen sich die Börsenkurse nach der Ankündigung einer Übernahme oder Fusion rasch an die veränderten Werterwartungen an. Vgl. hierzu Andrade/ Mitchell/ Stafford, 2001, S. 109. Zur Hypothese informationseffizienter Kapitalmärkte und ihrer Formen vgl. Fama, 1970, S. 383-418.

[627] Vgl. Hughes u. a., 1999, S. 295.

[628] Vgl. bspw. Roll, 1986, S. 201. Probleme des Durchsickerns von Informationen bzw. der Antizipation durch den Markt bereits vor der Ankündigung anstehender Zusammenschlüsse können verstärkt während Merger-Wellen auftreten. Vgl. hierzu Calomiris, 1999, S. 616.

[629] Vgl. hierfür auch Unterkapitel 3.3.3.

[630] Dieser gewählte Umfang des Zeitfensters entspricht bspw. dem Vorgehen bei Asquith/ Bruner/ Mullins (1983). Vgl. hierzu Asquith/ Bruner/ Mullins, 1983, S. 129.

[631] Die Begriffe „abnormale Rendite" und „Überrendite" werden in der vorliegenden Arbeit synonym verwendet.

[632] Vgl. Brown/ Warner, 1985, S. 14f.

[633] Vgl. Bühner, 1990, S. 298. Die Verwendung abnormaler Renditen erfolgte erstmals in einer empirischen Arbeit von Fama u. a. im Jahr 1969. Vgl. hierzu Fama u. a., 1969, S. 1-21.

Betracht ziehen, nämlich die Berechnung mittelwert- bzw. marktbereinigter Renditen oder eine Berechnung unter Verwendung des Marktmodells.[634] Im Rahmen der vorliegenden Arbeit wird dabei auf tägliche Renditen[635] R_{it} zurückgegriffen.[636] Diese werden zunächst als stetige Eintagesrenditen durch Differenzbildung aus dem logarithmierten Aktienkurs P_{it} eines Unternehmens i zum Zeitpunkt t und seinem logarithmierten Vortageskurs P_{it-1} durch

$$R_{it} = \ln(P_{it}) - \ln(P_{it-1})$$

berechnet.[637] Stetige Renditen unterstellen eine stetige Verzinsung und werden damit dem fortlaufenden Wertänderungsprozess an den Aktienmärkten gerecht.[638] Logarithmierte Renditen haben in der Kapitalmarkttheorie insbesondere aufgrund ihrer Verteilungsmerkmale eine besondere Relevanz, wobei die Unterschiede zwischen stetiger und einfacher Rendite mit einem Anstieg der einfachen Rendite zunehmen.[639] Generell ist die Verwendung stetiger Renditen aufgrund ihrer Eigenschaften für die Analyse mit statistischen Methoden zu bevorzugen.[640] Zu Interpretationszwecken können diese jederzeit wieder in diskrete Renditen umgerechnet werden.[641] Die im Rahmen der vorliegenden Arbeit für die Renditeberechnungen verwendeten Kursdaten stammen aus Datastream.

---

634 Vgl. Brown/ Warner, 1980, S. 207f. Brown und Warner (1980) finden keinen Beleg dafür, dass die Verwendung komplizierterer Methoden als einfaktorielle Marktmodelle einen zusätzlichen Nutzen bringt. Vgl. hierzu Brown/ Warner, 1980, S. 249.

635 Das fehlende Vorliegen einer Normalverteilung bei täglichen Renditen hat keinen offensichtlichen Einfluss auf die Methodik von Ereignisstudien. Zwar weichen tägliche Überrenditen ebenfalls in hohem Maße von einer Normalverteilung ab, allerdings nähert sich der Mittelwert abnormaler Renditen mit einer steigenden Anzahl berücksichtigter Wertpapiere einer Normalverteilung an. Parametrische Signifikanztests lassen sich daher anwenden. Vgl. Brown/ Warner, 1985, S. 25.

636 Zu möglichen Problemen bei der Verwendung täglicher Renditen in Ereignisstudien vgl. Brown/ Warner, 1985, S. 4-6.

637 Vgl. zu dieser Vorgehensweise Poddig, 1999, S. 385.

638 Zur Verwendung logarithmierter Werte zur Ermittlung abnormaler Renditen vgl. bspw. Fama u. a., 1969, S. 4. Die Verwendung diskreter Renditen findet sich hingegen bspw. bei Brown/ Warner, 1985, S. 6. Diskrete Renditen $R_{it}^{diskret}$ lassen sich in stetige Renditen R_{it}^{stetig} durch $R_{it}^{stetig} = \ln(1 + R_{it}^{diskret})$ umrechnen. Vgl. hierzu bspw. Betsch/ Groh/ Lohmann, 2000, S. 6 und Poddig/ Brinkmann/ Seiler, 2005, S. 38.

639 Vgl. Steiner/ Bruns, 2000, S. 52f.

640 Vgl. Poddig/ Dichtl/ Petersmeier, 2001, S. 105.

641 Vgl. Poddig/ Brinkmann/ Seiler, 2005, S. 41.

In Ereignisstudien wird häufig auf das Marktmodell[642] zurückgegriffen, das für die Rendite R_{it} einer Aktie i zum Zeitpunkt t mit

$$R_{it} = \alpha_i + \beta_i * R_{Mt} + \varepsilon_{it}$$

einen linearen Zusammenhang mit dem gesamten Aktienmarkt unterstellt. Dabei werden die aktienspezifische Konstante α und der systematische Renditeparameter β durch eine Regressionsanalyse mit Hilfe der Methode der kleinsten Quadrate geschätzt. Die Schätzung der Modellparameter erfolgt dabei in der vorliegenden Dissertation über den Zeitraum von 250 Tagen vor dem Startdatum des Zeitfensters des Ereignisses.[643] Die Abgrenzung von Schätz- und Ereignisperiode ist in Abb. 24 nochmals veranschaulicht.

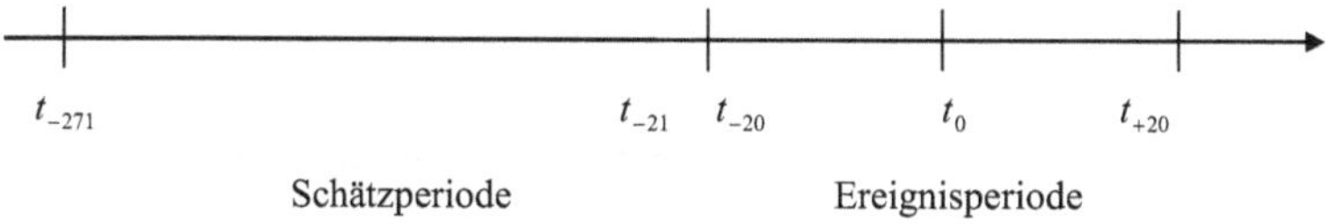

Abb. 24: Untersuchungszeitraum in der vorliegenden Arbeit

Die Tab. 28 bis 30 in Anhang 2 enthalten die Ergebnisse der für die im Datensatz berücksichtigten Käuferunternehmen durchgeführten Regressionsanalysen, wobei jeweils die empirische Signifikanz α^* des Regressionskoeffizienten β_i und das Ergebnis des Tests auf Autokorrelation[644] nach Durbin-Watson ergänzt wurden.

Die abnormale Rendite AR_{it} ergibt sich dann als

$$AR_{it} = R_{it} - (\alpha_i + \beta_i * R_{Mt}).$$ [645]

---

[642] Für einen Kurzüberblick zum Marktmodell vgl. bspw. Steiner/ Bruns, 2000, S. 37-39. Im Gegensatz zum „Capital Asset Pricing Model" (CAPM) ist das Marktmodell ein empirischer Ansatz zur Schätzung bzw. Erklärung von Wertpapierrenditen. Vgl. Steiner/ Bruns, 2000, S. 37. Bei einer Verwendung des CAPM für empirische Zwecke bestehen hingegen grundsätzliche Probleme infolge seiner Formulierung in Erwartungswerten und durch die Prämissen für die Betawerte (stationärer Gleichgewichtszustand, Verwendung des Marktportfolios). Vgl. hierzu Rudolph, 1979a, S. 1048f. Für eine weiterreichende Betrachtung des CAPM vgl. ebenfalls. Rudolph, 1979a, S. 1038-1047. Ausführliche Einzeldarstellungen der grundlegenden Arbeiten zum Kapitalmarktmodell von Sharpe, Lintner und Mossin finden sich bei Rudolph, 1979b, S. 84-125.

[643] Dies erfolgt analog zu Brown/ Warner, 1985, S. 6. Allerdings umfasst der Zeitraum von 250 Tagen bei Brown/ Warner (1985) sowohl die Schätzperiode für die erwarteten Renditen als auch das Ereigniszeitfenster.

[644] Da das Problem von Heteroskedastizität v. a. bei Querschnittsregressionen auftritt, wurde in dieser Arbeit auf einen Test auf Heteroskedastizität im Zusammenhang mit der Schätzung der Parameter des Marktmodells auf Basis von Kurszeitreihen verzichtet. Vgl. Poddig/ Dichtl/ Petersmeier, 2001, S. 307.

[645] Vgl. bspw. Brown/ Warner, 1985, S. 7 und Bühner, 1990, S. 299.

Eine alternative Berechnungsmethode stellen sogenannte marktbereinigte Renditen dar, welche die Abweichung der Rendite eines Wertpapiers gegenüber dem Aktienmarkt insgesamt messen.[646] Die gegenüber einem Vergleichsindex marktbereinigte Überrendite AR_{it} berechnet sich als

$$AR_{it} = R_{it} - R_{Mt}\,.$$

Im Rahmen der vorliegenden Arbeit werden beide soeben dargestellte Vorgehensweisen umgesetzt, wobei jeweils unterschiedliche Indizes zur Messung der Marktentwicklung herangezogen werden (STOXX 50, STOXX, STOXX Banken, jeweils lokale Leitindizes).[647]

Außerdem werden zusätzlich auch mittelwertbereinigte Überrenditen verwendet, die als

$$AR_{it} = R_{it} - \overline{R}_i$$

berechnet werden, wobei $\overline{R}_i$ den Mittelwert

$$\overline{R}_i = \frac{1}{250}\sum\nolimits_{t-271}^{t-21} R_{it}$$

des Schätzzeitraums von insgesamt 250 Tagen vor dem Zeitfenster des Ereignisses (t-271 Tage bis t-21 Tage) darstellt.[648]

Zur Untersuchung der Ankündigungseffekte werden für die verwendeten Zeitfenster[649] der Ereignisstudie jeweils kumulierte abnormale Renditen CAR_{it} der einzelnen Akquisiteure verwendet, die sich als

$$CAR_{it} = \sum\nolimits_{t=1}^{T} AR_{ti}$$

berechnen lassen.[650]

Für Mittelwertvergleiche im Rahmen der nachfolgenden Untersuchungen werden die arithmetischen Mittel der kumulierten Überrenditen (CAR_t) für Teilmengen des Datensatzes berechnet als

$$CAR_t = \frac{1}{N} * \sum\nolimits_{i=1}^{N} CAR_{it}\,.$$ [651]

---

646 Vgl. bspw. Kane, 2000, S. 678f und Brown/ Warner, 1980, S. 208.

647 Zu den Anforderungen an geeignete Marktindizes und den Vorzug von Performance- gegenüber Kursindizes vgl. auch Poddig, 1999, S. 382-384.

648 Vgl. Brown/ Warner, 1985, S. 6. Die jeweils berechneten Mittelwerte für die im verwendeten Datensatz enthaltenen Käuferbanken finden sich in Tab. 30 in Anhang 2.

649 Innerhalb der 41-tägigen Ereignisperiode wurden insgesamt zehn verschiedene Zeitfenster untersucht, wobei ein hoher Differenzierungsgrad für den 5-Tages-Zeitraum um das Ankündigungsdatum herum (2 Tage vor bis 2 Tage nach Ankündigung) gewählt wurde. Die genaue Festlegung der Zeitfenster lässt sich bspw. in Tab. 14 in Kapitel 4.3.1. ablesen.

650 Vgl. Bühner, 1990, S. 299.

651 Analog zu Bühner, 1990, S. 299.

Für diese in dem letzten Schritt erfolgende Berechnung von Portfoliorenditen werden aufgrund der leichteren Handhabung die zuvor verwendeten stetigen Renditen nun in diskrete umgewandelt.[652] Insgesamt ergeben sich mit der in Unterkapitel 4.1.5.1. dargestellten Vorgehensweise neun verschiedene Berechnungsweisen der Überrendite, davon vier nach dem Marktmodell (ARMM), eine durch Mittelwertbereinigung (AR Mean) und vier marktbereinigte Überrenditen (ARIX). Die Variablennamen und die jeweils verwendeten Berechnungsmethoden und Vergleichsindizes sind in Tab. 7 zusammengefasst.

Variable	**ARMM (STOXX)**	**ARMM (ST50)**	**ARMM (Banks)**	**ARMM (Lokal)**	**AR (Mean)**	**ARIX (STOXX)**	**ARIX (ST50)**	**ARIX (Banks)**	**ARIX (Lokal)**
Methode	Marktmodell	Marktmodell	Marktmodell	Marktmodell	Mittelwertbereinigung	Marktbereinigung	Marktbereinigung	Marktbereinigung	Marktbereinigung
Index	Dow Jones STOXX	Dow Jones STOXX 50	Dow Jones STOXX Banks	Lokaler Leitindex	-	Dow Jones STOXX	Dow Jones STOXX 50	Dow Jones STOXX Banks	Lokaler Leitindex

Tab. 7: Definition der verwendeten Variablen für die Überrenditen

4.1.5.2. Definition der weiteren Variablen und deskriptive Statistiken

Im Folgenden wird die Operationalisierung der Hypothesen anhand der Definition der weiteren Variablen dargestellt.[653] Dabei werden zunächst die Variablen hinsichtlich der Akquisitionswährung erläutert. Die binär kodierten Merkmale „Aktien“ bzw. „Cash“ nehmen jeweils den Wert „1“ an, wenn in einer Transaktion Aktien bzw. Bargeld als Zahlungsform zum Einsatz kommen, ansonsten haben sie den Wert „0“. Diese beiden Variablen sind kumulativ, d. h. es kommt zu Doppelzählungen, sobald bei einer Transaktion sowohl Aktien als auch Bargeld zum Einsatz kommen. Die vorliegende Arbeit fokussiert auf diese beiden Zahlungsformen, da sonstige Akquisitionswährungen in dem erhobenen Datensatz insgesamt lediglich neun Mal explizit in „Zephyr“ genannt wurden.[654] Die Variablen „Rein Aktien“ bzw. „Rein Cash“ haben den Wert „1“ hingegen nur für diejenigen Transaktionen, bei denen ausschließlich Aktien bzw. gar keine Aktien[655] eingesetzt wurden, ansonsten wiederum „0“. Die verbleibenden Transaktionen, bei denen eigene Aktien als Teilkomponente des jeweiligen Angebots zum Einsatz kamen, wurden in der Variable „Mixed Offer“ mit „1“ kodiert, sonst mit „0“. Jede der insgesamt 117 Transaktionen des verwen-

---

[652] Vgl. zu dieser empfohlenen Vorgehensweise Poddig/ Dichtl/ Petersmeier, 2001, S. 152.

[653] Die Definition der Variablen zur Messung der Überrenditen findet sich im vorhergehenden Unterkapitel 4.1.4.1.

[654] Vgl. hierfür Abb. 18. in Unterkapitel 4.1.2.2.

[655] Die Variable „Rein Cash“ umfasst daher neben reinen Barzahlungsangeboten auch die Zahlungsformen Debt, Loan Notes, Deferred Payments und Earn-outs, die in dem verwendeten Datensatz insgesamt lediglich neun Mal vorkommen.

deten Datensatzes nimmt somit bei genau einer dieser drei Variablen den Wert „1" an und bei den anderen beiden „0", d. h. die soeben erörterten Merkmale decken die gesamte Datenbasis ab und sind überschneidungsfrei. Die Wertezuordnung für alle Variablen bezüglich der Akquisitionswährung erfolgte ausschließlich auf Basis der Daten in „Zephyr". Transaktionen mit fehlender Information wurden bereits bei der Erhebung des Datensatzes ausgeschlossen.

Die Operationalisierung der relativen Größenverhältnisse zwischen Käufer und Übernahmeobjekt erfolgt in der vorliegenden Arbeit anhand der Variablen „Relative Größe MV", die als Verhältnis zwischen dem Deal-Volumen und dem Marktwert des Käufers am einundzwanzigsten Tag[656] vor dem Ankündigungsdatum berechnet wird.[657] Alternativ dazu wird auch die Variable „Relative Größe EK" durch das Verhältnis des Deal-Volumens zum Eigenkapital des Käufers zum Ende des Geschäftsjahres vor Ankündigung der Transaktion errechnet. Von den insgesamt 117 Zusammenschlüssen in dem erhobenen Datensatz lagen für 110 Deals entsprechende Angaben des Transaktionsvolumens vor. Eine Betrachtung der Größenverhältnisse anhand des Eigenkapitals bzw. der Bilanzsummen der Banken erscheint dagegen insbesondere hinsichtlich der Frage der Finanzierung der Übernahme als weniger aussagekräftig.[658] Zudem konnten mit der Datenbank „Bankscope" lediglich für 76 Übernahmeobjekte die hierfür notwendigen Daten zu Eigenkapital und Bilanzsumme erhoben werden.

Einige Studien jüngeren Datums unterteilen die Grundgesamtheit der M&A-Transaktionen von Banken in Teilgruppen je nach Produkt- oder Marktzugehörigkeit, um so analysieren zu können, ob bestimmte gemeinsame Eigenschaften zur Schaffung oder Vernichtung von Performance führen.[659] Eine Charakterisierung hinsichtlich der strategischen Übereinstimmung wird auch für die Transaktionen des in der vorliegenden Arbeit verwendeten Datensatzes vorgenommen. Dabei wird sowohl nach regionalen Aspekten als auch nach Geschäftsfokus differenziert. Die binäre Variable „Regionale Übereinstimmung" wird hierfür mit dem Wert „0" bei grenzüberschreitenden Zusammenschlüssen und mit „1" bei Inlandsübernahmen kodiert. Diese Klassifizierung erfolgt über einen Vergleich der Angaben zum Hauptsitz des Käufers und des Targets, die in Zephyr für

[656] Dies entspricht dem letzten Tag vor der in der vorliegenden Arbeit gewählten Ereignisperiode, die jeweils 20 Tage vor und nach dem Ankündigungsdatum umfasst.

[657] Bisher durchgeführte empirische Untersuchungen verwenden teilweise etwas unterschiedliche Definitionen für die relative Größe des Übernahmeobjekts. In ihrer aktuellen Studie berechnen bspw. Faccio/ Masulis (2005) diese als Verhältnis des Deal-Volumens zu der Summe aus Deal-Volumen und Marktwert des Käufers zum Jahresende vor dem Transaktionsjahr. Vgl. hierzu Faccio/ Masulis, 2005, S. 1351.

[658] Das Verhältnis der Bilanzsummen als relatives Größenmaß wird z. B. bei Altunbas und Ibànez (2004) verwendet. Vgl. hierzu Altunbas/ Ibànez, 2004, S. 14.

[659] Vgl. Altunbas/ Ibànez, 2004, S. 9.

alle 117 berücksichtigten Transaktionen verfügbar waren.[660] Diese Betrachtung ist vor dem Hintergrund oftmals unterschiedlicher Motive der Transaktionen bedeutend. Während bei Zusammenschlüssen im Inland traditionell Kostenverbesserungen die treibende Kraft sind, stellen bei grenzüberschreitenden Zusammenschlüssen im Gegensatz dazu Diversifizierungsaspekte und Ertragssynergien primäre Ziele dar.[661] Für die Einstufung der Sektorübereinstimmung ist in dieser Arbeit das entscheidende Kriterium, ob für den Käufer und das Übernahmeziel die Sektorklassifizierung in der M&A-Datenbank „Zephyr“ übereinstimmt bzw. – im Falle mehrerer Nennungen – zumindest eine gemeinsame Einstufung vorliegt. Die binäre Variable „Sektorübereinstimmung“ erhält den Wert „1“ bei einer Übereinstimmung, anderenfalls den Wert „0“.[662] Schließlich werden in der Variablen „Strategische Übereinstimmung“ sowohl die regionale als auch die sektorale Komponente berücksichtigt, indem diese als Durchschnitt aus „Regionale Übereinstimmung“ und „Sektorübereinstimmung“ berechnet wird. Damit wird die „Strategische Übereinstimmung“ für alle 117 Transaktionen entweder mit „keine“ (Wert „0“), „teilweise“ (Wert „0,5“) oder mit „hoch“ (Wert „1“) eingestuft.[663]

Für die Messung der Kapitalstruktur bzw. des Verschuldungsgrades bei Banken stellt neben der bilanziellen Eigenkapitalquote insbesondere die Tier 1-Ratio eine geeignete Kennzahl dar.[664] Die Variable „EK-Quote Käufer“ stellt dabei die Eigenkapitalquote der übernehmenden Bank dar. Berechnet wird sie durch Division des Eigenkapitals durch die Bilanzsumme im jeweiligen Geschäftsjahr vor Ankündigung der Transaktion auf Basis der Daten aus „Bankscope“. Während diese für alle 117 Transaktionen des Datensatzes errechnet werden konnte, standen für das Merkmal „Tier 1-Ratio Käufer“, welches der Kernkapitalquote des Käufers im Jahr vor der Ankündigung entspricht, lediglich in 95 Fällen die entsprechenden Daten in „Bankscope“ zur Verfügung.

---

[660] Bei der Betrachtung der geografischen Überlappung ist eigentlich nicht nur zu berücksichtigen, ob die Hauptsitze der sich zusammenschließenden Banken im gleichen Land liegen, sondern vielmehr auch, inwiefern sich deren Filialnetze überschneiden. Ansonsten bestünde die Gefahr, die Anzahl der M&A-Transaktionen mit regionaler Überlappung zu unterschätzen. Vgl. hierzu Becher, 2000, S. 210. Aufgrund mangelnder Informationen hierzu kann dieser Aspekt in der vorliegenden Arbeit jedoch nicht berücksichtigt werden.

[661] Vgl. Altunbas/ Ibànez, 2004, S. 15.

[662] Eine ähnliche Vorgehensweise findet sich bspw. bei Faccio/ Masulis, 2005, S. 1353. Interessant wäre möglicherweise auch eine weiterreichende Differenzierung nach dem Fokus der Geschäftstätigkeit des Übernahmeobjekts. Eine Untersuchung der Group of Ten (2001) hinsichtlich der Effizienzauswirkungen durch Bankenkonsolidierung unterscheidet bspw. nach „Commercial banks“, „Investment banks“ und „Asset management companies“. Vgl. hierzu Group of Ten, 2001, S. 249-259. Eine differenziertere Betrachtungsweise unterbleibt jedoch im Rahmen der vorliegenden Arbeit aus Vereinfachungsgründen.

[663] Eine alternative Möglichkeit zur Beurteilung der strategischen Übereinstimmung stellt auch die Betrachtung diverser Finanzindikatoren dar. Vgl. zu dieser Vorgehensweise Altunbas/ Ibànez, 2004, S. 13-18.

[664] Zu den Besonderheiten von Banken vgl. auch Kapitel 2.1.3.

Zur Operationalisierung des operativen Erfolgs stehen prinzipiell mehrere Möglichkeiten zur Verfügung, wobei jeweils diverse Einzelaspekte zu berücksichtigen sind. Der einfachste Ansatz zur Messung operativer Effizienz besteht in der Betrachtung von Kostenertragsrelationen[665] – wie bspw. das Verhältnis der operativen Aufwendungen zu den Gesamterträgen – und von Profitabilitätskennzahlen – wie z. B. der Return on Assets (ROA) oder der Return on Equity (ROE).[666] Die Profitabilitätsmaße können dabei aufgrund der Länderunterschiede in der Besteuerung auch auf einer Vorsteuerbasis berechnet werden.[667] Zu beachten ist zudem, dass der ROE – im Gegensatz zum ROA – von der Kapitalstruktur der Bank abhängt.[668] Da die Kapitalstruktur jedoch durch das Management determiniert wird, kann dies ebenfalls als Effizienzmaß betrachtet werden. Zur Messung der operativen Performance von Banken kann auch auf den operativen Gewinn zurückgegriffen werden, der sich als Summe aus Zinsüberschuss und zinsunabhängigen Erträgen abzüglich der zinsunabhängigen Kosten definieren lässt.[669] Der Steueraufwand wird dabei nicht berücksichtigt, da er zum einen eine stark steuerbare und von den internationalen Aktivitäten abhängige Größe ist und zum anderen durch einen Zusammenschluss kaum beeinflusst wird. Die operative Entwicklung kann daher u. U. besser durch die Gesamtrentabilität auf Basis des Ergebnisses aus gewöhnlicher Geschäftstätigkeit (operativer ROA) gemessen werden.[670]

Im Rahmen der vorliegenden Arbeit werden zur Beurteilung des operativen Erfolgs die drei wichtigen Kennzahlen Eigenkapitalrendite (ROE), Cost-Income-Ratio (CIR) und Gesamtkapitalrendite (ROA) auf der Basis der Daten in „Bankscope" verwendet. Damit werden zwar keine bereinigten Vorsteuerergebnisse verwendet, die u. U. die operative Performance besser abbilden würden, allerdings sollte durch die Nutzung einer einzigen Datenquelle ein gewisses Maß an Vergleichbarkeit der Kennzahlen sichergestellt sein. Um eventuell auftretende Verzerrungen durch Einmaleffekte abzuschwächen, wurde jeweils der Mittelwert aus den Wertausprägungen in den beiden Geschäftsjahren vor Ankündigung der jeweiligen Transaktion als Merkmal verwendet.[671] Während alle drei Erfolgskennzahlen vollständig für die im Datensatz enthaltenen Käuferunternehmen er-

---

665 Analysten und Aufsichtsbehörden betrachten die sogenannte Cost-Income-Ratio als die bedeutendste Kennzahl zur Messung der Effizienz von Banken. Vgl. hierzu Vander Vennet, 2002, S. 273.

666 Vgl. Group of Ten, 2001, S. 248. Der ROE (Eigenkapitalrendite) errechnet sich aus dem Gewinn bezogen auf das Eigenkapital, der ROA (Gesamtkapitalrendite) hingegen als Gewinn im Verhältnis zur Bilanzsumme. Vgl. hierzu Vander Vennet, 2002, S. 273.

667 Vgl. Vander Vennet, 2002, S. 273.

668 Vgl. Group of Ten, 2001, S. 250.

669 Vgl. Linder/ Crane, 1993, S. 38.

670 Der ROA ist ein häufig verwendetes Maß für die Gesamtperformance einer Bank. Vgl. Rhoades, 1994, S. 8.

671 Im Falle des Fehlens der Angaben in „Bankscope" zu einem der beiden Jahre vor Ankündigung wurde auf die Berechnung des Mittelwertes verzichtet und die entsprechende Transaktion mit der jeweils verfügbaren Wertausprägung berücksichtigt.

hoben werden konnten, lagen für die Übernahmeobjekte für den ROA und die CIR lediglich in 77 bzw. für den ROE in 76 Fällen die entsprechenden Informationen in „Bankscope“ vor.

Zur Messung der Bewertung des Käuferunternehmens werden in dieser Arbeit drei Möglichkeiten verwendet, nämlich das Preis-Buchwert-Verhältnis („PBV“)[672], das Kurs-Gewinn-Verhältnis („KGV“)[673] und die Kursentwicklung im Vorfeld der Transaktion („Performance 3M“ bzw. „Performance 6M“).[674] Das „PBV“ ist in dieser Arbeit definiert als Verhältnis zwischen dem Marktwert des Käufers am einundzwanzigsten Tag vor dem Ankündigungsdatum, also am letzten Tag vor dem Beginn der Ereignisperiode (20 Tage um den Ankündigungstag herum), und dem ausgewiesenen Buchwert für das vor dem Transaktionsjahr liegende Geschäftsjahr. Diese Variable konnte für alle Akquisiteure des Datensatzes ermittelt werden. Das verwendete „KGV“ beruht auf dem Verhältnis zwischen dem Aktienkurs der übernehmenden Bank und den I/B/E/S-Konsensusschätzungen für den Gewinn pro Aktie für den jeweils zukünftigen 12-Monats-Zeitraum. Entsprechend der Definition der Ereignisperiode werden hierbei wiederum die jeweiligen Werte am einundzwanzigsten Tag vor dem Ankündigungsdatum verwendet. Die Merkmalsausprägungen für die Variable „KGV“ konnten dabei lediglich für 110 der insgesamt 117 Transaktionen erhoben werden, da für 7 Unternehmen keine I/B/E/S-Konsensusschätzungen in Datastream zur Verfügung standen. Als dritter Indikator für eine mögliche Überbewertung wird die Kursentwicklung der Käuferbank über einen Zeitraum von drei Monaten („Performance 3M“) bzw. sechs Monaten („Performance 6M“) vor dem Beginn der für die vorliegende Arbeit definierten Ereignisperiode berechnet.[675] Entsprechende Kursdaten lagen für den Dreimonatszeitraum vollständig bzw. für den Sechsmonatszeitraum für 116 Transaktionen vor.

Die Bewertung des Übernahmeobjekts wird schließlich durch die Variable „Deal-Bewertung“ gemessen, die das Transaktionsvolumen in das Verhältnis zum Eigenkapital des Targets im Geschäftsjahr vor der Ankündigung setzt.[676] Die hierfür benötigten Daten lagen für 73 Übernahmeobjekte vor. Tab. 8 fasst die Definition der in dieser Arbeit verwendeten sonstigen Variablen nochmals überblicksartig zusammen.

---

672 Das Verhältnis von Buchwert und Aktienkurs wird in der Kapitalmarkttheorie häufig als Meßgröße für Fehlbewertungen verwendet. Allerdings spiegelt der Buchwert keine in die Zukunft gerichteten Erwartungen wider. Vgl. hierzu Dong u. a., 2006, S. 727.

673 Zu möglichen Schwächen des KGV als Meßgröße für Fehlbewertungen vgl. Dong u. a., 2006, S. 733f.

674 Die Abkürzung „M“ steht für Monat.

675 Einen entsprechenden Indikator verwenden auch Faccio und Masulis (2005), die jedoch eine längere Periode (ein Jahr vor dem Monat der Transaktion) zur Berechnung heranziehen. Vgl. hierzu Faccio/ Masulis, 2005, S. 1352.

676 Eine entsprechende Definition verwendet bspw. Palia (1993). Auch wenn der Buchwert den Marktwert der Bank nicht richtig widerspiegelt, so wird dieses Maß dennoch von Regulierungsbehörden verwendet und stellt den Industriestandard zur Messung von Übernahmeprämien dar. Vgl. Palia, 1993, S. 93.

Name	Operationalisierung	Beschreibung	Anmerkung zur Ermittlung	Anzahl Erhebung	Datenquelle
Aktien	Akquisitionswährung	Wert „1" bei Einsatz von Aktien, ansonsten „0"		117	Zephyr
Cash	Akquisitionswährung	Wert „1" bei Einsatz von Bargeld, ansonsten „0"		117	Zephyr
Rein Aktien	Akquisitionswährung	Wert „1" bei ausschließlichem Einsatz von Aktien, ansonsten „0"		117	Zephyr
Rein Cash	Akquisitionswährung	Wert „1" bei vollständigem Verzicht auf eigene Aktien, ansonsten „0"		117	Zephyr
Mixed Offer	Akquisitionswährung	Wert „0", wenn „Rein Aktien" oder „Rein Cash" gleich „1", ansonsten „1"		117	Zephyr
Art der Transaktion	Akquisitionswährung	Wert „1" bei „Rein Cash" = 1, „2" bei „Mixed Offer" = 1, "3" bei „Rein Aktien" = 1		117	Zephyr
Relative Größe MV	Relative Größe	Deal Value in % des Marktwerts des Käufers	Marktwert am 21. Tag vor Ankündigung	110	Datastream, Zephyr
Relative Größe EK	Relative Größe	Deal Value in % des Eigenkapitals des Käufers	Eigenkapital im Geschäftsjahr vor Ankündigung	110	Bankscope, Zephyr
Regionale Übereinstimmung	Strategie	Wert „0" bei grenzüberschreitendem Zusammenschluss, „1" bei Inlandsübernahme	Vergleich der Klassifizierung von Käufer und Target	117	Zephyr
Sektorübereinstimmung	Strategie	Wert „0" bei sektorübergreifender Übernahme, „1" bei Kauf von Bank	Vergleich der Klassifizierung von Käufer und Target	117	Zephyr
Strategische Übereinstimmung	Strategie	„0" = keine Übereinstimmung; „0,5" = teilweise Übereinstimmung; "1" = hohe Übereinstimmung	Durchschnitt aus „Regionale Übereinstimmung" und „Sektorübereinstimmung"	117	Zephyr
EK-Quote Käufer	Kapitalstruktur	Eigenkapitalquote des Käufers im Geschäftsjahr vor Ankündigung	Eigenkapital / Bilanzsumme	117	Bankscope
Tier 1-Ratio Käufer	Kapitalstruktur	Kernkapitalquote des Käufers im Geschäftsjahr vor Ankündigung		95	Bankscope
ROE Käufer	Operativer Erfolg	Eigenkapitalrendite des Käufers	Durchschnitt der beiden Jahre vor Ankündigung	117	Bankscope
CIR Käufer	Operativer Erfolg	Cost-Income-Ratio des Käufers	Durchschnitt der beiden Jahre vor Ankündigung	117	Bankscope
ROA Käufer	Operativer Erfolg	Gesamtkapitalrendite des Käufers	Durchschnitt der beiden Jahre vor Ankündigung	117	Bankscope
ROE Target	Operativer Erfolg	Eigenkapitalrendite des Targets	Durchschnitt der beiden Jahre vor Ankündigung	76	Bankscope
CIR Target	Operativer Erfolg	Cost-Income-Ratio des Targets	Durchschnitt der beiden Jahre vor Ankündigung	77	Bankscope
ROA Target	Operativer Erfolg	Gesamtkapitalrendite des Targets	Durchschnitt der beiden Jahre vor Ankündigung	77	Bankscope
KGV	Bewertung	Kurs-Gewinn-Verhältnis des Käufers	Kurs / 12-Monats-Rolling-Forward I/B/E/S-Konsensusschätzungen am 21. Tag vor Ankündigung	110	Datastream
PBV	Bewertung	Preis-Buchwert-Verhältnis des Käufers	Marktwert am 21. Tag vor Ankündigung / Eigenkapital im Jahr vor Ankündigung	117	Bankscope, Datastream
Performance 3M	Bewertung	Kursentwicklung des Käufers in den 90 Tagen bis zum 21. Tag vor Ankündigung		117	Datastream
Performance 6M	Bewertung	Kursentwicklung des Käufers in den 180 Tagen bis zum 21. Tag vor Ankündigung		116	Datastream
Deal-Bewertung	Bewertung	Deal-Volumen im Verhältnis zum Eigenkapital des Targets	Eigenkapital im Jahr vor Ankündigung	73	Bankscope, Datastream

Tab. 8: Überblick über die Definition der weiteren verwendeten Variablen

Tab. 9 enthält deskriptive Statistiken für die auf einem metrischen Skalenniveau gemessenen Variablen,[677] wobei jeweils das arithmetische Mittel, der Median, die Standardabweichung sowie Minimum und Maximum aufgeführt werden. Sowohl bei den bilanziellen Größen als auch bei den Bewertungskennzahlen fällt auf, dass teilweise extreme Wertausprägungen vorliegen. Dies deutet auf das Auftreten von Sondereffekten bei einzelnen Instituten hin. Hinsichtlich der Profitabilitätskennzahlen kommt es insbesondere bei den Übernahmeobjekten zu extremen Wertausprägungen. So beträgt bspw. der „ROE Target" im Durchschnitt 8,8%, allerdings reicht die Wertespanne von einem Minimum von -66,9% bis zu einem Maximum von 51,2%. Besonders auffällig ist auch der niedrigste Wert der „Tier 1-Ratio Käufer", der mit 2,2% unterhalb des zulässigen Minimums gemäß den Vereinbarungen des Basler Ausschusses für Bankenaufsicht liegt.[678] Hinsichtlich des Merkmals „Relative Größe MV" fällt auf, dass im Maximum der Wert des Deals rund 263% betrug. Das bedeutet, dass bei diesem Zusammenschluss die in der Datenbank „Zephyr" als Target klassifizierte Bank mehr als zweieinhalbmal so groß war wie die als Käufer bezeichnete Bank. Das Minimum der Variable „Relative Größe EK" entspricht mit 1% exakt dem Ausschlusskriterium im Rahmen der Erhebung des Datensatzes.[679]

---

[677] Die Darstellung der Häufigkeitsverteilungen der kategorialen Variablen erfolgte bereits im Rahmen der Betrachtung der Merkmalsausprägungen des verwendeten Datensatzes in Unterkapitel 4.1.2.2.

[678] Vgl. hierzu Basel Committee on Banking Supervision, 2006, S. 12.

[679] Vgl. hierzu auch Unterkapitel 4.1.2.1.

Name	Anzahl Erhebung	Arithmetisches Mittel	Median	Standardabweichung	Minimum	Maximum
Relative Größe MV	110	19,30%	5,81%	35,24%	0,3%	263,3%
Relative Größe EK	110	36,57%	12,58%	75,19%	1,0%	623,5%
EK-Quote Käufer	117	6,29%	5,88%	2,99%	2,5%	16,6%
Tier 1-Ratio Käufer	95	8,72%	7,90%	3,79%	2,2%	28,1%
ROE Käufer	117	14,22%	14,08%	6,40%	-8,7%	36,3%
CIR Käufer	117	62,21%	62,77%	11,19%	29,2%	91,4%
ROA Käufer	117	0,93%	0,82%	0,71%	-0,22%	3,99%
ROE Target	76	8,81%	9,81%	16,94%	-66,9%	51,2%
CIR Target	77	71,49%	69,76%	36,38%	3,8%	332,6%
ROA Target	77	0,34%	0,67%	3,92%	-26,98%	7,10%
KGV	110	16,71	13,61	24,09	7,1	257,0
PBV	117	2,41	1,94	2,29	0,39	19,27
Performance 3M	117	6,11%	4,92%	21,70%	-44,5%	99,0%
Performance 6M	116	9,71%	9,82%	26,29%	-50,6%	125,7%
Deal-Bewertung	73	2,45	1,98	2,24	0,25	14,21

Tab. 9: Deskriptive Statistiken der weiteren verwendeten metrischen Variablen

4.2. Untersuchung möglicher Einflussfaktoren auf die Auswahlentscheidung

4.2.1. Relative Größe der Transaktion

In diesem Unterkapitel sollen die Forschungshypothesen H1.1 und H1.2 geprüft werden, die auf Unterschiede bei der Wahl der Akquisitionswährung im Hinblick auf die relative Größe des Targets abzielen. Die zu H1.1 gehörende statistische Nullhypothese besagt, dass bei Übernahmen, bei denen die Variable „Aktien" den Wert „1" annimmt, das Merkmal „Relative Größe MV" im Mittel kleiner oder gleich ist als bei Transaktionen mit „Aktien" gleich „0". Die Alternativhypothese postuliert das Gegenteil, d. h. dass bei Fällen mit „Aktien" gleich „1" die „Relative Größe MV" im Mittel größer ist als bei Transaktionen mit „Aktien" gleich „0".

Von den 110 der insgesamt 117 Transaktionen des Datensatzes, für die das Merkmal „Relative Größe MV" erhoben werden konnte, entfallen 70 Fälle auf Transaktionen ohne Aktien und 40 auf solche mit Aktienkomponente. Abb. 25 zeigt das Boxplot der Wertausprägungen der Variable „Relative Größe MV" in Abhängigkeit der Verwendung von Aktien als Akquisitionswährung. Auffällig sind dabei die sehr hohe Spannweite, das Vorliegen von Extremwerten und die asymmetrische Verteilung. Dies deutet augenscheinlich darauf hin, dass in diesem Fall keine Normalverteilung der beiden Gruppen vorliegt.[680]

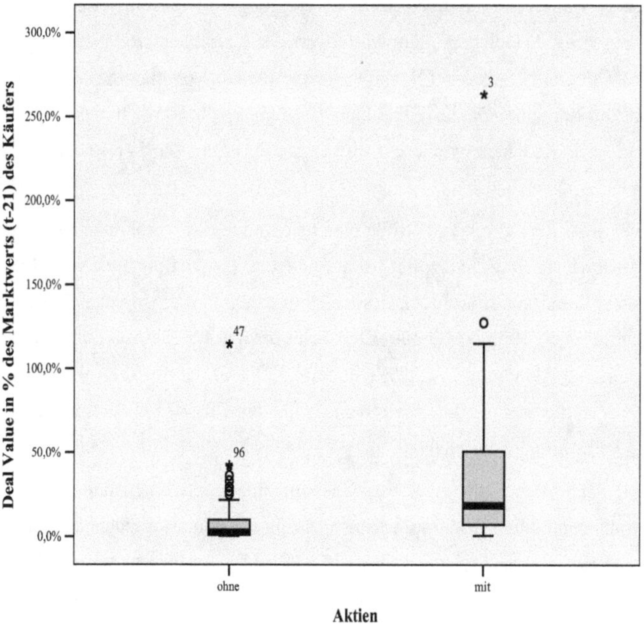

Abb. 25: Boxplot der relativen Deal-Größe bei Bezahlung ohne bzw. mit Aktien

Der Mittelwert der relativen Größe des Targets beläuft sich bei Transaktionen ohne Verwendung von Aktien auf 9,10% des Marktwerts des Käuferunternehmens (Median: 2,50%), bei Deals mit einer Aktienkomponente hingegen auf 37,15% (Median: 18,61%). Obwohl als Faustregel manchmal bereits eine Zahl ab 30 Fällen pro Gruppe als ausreichend für die Annahme normalverteilter Mittelwerte angesehen wird,[681] liegt bei der untersuchten Variable offensichtlich keine Normalverteilung vor, so dass auf die Anwendung eines doppelten t-Tests verzichtet wird. Als verteilungsunabhängiger Test eignet sich zur Untersuchung der Übereinstimmung der mittleren

[680] Ein asymmetrisches Boxplot zeigt eine schiefe Verteilung an. Eine Normalverteilung ist hingegen immer symmetrisch. Vgl. hierzu Eckstein, 2004, S. 90.
[681] Siehe hierzu die Ausführungen in Unterkapitel 4.1.4.1.

Lage hingegen der Mann-Whitney-Test.[682] Mit einer empirischen Signifikanz von $\alpha^* = 0{,}000$ ist die Nullhypothese abzulehnen, womit der beobachtete Unterschied der Mediane der relativen Größe des Übernahmeobjekts je nach Einsatz von Aktien als Akquisitionswährung statistisch signifikant auf dem 5%-Niveau ist. Auch unter Bereinigung von Extremwerten erhält man ein entsprechendes Ergebnis.[683] Der bereinigte Mittelwert der Variablen „Relative Größe MV" beläuft sich auf 6,54% (Median: 2,42%) bei Bezahlung ohne Einsatz von eigenen Aktien und auf 31,35% (Median: 18,53%) bei Share Deals.[684] Die Durchführung des Mann-Whitney-Tests zeigt, dass der Unterschied in den Medianen wiederum auf einem Niveau von 5% statistisch signifikant ist ($\alpha^* = 0{,}000$).

Als alternatives Maß für die relative Größe bietet sich auch das Verhältnis des Transaktionsvolumens zum ausgewiesenen Eigenkapital zum Ende des Geschäftsjahres vor Ankündigung der Transaktion an („Relative Größe EK"), dessen Verwendung zu entsprechenden Resultaten führt. Der Durchschnitt von „Relative Größe EK" beläuft sich für Transaktionen ohne Aktien auf 16,13% (Median: 4,94%) und auf 72,32% (Median: 37,55%) bei Share Deals. Diese Beobachtung einer im Median stärker ausgeprägten relativen Größe des Targets bei Aktien-Deals ist dabei wiederum statistisch signifikant ($\alpha^* = 0{,}000$).

Zusätzlich soll nachfolgend ein möglicher Zusammenhang zwischen der relativen Deal-Größe und dem Einsatz von Aktien als Akquisitionswährung untersucht werden. Für diese Zusammenhangsanalyse eignet sich der X^2-Unabhängigkeitstest, da es sich bei der Variable „Aktien" um ein kategoriales Merkmal handelt.[685] Zur Anwendung dieses Tests wird die metrische Variable „Relative Größe MV" in eine ordinale Variable mit vier Größenausprägungen klassiert.[686] Die Größenklassen und die jeweiligen absoluten Häufigkeiten finden sich in der als Teil des SPSS-Ausgabeprotokolls enthaltenen Kreuztabelle in Tab. 10.

---

[682] Vgl. Eckstein, 2004, S. 119f.

[683] Entsprechend der in Unterkapitel 4.1.4.2. erläuterten Vorgehensweise handelt es sich hierbei in dem verwendeten Datensatz bei den Transaktionen ohne Einsatz von Aktien um die Fallnummern 46, 47 und 96 und bei Aktien-Deals um die Fallnummer 3.

[684] Vgl. die SPSS-Auswertung der explorativen Datenanalyse in Tab. 35 in Anhang 4.

[685] Vgl. Eckstein, 2004, S. 154.

[686] U. a. müssen die Klassenabgrenzungen überschneidungsfrei sein, wobei die Abgrenzungsform „von...bis unter" stark verbreitet ist. Vgl. Meißner, 2004, S.45. Für weitere Details hinsichtlich der Verdichtung von Daten durch Klassieren vgl. Meißner, 2004, S. 44-49.

Deal Value in % des Marktwerts des Käufers (Größenklassen) * Aktien Kreuztabelle

Anzahl

		Aktien		
		ohne	mit	Gesamt
Deal Value in % des Marktwerts des Käufers (Größenklassen)	<1%	19	1	20
	1% bis <10%	34	10	44
	10% bis <25%	10	12	22
	>=25%	7	17	24
Gesamt		70	40	110

Tab. 10: SPSS-Kreuztabelle: Transaktionen hinsichtlich ihrer Größenklassen bei Zahlung mit und ohne eigene Aktien

Das Ergebnis des X^2-Unabhängigkeitstests weist mit einem $\alpha^* = 0{,}000$ auf einen statistisch signifikanten Zusammenhang zwischen der relativen Transaktionsgröße und der Zahlungsform hin. Mit einem Cramer-V[687] von 0,5 als Kontingenzmaß kann dabei von einem starken Zusammenhang gesprochen werden.[688] Abb. 26 veranschaulicht die in Tab. 10 enthaltenen Daten hinsichtlich der Entscheidung für Aktien als Akquisitionswährung und der relativen Deal-Größe nochmals grafisch.

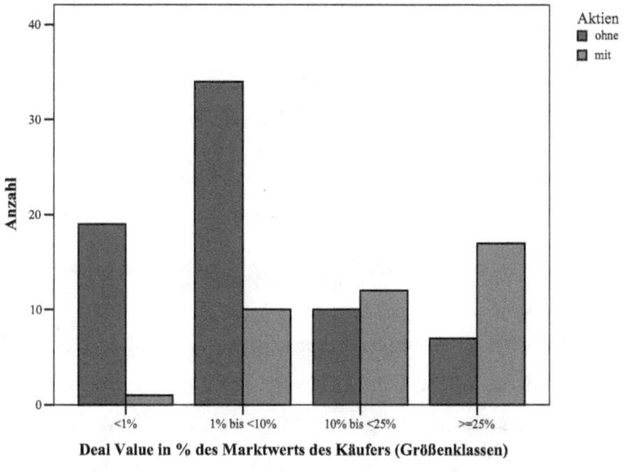

Abb. 26: Transaktionen hinsichtlich der Größenklassen bei Zahlung mit und ohne eigenen Aktien

---

687 Geeignetes Kontingenzmaß bei Vorliegen mindestens eines nominalen Merkmals. Vgl. hierzu Eckstein, 2004, S. 157.

688 Für eine Faustregel zur Interpretation der Intensitätsstufen einer Kontingenz vgl. Eckstein, 2004, S. 157.

Die Vorgehensweise bei Hypothese H1.2 entspricht der vorhergehenden Analyse. Der Unterschied besteht nun in der differenzierteren Betrachtung der Zahlungsform bei einer Übernahme gegenüber der ausschließlichen Fokussierung auf die Verwendung von Aktien als Akquisitionswährung. Abb. 27 zeigt wiederum das Boxplot für die Wertausprägungen des Merkmals „Relative Größe MV" in Abhängigkeit der – nun differenzierter betrachteten – Art der Transaktion.

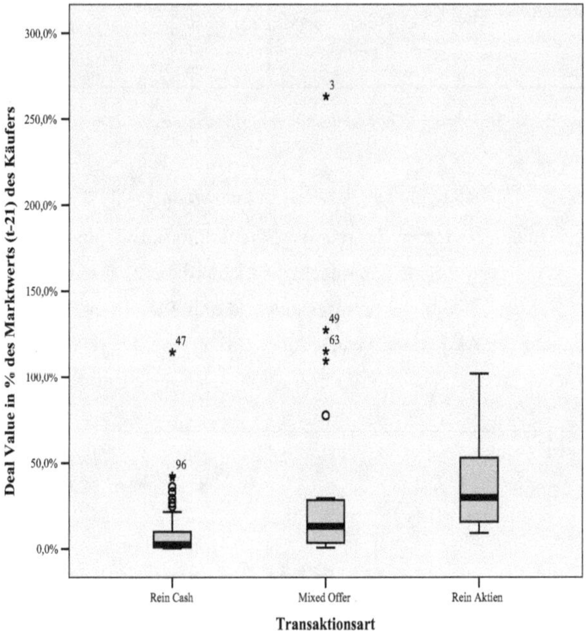

Abb. 27: Boxplot der relativen Deal-Größe hinsichtlich der Art der Transaktion

Während bei als „Rein Cash"[689] eingestuften Transaktionen die relative Deal-Größe im Durchschnitt lediglich 9,10% (Median: 2,50%) des Marktwerts der übernehmenden Bank beträgt, steigt diese bei Mixed Offers unter der Verwendung von Aktien auf 37,69% (Median: 13,07%) bzw. bei reinen Share Deals auf 36,34% (Median: 29,88%) an. Der jeweils paarweise für die drei Transaktionsarten durchgeführte Mann-Whitney-Test weist auf dem 5%-Niveau auf einen statistisch signifikanten Unterschied in den Medianen bei Cash Deals gegenüber Mixed Offers bzw. gegenüber

[689] Gemäß der Definition in dieser Arbeit einschließlich anderer Instrumente wie „Debt" etc., aber ohne Aktienkomponente. Vgl. zur Variablendefinition auch Unterkapitel 4.1.5.2.

reinen Share Offers hin. Der Unterschied zwischen den beiden zuletzt genannten Transaktionsarten ist hingegen statistisch nicht signifikant.[690] Bei einer Bereinigung um Extremwerte[691] werden die Abweichungen sogar noch augenscheinlicher: Die relative Deal-Größe bei „reinen" Cash-Transaktionen beträgt hier im Durchschnitt 6,54% (Median: 2,42%), bei Mixed Offers 14,47% (Median: 8,16%) und bei reinen Aktienangeboten 36,34% (Median: 29,88%).[692] Der wiederum jeweils paarweise durchgeführte Mann-Whitney-Test zeigt, dass alle Unterschiede in den Medianen auf dem 5%-Niveau statistisch signifikant sind.[693] Dieses Ergebnis bestätigt auf Basis des verwendeten Datensatzes die Forschungshypothese H1.2, dass sich reine Cash Deals im Mittel durch eine vergleichsweise geringere bzw. reine Stock Offers durch eine größere relative Transaktionsgröße auszeichnen.

Für eine Zusammenhangsanalyse mit dem X^2-Unabhängigkeitstest soll wiederum – entsprechend der Vorgehensweise bei H1.1 – auf die nach Größenklassen umkodierte Variable der relativen Deal-Größe zurückgegriffen werden. Da allerdings fünf der insgesamt zwölf Zellen eine erwartete absolute Häufigkeit von kleiner fünf aufweisen, kann dieser Test nicht praktiziert werden.[694] Die Anzahl der absoluten Häufigkeiten sind dennoch wiederum in Form einer Kreuztabelle in Tab. 11 zusammengefasst und in Abb. 28 grafisch veranschaulicht.

Deal Value in % des Marktwerts des Käufers (Größenklassen) * Transaktionsart Kreuztabelle

Anzahl

		Transaktionsart			
		Cash etc. (ohne Aktien)	Mixed Offer (mit Aktien)	Rein Aktien	Gesamt
Deal Value in % des Marktwerts des Käufers (Größenklassen)	<1%	19	1	0	20
	1% bis <10%	34	9	1	44
	10% bis <25%	10	6	6	22
	>=25%	7	8	9	24
Gesamt		70	24	16	110

Tab. 11: SPSS-Kreuztabelle: Transaktionen hinsichtlich ihrer Größenklassen in Abhängigkeit der Transaktionsart

690 Empirische Signifikanzniveaus der jeweils paarweise durchgeführten Mann-Whitney-Tests: $\alpha^* = 0{,}001$ für Rein Cash/ Mixed Offer; $\alpha^* = 0{,}000$ für Rein Cash/ Rein Aktien; $\alpha^* = 0{,}075$ für Mixed Offer/ Rein Aktien.

691 Entsprechend der in Unterkapitel 4.1.4.2. erläuterten Vorgehensweise handelt es sich hierbei in dem verwendeten Datensatz bei „Rein Cash" um die Fallnummern 46, 47 und 96 und bei Mixed Offers um die Fallnummern 3, 14, 49 und 63. Bei reinen Aktien-Deals lagen keine Extremwerte vor.

692 Vgl. die SPSS-Auswertung der explorativen Datenanalyse in Tab. 36 in Anhang 4.

693 Empirische Signifikanzniveaus der jeweils paarweise durchgeführten Mann-Whitney-Tests: $\alpha^* = 0{,}006$ für Rein Cash/ Mixed Offer; $\alpha^* = 0{,}000$ für Rein Cash/ Rein Aktien; $\alpha^* = 0{,}002$ für Mixed Offer/ Rein Aktien.

694 Für die Anwendbarkeit des Tests dürfen nicht mehr als ein Fünftel der Zellen der Kontingenztabelle eine erwartete absolute Häufigkeit von kleiner als fünf haben. Vgl. hierzu Eckstein, 2004, S. 154.

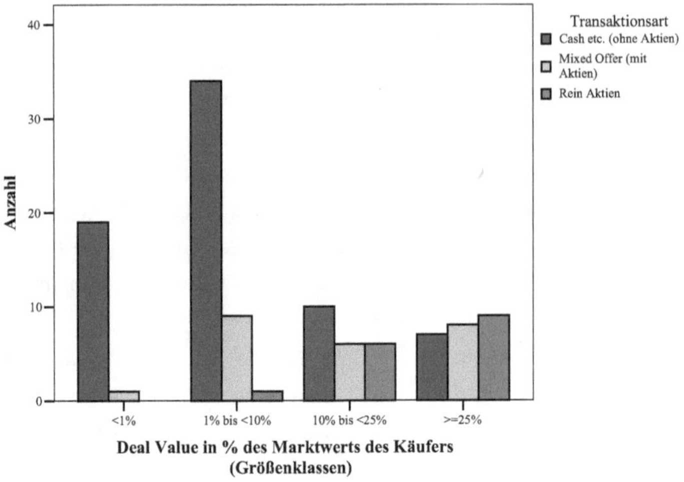

Abb. 28: Wahl der Akquisitionswährung hinsichtlich relativer Transaktionsgröße

Als Zwischenfazit lässt sich festhalten, dass die Auswertung des in dieser Arbeit verwendeten Datensatzes auf eine hohe Relevanz der relativen Größe des Übernahmeobjekts bzw. der Deal-Größe für die Entscheidung hinsichtlich der Zahlungsform bei einer Übernahme hindeutet. Bei Einsatz von Aktien liegt im Mittel eine höhere relative Deal-Größe vor. Bei Transaktionen, bei denen das Target im Verhältnis zum Käuferunternehmen relativ klein ist, kommt Cash als Zahlungsform häufiger zum Einsatz als bei größeren Deals. Dies entspricht den theoretischen Erwartungen und ist auch konform mit den Ergebnissen der Studie von Faccio und Masulis (2005) für europäische Unternehmen.[695]

4.2.2. Bewertungsniveaus von Käufer und Übernahmeobjekt

Für die Untersuchung hinsichtlich möglicher Bewertungsunterschiede der Käuferunternehmen bei Transaktionen mit und ohne Verwendung von Aktien (Forschungshypothese H2.1) wird auf die Variablen „KGV" bzw. „PBV" zurückgegriffen. Die zu H2.1 gehörende statistische Nullhypothese lautet, dass bei Transaktionen, bei denen das Merkmal „Aktien" den Wert „1" annimmt, die

---

[695] Vgl. Faccio/ Masulis, 2005, S. 1363.

Variable „KGV" (bzw. „PBV") in ihrer mittleren Lage kleiner oder gleich ist als bei „Aktien" gleich „0". Die Alternativhypothese postuliert, dass bei „Aktien" gleich „1" die Variable „KGV" (bzw. „PBV") im Mittel größer ist als bei „Aktien" gleich „0".

Von den insgesamt 110 Transaktionen des verwendeten Datensatzes, für welche die benötigten Konsensschätzungen zur Ermittlung des KGV vorlagen, entfallen 67 Fälle auf Übernahmen ohne Aktienkomponente und 43 auf Stock Offers. Im Mittel nimmt das KGV bei Deals ohne Einsatz eigener Aktien einen Wert von 14,18 (Median: 13,44) an, bei Einschluss einer Aktienkomponente hingegen 20,63 (Median: 14,10). Der Unterschied in den Medianen ist mit $\alpha^* = 0{,}215$ aus einem durchgeführten Mann-Whitney-Test jedoch statistisch nicht signifikant.[696] Unter Bereinigung von drei Extremwerten[697] ergibt sich ein durchschnittliches KGV der übernehmenden Bank von 13,40 (Median: 13,42) für Transaktionen ohne die Verwendung von Aktien und von 14,28 (Median: 14,00) bei Offerten mit Aktienkomponente. Allerdings zeigt ein doppelter t-Test,[698] dass der Unterschied der Mittelwerte statistisch nicht signifikant ist ($\alpha^* = 0{,}230$).[699] Der ergänzend durchgeführte Mann-Whitney-Test ($\alpha^* = 0{,}314$) deutet ebenfalls auf keine statistisch signifikanten Unterschiede in der KGV-Berwertung des Käufers je nach Zahlungsform hin.

Ein entsprechendes Bild zeigt sich bei der Messung möglicher Bewertungsunterschiede der übernehmenden Bank anhand der Variablen „PBV", die für alle 117 Transaktionen des Datensatzes erhoben werden konnte. Bei Übernahmen ohne die Verwendung von Aktien beläuft sich das PBV im Mittel auf 2,32 (Median 1,91), wogegen bei Share Deals das PBV durchschnittlich 2,55 (Median: 1,95) beträgt. Der bereits augenscheinlich sehr geringe Unterschied erweist sich auch bei Durchführung eines Mann-Whitney-Tests als statistisch nicht signifikant ($\alpha^* = 0{,}662$).[700] Nach

[696] Ein doppelter t-Test wurde aufgrund starker Verzerrungen der Mittelwerte durch das Auftreten von Extremwerten nicht angewendet.

[697] Entsprechend der in Unterkapitel 4.1.4.2. erläuterten Vorgehensweise handelt es sich hierbei in dem verwendeten Datensatz bei den Transaktionen ohne Einsatz von Aktien um die Fallnummer 94 und bei Aktien-Deals um die Fallnummern 13 und 86.

[698] Der t-Test ist anwendbar, da Normalverteilungsannahme (Kolmogorov-Smirnov-Anpassungstest mit Signifikanzkorrektur nach Lilliefors) und Varianzhomogenität (Levene-Test) nicht abzulehnen sind. Vgl. hierzu Eckstein, 2004, S. 112.

[699] Vgl. die SPSS-Auswertung der explorativen Datenanalyse und die Teststatistik des doppelten t-Tests in Tab. 37 in Anhang 5.

[700] Ein doppelter t-Test wurde aufgrund starker Verzerrungen der Mittelwerte durch das Auftreten von Extremwerten wiederum nicht angewendet.

Bereinigung von sechs Ausreißerwerten[701] beträgt das durchschnittliche Preis-Buchwert-Verhältnis bei Transaktionen ohne Aktienkomponente 1,95 (Median: 1,88), bei der Nutzung von Aktien als Akquisitionswährung hingegen 2,02 (Median: 1,92). Der anwendbare doppelte t-Test[702] zeigt wiederum keinen statistisch signifikanten Unterschied der Mittelwerte auf ($\alpha^* = 0{,}658$).[703] Dies gilt ebenfalls für den ergänzend durchgeführten Mann-Whitney-Test ($\alpha^* = 0{,}822$).

Darüber hinaus könnte auch eine starke Kursentwicklung des Bieters im Vorfeld der Ankündigung einer Transaktion einen Hinweis auf eine hohe Bewertung geben. Dies wird anhand der beiden Variablen „Performance 3M" und „Performance 6M" untersucht.[704] Für die 72 Transaktionen ohne den Einsatz von Aktien als Akquisitionswährung beträgt „Performance 3M" im Durchschnitt 8,25% (Median: 6,19%) und für die 45 Stock Offers 2,69% (Median: 2,43%). Damit ist – entgegen den Erwartungen – die Kursentwicklung des Käufers im Vorfeld der Transaktion bei Aktienangeboten im Mittel sogar schwächer als bei Übernahmen ohne den Einsatz eigener Aktien. Allerdings ist der beobachtete Unterschied der mittleren Lage statistisch nicht signifikant (Mann-Whitney-Test: $\alpha^* = 0{,}246$).[705] Unter Bereinigung von zwei Ausreißern[706] ist – wiederum entgegen den Erwartungen – die durchschnittliche Kursentwicklung bei Transaktionen ohne Aktien mit 5,72% innerhalb des Dreimonatszeitraums vor Beginn des 20-Tage-Zeitfensters (Median: 5,45%) höher als der Durchschnitt von 2,69% (Median: 2,43%) bei solchen mit Aktienkomponente.[707] Allerdings sind auch diese Unterschiede weder auf Basis des doppelten t-Tests

---

[701] Entsprechend der in Unterkapitel 4.1.4.2. erläuterten Vorgehensweise handelt es sich hierbei in dem verwendeten Datensatz bei den Transaktionen ohne Einsatz von Aktien um die Fallnummern 77, 94 und 102 und bei Aktien-Deals um die Fallnummern 71, 86 und 99.

[702] Der t-Test ist anwendbar, da Normalverteilungsannahme (Kolmogorov-Smirnov-Anpassungstest mit Signifikanzkorrektur nach Lilliefors) und Varianzhomogenität (Levene-Test) nicht abzulehnen sind. Vgl. hierzu Eckstein, 2004, S. 112.

[703] Vgl. die SPSS-Auswertung der explorativen Datenanalyse und die Teststatistik des doppelten t-Tests in Tab. 38 in Anhang 5.

[704] Bei der Formulierung des statistischen Hypothesenpaares erfolgt dabei eine entsprechende Anpassung der unabhängigen Variablen.

[705] Ein doppelter t-Test wurde aufgrund starker Verzerrungen der Mittelwerte durch das Auftreten von Extremwerten nicht angewendet.

[706] Entsprechend der in Unterkapitel 4.1.4.2. erläuterten Vorgehensweise handelt es sich hierbei in dem verwendeten Datensatz bei den Transaktionen ohne Einsatz von Aktien um die Fallnummern 31 und 67. Bei Aktien-Deals lagen hingegen entsprechend der verwendeten Definition keine Extremwerte vor.

[707] Vgl. die SPSS-Auswertung der explorativen Datenanalyse und die Teststatistik des doppelten t-Tests in Tab. 39 in Anhang 5.

($\alpha^* = 0{,}387$)[708] noch auf Basis des Mann-Whitney-Tests ($\alpha^* = 0{,}353$) statistisch signifikant. Ein weitgehend entsprechendes Bild ergibt sich auch bei Verwendung der Variable „Performance 6M". Die durchschnittliche Kursentwicklung beläuft sich bei den 72 Deals ohne Aktien im Sechsmonatszeitraum vor Beginn des 20-Tage-Zeitfensters auf 9,61% (Median: 9,70%) gegenüber durchschnittlich 9,87% (Median: 9,99%) bei den 44 Transaktionen[709] mit Aktienkomponente. Der bereits augenscheinlich äußerst geringe Unterschied der Mediane ist statistisch nicht signifikant (Mann-Whitney-Test: $\alpha^* = 0{,}663$).[710] Nach Bereinigung um einen Ausreißer[711] beläuft sich „Performance 6M" bei Deals ohne Aktien im Durchschnitt auf 9,61% (Median: 9,70%) gegenüber durchschnittlich 7,17% (Median: 9,84%) bei Transaktionen mit Aktienkomponente. Die Unterschiede sind wiederum sowohl auf Basis des doppelten t-Tests ($\alpha^* = 0{,}601$)[712] als auch des Mann-Whitney-Tests ($\alpha^* = 0{,}515$) statistisch nicht signifikant.[713]

Potenzielle Bewertungsunterschiede des Targets (Hypothese H2.2) werden in der vorliegenden Arbeit anhand der für insgesamt 73 Transaktionen erhobenen Variablen „Deal-Bewertung" untersucht. Die statistische Nullhypothese zu H2.2 lautet, dass bei Transaktionen, bei denen das Merkmal „Aktien" den Wert „1" annimmt, die Variable „Deal-Bewertung" im Mittel kleiner oder gleich ist als bei Transaktionen mit „Aktien" gleich „0". Die zugehörige Alternativhypothese besagt hingegen, dass bei Transaktionen mit „Aktien" mit dem Wert „1" die Variable „Deal-Bewertung" im Mittel größer ist als bei Zusammenschlüssen mit „Aktien" gleich „0". In dem untersuchten Datensatz wiesen die 43 Bankenzusammenschlüsse ohne die Verwendung von Aktien im Durchschnitt eine Deal-Bewertung von 2,11 (Median: 1,86) auf, die 30 Transaktionen mit Aktienkomponente hingegen einen Mittelwert von 2,94 (Median: 2,20). Unter Verwendung des Mann-Whitney-Test ($\alpha^* = 0{,}230$) erweist sich der beobachtete Unterschied der mittleren Lage

---

[708] Der t-Test ist anwendbar, da Normalverteilungsannahme (Kolmogorov-Smirnov-Anpassungstest mit Signifikanzkorrektur nach Lilliefors) und Varianzhomogenität (Levene-Test) nicht abzulehnen sind. Vgl. hierzu Eckstein, 2004, S. 112.

[709] Die Variable „Performance 6M" konnte nur für 116 der insgesamt 117 Transaktionen erhoben werden. Vgl. hierzu auch Unterkapitel 4.1.5.2.

[710] Ein doppelter t-Test wurde aufgrund starker Verzerrungen der Mittelwerte durch das Auftreten von Extremwerten nicht angewendet.

[711] Entsprechend der in Unterkapitel 4.1.4.2. erläuterten Vorgehensweise handelt es sich hierbei in dem verwendeten Datensatz bei den Transaktionen unter dem Einsatz von Aktien um die Fallnummer 86.

[712] Der t-Test ist anwendbar, da Normalverteilungsannahme (Kolmogorov-Smirnov-Anpassungstest mit Signifikanzkorrektur nach Lilliefors) und Varianzhomogenität (Levene-Test) nicht abzulehnen sind. Vgl. hierzu Eckstein, 2004, S. 112.

[713] Vgl. die SPSS-Auswertung der explorativen Datenanalyse und die Teststatistik des doppelten t-Tests in Tab. 40 in Anhang 5.

jedoch nicht als statistisch signifikant.[714] Bei Bereinigung von drei Extremwerten[715] beläuft sich die Deal-Bewertung im Durchschnitt bei Transaktionen ohne Aktien auf 1,91 (Median: 1,84) bzw. auf 2,33 (Median: 2,14) bei Deals mit Aktien.[716] Der beobachtete Unterschied entspricht zwar den Erwartungen (H2.2), ist jedoch sowohl bei Anwendung des doppelten t-Tests ($\alpha^* = 0{,}166$)[717] als auch des Mann-Whitney-Tests ($\alpha^* = 0{,}344$) statistisch nicht signifikant.

Als Zwischenfazit zu dem Hypothesenkomplex H2 lässt sich festhalten, dass die Auswertung des vorliegenden Datensatzes keine Anhaltspunkte für einen Einfluss der Bewertungsniveaus von Käufer und Übernahmeobjekt bzw. der Kursperformance der übernehmenden Bank im Vorfeld der Transaktion auf die Auswahlentscheidung hinsichtlich der Akquisitionswährung gibt.

4.2.3. Strategische Übereinstimmung der sich zusammenschließenden Banken

Die Forschungshypothese H3 umfasst mit den Kriterien der regionalen und sektoralen Übereinstimmung zwei Dimensionen, die zunächst separat und anschließend gemeinsam anhand der Variable „Strategische Übereinstimmung" untersucht werden sollen. Die statistische Nullhypothese zu H3 lautet, dass die Variable „Aktien" und das Merkmal zur Messung der regionalen (bzw. sektoralen bzw. strategischen) Übereinstimmung statistisch voneinander unabhängig sind. Die Alternativhypothese hat hingegen zum Inhalt, dass zwischen beiden Variablen ein statistischer Zusammenhang besteht. Da es sich bei den Variablen zur Untersuchung der strategischen Übereinstimmung um kategoriale Merkmale handelt, ist der X^2-Unabhängigkeitstest ein geeignetes Verfahren zur Überprüfung der Hypothese H3.[718]

Hinsichtlich der regionalen Übereinstimmung zeigt Abb. 29, dass bei den insgesamt 59 grenzüberschreitenden Zusammenschlüssen lediglich bei 16 Transaktionen (bzw. 27% der grenzüberschreitenden Deals) auch Aktien als Akquisitionswährung eingesetzt wurden. Die 58 Übernahmen im jeweiligen Heimatland wurden hingegen jeweils zur Hälfte mit bzw. ohne den Einsatz von

---

[714] Ein doppelter t-Test wurde aufgrund starker Verzerrungen der Mittelwerte durch das Auftreten von Extremwerten wiederum nicht angewendet.

[715] Entsprechend der in Unterkapitel 4.1.4.2. erläuterten Vorgehensweise handelt es sich hierbei in dem verwendeten Datensatz bei den Transaktionen ohne Einsatz von Aktien um die Fallnummer 39 und bei Aktien-Deals um die Fallnummern 22 und 49.

[716] Vgl. die SPSS-Auswertung der explorativen Datenanalyse und die Teststatistik des doppelten t-Tests in Tab. 41 in Anhang 5.

[717] Der t-Test ist anwendbar, da Normalverteilungsannahme (Kolmogorov-Smirnov-Anpassungstest mit Signifikanzkorrektur nach Lilliefors) und Varianzhomogenität (Levene-Test) nicht abzulehnen sind. Vgl. hierzu Eckstein, 2004, S. 112.

[718] Vgl. Eckstein, 2004, S. 154.

Aktien abgewickelt. Mit $\alpha^* = 0{,}011$ erweist sich der Zusammenhang zwischen der regionalen Übereinstimmung und dem Einsatz von Aktien als Zahlungskomponente auf Basis des X^2-Unabhängigkeitstests als statistisch signifikant. Mit einem Cramer-V von 0,235 kann dabei bereits von einer ausgeprägten Kontingenz gesprochen werden.[719]

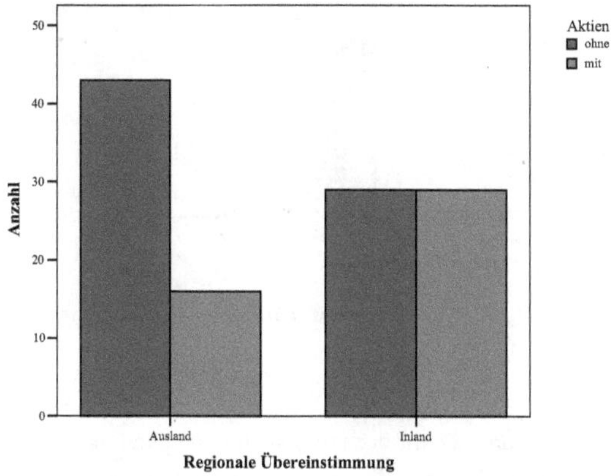

Abb. 29: Aktien als Akquisitionswährung hinsichtlich regionaler Übereinstimmung

Bezüglich der sektoralen Übereinstimmung zeigt sich ein ähnliches Bild, wie in Abb. 30 zu erkennen ist. Von den insgesamt 20 sektorübergreifenden M&A-Transaktionen in dem Datensatz wurde lediglich eine einzige unter der Verwendung von Aktien realisiert. Dagegen enthielten 44 der insgesamt 97 Zusammenschlüsse innerhalb des Sektors eine Aktienkomponente. Das entspricht somit beinahe der Hälfte dieser Transaktionen. Der durchgeführte X^2-Unabhängigkeitstest weist dabei mit einem $\alpha^* = 0{,}001$ auf einen statistisch signifikanten Zusammenhang zwischen dem Einsatz von Aktien und Sektorübereinstimmung hin. Mit einem Cramer-V von 0,312 kann dabei wiederum von einer ausgeprägten Kontingenz gesprochen werden.[720]

---

[719] Vgl. zur Interpretation von Cramer's V auch Eckstein, 2004, S. 157. Die dazugehörende Kreuztabelle und die SPSS-Teststatistiken finden sich in Tab. 42 in Anhang 6.

[720] Die dazugehörende Kreuztabelle und die SPSS-Teststatistiken finden sich in Tab. 43 in Anhang 6.

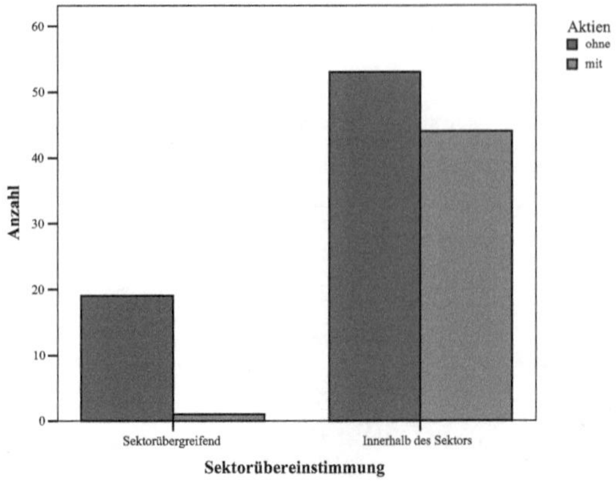

Abb. 30: Aktien als Akquisitionswährung hinsichtlich sektoraler Übereinstimmung

Abschließend werden beide Dimensionen gleichzeitig anhand der Variable „Strategische Übereinstimmung" getestet, die als Durchschnitt der regionalen und sektoralen Übereinstimmung errechnet wurde und damit die Wertausprägungen „0" (keine), „0,5" (teilweise) und „1" (hoch) annehmen kann. Abb. 31 zeigt, dass von den acht grenz- und gleichzeitig sektorüberschreitenden Transaktionen nur eine einzige und von den 63 Deals mit teilweiser strategischer Übereinstimmung lediglich 15 Transaktionen (24% der Zusammenschlüsse mit teilweiser strategischer Übereinstimmung) unter Verwendung von Aktien erfolgten. Dagegen wurden von den insgesamt 46 Transaktionen, die innerhalb des Bankensektors und zugleich im jeweiligen Heimatland stattfanden, bei immerhin 29 Deals (bzw. 63% dieser Teilmenge) Aktien als Akquisitionswährung eingesetzt. Da zwei der sechs Zellen (33% der Zellen) eine erwartete Häufigkeit von kleiner fünf aufweisen, kann der X^2-Unabhängigkeitstest nicht praktiziert werden.[721]

[721] Vgl. hierzu die Ausführungen in Unterkapitel 4.1.4.3. Die dazugehörende Kreuztabelle und SPSS-Teststatistiken finden sich in Tab. 44 Anhang 6.

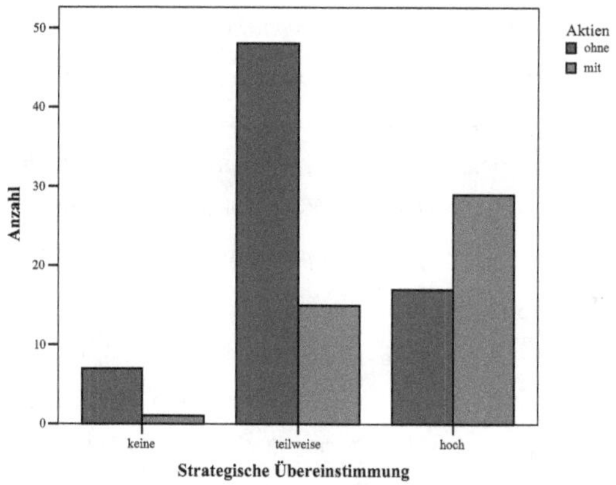

Abb. 31: Aktien als Akquisitionswährung hinsichtlich strategischer Übereinstimmung

Als Zwischenfazit lässt sich festhalten, dass ein ausgeprägter Zusammenhang zwischen der strategischen Übereinstimmung der sich zusammenschließenden Unternehmen und dem Einsatz von Aktien als Akquisitionswährung für den im Rahmen dieser Arbeit verwendeten Datensatz vorliegt. Dies kann theoretisch sowohl mit einer Verstärkung der Adverse-Selection-Problematik als auch höheren Transaktionskosten bei grenz- und sektorübergreifenden Übernahmen begründet werden.

4.2.4. Höhe der Eigenkapitalausstattung des Käufers

Die Überprüfung der Forschungshypothese H4 in Bezug auf mögliche Unterschiede in der Eigenkapitalausstattung je nach Einsatz von Aktien erfolgt anhand der Variablen „Tier 1-Ratio Käufer" und „EK-Quote Käufer". Die im Folgenden zu überprüfende statistische Nullhypothese lautet, dass Transaktionen mit dem Variablenwert „1" für „Aktien" im Mittel die gleiche oder eine größere Tier 1-Ratio (bzw. Eigenkapitalquote) des Käufers aufweisen als Deals mit „Aktien" gleich „0". Die Alternativhypothese besagt hingegen, dass Zusammenschlüsse mit der Wertausprägung von „1" für „Aktien" im Mittel eine geringere Tier 1-Ratio (bzw. Eigenkapitalquote) des Käufers haben als bei „Aktien" gleich „0".
Hinsichtlich der Tier 1-Ratio des Käufers waren die entsprechenden Angaben in Bankscope für 95 der insgesamt 117 Transaktionen erhältlich. Die 59 Transaktionen ohne Aktienkomponente weisen dabei im Durchschnitt eine Tier 1-Ratio des Käufers von 8,74% (Median: 7,90%) auf und zeigen damit kaum eine Abweichung von dem Durchschnitt in Höhe von 8,70% (Median: 7,90%)

der 36 Deals unter Verwendung von Aktien als Zahlungsform (Mann-Whitney-Test: $\alpha^* = 0{,}519$).
Auch nach Bereinigung um sechs Ausreißerwerte[722] unterscheiden sich diejenigen übernehmenden Banken, die keine Aktien als Akquisitionswährung einsetzten, mit einer durchschnittlichen Kernkapitalquote von 8,15% (Median: 7,90%) kaum von den anderen Kreditinstituten mit einer durchschnittlichen Quote von 7,87% (Median: 7,70%).[723] Diese beobachteten geringfügigen Abweichungen sind sowohl bei Verwendung des doppelten t-Tests ($\alpha^* = 0{,}486$)[724] als auch des Mann-Whitney-Tests ($\alpha^* = 0{,}373$) statistisch nicht signifikant.

Auch die Variable „EK-Quote Käufer" als Maßzahl für die Eigenkapitalausstattung unterscheidet sich bei Einsatz von Aktien mit durchschnittlich 6,54% (Median: 5,88%) kaum von dem Durchschnitt in Höhe von 6,13% (Median: 5,88%) derjenigen Banken, die keine eigenen Aktien einsetzten (Mann-Whitney-Test: $\alpha^* = 0{,}501$). Bei Bereinigung des Datensatzes um drei Ausreißer[725] erweist sich die Eigenkapitalquote des Käufers bei Stock Offers mit durchschnittlich 6,54% (Median: 5,88%) wiederum – entgegen den Erwartungen – etwas höher als der Durchschnitt von 5,70% (Median: 5,78%) bei den Transaktionen ohne Aktienkomponente.[726] Allerdings zeigt die Anwendung des Mann-Whitney-Tests ($\alpha^* = 0{,}283$), dass dieser geringe Unterschied in der mittleren Lage statistisch nicht signifikant ist.[727]

In Bezug auf die Eigenkapitalausstattung lassen sich somit bei den im vorliegenden Datensatz enthaltenen Banken im Durchschnitt keine statistisch signifikanten Unterschiede zwischen der Bezahlung mit und ohne Aktien feststellen.[728] Dies kann u. U. vor dem Hintergrund der Eigenkapitalregulierung und der hohen Bedeutung eines guten Ratings für Banken, woraus entsprechende

---

[722] Entsprechend der in Unterkapitel 4.1.4.2. erläuterten Vorgehensweise handelt es sich hierbei in dem verwendeten Datensatz bei den Transaktionen ohne Verwendung von Aktien um die Fallnummern 38, 102 und 113 und bei Aktien-Deals um die Fallnummer 99. Auf Basis des um die genannten Fallnummern bereinigten Datensatzes ergaben sich jedoch erneut zwei Extremwerte, die in einem zweiten Schritt definitionsgemäß zusätzlich bereinigt wurden (Fallnummer 96 bei Transaktionen ohne Aktien und Fallnummer 49 bei Share Offers).

[723] Die SPSS-Auswertung der explorativen Datenanalyse findet sich in Tab. 45 in Anhang 7.

[724] Der t-Test ist anwendbar, da die Normalverteilungsannahme (Kolmogorov-Smirnov-Anpassungstest mit Signifikanzkorrektur nach Lilliefors) nicht abzulehnen ist. Varianzhomogenität (Levene-Test) muss dabei jedoch abgelehnt werden. Vgl. hierzu Eckstein, 2004, S. 112.

[725] Entsprechend der in Unterkapitel 4.1.4.2. erläuterten Vorgehensweise handelt es sich hierbei in dem verwendeten Datensatz bei den Transaktionen ohne Verwendung von Aktien um die Fallnummern 38, 94 und 102. Bei den Aktien-Deals wurden hingegen keine Ausreißer bereinigt.

[726] Die SPSS-Auswertung der explorativen Datenanalyse findet sich in Tab. 46 in Anhang 7.

[727] Da auch nach Bereinigung um Ausreißerwerte die Normalverteilungsannahme auf Basis des Kolmogorov-Smirnov-Anpassungstests (mit Signifikanzkorrektur nach Lilliefors) abzulehnen ist, wird auf die Verwendung des doppelten t-Tests verzichtet.

[728] Dieses Ergebnis der vorliegenden Arbeit steht somit im Widerspruch zu dem Ergebnis von Grullon, Michaely und Swary (1997) für US-Banken, dass die Kapitaladäquanzkoeffizienten einen wichtigen Einflussfaktor für die Wahl der Akquisitionswährung darstellen. Vgl. hierzu Grullon/ Michaely/ Swary, 1997, S. 98.

Anforderungen an die Eigenkapitalausstattung seitens der Rating-Agenturen folgen, interpretiert werden. Banken haben damit im Vergleich zu Industrieunternehmen wesentlich geringere Handlungsfreiheiten in Bezug auf die Gestaltung des Verschuldungsgrades. Dies könnte als Erklärung für die statistisch insignifikanten Ergebnisse dienen.

4.2.5. Gemeinsame Untersuchung wesentlicher Einflussfaktoren mit logistischer Regressionsanalyse

Als Abschluss der Untersuchung der Einflussfaktoren auf die Auswahlentscheidung hinsichtlich des Einsatzes von Aktien als Akquisitionswährung wird im Folgenden eine binäre logistische Regression durchgeführt. Als relevante Merkmale haben sich aus der bisherigen separaten Analyse „Relative Größe MV", „Regionale Übereinstimmung" und „Sektorübereinstimmung" ergeben, die als unabhängige Variablen in das Modell aufgenommen werden. Die abhängige Variable stellt „Aktien" dar. In die Analyse konnten insgesamt 110 Transaktionen einbezogen werden, da für sieben Fälle keine Daten zur Deal-Größe vorlagen.[729]

Entsprechend dem im SPSS-Ergebnisprotokoll mitgelieferten Omnibus-Test ist das Gesamtmodell auf dem 5%-Niveau statistisch signifikant ($\alpha^* = 0{,}000$). Das Modell erklärt für den verwendeten Datensatz – gemessen an Nagelkerkes R^2 – 36,3% der Varianz hinsichtlich der Verwendung von Aktien als Zahlungsform.[730] Insgesamt waren 72,7% der Schätzungen des Modells richtig, wobei 88,6% der Transaktionen ohne den Einsatz von Aktien, aber nur 45,0% derjenigen unter Verwendung von Aktien richtig vorhergesagt wurden. Tab. 12 zeigt das SPSS-Protokoll für die Regressionskoeffizienten und die zugehörige Teststatistik nach Wald.

		Regressions-koeffizient B	Standard-fehler	Wald	df	Sig.	Exp(B)
Schritt 1	Relative_Größe_MV	3,733	1,269	8,652	1	,003	41,807
	Regionale_ Übereinstimmung(1)	,509	,494	1,063	1	,303	1,664
	Sektorübereinstimmung(1)	3,226	1,343	5,773	1	,016	25,181
	Konstante	-4,382	1,399	9,816	1	,002	,012

Tab. 12: Logistische Regression unter Einschluss aller identifizierten potenziell relevanten Einflussfaktoren

---

729 Als Untergrenze für die logistische Regressionsanalyse wird eine Anzahl von 50 Fällen angesehen, also mindestens 25 Transaktionen pro Gruppe. Allerdings können aussagekräftige Ergebnisse erst ab einer Fallanzahl von 100 erwartet werden. Vgl. hierzu Fromm, 2005, S. 6.

730 Zu dieser Interpretation von Nagelkerkes R^2 vgl. auch Fromm, 2005, S. 22.

Dabei zeigt sich, dass nur die Variablen „Relative Größe MV“ und „Sektorübereinstimmung“ auf dem 5%-Niveau statistisch signifikant sind und die erwartete Richtung aufweisen, d. h. dass sich die Chance für den Einsatz von Aktien bei einer Erhöhung der Deal-Größe und Vorliegen von Sektorübereinstimmung erhöht. Aus diesem Grund und infolge des empirischen Signifikanzniveaus von $\alpha^* = 0{,}032$ im Hosmer-Lemeshow-Test, nach dem die in diesem Test als Nullhypothese formulierte Güte des Modells abzulehnen ist,[731] wird im Folgenden eine binäre logistische Regression unter Ausschluss der insignifikanten Variable „Regionale Übereinstimmung“ durchgeführt.

Das Modell unter Einschluss der beiden Variablen „Relative Größe MV“ und „Sektorübereinstimmung“ ist mit einem $\alpha^* = 0{,}000$ in dem bereits zuvor erwähnten Omnibus-Test statistisch signifikant und erklärt – wiederum gemessen an Nagelkerkes R^2 – 35,4% der Varianz bezüglich des Einsatzes von Aktien im verwendeten Datensatz. Insgesamt erwiesen sich 71,8% der Schätzungen durch das Modell als richtig. Von den Stock Offers wurden 42,5% und von den Transaktionen ohne den Einsatz von Aktien 88,6% richtig vorhergesagt. Tab. 13 zeigt die Modellparameter und die zugehörige Teststatistik nach Wald.

		Regressions-koeffizient B	Standard-fehler	Wald	df	Sig.	Exp(B)
Schritt 1	Relative_Größe_MV	4,188	1,219	11,799	1	,001	65,912
	Sektorübereinstimmung(1)	3,206	1,404	5,216	1	,022	24,687
	Konstante	-4,204	1,448	8,433	1	,004	,015

Tab. 13: Logistische Regression unter Einschluss der identifizierten signifikanten Einflussfaktoren

Die Regressionskoeffizienten beider Variablen „Relative Größe MV“ und „Sektorübereinstimmung“ sind statistisch signifikant auf dem 5%-Niveau und weisen wiederum das erwartete positive Vorzeichen auf. Mit einer empirischen Signifikanz von $\alpha^* = 0{,}433$ kann zudem gemäß dem Hosmer-Lemeshow-Test die Nullhypothese eines guten Modells nicht abgelehnt werden.

Als Ergebnis der durchgeführten logistischen Regression lässt sich eine gute Erklärungskraft der relativen Deal-Größe und der Sektorübereinstimmung für die Auswahlentscheidung hinsichtlich des Einsatzes eigener Aktien zur Bezahlung einer Übernahme durch eine europäische Bank feststellen. Zum einen zeigt dies auf, dass der Einsatz von Aktien eng mit der Finanzierungsfrage im Zusammenhang zu stehen scheint. Zum anderen kann das Ergebnis, insbesondere im Hinblick auf

[731] Vgl. Brace/ Kemp/ Snelgar, 2003, 274.

den Einfluss durch die Sektorübereinstimmung bei einem Zusammenschluss, im Sinne der Adverse-Selection-Problematik interpretiert werden.

4.3. Analyse der Ankündigungseffekte hinsichtlich der Wahl der Akquisitionswährung

4.3.1. Kurseffekte bei Bankenzusammenschlüssen für den gesamten Datensatz

Vor Beginn der Analyse der Ankündigungseffekte je nach Einsatz der Akquisitionswährung wird zunächst der durchschnittliche Kurseffekt bei Ankündigung einer Transaktion für den gesamten Datensatz analysiert. Die statistische Signifikanz wird dabei mit einem einfachen t-Test analysiert, der aufgrund seiner relativ hohen Robustheit ab einem Stichprobenumfang von über 50 auch ohne Test auf Normalverteilung angewendet werden kann.[732] Die statistische Nullhypothese lautet, dass der getestete Mittelwert gleich Null ist, die Alternativhypothese hingegen, dass er ungleich Null ist. Die Ergebnisse für die kumulierte Überrendite gegenüber dem jeweiligen lokalen Leitindex (sowohl nach Schätzung aus dem Marktmodell als auch bei marktbereinigten Renditen) finden sich für die unterschiedlichen Zeitfenster in Tab. 14. Entsprechend der in Unterkapitel 4.1.4.2. erörterten Vorgehensweise wurden die von SPSS als Extremwerte gekennzeichneten Transaktionen bereinigt.[733]

---

[732] Vgl. Eckstein, 2004, S. 108.

[733] Unbereinigte Ergebnisse für ARMM (Lokal): t-2 bis t+2 (inkl. Fallnummer 95): kumulierte Überrendite von -0,18%, 56,4% der Überrenditen sind negativ, $\alpha^* = 0{,}626$; t-1 bis t+2 (inkl. Fallnummern 86, 95): kumulierte Überrendite von 0,05%, 58,1% der Überrenditen sind negativ, $\alpha^* = 0{,}885$; t+3 bis t+20 (inkl. Fallnummer 112): kumulierte Überrendite von 0,09%, 52,1% der Überrenditen sind negativ, $\alpha^* = 0{,}875$.

Unbereinigte Ergebnisse für ARIX (Lokal): t-20 bis t+20 (inkl. Fallnummer 116): kumulierte Überrendite von 0,42%, 50,4% der Überrenditen sind negativ, $\alpha^* = 0{,}590$; t+3 bis t+20 (inkl. Fallnummern 112, 116): kumulierte Überrendite von 0,38%, 48,7% der Überrenditen sind negativ, $\alpha^* = 0{,}505$.

Zeitfenster	Kum. Überrendite in %: ARMM (Lokal)	Anteil negativer Überrenditen (in %)	Einfacher t-Test (α^*)	Kum. Überrendite in %: ARIX (Lokal)	Anteil negativer Überrenditen (in %)	Einfacher t-Test (α^*)
$t_{-20} - t_{-3}$	-0,23	52,1	0,661	0,27	49,6	0,573
$t_{-20} - t_{+20}$	-0,37	55,6	0,641	0,14^	50,9^	0,846^
$t_{-2} - t_{0}$	-0,52	55,6	0,122	-0,52	62,4	0,125
$t_{-2} - t_{+1}$	-0,52	60,7	0,136	-0,55	60,7	0,114
$t_{-2} - t_{+2}$	-0,34^	56,9^	0,334^	-0,18	60,7	0,639
$t_{-1} - t_{0}$	-0,30	56,4	0,282	-0,29	54,7	0,303
$t_{-1} - t_{+1}$	-0,29	55,6	0,369	-0,31	56,4	0,344
$t_{-1} - t_{+2}$	0,03^	58,3^	0,925^	0,07	56,4	0,840
t_{0}	-0,27	55,6	0,244	-0,32	58,1	0,178
$t_{+3} - t_{+20}$	-0,18^	52,6^	0,719^	-0,07^	49,6^	0,876^

^ *Korrigiert um Extremwerte. Für unbereinigte Werte vgl. Fußnote Nr. 733.*

Tab. 14: Kumulierte Überrenditen und Teststatistik für den gesamten Datensatz

Für den weit überwiegenden Teil der Zeitfenster und insbesondere um den Ankündigungstag herum weisen die kumulierten Überrenditen der übernehmenden Bank einen leicht negativen Wert auf. Die durchschnittlich stärkste Ausprägung beträgt -0,55% für „ARIX (Lokal)" in dem Zeitraum t_{-2} bis t_{+1}. Ein einfacher t-Test gibt jedoch für alle betrachteten Zeitfenster keinen Anlass zu der Annahme, dass sich die Mittelwerte statistisch signifikant von Null unterscheiden. Auch für die anderen Berechnungsmethoden der Überrendite ergibt sich über alle Zeitfenster hinweg weit überwiegend kein statistisch signifikanter Wert auf dem 5%-Niveau.[734]

Den Verlauf der durchschnittlichen kumulierten Überrendite gegenüber dem jeweiligen lokalen Leitindex auf Basis des Marktmodells für den gesamten Zeitraum des 41-Tage-Zeitfensters veranschaulicht Abb. 32.

[734] Einzige Ausnahmen: Für ARIX (ST50) sind die durchschnittlichen kumulierten Überrenditen von 1,35% für das Zeitfenster von t+3 bis t+20 und von 2,18% für t-20 bis t+20 statistisch signifikant.

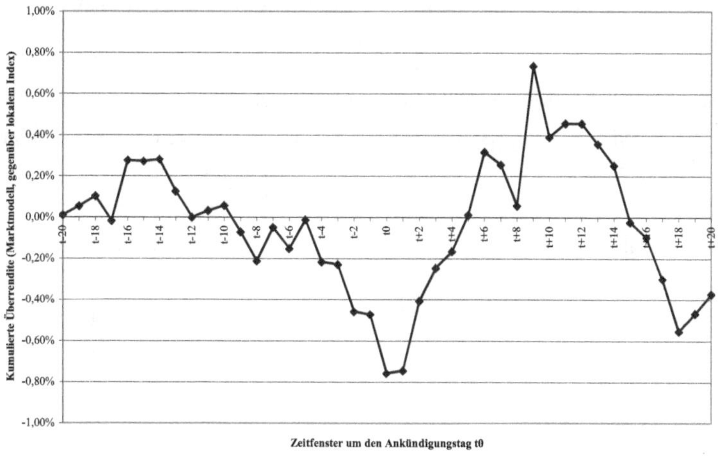

Abb. 32: Kumulierte durchschnittliche Überrendite für den gesamten Datensatz[735]

Als erstes Zwischenfazit lässt sich festhalten, dass für den untersuchten Datensatz die Ankündigung einer Übernahme im Bankensektor im Durchschnitt keinen statistisch signifikanten Kurseffekt beim Käuferunternehmen zur Folge hat. Das lässt den Schluss zu, dass die Ankündigung einer M&A-Transaktion per se im Durchschnitt weder eine positive noch eine negative Kursreaktion bewirkt. Dieses Resultat für den gesamten Datensatz entspricht somit den Ergebnissen der Untersuchung von Beitel, Schiereck und Wahrenburg (2004) für europäische Bankenzusammenschlüsse, die keine eindeutigen Ergebnisse für die Ankündigungseffekte des Bieterunternehmens feststellen. Zudem können weder die positiven Kurseffekte von Cornett und De (1991) noch die negativen von Houston und Ryngaert (1997), die jeweils US-Banken als Untersuchungsgegenstand hatten, bestätigt werden.[736] Im Folgenden soll entsprechend der in Unterkapitel 4.1.3.2. aufgestellten Hypothesen untersucht werden, ob sich unterschiedliche Kurseffekte je nach Einsatz der Akquisitionswährung und in Verbindung mit weiteren Charakteristika der beteiligten Unternehmen feststellen lassen.

---

[735] Die Darstellungsweise orientiert sich an Entrup, 1995, S 171.

[736] Vgl. für eine ausführlichere Darstellung der Untersuchungsergebnisse bisheriger empirischer Studien zu Ankündigungseffekten bei M&A-Transaktionen auch Unterkapitel 3.3.3.

4.3.2. Ankündigungseffekte bei Transaktionen unter Einsatz eigener Aktien

Dieses Unterkapitel hat die Überprüfung der Forschungshypothese H5.1 zum Gegenstand, die auf eine negative Überrendite bei Ankündigung eines Aktien-Deals abstellt. Daraus abgeleitet wird die statistische Nullhypothese, dass die Überrendite der Käuferunternehmen bei Ankündigung einer Übernahme unter Verwendung von Aktien im Durchschnitt größer oder gleich Null ist. Die Alternativhypothese lautet dagegen, dass die Überrendite der Käuferunternehmen bei Ankündigung einer Übernahme unter Verwendung von Aktien im Durchschnitt negativ ist. Hierfür erfolgt – entsprechend der Vorgehensweise für die Analyse des gesamten Datensatzes – die Untersuchung der durchschnittlichen kumulierten Überrenditen (gegenüber dem jeweiligen lokalen Leitindex) für die 45 der insgesamt 117 Transaktionen, die unter der Verwendung von Aktien stattfanden. Dabei sollte hinsichtlich der Aussagefähigkeit des hier angewendeten einfachen t-Tests die relativ geringe Transaktionszahl kritisch betrachtet werden, auch wenn in der Literatur manchmal als Faustregel bereits eine Zahl ab 30 Fällen als genügend groß für die Annahme einer näherungsweisen Normalverteilung des arithmetischen Mittels genannt wird.[737] Die Ergebnisse – die kumulierte durchschnittliche Überrendite, der Anteil negativer Überrenditen an der Gesamtzahl der Transaktionen unter Verwendung von Aktien und das empirische Signifikanzniveau pro Zeitfenster – finden sich in Tab. 15. Korrekturen um Ausreißerwerte gemäß der in Unterkapitel 4.1.4.2. dargestellten Regeln wurden bei ARMM (Lokal) für die Zeitfenster (t-2 bis t+2) und (t+3 bis t+20) bzw. bei ARIX (Lokal) für (t+3 bis t+20) vorgenommen.[738]

---

[737] Vgl. Bellgardt, 2004, S. 65 bzw. die Ausführungen in Unterkapitel 4.1.4.1.

[738] Unbereinigte Ergebnisse für ARMM (Lokal): t-2 bis t+2 (inkl. Fallnummer 95): kumulierte Überrendite von -0,16%, 60,0% der Überrenditen sind negativ, $\alpha^* = 0{,}828$; t+3 bis t+20 (inkl. Fallnummer 112): kumulierte Überrendite von 0,34%, 51,1% der Überrenditen sind negativ, $\alpha^* = 0{,}765$.

Unbereinigte Ergebnisse für ARIX (Lokal): t+3 bis t+20 (inkl. Fallnummer 112): kumulierte Überrendite von 0,85%, 44,4% der Überrenditen sind negativ, $\alpha^* = 0{,}489$.

Zeitfenster	Kum. Überrendite in %: ARMM (Lokal)	Anteil negativer Überrenditen (in %)	Einfacher t-Test (α^*)	Kum. Überrendite in %: ARIX (Lokal)	Anteil negativer Überrenditen (in %)	Einfacher t-Test (α^*)
$t_{-20}-t_{-3}$	-1,54	60,0	0,074*	-0,99	55,6	0,258
$t_{-20}-t_{+20}$	-1,39	57,8	0,373	-0,28	53,3	0,865
$t_{-2}-t_{0}$	-0,88	62,2	0,130	-0,92	68,9	0,126
$t_{-2}-t_{+1}$	-0,92	64,4	0,132	-0,96	64,4	0,101
$t_{-2}-t_{+2}$	-0,57^	61,4^	0,389^	-0,09	64,4	0,903
$t_{-1}-t_{0}$	-0,65	64,4	0,202	-0,62	60,0	0,239
$t_{-1}-t_{+1}$	-0,67	60,0	0,284	-0,64	60,0	0,308
$t_{-1}-t_{+2}$	0,10	64,4	0,904	0,25	55,6	0,744
t_{0}	-0,97	64,4	0,034**	-1,00	66,7	0,031**
$t_{+3}-t_{+20}$	-0,36^	52,3^	0,698^	0,17^	45,5^	0,867^

** Statistisch signifikant bei einem Niveau von 10%*
*** Statistisch signifikant bei einem Niveau von 5%*
^ Korrigiert um Extremwerte. Für unbereinigte Werte vgl. Fußnote Nr. 738.

Tab. 15: Kumulierte Überrenditen und Teststatistik für Stock Offers

Für die 45 Transaktionen des Datensatzes, bei denen als Akquisitionswährung zumindest teilweise Aktien herangezogen wurden, lässt sich für den Ankündigungstag im Durchschnitt eine negative Überreaktion des Kurses von rund 1% feststellen, die auf einem Niveau von 5% statistisch signifikant ist.[739] Rund zwei Drittel der Aktienofferten weisen eine negative Überrendite des Käuferunternehmens am Ankündigungstag auf. Dieses Ergebnis ist daher kompatibel mit demjenigen der Studie von Grullon, Michaely und Swary (1997) für den US-Bankenmarkt, steht jedoch im Widerspruch zu dem Resultat von Cornett und De (1991), die Bankenübernahmen im Durchschnitt unabhängig von der Zahlungsform als Wert steigernd erachten.[740] Für die anderen in dieser Arbeit betrachteten Zeitfenster ergeben sich zwar überwiegend negative kumulierte Überrenditen, die jedoch statistisch nicht signifikant sind.[741] Das erzielte Ergebnis kann durchaus als kompatibel mit einem negativen Signaleffekt durch die Ankündigung einer Transaktion mit Aktienkomponente angesehen werden, da die Information der Zahlungsform mitunter am schnellsten,

---

[739] Die Überrenditen gegenüber den anderen verwendeten Indizes, die sowohl nach dem Marktmodell als auch marktbereinigt berechnet wurden, ergeben allesamt am Ankündigungstag einen negativen Wert von rund -0,9% (Wertebereich von -0,85% bis -0,91%), die jedoch lediglich auf einem Niveau von 10% statistisch signifikant sind. Die durchschnittliche mittelwertbereinigte Überrendite in Höhe von -0,69% ist hingegen statistisch nicht signifikant.

[740] Vgl. für eine ausführlichere Darstellung der Untersuchungsergebnisse bisheriger empirischer Studien zu Ankündigungseffekten bei M&A-Transaktionen auch Unterkapitel 3.3.3.

[741] Dies trifft nicht nur für die in Tab. 15 aufgeführten Werte zu, sondern auch für alle anderen verwendeten Berechnungsmethoden der Überrendite.

d. h. direkt bei Ankündigung, am Markt verarbeitet werden dürfte. Bei Betrachtung längerer Zeitfenster dürften hingegen andere Informationen, wie z. B. der Integrationsplan und das Synergiepotenzial, ein höheres relatives Gewicht einnehmen. Insbesondere erfolgen eine umfassende Kapitalmarktkommunikation und die Beurteilung durch Analysten und Portfoliomanager i. d. R. erst in den Folgetagen der offiziellen Ankündigung eines Zusammenschlusses. Daher dürften im Zeitraum nach der Ankündigung die grundlegende Beurteilung der Transaktion und die daraus resultierenden Synergieeffekte im Vordergrund stehen. Auch im Vorfeld der Ankündigung einer Transaktion finden oftmals bereits Spekulationen statt, die jedoch ebenfalls zahlreiche Aspekte wie Bewertung und strategische Übereinstimmung in den Fokus stellen. Die grundsätzliche Problematik der analytischen Separierbarkeit der Effekte aus der Ankündigung der Wahl der Akquisitionswährung von denjenigen aus der grundsätzlichen Beurteilung eines Zusammenschlusses dürfte bei längeren Betrachtungszeiträumen tendenziell zunehmen. Den Verlauf der kumulierten durchschnittlichen Überrendite gegenüber dem jeweiligen lokalen Index gemäß dem Marktmodell zeigt dabei Abb. 33.

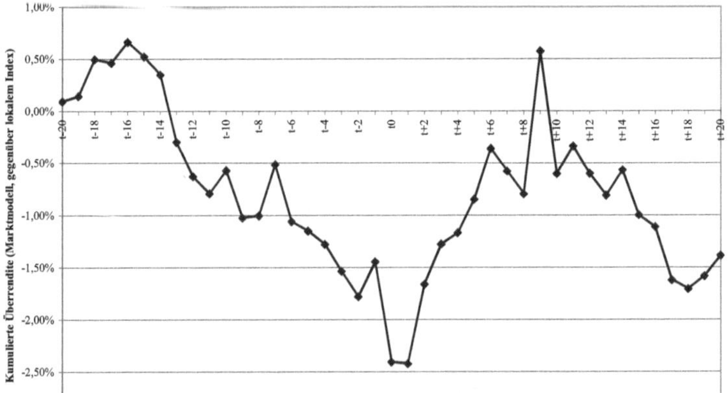

Abb. 33: Kumulierte durchschnittliche Überrendite für M&A-Transaktionen unter Verwendung von Aktien[742]

[742] Die Darstellungsweise orientiert sich an Entrup, 1995, S 171.

In Ergänzung zu der vorhergehenden Analyse, die Transaktionen unter Verwendung von Aktien als Zahlungsform zum Gegenstand hatte, wurden zudem auch reine Cash Offers untersucht. Diese weisen jedoch am Ankündigungstag im Durchschnitt keine statistisch signifikanten Überrenditen auf. Somit kann für den in dieser Arbeit verwendeten Datensatz der Schluss gezogen werden, dass von Barzahlung im Durchschnitt kein Informationssignal ausgeht.

4.3.3. Untersuchung von Unterschieden bei den Ankündigungseffekten in Abhängigkeit von der Akquisitionswährung

Der Test der Hypothese H5.2 hinsichtlich unterschiedlicher Kurseffekte bei Ankündigung von Übernahmen mit und ohne Verwendung eigener Aktien als Akquisitionswährung erfolgt zunächst anhand von Mittelwertanalysen in Form des doppelten t-Tests. Allerdings erfolgten nur 45 Transaktionen des Datensatzes unter der Verwendung von Aktien. Hinsichtlich der als Testvoraussetzung notwendigen Normalverteilungsannahme könnte sich dies als kritisch erweisen. Daher wurde zusätzlich auch der Mann-Whitney-Test durchgeführt, bei dem es sich um einen verteilungsunabhängigen Test handelt.[743] Die Ergebnisse für „ARMM (Lokal)“ für die unterschiedlichen Zeitfenster sind in Tab. 16 dargestellt. In diesem Zusammenhang ist zu erwähnen, dass nur wenige Extremwerte gemäß der in Unterkapitel 4.1.4.2. aufgestellten Definition vorlagen und daher kaum Bereinigungen für die Berechnung der Mittelwerte und die Anwendung des doppelten t-Tests vorgenommen werden mussten.[744]

---

[743] Vgl. Eckstein, 2004, S. 119.

[744] Bereinigt wurden lediglich die Transaktionen Nr. 95 für das Zeitfenster t-2 bis t+2 und Nr. 112 für den Zeitraum t+3 bis t+20. Auch die Analyse der unbereinigten Daten führte zu keinen statistisch signifikanten Ergebnissen. Unbereinigte Ergebnisse für ARMM (Lokal): t-2 bis t+2 (inkl. Fallnummer 95): kumulierte Überrendite von -0,16%, $\alpha^* = 0{,}972$; t+3 bis t+20 (inkl. Fallnummer 112): kumulierte Überrendite von 0,34%, $\alpha^* = 0{,}722$.

Zeitfenster ARMM (Lokal)	Mit Aktien: Durchschnitt (in %)	Ohne Aktien: Durchschnitt (in %)	Mit Aktien: Median (in %)	Ohne Aktien: Median (in %)	Doppelter t-Test (α^*)	Mann-Whitney-Test (α^*)
$t_{-20}-t_{-3}$	-1,54	0,59	-0,92	0,47	0,046**	0,047**
$t_{-20}-t_{+20}$	-1,39	0,26	-1,71	-0,76	0,355	0,280
$t_{-2}-t_0$	-0,88	-0,29	-0,82	-0,10	0,396	0,242
$t_{-2}-t_{+1}$	-0,92	-0,27	-1,63	-0,51	0,365	0,263
$t_{-2}-t_{+2}$	-0,57^	-0,19	-1,40	-0,14	0,605^	0,501
$t_{-1}-t_0$	-0,65	-0,08	-0,40	-0,10	0,325	0,267
$t_{-1}-t_{+1}$	-0,67	-0,06	-1,00	-0,10	0,360	0,275
$t_{-1}-t_{+2}$	0,10	0,03	-0,71	-0,21	0,937	0,527
t_0	-0,97	0,16	-0,63	-0,01	0,030**	0,030**
$t_{+3}-t_{+20}$	-0,36^	-0,07	-0,07	-0,13	0,779^	0,716

* *Statistisch signifikant bei einem Niveau von 10%*
** *Statistisch signifikant bei einem Niveau von 5%*
^ *Korrigiert um Extremwerte. Für unbereinigte Werte vgl. Fußnote Nr. 744.*

Tab. 16: Kumulierte Überrenditen und Teststatistik für Transaktionen mit und ohne Aktien

Tab. 16 zeigt, dass bei fast allen Zeitfenstern die durchschnittliche Überrendite bei Transaktionen unter der Verwendung von Aktien einen niedrigeren Kurseffekt aufweist als bei Verzicht auf den Einsatz von Aktien. Für t_0 ist der beobachtete Unterschied in den abnormalen Renditen nach beiden angewendeten Testverfahren auf dem 5%-Niveau statistisch signifikant. Wie bereits in der Diskussion der Resultate aus der Überprüfung von Hypothese H5.1 erörtert, dürfte sich die im Rahmen der vorliegenden Untersuchung relevante Information hinsichtlich der Zahlungsform insbesondere direkt am Ankündigungstag t_0 im Aktienkurs des Käufers niederschlagen. Die Unterschiede bei den anderen Zeitfenstern sind dagegen statistisch nicht signifikant, mit Ausnahme von dem Zeitraum t_{-20} bis t_{-3}. Letzteres lässt sich jedoch nur schwer in den Zusammenhang mit der Wahl der Akquisitionswährung bringen. Lediglich ein Durchsickern von Informationen bzw. Spekulationen, dass z. B. bei größeren Deals die Zahlung mit Aktien erfolgt, könnte eine mögliche Erklärung dafür im Zusammenhang mit der Zahlungsform darstellen.[745]

Tab. 17 zeigt die durchschnittlichen kumulierten Überrenditen und die Ergebnisse der Teststatistik für alle im Rahmen dieser Arbeit ermittelten Berechnungsmethoden für den Ankündigungstag t_0, der sich bereits in Tab. 16 als das relevante Zeitfenster für die Untersuchung von Ankündi-

[745] Allerdings sind für dieses Zeitfenster die Ergebnisse unter Verwendung der anderen Renditeberechnungsmethoden – mit Ausnahme der marktbereinigten Überrendite gegenüber dem jeweiligen lokalen Leitindex – statistisch nicht signifikant, und zwar nicht einmal auf einem Signifikanzniveau von lediglich 10%.

gungseffekten hinsichtlich der Zahlungsform gezeigt hat. Bei allen verwendeten Berechnungsmethoden der Überrendite ist der Ankündigungseffekt von Aktientransaktionen negativ und fällt um 0,82% bis 1,13% schlechter aus als bei Verzicht auf Aktien als Akquisitionswährung. Auf Basis des doppelten t-Tests, dessen Anwendbarkeit aufgrund der relativ niedrigen Fallzahl wiederum kritisch betrachtet werden sollte, sind – außer für die mittelwertbereinigte Überrendite – die Unterschiede zumindest auf einem 10%-Niveau statistisch signifikant.[746] Der ebenfalls angewendete Mann-Whitney-Test führt im Vergleich dazu zu schwächer ausgeprägten Ergebnissen. Allerdings bestätigt er die statistische Signifikanz des Unterschieds in den Verteilungen bei den Überrenditen gegenüber den Lokalindizes – sowohl nach dem Marktmodell als auch marktbereinigt – auf einem Signifikanzniveau von 5%.

Zeitfenster t=0	**Mit Aktien: Durchschnitt (in %)**	**Ohne Aktien: Durchschnitt (in %)**	**Mit Aktien: Median (in %)**	**Ohne Aktien: Median (in %)**	**Doppelter t-Test (α^*)**	**Mann-Whitney-Test (α^*)**
ARMM (STOXX)	-0,91	0,20	-0,47	0,05	0,046**	0,091*
ARMM (ST50)	-0,86	0,23	-0,51	0,16	0,048**	0,095*
ARMM (Banks)	-0,90	0,17	-0,64	0,02	0,053*	0,094*
ARMM (Lokal)	-0,97	0,16	-0,63	-0,01	0,030**	0,030**
AR (Mean)	-0,69	0,13	-0,32	-0,10	0,149	0,239
ARIX (STOXX)	-0,86	0,17	-0,16	0,07	0,063*	0,19
ARIX (ST50)	-0,85	0,20	-0,25	0,02	0,061*	0,144
ARIX (Banks)	-0,91	0,10	0,00	-0,01	0,075*	0,224
ARIX (Lokal)	-1,00	0,11	-0,56	-0,02	0,034**	0,037**

** Statistisch signifikant bei einem Niveau von 10%*
*** Statistisch signifikant bei einem Niveau von 5%*

Tab. 17: Kumulierte Überrenditen und Teststatistik für Transaktionen mit und ohne Aktien für t=0 im Vergleich

Ergänzend zu den bisher durchgeführten Mittelwerttests wird nachfolgend für eine Zusammenhangsanalyse der X^2-Unabhängigkeitstest für den Ankündigungstag t_0 angewendet. Hierfür werden die durchschnittlichen kumulierten Überrenditen in eine ordinale Variable umkodiert, welche die Kursreaktionen in fünf Kategorien klassifiziert.[747] Die Tab. 18 enthält das empirische Signifikanzniveau des Tests und das Cramer'sche V als Maß für die Stärke des Zusammenhangs für alle im Rahmen dieser Arbeit verwendeten Berechnungsmethoden der Überrendite. Der Zu-

[746] Dabei ist zu beachten, dass die empirische Signifikanz auf einem zweiseitigen Test basiert. Bei einem einseitigen Testansatz hätten sich hingegen – mit Ausnahme von AR (Mean) – für alle Berechnungsmethoden statistisch signifikante Unterschiede auf dem 5%-Niveau ergeben. Vgl. hierzu auch die Erläuterungen in Unterkapitel 4.1.4.1.

[747] Klassifizierungskriterien: "stark negativ": unter -3%; "negativ": von -3% bis unter -1%; „gering": von -1% bis unter +1%; „positiv": von +1% bis unter +3%; „stark positiv": ab +3%.

sammenhang zwischen dem Einsatz von Aktien und der Stärke des Ankündigungseffekts ist bei Verwendung des Lokalindex und des STOXX Banks sowohl nach dem Marktmodell als auch marktbereinigt bzw. auch für ARIX (STOXX) auf dem 5%-Niveau statistisch signifikant. Mit einem V nach Cramer in der Größenordnung von rund 0,3 kann dabei von einer ausgeprägten Kontingenz gesprochen werden.[748] Abb. 34 veranschaulicht den Zusammenhang von Überrendite und Akquisitionswährung für ARMM (Lokal).

Zeitfenster t=0	ARMM (STOXX)	ARMM (ST50)	ARMM (Banks)	ARMM (Lokal)	AR (Mean)	ARIX (STOXX)	ARIX (ST50)	ARIX (Banks)	ARIX (Lokal)
Chi-Quadrat (α^*)	0,124	0,091*	0,021**	0,006**	0,107	0,037**	0,116	0,013**	0,015**
Cramer-V	0,249	0,262	0,314	0,353	0,255	0,296	0,252	0,329	0,324

* *Statistisch signifikant bei einem Niveau von 10%*
** *Statistisch signifikant bei einem Niveau von 5%*

Tab. 18: Zusammenhangsanalyse zwischen kumulierten Überrenditen und Akquisitionswährung

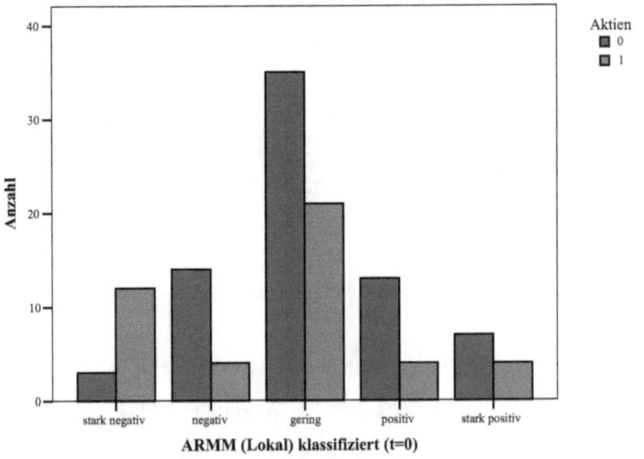

Abb. 34: Kumulierte Überrenditen (ARMM Lokal) in Abhängigkeit von der Akquisitionswährung

Abschließend soll anhand einer multiplen Regressionsanalyse getestet werden, ob die Wahl der Akquisitionswährung auch im Kontext mit weiteren potenziellen Erfolgsfaktoren bei Bankenzusammenschlüssen einen statistisch signifikanten Erklärungsbeitrag zur Überrendite am Ankündi-

[748] Vgl. zur Interpretation des V nach Cramer auch Eckstein, 2004, S. 157.

gungstag liefert (Forschungshypothese H6). Neben dem Merkmal „Aktien“ werden hierfür grundsätzlich alle in Unterkapitel 4.1.5.2. operationalisierten Größen als unabhängige Variablen in Betracht gezogen. Da allerdings sowohl die Betrachtung der Streudiagramme zwischen der durchschnittlichen Überrendite und der jeweiligen unabhängigen Variablen als auch die Korrelationsmatrix auf keinen ausgeprägten Zusammenhang hindeuten,[749] ist der Einsatz der statistischen Methode der multiplen linearen Regression jedoch nur wenig Erfolg versprechend. Neben eventuellen Unzulänglichkeiten hinsichtlich der Anwendungsvoraussetzungen dürfte sich in der vorliegenden Arbeit außerdem auch die Anzahl der berücksichtigten Fälle als problematisch bei der Durchführung der multiplen Regression erweisen. Zum einen enthält der Datensatz insgesamt lediglich 117 Transaktionen, zum anderen stehen nicht für alle die jeweils benötigten Daten vollständig zur Verfügung. Die multiple Regression erfordert jedoch eine hohe Fallzahl.[750]

In dieser Dissertation werden bei der Durchführung der multiplen Regression mehrere unterschiedliche lineare Modellvarianten getestet. Die ersten drei Modelle beziehen keine Charakteristika der Übernahmeobjekte mit ein, da diese lediglich für rund zwei Drittel aller Transaktionen über die Datenbank „Bankscope“ erhoben werden konnten.[751] In Modell 1a werden dabei alle operationalisierten metrischen Variablen,[752] die eine Korrelation mit der Überrendite am Ankündigungstag zumindest auf dem 10%-Niveau (zweiseitig) aufweisen, in das lineare Modell mit aufgenommen. Modell 2a erfolgt hingegen über eine schrittweise Regression, wobei wie in Modell 1a nur die entsprechenden metrischen Variablen berücksichtigt werden. Sowohl Modell 1a als auch 2a werden anschließend zunächst um die Dummy-Variable „Aktien“ (Modell 1b bzw. 2b) und nachfolgend auch um die beiden weiteren Dummy-Variablen „Regionale Übereinstimmung“ und „Sektorübereinstimmung“ (Modell 1c bzw. 2c) ergänzt. Modell 3 folgt schließlich aus einer schrittweisen Regression, die neben den metrischen Variablen auch die drei Dummy-Variablen berücksichtigt. In den Modellen 4 bis 6 wird die soeben beschriebene Vorgehensweise nochmals unter Berücksichtigung der Charakteristika der Targets durchgeführt. Allerdings finden die strategischen Dummy-Variablen „Sektorübereinstimmung“ und „Regionale Übereinstimmung“ keine Berücksichtigung, da entsprechende Daten in „Bankscope“ ausschließlich für Banken vorliegen

---

[749] Dies sollte stets vor Anwendung einer multiplen Regression durchgeführt werden. Vgl. hierzu Norusis, 2005, S. 244f.

[750] Das absolute Minimum für die Fallanzahl stellt das Fünffache der verwendeten unabhängigen Variablen dar. Ein akzeptableres Verhältnis ist 10:1, wobei manchmal sogar ein Verhältnis von 40:1 gefordert wird. Vgl. hierzu Brace/ Kemp/ Snelgar, 2003, S. 212.

[751] Vgl. zu der Anzahl der Erhebungen für die jeweiligen Merkmale auch Tab. 8 in Unterkapitel 4.1.5.2.

[752] Ausnahmen: „Relative Größe EK“ (relative Größe bereits repräsentiert durch „Relative Größe MV“) und „Tier 1-Ratio Käufer“ (unnötige Reduzierung des Datensatzes, da das Merkmal lediglich für 95 Fälle erhoben werden konnte und die Kapitalstruktur bereits durch „EK-Quote Käufer“ abgebildet wird).

und somit in diesem Teildatensatz automatisch keine sektorübergreifenden Transaktionen enthalten sind. Folglich ergeben sich für Modell 4 und 5 jeweils lediglich zwei Varianten (Modell 4a und 4b bzw. 5a und 5b). Die Ergebnisse der multiplen Regressionsanalysen für die Überrenditen am Ankündigungstag für die Methode des Marktmodells gegenüber dem jeweiligen lokalen Index zeigt Tab. 19 für alle soeben beschriebenen Modelle. Einen Vergleich der Ergebnisse der multiplen Regressionsanalyse für Modell 3 (schrittweise Methode unter Einschluss aller operationalisierten Variablen für das Käuferunternehmen) in Abhängigkeit von der jeweils verwendeten Berechnungsmethode der Überrendite enthält Tab. 20. Hinsichtlich der berücksichtigten Transaktionen wurde jeweils die maximale Anzahl gewählt, für die alle benötigten Informationen vorlagen. Die Tabellen zeigen hinsichtlich des Gesamtmodells jeweils die Zahl der berücksichtigten Fälle, das korrigierte Bestimmtheitsmaß (R^2), die Modellsignifikanz und den Wert des Durbin-Watson-Tests auf Autokorrelation. Die Überprüfung der Homoskedastizitätsannahme erfolgte jeweils über die Betrachtung des Streudiagramms der geschätzten Werte gegenüber den Residuen, wobei dies keine augenfälligen Verletzungen dieser Annahme erkennen ließ. Im Anschluss daran zeigen die beiden Tabellen neben dem Wert der Modellkonstanten die Parameter der einzelnen berücksichtigten unabhängigen Variablen, den zugehörigen Wert der empirischen Signifikanz α^* und den jeweiligen VIF-Wert zur Überprüfung der Multikollinearität. Letzterer nimmt jeweils einen Wert von deutlich weniger als fünf ein und deutet somit nicht auf ein ausgeprägtes Vorliegen dieses Problems hin.[753]

[753] Vgl. Eckstein, 2004, S. 197.

ARMM (Lokal, t=0) Modell-Nr.	Anzahl Fälle	R² korrigiert	Modell-signifi-kanz (ANOVA)	Durbin-Watson	Kon-stante	Unabhängige Variablen: Käufer						Unabhängige Vari-ablen: Target		Dummy-Variablen		
						Rel. Größe MV	EK-Quote Käufer	CIR Käufer	ROA Käufer	Perf. 3M	Perf. 6M	ROE Target	Deal-Bewertg.	Region	Sektor	**Aktien**
1a *Signifikanz* *VIF*	109	11,0%	0,006	2,114	0,018 *(0,234)*	-0,014** *(0,036)* *1,085*	0,063 *(0,572)* *2,229*	-0,039* *(0,075)* *1,211*	-0,051 *(0,918)* *2,473*	0,004 *(0,743)* *(1,371)*	0,018* *(0,075)* *1,344*					
1b *Signifikanz* *VIF*	109	15,6%	0,001	2,194	0,016 *(0,272)*	-0,007 *(0,303)* *1,271*	0,074 *(0,490)* *2,233*	-0,033 *(0,125)* *1,226*	-0,009 *(0,984)* *2,475*	0,004 *(0,748)* *1,371*	0,019* *(0,050)* *1,348*					-0,013** *(0,012)* *1,206*
1c *Signifikanz* *VIF*	109	16,9%	0,001	2,176	0,024 *(0,121)*	-0,009 *(0,197)* *1,419*	0,075 *(0,490)* *2,285*	-0,036 *(0,100)* *1,242*	-0,179 *(0,710)* *2,569*	0,002 *(0,838)* *1,377*	0,023** *(0,021)* *1,429*			0,004 *(0,372)* *1,311*	-0,009 *(0,139)* *1,205*	-0,011** *(0,039)* *1,329*
2a *Signifikanz* *VIF*	109	13,0%	0,001	2,060	0,023* *(0,075)*	-0,015** *(0,021))* *1,018*		-0,041** *(0,043)* *1,023*			0,020** *(0,018)* *1,023*					
2b *Signifikanz* *VIF*	109	17,2%	0,000	2,123	0,023* *(0,066)*	-0,008 *(0,215))* *1,197*		-0,036* *(0,065)* *1,032*			0,022** *(0,010)* *1,029*					-0,012** *(0,014)* *1,193*
2c *Signifikanz* *VIF*	109	18,9%	0,000	2,140	0,026** *(0,041)*	-0,010 *(0,137)* *1,306*		-0,035* *(0,075)* *1,041*			0,025** *(0,004)* *1,068*			0,005 *(0,283)* *1,227*	-0,009 *(0,138)* *1,167*	-0,011** *(0,038)* *1,313*
3 *Signifikanz* *VIF*	109	14,6%	0,000	2,279	0,000 *(0,903)*						0,025** *(0,003)* *1,000*					-0,016** *(0,001)* *1,000*
4a *Signifikanz* *VIF*	71	20,9%	0,003	1,935	0,029 *(0,192)*	-0,015** *(0,034)* *1,122*	-0,002 *(0,987)* *1,985*	-0,048 *(0,111)* *1,514*	0,429 *(0,544)* *2,159*	0,006 *(0,711)* *2,102*	0,012 *(0,419)* *1,997*	-0,025 *(0,138)* *1,125*	-0,002 *(0,163)* *1,112*			
4b *Signifikanz* *VIF*	71	21,2%	0,004	1,919	0,026 *(0,248)*	-0,011 *(0,158)* *1,414*	0,003 *(0,981)* *1,988*	-0,043 *(0,161)* *1,555*	0,568 *(0,429)* *2,229*	0,006 *(0,714)* *2,102*	0,012 *(0,423)* *1,997*	-0,026 *(0,126)* *1,128*	-0,002 *(0,193)* *1,119*			-0,007 *(0,276)* *1,409*
5a *Signifikanz* *VIF*	71	21,3%	0,000	1,872	0,043** *(0,006)*	-0,017** *(0,012)* *1,037*		-0,069** *(0,006)* *1,038*				-0,033** *(0,039)* *1,011*				
5b *Signifikanz* *VIF*	71	21,4%	0,000	1,859	0,044** *(0,006)*	-0,013* *(0,078)* *1,327*		-0,068** *(0,008)* *1,041*				-0,033** *(0,037)* *1,011*				-0,006 *(0,307)* *1,303*
6 *Signifikanz* *VIF*	71	21,3%	0,000	1,872	0,043** *(0,006)*	-0,017** *(0,012)* *1,037*		-0,069** *(0,006)* *1,038*				-0,033** *(0,039)* *1,011*				

** Statistisch signifikant bei einem Niveau von 10%; ** Statistisch signifikant bei einem Niveau von 5%*

Tab. 19: Multiple Regressionsanalysen: Lineare Modellvarianten für die Überrendite (ARMM Lokal) am Ankündigungstag

Methode Über-rendite (t=0)	Anzahl Fälle	R^2 korrigiert	Modell-signifi-kanz (ANOVA)	Durbin-Watson	Kon-stante	Unabhängige Variablen: Käufer						Unabhängige Vari-ablen: Target		Dummy-Variablen		
						Rel. Größe MV	EK-Quote Käufer	CIR Käufer	ROA Käufer	Perf. 3M	Perf. 6M	ROE Target	Deal-Bewertg.	Region	Sektor	**Aktien**
MODELL Nr. 3 (Schrittweise Regression: alle Variablen)																
ARMM (STOXX) *Signifikanz* *VIF*	109	10,6%	0,001	2,248	0,035** *(0,013)*			-0,054** *(0,017)* *1,013*								-0,014** *(0,008)* *1,013*
ARMM (ST50) *Signifikanz* *VIF*	109	10,5%	0,001	2,232	0,035** *(0,013)*			-0,053** *(0,018)* *1,013*								-0,014** *(0,008)* *1,013*
ARMM (Banks) *Signifikanz* *VIF*	109	10,4%	0,001	2,275	0,033** *(0,016)*			-0,051** *(0,019)* *1,013*								-0,014** *(0,008)* *1,013*
ARMM (Lokal) *Signifikanz* *VIF*	109	14,6%	0,000	2,279	0,000 *(0,903)*						0,025** *(0,003)* *1,000*					-0,016** *(0,001)* *1,000*
AR (Mean) *Signifikanz* *VIF*	109	8,3%	0,004	2,340	0,000 *(0,887)*						0,023** *(0,018)* *1,000*					-0,013** *(0,015)* *1,000*
ARIX (STOXX) *Signifikanz* *VIF*	109	9,4%	0,002	2,200	0,000 *(0,923)*						0,025** *(0,010)* *1,000*					-0,013** *(0,011)* *1,000*
ARIX (ST50) *Signifikanz* *VIF*	109	8,9%	0,003	2,169	0,000 *(0,988)*						0,025** *(0,014)* *1,000*					-0,014** *(0,012)* *1,000*
ARIX (Banks) *Signifikanz* *VIF*	109	8,8%	0,003	2,320	-0,001 *(0,755)*						0,024** *(0,015)* *1,000*					-0,013** *(0,012)* *1,000*
ARIX (Lokal) *Signifikanz* *VIF*	109	16,0%	0,000	2,212	-0,001 *(0,683)*						0,029** *(0,001)* *1,000*					-0,015** *(0,001)* *1,000*

** Statistisch signifikant bei einem Niveau von 10%; ** Statistisch signifikant bei einem Niveau von 5%*

Tab. 20: Multiple Regressionsanalysen: Modell 3 für die Überrendite am Ankündigungstag nach Berechnungsmethoden im Überblick

Bei Berücksichtigung aller operationalisierten metrischen Variablen mit einer Korrelation zur Überrendite (Signifikanzniveau von 10%, zweiseitig, bei listenweisem Fallausschluss) in Modell 1a zeigt sich, dass lediglich die „Relative Größe MV" auf einem Niveau von 5% statistisch signifikant ist. Außerdem zeigen auch die Merkmale „CIR Käufer" und „Performance 6M" eine empirische Signifikanz auf dem 10%-Niveau. Das – statistisch signifikante – korrigierte R^2 beträgt 11,0%. Infolge der Erweiterung des Modells durch Hinzunahme der Dummy-Variable „Aktien" erhöht sich das korrigierte Bestimmtheitsmaß auf 15,6%. In diesem Modell 1b ist der Parameter der Variable „Aktien" (-0,013) statistisch signifikant auf dem 5%-Niveau ($\alpha^* = 0{,}012$) und weist das erwartete negative Vorzeichen auf, d. h. die Verwendung von Aktien hat in dem verwendeten Datensatz einen negativen Effekt auf die Überrendite am Ankündigungstag. Gleichzeitig verliert „Relative Größe MV" in Modell 1b gegenüber 1a ihre Bedeutung. Auch bei Berücksichtigung der beiden weiteren Dummy-Variablen „Regionale Übereinstimmung" und „Sektorübereinstimmung", die sich beide in dem Modell 1c als nicht bedeutsam erweisen, bleibt das Merkmal „Aktien" statistisch signifikant auf dem 5%-Niveau, wiederum mit einem negativen Vorzeichen des Parameters.

Einen entsprechenden Sachverhalt kann man auch bei Modell 2 beobachten: In Modell 2a erweisen sich nach der statistischen Methode der schrittweisen Regression die Variablen „Relative Größe MV", „CIR Käufer" und „Performance 6M" als statistisch signifikant auf dem 5%-Niveau. Das korrigierte R^2 beträgt 13,0%. Durch Aufnahme von „Aktien" in das Modell 2b erhöht sich das korrigierte R^2 auf 17,2%. Der erwartungsgemäß negative Modellparameter von „Aktien" ist wiederum statistisch signifikant, wogegen „Relative Größe MV" seine Bedeutung einbüßt. Die beiden zusätzlichen Dummy-Variablen für die Messung der strategischen Übereinstimmung sind in Modell 2c statistisch nicht signifikant und ändern die Bedeutung der anderen Variablen gegenüber 2b im Wesentlichen nicht.

In Modell 3 schließlich, das durch eine schrittweise Regression aller – d. h. einschließlich der dichotomen – Variablen bezüglich der Charakteristika der übernehmenden Banken ermittelt wird, erweisen sich lediglich die beiden Merkmale „Performance 6M" und „Aktien" als statistisch signifikant. Das korrigierte R^2 beträgt 14,6%. Der Parameter von „Aktien" weist wiederum das erwartete negative Vorzeichen auf.

In den Modellen 4 bis 6 werden schließlich auch die Charakteristika der Übernahmeobjekte miteinbezogen. Zwar führt dies zu einer höheren Anzahl an unabhängigen Variablen, allerdings reduziert sich auch die Anzahl der berücksichtigten Transaktionen erheblich von 109 Fällen in den Modellen 1 bis 3 auf nunmehr 71. Zudem werden dadurch systematisch alle sektorübergreifenden Transaktionen ausgeschlossen, da für diese per definitionem keine Daten in der bankspezifischen

Datenbank „Bankscope" vorliegen können. In allen Varianten der Modelle 4 bis 6 erzielt die Variable „Aktien" keine statistische Signifikanz. Bei der Modellspezifikation über die Methode der schrittweisen Regression unter Einschluss aller Variablen sind in Modell 6 lediglich „Relative Größe MV", „CIR Käufer" und „ROE Target" statistisch signifikant auf dem 5%-Niveau. Das korrigierte Bestimmtheitsmaß beträgt hier 21,3%.

Um die Sensitivität dieser Beobachtungen hinsichtlich der Wahl der Berechnungsmethode der Überrendite zu überprüfen, wurden die multiplen Regressionen unter Verwendung der schrittweisen Methode für die unterschiedlichen Operationalisierungen der Überrendite durchgeführt. Die Ergebnisse für Modell 3, also der schrittweisen Methode bei Berücksichtigung aller operationalisierten Variablen bezüglich der Charakteristika des Käuferunternehmens, sind in Tab. 20 dargestellt. In allen neun Berechnungsvarianten von Modell 3 erweist sich die Wahl der Akquisitionswährung als statistisch signifikanter Einflussfaktor für den Kurseffekt am Ankündigungstag. Dagegen fand die Variable „Aktien" bei Einschluss der Charakteristika der Targets (Modell 6) unabhängig von der Berechnungsmethode der Überrendite keine Berücksichtigung in der Modellspezifikation.

Abschließend sei zu betonen, dass bei der Interpretation der Bedeutung einer einzelnen unabhängigen Variablen bei multiplen Regressionen große Vorsicht geboten ist, da diese jeweils von den anderen berücksichtigten Variablen abhängt.[754] So kann eine Variable, die in einem bestimmten linearen Modell bedeutungslos ist, in einem anderen Modell bei Verwendung anderer Regressoren statistisch signifikant sein. Dieser Sachverhalt ist auch bei Betrachtung der Ergebnisse in Tab. 19 gut zu erkennen. Vor diesem Hintergrund sollen aus den hier durchgeführten multiplen Regressionsanalysen lediglich zwei Schlussfolgerungen festgehalten werden. Erstens kann auf Basis des verwendeten Datensatzes die Relevanz der Wahl der Akquisitionswährung als Erfolgsfaktor hinsichtlich der Kurseffekte am Ankündigungstag auch im Kontext mit anderen Variablen nicht ohne weiteres verworfen werden. Zweitens entspricht die Wirkungsrichtung der in Forschungshypothese H6 formulierten Erwartungshaltung.

Eine Verwendung der in dieser Arbeit getesteten linearen Modelle als adäquates Erklärungsmodell der Erfolgsfaktoren bei M&A-Transaktionen ist hingegen nicht möglich und stellt auch nicht das Ziel dieser Dissertation dar. Zwar erwiesen sich die getesteten Modelle als statistisch signifikant, allerdings haben sie mit einem jeweils niedrigen Wert für das korrigierte R^2 nur eine eingeschränkte Aussagekraft. Hinsichtlich der Anwendbarkeit der Methode der multiplen Regression stellen Heteroskedastizität und Autokorrelation augenscheinlich keine größeren Probleme dar.

---

[754] Vgl. Norusis, 2005, S. 250f.

Die Probleme liegen eher in der relativ geringen Anzahl an Fällen, den lediglich schwach ausgeprägten linearen Zusammenhängen und dem Mangel an operationalisierten Variablen für eine umfassende Berücksichtigung von Erfolgsfaktoren bei Bankenzusammenschlüssen. Eine wichtige Rolle als Einflussfaktor für die Überrendite bei Ankündigung einer Bankenübernahme dürften dabei insbesondere das angekündigte Synergiepotenzial, seine Plausibilität, die Aufteilung auf Kosten- und Ertragssynergien und schließlich die Glaubwürdigkeit des Managements hinsichtlich der Realisierbarkeit spielen.

Als Zwischenfazit lässt sich jedoch festhalten, dass das Gesamtbild der in diesem Unterkapitel durchgeführten Analysen die Forschungshypothesen H5.2 und H6 durchaus unterstützt, wobei sich statistisch signifikante Ergebnisse fast ausschließlich für den Ankündigungstag t_0 ergeben. Zudem werden die aussagekräftigsten Resultate überwiegend bei Verwendung der Überrendite gegenüber den jeweiligen Heimatindizes erzielt. Die Ergebnisse des vorliegenden Datensatzes stehen tendenziell im Einklang mit der Studie von Becher (2000) für US-Banken, nach welcher der Einbezug einer Barkomponente zu einer besseren Kursperformance des Käuferunternehmens führt als bei reinen Stock Offers. Die Schlussfolgerung von Cornett und De (1991) für die USA und von Beitel, Schiereck und Wahrenburg (2004) für Europa, dass die Wahl der Akquisitionswährung bei Bankenübernahmen im Durchschnitt zu keinen Kurseffekten bei den übernehmenden Instituten führt, kann auf Basis der Auswertung des vorliegenden Datensatzes hingegen nicht geteilt werden. Eine große Rolle spielt jedoch die jeweils unterschiedliche Länge der verwendeten Zeitfenster. So erweist sich insbesondere bei Betrachtung des von Beitel, Schiereck und Wahrenburg (2004) verwendeten Ereigniszeitraums von einem Tag vor bis zu einem Tag nach der Ankündigung einer Übernahme[755] auch für den im Rahmen der vorliegenden Dissertation verwendeten Datensatz die Wahl der Akquisitionswährung ebenfalls als statistisch nicht signifikant.[756]

---

[755] Vgl. Beitel/ Schiereck/ Wahrenburg, 2004, S. 130.

[756] Hierfür wurden die multiplen Regressionen gemäß Modell 3 für alle Berechnungsmethoden der Überrendite analog zu Tab. 20 für das Zeitfenster von t-1 bis t+1 durchgeführt. Dabei wurde die Variable „Aktien“ durch die statistische Methode der schrittweisen Regression in keinem einzigen Fall als signifikante Einflussgröße identifiziert.

4.4. Analyse möglicher Unterschiede bei den Ankündigungseffekten von Stock Offers hinsichtlich der Transaktionsmerkmale

4.4.1. Relative Größe der Transaktion

Die relative Deal-Größe ist Gegenstand der Hypothese H7. Da die Informationsprobleme bei Share Deals mit zunehmendem Umfang ansteigen sollten, ist mit einer negativen Korrelation zwischen Überrendite am Ankündigungstag und relativer Deal-Größe zu rechnen. Als Merkmal wird hierfür das Transaktionsvolumen im Verhältnis zum Marktwert des Käufers am 21. Tag vor der Ankündigung verwendet („Relative Größe MV"). Von den insgesamt 45 Share Deals lagen für 40 Transaktionen entsprechende Daten vor und konnten daher berücksichtigt werden. Die statistische Nullhypothese zu H7 beinhaltet, dass bei Transaktionen mit dem Wert „1" für die Variable „Aktien" kein oder aber ein gleichgerichteter statistischer Zusammenhang zwischen dem Ankündigungseffekt und der Variable „Relative Größe MV" existiert. Die Alternativhypothese besagt, dass bei Deals mit „Aktien" gleich „1" ein entgegengesetzter statistischer Zusammenhang zwischen dem Ankündigungseffekt und der Variable „Relative Größe MV" besteht. Da sich im Zuge der Hypothesentests zu H.5 bereits klar herausgestellt hat, dass das relevante Zeitfenster im Hinblick auf Informationssignale durch die Wahl der Akquisitionswährung der Ankündigungstag selbst ist, wird im gesamten Kapitel 4.4. ausschließlich auf t_0 abgestellt. Die Überprüfung der Hypothese erfolgt über den Rangkorrelationskoeffizienten nach Spearman, dessen Anwendung bei nicht normalverteilten oder von Extremwerten geprägten Merkmalen vorteilhaft ist.[757] Die Ergebnisse und die dazugehörenden Teststatistiken finden sich in Tab. 21.

Zeitfenster t=0	ARMM (STOXX)	ARMM (ST50)	ARMM (Banks)	ARMM (Lokal)	AR (Mean)	ARIX (STOXX)	ARIX (ST50)	ARIX (Banks)	ARIX (Lokal)
Spearman-Rho	-0,361	-0,361	-0,343	-0,392	-0,237	-0,383	-0,401	-0,354	-0,431
Signifikanz (α^*)	0,011**	0,011**	0,015**	0,006***	0,070*	0,007***	0,005***	0,013**	0,003***

** Statistisch signifikant bei einem Niveau von 10%*
*** Statistisch signifikant bei einem Niveau von 5%*
**** Statistisch signifikant bei einem Niveau von 1%*

Tab. 21: Zusammenhangsanalyse: Kumulierte Überrenditen und Deal-Größe bei Stock Offers

[757] Vgl. Eckstein, 2004, S. 162.

Der Korrelationskoeffizient nach Spearman weist das erwartete negative Vorzeichen auf und ist, mit Ausnahme der Mittelwertbereinigungsmethode, für alle Berechnungsweisen der Überrendite mindestens auf dem 5%-Niveau statistisch signifikant. Der Größenbereich der statistisch signifikanten Ergebnisse befindet sich dabei zwischen -0,34 und -0,43. Dies deutet auf einen Einfluss des relativen Transaktionsvolumens auf die Kursreaktion des Käuferunternehmens bei Ankündigung eines Aktien-Deals hin. Wichtig ist in diesem Kontext insbesondere, dass sich hingegen bei Transaktionen ohne die Verwendung von Aktien unabhängig von der Berechnungsweise der Überrendite kein statistisch signifikanter Zusammenhang zeigt. Vor diesem Hintergrund scheint die Interpretation, dass mit steigender Deal-Größe auch die Informationsprobleme, die ja v. a. bei Aktientransaktionen zu vermuten sind, zunehmen, als valide.

4.4.2. Unterschiedliche Charakteristika des Käufers

Ziel dieses Unterkapitels ist die Untersuchung von Hypothesen, die auf die Ankündigungseffekte von Stock Offers in Abhängigkeit von unterschiedlichen Charakteristika des Käufers abzielen. Problematisch ist, dass die ohnehin bereits relativ geringe Anzahl von 45 Transaktionen unter der Verwendung von Aktien in weitere Untergruppen aufgeteilt wird, womit die Anwendbarkeit und Aussagefähigkeit statistischer Testverfahren stark beeinträchtigt wird. Dies ist bei der Interpretation der Ergebnisse entsprechend zu berücksichtigen.

Hypothese H8.1 hat die Untersuchung von Zusammenhängen zwischen dem operativen Erfolg des Käuferunternehmens in der Vergangenheit und dem Ankündigungseffekt zum Inhalt. Als Variablen für die Messung des Erfolgs werden „ROE Käufer", „CIR Käufer" und „ROA Käufer" verwendet.[758] Unternehmen, die bereits vor einer Transaktion erfolgreich waren, sollten eine höhere Glaubwürdigkeit hinsichtlich der Erfolgsaussichten eines Zusammenschlusses haben und damit bestehende Informationsasymmetrien reduzieren. Banken, die hingegen in der Vergangenheit nicht in der Lage waren, ihren eigenen Betrieb effizient und profitabel zu führen, dürften tendenziell weniger Vertrauen des Marktes in Bezug auf eine erfolgreiche Integration des Übernahmeobjektes erhalten. Zur Überprüfung der Hypothese H8.1[759] wird auf den Rangkorrelationskoeffizienten nach Spearman zurückgegriffen. Tab. 22 enthält die Ergebnisse und die Teststatistik für alle in dieser Arbeit verwendeten Berechnungsmethoden der Überrenditen im Vergleich.

---

[758] Zur Definition der verwendeten Variablen vgl. auch Unterkapitel 4.1.5.2.

[759] Die Formulierung des jeweils dazugehörenden statistischen Hypothesenpaares erfolgt analog zu H7 in Unterkapitel 4.4.1.

Zeitfenster t=0	ARMM (STOXX)	ARMM (ST50)	ARMM (Banks)	ARMM (Lokal)	AR (Mean)	ARIX (STOXX)	ARIX (ST50)	ARIX (Banks)	ARIX (Lokal)
ROE									
Spearman-Rho	0,236	0,235	0,231	0,147	0,191	0,236	0,258	0,217	0,122
Signifikanz (α^*)	0,060*	0,060*	0,063*	0,167	0,105	0,059*	0,044**	0,076*	0,212
CIR									
Spearman-Rho	-0,323	-0,329	-0,286	-0,254	-0,255	-0,277	-0,274	-0,198	-0,153
Signifikanz (α^*)	0,015**	0,014**	0,029**	0,046**	0,046**	0,033**	0,034**	0,096*	0,157
ROA									
Spearman-Rho	0,346	0,346	0,324	0,229	0,262	0,313	0,329	0,256	0,125
Signifikanz (α^*)	0,010***	0,010***	0,015**	0,065*	0,041**	0,018**	0,014**	0,045**	0,206

** Statistisch signifikant bei einem Niveau von 10%*
*** Statistisch signifikant bei einem Niveau von 5%*
**** Statistisch signifikant bei einem Niveau von 1%*

Tab. 22: Zusammenhangsanalyse: Kumulierte Überrenditen und operativer Erfolg des Käufers bei Stock Offers

Für alle drei Erfolgsvariablen weist der Korrelationskoeffizient nach Spearman jeweils die erwartete Richtung auf. So ist bei Zusammenschlüssen unter der Verwendung von Aktien die Überrendite des Käufers am Ankündigungstag umso höher, je höher die Rentabilitätskennzahlen ROE und ROA sind. Der Ankündigungseffekt ist hingegen umso schlechter, je höher die CIR ausfällt, also je schwächer die Kosteneffizienz ist. Der Zusammenhang ist bei Verwendung des ROA und der CIR als Erfolgskennzahlen für die Mehrzahl, wenn auch nicht für alle, der verwendeten Berechnungsmethoden der Überrendite statistisch signifikant auf dem 5%-Niveau. Die jeweils statistisch signifikanten Zusammenhänge bewegen sich für die CIR in einer Größenordnung des Korrelationskoeffizienten von -0,25 bis -0,33 und von 0,26 bis 0,35 für den ROA. Damit scheint zwar insgesamt ein Zusammenhang zwischen dem operativen Erfolg der übernehmenden Bank und der Überrendite bei Aktienzahlung in der erwarteten Weise gegeben, allerdings ist dieser nicht sehr stark ausgeprägt. Die Verwendung des ROE als Erfolgskennzahl erzielt die schwächsten und weit überwiegend statistisch nicht signifikanten Ergebnisse. Dies kann auch daran liegen, dass diese Kennzahl neben dem operativen Erfolg die Eigenkapitalausstattung bzw. den Leverage der Bank berücksichtigt. Aber auch die undifferenzierte Verwendung der Kennzahlen ROA und CIR über die unterschiedlichen Arten von Banken hinweg kann eine verzerrende Wirkung haben. So weisen z. B. typischerweise Investment Banken eine vergleichsweise hohe CIR, allerdings niedrigere Kreditrisikokosten auf. Bei klassischen Kreditbanken verhält es sich hingegen typischerweise gegenteilig. Eine weitere Differenzierung des Datensatzes nach der Geschäftsausrichtung der jeweiligen Bank erschien jedoch vor dem Hintergrund der ohnehin bereits limitierten Anzahl an Transaktionen unter der Verwendung von Aktien als nicht opportun.

Interessanterweise ergibt die ebenfalls durchgeführte Zusammenhangsanalyse für die restlichen 72 Transaktionen des Datensatzes, die ohne den Einsatz von Aktien erfolgten, in keinem einzigen Fall einen statistisch signifikanten Zusammenhang auf dem 5%-Signifikanzniveau. Somit scheint der operative Erfolg des Käuferunternehmens bei Stock Offers eine besondere Rolle zu spielen. Dies kann wiederum mit einer Reduktion von Informationsunsicherheiten interpretiert werden, könnte jedoch auch im Kontext des durchschnittlich größeren Deal-Umfangs bei Aktienzahlung und der damit bedeutenderen Integrationsaufgabe gesehen werden.

Hypothese H8.2 hat die Untersuchung der Ankündigungseffekte bei Share Deals in Abhängigkeit von der strategischen Übereinstimmung zum Inhalt, welche bereits in Unterkapitel 4.2.3. als Einflussfaktor für die Wahl der Akquisitionswährung identifiziert wurde. Der erhobene Datensatz ermöglicht allerdings lediglich die Untersuchung der regionalen Übereinstimmung, da nur ein einziger sektorübergreifender Aktien-Deal enthalten ist. Da bei überregionalen Zusammenschlüssen von einer erhöhten Unsicherheit auszugehen ist, sollten die Kurseffekte bei Deals unter der Verwendung von Aktien hier schlechter ausfallen als bei Inlandszusammenschlüssen. Die zu H8.2 gehörende statistische Nullhypothese lautet damit, dass bei Transaktionen, bei denen die Variable „Aktien“ den Wert „1“ aufweist, die Überrendite der Käuferbank am Ankündigungstag im Fall der Merkmalsausprägung „1“ für „Regionale Übereinstimmung“ im Mittel gleich oder niedriger ist als bei einem Wert von „0“. Die Alternativhypothese besagt, dass bei Transaktionen mit „Aktien“ gleich „1“ die Überrendite des Bieters am Ankündigungstag eines Zusammenschlusses im Mittel höher ausfällt, wenn die Variable „Regionale Übereinstimmung“ den Wert „1“ anstelle von „0“ annimmt. Als Testverfahren werden sowohl der doppelte t-Test als auch der Mann-Whitney-Test verwendet. Die Ergebnisse dieser Mittelwertanalyse sind in Tab. 23 zusammengefasst.

Zeitfenster t=0	**Ausland: Durchschnitt (in %)**	**Inland: Durchschnitt (in %)**	**Ausland: Median (in %)**	**Inland: Median (in %)**	**Doppelter t-Test (α^*)**	**Mann-Whitney-Test (α^*)**
ARMM (STOXX)	-1,25	-0,73	-1,11	-0,16	0,612	0,569
ARMM (ST50)	-1,22	-0,67	-1,01	-0,06	0,582	0,602
ARMM (Banks)	-1,37	-0,65	-0,84	-0,43	0,480	0,477
ARMM (Lokal)	-1,03	-0,93	-0,75	-0,57	0,912	0,776
AR (Mean)	-1,26	-0,37	-0,51	-0,02	0,387	0,393
ARIX (STOXX)	-1,26	-0,63	-0,67	0,00	0,525	0,492
ARIX (ST50)	-1,22	-0,65	-0,80	0,00	0,564	0,586
ARIX (Banks)	-1,31	-0,69	-0,65	0,05	0,555	0,553
ARIX (Lokal)	-1,07	-0,97	-0,36	-0,65	0,918	0,943

Tab. 23: Kumulierte Überrenditen und Teststatistik bei Stock Offers im In- und Ausland im Vergleich

Zwar ist die durchschnittliche Überrendite für alle Berechnungsmethoden bei grenzüberschreitenden Transaktionen unter der Verwendung von Aktien erwartungsgemäß stärker negativ als bei Inlandsübernahmen, allerdings sind die Unterschiede in keinem einzigen Fall statistisch signifikant. Das Fehlen signifikanter Ergebnisse wirkt auf den ersten Blick überraschend, kann aber auch darin begründet liegen, dass die relative Deal-Größe bei Aktientransaktionen im Inland diejenige von grenzüberschreitenden Akquisitionen bei weitem übersteigt. So beträgt im Falle von Stock Offers die Variable „Relative Größe MV" bei Inlandszusammenschlüssen im Durchschnitt 50,90% (Median: 25,97%) gegenüber durchschnittlich lediglich 14,23% (Median: 11,50%) bei grenzüberschreitenden Deals. Dieser beobachtete Unterschied in der mittleren Lage ist statistisch signifikant (Mann-Whitney-Test: $\alpha^* = 0{,}005$).[760] Selbst unter Bereinigung eines Extremwerts bei den Inlandstransaktionen[761] übersteigen diese mit einem durchschnittlichen Deal-Volumen von 42,05% des Marktwerts des Käufers (Median: 24,24%) den Durchschnittswert bei grenzüberschreitenden Transaktionen in Höhe von 14,23% (Median: 11,50%) erheblich. Der angewendete Mann-Whitney-Test ergibt dabei wiederum eine statistische Signifikanz auf dem 5%-Niveau ($\alpha^* = 0{,}007$).[762] Die verringerten Informationsrisiken bei Inlandszusammenschlüssen gehen insofern einher mit größeren relativen Transaktionsvolumina, die ihrerseits wiederum die Informationsprobleme verschärfen.[763] Dies kann einen Erklärungsansatz dafür darstellen, dass im Durchschnitt keine signifikanten Unterschiede bei den Ankündigungseffekten in Abhängigkeit von der regionalen Übereinstimmung erzielt wurden. Zudem ist denkbar, dass die Problematik erhöhter Informationsrisiken bei Auslandstransaktionen bereits bei der Ausgestaltung des Aktienangebots berücksichtigt wird und damit negative Effekte im Durchschnitt abgeschwächt werden.

Die Hypothese H8.3 hat die Analyse von Zusammenhängen zwischen Ankündigungseffekten bei Aktienangeboten und der Höhe von Bewertungskennzahlen der übernehmenden Bank zum Inhalt. Als Kennziffern wurden hierfür das Kurs-Gewinn-Verhältnis („KGV") und das Preis-Buchwert-Verhältnis („PBV") herangezogen.[764] Die Analyse der erwarteten Zusammenhänge, wonach der

---

760 Da die Normalverteilungsannahme auf Basis des Kolmogorov-Smirnov-Anpassungstests (mit Signifikanzkorrektur nach Lilliefors) abzulehnen ist, wird in diesem Zusammenhang auf die Verwendung des doppelten t-Tests verzichtet.

761 Entsprechend der in Unterkapitel 4.1.4.2. erläuterten Vorgehensweise handelt es sich hierbei in dem verwendeten Datensatz um die Fallnummer 3.

762 Da die Normalverteilungsannahme auch nach Bereinigung um Extremwerte auf Basis des Kolmogorov-Smirnov-Anpassungstests (mit Signifikanzkorrektur nach Lilliefors) abzulehnen ist, wird auf die Verwendung des doppelten t-Tests wiederum verzichtet.

763 Auf eine prinzipiell in diesem Zusammenhang sinnvolle weitergehende Untersuchung durch eine zweifaktorielle Varianzanalyse (ANOVA) wurde aufgrund der geringen Fallanzahl von lediglich 40 Share Offers, für welche die benötigten Daten vorlagen, in dieser Arbeit bewusst verzichtet.

764 Zur Definition der verwendeten Variablen vgl. auch Unterkapitel 4.1.5.2.

Ankündigungseffekt bei der Käuferbank umso schwächer ausfallen sollte, je höher die jeweilige Bewertungskennziffer ist, erfolgt wiederum über den Rangkorrelationskoeffizienten nach Spearman.[765] Die Ergebnisse und die zugehörigen Teststatistiken sind in Tab. 24 aufgeführt.

Zeitfenster t=0	**ARMM (STOXX)**	**ARMM (ST50)**	**ARMM (Banks)**	**ARMM (Lokal)**	**AR (Mean)**	**ARIX (STOXX)**	**ARIX (ST50)**	**ARIX (Banks)**	**ARIX (Lokal)**
KGV									
Spearman-Rho	0,199	0,204	0,212	0,174	0,149	0,173	0,170	0,180	0,170
Signifikanz (α^*)	0,100*	0,095*	0,086*	0,132	0,171	0,134	0,138	0,124	0,137
PBV									
Spearman-Rho	0,299	0,302	0,288	0,274	0,206	0,245	0,267	0,205	0,247
Signifikanz (α^*)	0,023**	0,022**	0,028**	0,034**	0,087*	0,052*	0,038**	0,088*	0,051*

** Statistisch signifikant bei einem Niveau von 10%*
*** Statistisch signifikant bei einem Niveau von 5%*

Tab. 24: Zusammenhangsanalyse: Kumulierte Überrenditen und Bewertungskennzahlen des Käufers bei Stock Offers

Entgegen den Erwartungen sind die Korrelationskoeffizienten sowohl für das KGV als auch für das PBV positiv. Während die Ergebnisse für das KGV statistisch keine Signifikanz haben, sind die Koeffizienten für das PBV für die Mehrzahl der Berechnungsmethoden der Überrendite am Ankündigungstag auf einem Niveau von 5% statistisch signifikant.

Die mangelnde Unterstützung der durchgeführten Zusammenhangsanalyse für die Hypothese H8.3 dürfte vermutlich auch daran liegen, dass die isolierte Betrachtung von Bewertungskennzahlen kein Maßstab für eine potenzielle Überbewertung darstellt. So ist bspw. das KGV in den Kontext mit den erwarteten Wachstumsraten des Gewinns zu setzen. Das PBV weist zudem, wie auch theoretisch zu erwarten ist, eine hohe positive Korrelation mit dem ROE auf. Für den Zusammenhang zwischen PBV und dem ROE des Käufers in dem Jahr vor der Ankündigung beträgt der Korrelationskoeffizient nach Spearman 0,712 und ist auf dem 1%-Niveau statistisch signifikant. Hinzu kommt, dass die Bewertung auf künftige Erwartungen und die nachhaltige Profitabilität ausgerichtet ist und nicht auf bilanziellen Vergangenheitsdaten beruht. Daher ist eine eventuell bestehende hohe bzw. überhöhte Bewertung mit den erhobenen Kennzahlen nicht adäquat messbar. Das Ergebnis stellt im Übrigen auch keinen Widerspruch zu der These dar, dass von Aktienangeboten ein Überbewertungssignal ausgeht. Schließlich hat der Markt anhand der bereits vor der Deal-Ankündigung bekannten Bewertungsmultiplikatoren keine Überbewertung festgestellt.

---

[765] Die Formulierung des jeweils dazugehörenden statistischen Hypothesenpaares erfolgt analog zu H7 in Unterkapitel 4.4.1.

Ansonsten hätte unabhängig von der Ankündigung einer Transaktion und der damit verbundenen Wahl der Akquisitionswährung bereits eine Kurskorrektur einsetzen müssen.

4.4.3. Unterschiedliche Charakteristika des Targets

Nachdem die bisherigen Hypothesen in Kapitel 4.4. auf die Deal-Größe und die Charakteristika des Käuferunternehmens abzielten, stehen im Folgenden die Merkmale der Übernahmeobjekte im Fokus. Dabei sollen zunächst im Rahmen der Untersuchung von Hypothese H9.1 die Ankündigungseffekte des Käuferunternehmens in Abhängigkeit der operativen Performance des Targets betrachtet werden. Die Erwartungshaltung ist, dass die Überrendite am Ankündigungstag umso höher ausfällt, je schwächer der Erfolg des Übernahmeziels in der Vergangenheit war. Dies entspricht der Erwartung eines negativen Korrelationskoeffizienten bei der Verwendung der Merkmale „ROE Target“ und „ROA Target“ sowie einem positiven Wert bei Betrachtung von „CIR Target“.[766] Die Begründung liegt in einem zu erwartendem höheren Restrukturierungs- bzw. Synergiepotenzial bei bisher operativ weniger erfolgreichen Banken. Von den insgesamt 45 Transaktionen unter der Verwendung von Aktien konnten die in dieser Arbeit verwendeten operativen Performancekennzahlen für 31 Übernahmeobjekte anhand der Datenbank Bankscope ermittelt werden. Die Ergebnisse der Zusammenhangsanalyse mittels des Rangkorrelationskoeffizienten nach Spearman finden sich in Tab. 25.

Zeitfenster t=0	ARMM (STOXX)	ARMM (ST50)	ARMM (Banks)	ARMM (Lokal)	AR (Mean)	ARIX (STOXX)	ARIX (ST50)	ARIX (Banks)	ARIX (Lokal)
ROE									
Spearman-Rho	-0,199	-0,208	-0,179	-0,167	-0,154	-0,204	-0,217	-0,189	-0,196
Signifikanz (α^*)	0,141	0,131	0,168	0,185	0,204	0,135	0,120	0,155	0,145
CIR									
Spearman-Rho	-0,277	-0,261	-0,263	-0,276	-0,224	-0,227	-0,198	-0,225	-0,177
Signifikanz (α^*)	0,066*	0,078*	0,077*	0,066*	0,113	0,110	0,142	0,111	0,171
ROA									
Spearman-Rho	-0,003	-0,009	0,024	0,019	-0,008	-0,011	-0,013	0,021	-0,034
Signifikanz (α^*)	0,493	0,481	0,449	0,460	0,482	0,477	0,472	0,455	0,427

** Statistisch signifikant bei einem Niveau von 10%*

Tab. 25: Zusammenhangsanalyse: Kumulierte Überrenditen und operativer Erfolg des Targets bei Stock Offers

[766] Die Formulierung des jeweils dazugehörenden statistischen Hypothesenpaares erfolgt analog zu H7 in Unterkapitel 4.4.1.

Entgegen den Erwartungen ist der Korrelationseffizient für den Zusammenhang zwischen CIR und Ankündigungseffekt negativ. Allerdings ergibt sich weder hierfür noch für die anderen beiden verwendeten Erfolgskennzahlen ein statistisch signifikanter Zusammenhang auf dem 5%-Niveau. Dies gilt unabhängig von der Berechnungsmethode der Überrendite. Damit muss die Hypothese H9.1 abgelehnt werden. Für eine Interpretation dieses Ergebnisses ist es wichtig zu berücksichtigen, dass mit M&A-Transaktionen unterschiedliche Intentionen verfolgt werden können, wie im theoretischen Teil dieser Arbeit in den Unterkapiteln 2.2.2. und 2.2.3. ausführlich erörtert wurde. Das durch H9.1 zu überprüfende Restrukturierungsmotiv operativ schwacher Banken dürfte somit bei Aktientransaktionen nicht im Vordergrund stehen. Im Gegenteil scheint sich eine schlechte Kosteneffizienz des Übernahmeobjekts bei größeren Transaktionen negativ in der Überrendite des Käufers am Ankündigungstag niederzuschlagen. Werden die relativ größten 20 der insgesamt 40 Share Deals, für die Daten der relativen Deal-Größe vorliegen, auf den Zusammenhang zwischen Ankündigungseffekt des Bieters und CIR des Targets untersucht, so erhält man Korrelationskoeffizienten in der Bandbreite von -0,50 bis -0,62. Für alle Berechnungsmethoden der Überrendite sind sie jeweils statistisch signifikant auf dem 5%-Niveau. Dies kann dahingehend interpretiert werden, dass sich bei relativ großen Zusammenschlüssen unter der Verwendung von Aktien das zunehmende Risiko infolge einer schlechteren Kosteneffizienz des Übernahmeziels negativ auf die Kursreaktion des Käufers am Ankündigungstag auszuwirken scheint. Bei den 20 größten Transaktionen ohne die Verwendung von Aktien zeigt sich hingegen kein entsprechender Zusammenhang. Als Fazit lässt sich festhalten, dass bei Aktientransaktionen insgesamt das Restrukturierungsmotiv nicht im Vordergrund stehen dürfte und sich bei den größeren Deals eine Übernahme kostenineffizienter Banken sogar negativ auf die Überrendite des Käuferunternehmens am Ankündigungstag auswirkt.

Abschließend werden in diesem Unterkapitel mit H9.2 noch die Ankündigungseffekte der übernehmenden Bank bei Aktienangeboten im Hinblick auf die Bewertung des Targets untersucht. Die Erwartungshaltung ist, dass die Übernahme niedrig bewerteter Banken eine bessere Überrendite am Ankündigungstag zur Folge hat als bei hoch bewerteten Objekten. Da nicht alle Übernahmeziele börsennotiert sind, wird als Kennziffer für die Bewertung ausschließlich auf die Variable „Deal-Bewertung“[767] zurückgegriffen, die für 30 Stock Offers erhoben werden konnte.

[767] Zur Definition der verwendeten Variablen vgl. auch Unterkapitel 4.1.5.2.

Zeitfenster t=0	ARMM (STOXX)	ARMM (ST50)	ARMM (Banks)	ARMM (Lokal)	AR (Mean)	ARIX (STOXX)	ARIX (ST50)	ARIX (Banks)	ARIX (Lokal)
Deal-Bewertung									
Spearman-Rho	-0,172	-0,178	-0,154	-0,200	-0,138	-0,188	-0,181	-0,165	-0,225
Signifikanz (α^*)	0,181	0,174	0,208	0,145	0,233	0,161	0,169	0,192	0,116

Tab. 26: Zusammenhangsanalyse: Kumulierte Überrenditen und Bewertung des Targets bei Stock Offers

Zwar weist der Korrelationskoeffizient nach Spearman erwartungsgemäß für alle Berechnungsmethoden der Überrendite ein negatives Vorzeichen auf, allerdings ist der Zusammenhang statistisch nicht signifikant (vgl. Tab. 26). Damit kann auf der Basis des verwendeten Datensatzes keine Bestätigung dafür gefunden werden, dass bei Transaktionen mit Aktienkomponente ein hohes Verhältnis des Deal-Values zum Eigenkapital des Targets im Durchschnitt zu einem schlechteren Ankündigungseffekt bei der übernehmenden Bank führt. Bei einer Interpretation dieses Ergebnisses ist es wichtig zu beachten, dass ein Kaufpreis mit einer hohen Prämie zum Buchwert des Targets nicht gleichbedeutend ist mit einer Überbezahlung. Vielmehr ist die Prämie einerseits abhängig von der bereits bestehenden Rentabilität des Targets, andererseits von den erwarteten Synergien aus der Übernahme.[768] Vor dem Hintergrund, dass das Synergiepotenzial zumindest teilweise im Kaufpreis berücksichtigt wird, ist auch eine fehlende signifikante Korrelation zwischen den Variablen „Deal-Bewertung“ und „ROE Target“ zu verstehen. Dagegen konnte zwischen „PBV“ und „ROE Käufer“ im Rahmen der Untersuchung von Hypothese H8.3[769] ein signifikanter Bewertungszusammenhang festgestellt werden.

Abschließend sei anzumerken, dass eine prinzipiell als interessant erscheinende multiple Regressionsanalyse zur Untersuchung potenzieller Einflussfaktoren auf den Ankündigungseffekt bei Aktientransaktionen aufgrund der geringen Fallanzahl nicht durchgeführt werden konnte.[770]

---

768 Dies steht somit der Sichtweise entgegen, ein niedriges Preis-Buchwert-Verhältnis als Indiz für eine günstige Bewertung anzusehen und daher Targets mit einer niedrigen Wertausprägung dieser Kennzahl als „Value Investments“ zu bezeichnen. Vgl. zu dieser Sichtweise bspw. Campa/ Hernando, 2004, S. 61.

769 Vgl. hierzu die Ausführungen in Unterkapitel 4.4.2.

770 Die multiple Regressionsanalyse erfordert eine hohe Zahl an Fällen, wobei ein akzeptables Verhältnis zwischen unabhängigen Variablen und Fallzahl erst ab 10:1 vorliegt, manchmal jedoch sogar ein Verhältnis von 40:1 gefordert wird. Vgl. hierzu Brace/ Kemp/ Snelgar, 2003, S. 212. Im verwendeten Datensatz konnten innerhalb der ohnehin schon geringen Zahl von 45 Aktientransaktionen lediglich für 28 Transaktionen alle in Unterkapitel 4.4. verwendeten Variablen gleichzeitig erhoben werden.

4.5. Zusammenfassung der Ergebnisse und kritische Würdigung empirischer Forschungsansätze

4.5.1. Zusammenfassung der Ergebnisse der empirischen Untersuchung

Der empirische Teil der vorliegenden Arbeit hatte drei wesentliche Forschungsgegenstände hinsichtlich der Wahl der Akquisitionswährung bei europäischen Banken-M&A zum Inhalt: Erstens die Analyse von Einflussfaktoren auf die Auswahl der Zahlungsform, zweitens die Untersuchung der Überrenditen der Käuferbanken bei Ankündigung von Zusammenschlüssen im Hinblick auf die Akquisitionswährung und drittens speziell für Stock Offers die Analyse unterschiedlicher Ankündigungseffekte bei den Käufern hinsichtlich der Transaktionsmerkmale.
Bei den in dieser Dissertation betrachteten insgesamt 117 europäischen Bankenzusammenschlüssen kommt der relativen Größe des Übernahmeobjekts eine hohe Bedeutung hinsichtlich der Entscheidung über die Zahlungsform bei einer Übernahme zu. So liegt bei einem Einsatz von Aktien im Durchschnitt eine signifikant höhere relative Deal-Größe vor als bei Transaktionen ohne Aktienkomponente. Das Ergebnis deutet darauf hin, dass die Wahl von Aktien als Akquisitionswährung eng mit der Frage der Finanzierung einer Übernahme im Zusammenhang zu stehen scheint. Dies ist im Einklang mit der auf dem Modell von Myers und Majluf (1984) basierenden „Pecking Order" der Finanzierung.[771] Außerdem liegt für den verwendeten Datensatz ein ausgeprägter Zusammenhang zwischen der strategischen Übereinstimmung – gemessen durch regionale und sektorale Übereinstimung – und dem Einsatz von eigenen Aktien als Akquisitionswährung vor. Unter theoretischen Gesichtspunkten kann dies sowohl mit einer Verstärkung der Adverse-Selection-Problematik als auch mit höheren Transaktionskosten bei grenz- und sektorübergreifenden Zusammenschlüssen begründet werden. Eine ebenfalls durchgeführte logistische Regression zeigt dabei eine gute Erklärungskraft der relativen Deal-Größe und der Sektorübereinstimmung hinsichtlich der Entscheidung für Aktien als Zahlungsform bei Übernahmen durch europäische Banken auf. Keine Anhaltspunkte ergaben sich hingegen im Rahmen der durchgeführten Untersuchung für einen Einfluss der Bewertungsniveaus von Käufer und Übernahmeobjekt auf die Auswahl der Zahlungsform. Das könnte auch daran liegen, dass die verwendeten Variablen (KGV, PBV und Kursentwicklung im Vorfeld der Transaktion) isoliert betrachtet keine geeigneten Indikatoren für eine eventuell vorliegende Überbewertung des Käuferunternehmens darstellen. Damit

[771] Vgl. Myers/ Majluf, 1984, S. 433. Eine ausführliche Darstellung des Modells findet sich in Unterkapitel 3.2.2.

konnte für den in dieser Arbeit verwendeten Datensatz europäischer Bankenzusammenschlüsse keine Unterstützung der Aussagen des Modells von Shleifer und Vishny (2003) gefunden werden.[772] Ebenfalls keine statistisch signifikanten Unterschiede zwischen Transaktionen mit bzw. ohne Einsatz eigener Aktien lassen sich hinsichtlich der Eigenkapitalausstattung der übernehmenden Bank feststellen. Dies könnte auch an den gegenüber Industrieunternehmen wesentlich geringeren Handlungsfreiheiten von Banken liegen, die zum einen der Eigenkapitalregulierung unterliegen und zum anderen stärker die Anforderungen von Rating-Agenturen beachten müssen, da speziell für Kreditinstitute ein gutes Rating von hoher Bedeutung ist.

Vor der Untersuchung der Ankündigungseffekte bei den Käuferbanken hinsichtlich der Wahl der Akquisitionswährung wurde zunächst in einem ersten Schritt der Datensatz als Ganzes betrachtet, wobei sich keine statistisch signifikanten Kurseffekte ergaben. Dies lässt den Schluss zu, dass in dem verwendeten Datensatz die Ankündigung eines Zusammenschlusses durch eine europäische Bank per se im Durchschnitt weder eine positive noch eine negative Kursreaktion des Bieters zur Folge hat. Für die 45 Transaktionen mit einer Aktienkomponente lässt sich hingegen für den Ankündigungstag im Durchschnitt eine negative Überrendite des Käufers von rund 1% gegenüber dem jeweiligen lokalen Leitindex feststellen, die auf dem 5%-Niveau statistisch signifikant ist. Für die anderen Zeitfenster, die insgesamt einen Zeitraum von 20 Tagen vor bis zu 20 Tagen nach dem Tag der Deal-Ankündigung abdecken, zeigen sich zwar überwiegend negative kumulierte Überrenditen, die jedoch statistisch nicht signifikant sind. Die separate Betrachtung der 72 Transaktionen ohne den Einsatz von Aktien ergab dagegen im Durchschnitt auch am Ankündigungstag keine statistisch signifikanten Kursreaktionen. Die darüber hinaus durchgeführten Unterschiedsanalysen deuten darauf hin, dass die durchschnittliche Überrendite der Käuferbank bei Verwendung von Aktien als Zahlungsform schlechter ausfällt als bei Transaktionen ohne Einsatz eigener Aktien. Statistisch signifikante Ergebnisse werden dabei jedoch ausschließlich für den Ankündigungstag erzielt. Die aussagekräftigsten Ergebnisse zeigen sich dabei unter Verwendung der Überrendite gegenüber den jeweiligen Heimatindizes. Im Rahmen einer multiplen Regressionsanalyse erweist sich die Wahl der Akquisitionswährung auch bei Berücksichtigung weiterer potenzieller Erfolgsfaktoren als statistisch signifikant, soweit man die Charakteristika der Übernahmeobjekte außer Acht lässt. Letztere konnten nur für einen Bruchteil der Transaktionen des Datensatzes erhoben werden und hätten damit eine erhebliche Reduzierung der Fallanzahl zur Folge.

[772] Dies steht somit im Widerspruch zu den empirischen Ergebnissen von Dong u. a. (2006) für US-Unternehmen. Vgl. hierzu Dong u. a., 2006, S. 750f und die Ausführungen in Unterkapitel 3.3.2.

Speziell bei Stock Offers spielt hinsichtlich der Ankündigungseffekte die relative Größe eine signifikante Rolle. Je größer die Deal-Größe, desto schlechter fällt im Durchschnitt die Überrendite der betrachteten Käuferbanken aus. Dieser Zusammenhang ist für annähernd alle Berechnungsmethoden der Überrendite[773] mindestens auf dem 5%-Niveau statistisch signifikant. Bei Transaktionen ohne Einsatz eigener Aktien zeigt sich hingegen kein statistisch signifikanter Zusammenhang. Dies lässt die Interpretation zu, dass mit steigender Deal-Größe auch die Informationsprobleme, die ja insbesondere bei Share Offers zu vermuten sind, zunehmen. Des Weiteren wirkt sich bei den betrachteten Transaktionen mit einer Aktienkomponente eine bessere operative Performance der übernehmenden Bank positiv auf den Ankündigungseffekt bei ihr aus. Bei Verwendung des ROA und der Cost-Income-Ratio (CIR) als Erfolgskennzahlen ist dieser Zusammenhang für die Mehrzahl der verwendeten Berechnungsmethoden der Überrendite statistisch signifikant auf dem 5%-Niveau. Die regionale Übereinstimmung hat dagegen keinen statistisch signifikanten Einfluss, auch wenn die Überrendite der Käuferbanken für alle Berechnungsmethoden bei grenzüberschreitenden Share Deals im Durchschnitt stärker negativ ausfällt im Vergleich zu Inlandsübernahmen unter Verwendung von Aktien. Das Fehlen signifikanter Ergebnisse könnte auch darin begründet liegen, dass die relative Deal-Größe bei Aktientransaktionen im Inland diejenige von grenzüberschreitenden Akquisitionen bei weitem übersteigt. Dies stellt hinsichtlich des Auftretens von Informationsproblemen einen gegenläufigen Effekt dar. Keine Bestätigung konnte zudem für die Hypothesen hinsichtlich eines Einflusses der Bewertungsniveaus gefunden werden. Dies kann darauf zurückzuführen sein, dass die verwendeten Bewertungskennzahlen isoliert betrachtet keinen geeigneten Indikator für eine potenzielle Überbewertung darstellen. Darüber hinaus konnte auch der erwartete negative Zusammenhang zwischen der operativen Performance des Übernahmeobjekts und der Überrendite des Käufers am Ankündigungstag nicht bestätigt werden. Für eine Interpretation ist zu beachten, dass mit Bankenzusammenschlüssen die unterschiedlichsten Intentionen verfolgt werden können.[774] Das mit der Erwartung eines negativen Zusammenhangs unterstellte Restrukturierungsmotiv operativ schwacher Banken scheint somit bei den untersuchten Aktientransaktionen nicht im Vordergrund gestanden zu sein.

---

[773] Die Mittelwertbereinigungsmethode stellt dabei die einzige Ausnahme dar.

[774] Die unterschiedlichen ökonomischen (Kap. 2.2.2.) und nicht-ökonomischen (Kap. 2.2.3.) Motive bei Bankenzusammenschlüssen werden ausführlich im theoretischen Teil dieser Arbeit erörtert.

4.5.2. Würdigung empirischer Forschungsansätze und Anregungen für künftige Forschung

Sowohl der in Kapitel 3.3. gegebene Überblick über die bisher durchgeführte empirische Forschung als auch die eigene Untersuchung zur Wahl der Akquisitionswährung zeigen, dass nur in wenigen Einzelaspekten übereinstimmende Ergebnisse erzielt werden, v. a. in Bezug auf die Erklärung kausaler Zusammenhänge. Daher werden nachfolgend bisher erfolgte empirische Forschungsansätze kritisch gewürdigt. Dies beinhaltet zum einen die Erörterung von Problemen bei der Untersuchung von Kurseffekten in Form von Ereignisstudien und bei der Verwendung größerer Datensätze. Zum anderen wird eine mögliche ergänzende Richtung für weitere empirische Forschung anhand der Methodik von Case Studies aufgezeigt.

Bei der Betrachtung der Ergebnisse aus der Analyse kurzfristiger Ankündigungseffekte, die auch Gegenstand der Kapitel 4.3. und 4.4. des empirischen Teils der vorliegenden Arbeit waren, ist deren begrenzte Erklärungskraft zu berücksichtigen. So kann es bspw. zwar nicht im kurzfristigen, dafür aber im langfristigen Interesse der Aktionäre des Käuferunternehmens sein, eine Akquisition mit eigenen Aktien zu bezahlen.[775] Zudem muss zwischen der langfristigen Kursentwicklung und den Auswirkungen eines Zusammenschlusses unterschieden werden. So kann es durchaus sein, dass ein überbewertetes Unternehmen zwar langfristig Kursverluste aufweist, diese jedoch aufgrund einer vorteilhaften Akquisition niedriger ausfallen, als das ohne die entsprechende Transaktion der Fall gewesen wäre.[776]

Eines der Hauptprobleme bei der Messung des Erfolges auf Basis von Kursänderungen besteht in der Festlegung des Zeitraums der Analyse.[777] Bei der Beobachtung lediglich kurzer Zeitabschnitte um den Ankündigungszeitpunkt herum ist die Analyse ausschließlich auf Markterwartungen bezüglich unrealisierter Ereignisse ausgerichtet. Die Messung von Überrenditen über einen längeren Zeitraum hinweg birgt jedoch ebenfalls Probleme in sich. Bei deren Interpretation ist unklar, inwiefern sie auf den Zusammenschluss oder aber auf andere, davon unabhängige Faktoren zurückgehen.[778]

Ein Schwachpunkt bei Studien, die den Ankündigungseffekt von M&A-Transaktionen auf den Aktienkurs untersuchen, ist zudem, dass aufgrund der Vielzahl der betrachteten Unternehmen die Ursachen für die Wertschaffung von Unternehmensübernahmen, die durch die Kursentwicklung

---

775 Vgl. Shleifer/ Vishny, 2003, S. 301.

776 In diesem Sinne werden Aktienangebote speziell von überbewerteten Unternehmen abgegeben, die langfristig eine negative Kursentwicklung ihrer Aktien erwarten, jedoch versuchen, diese durch eine Akquisition abzuschwächen. Vgl. hierzu Shleifer/ Vishny, 2003, S. 306.

777 Vgl. Piloff/ Santomero, 1998, S. 63f.

778 Campa/ Hernando, 2004, S. 58.

widergespiegelt werden, kaum identifiziert werden.[779] Zwar wird im Allgemeinen häufig das Ergebnis erzielt, dass Unternehmenszusammenschlüsse im Durchschnitt keine statistisch signifikanten Wertzuwächse für die übernehmende Gesellschaft ergeben.[780] Allerdings dürfte dies auch damit zusammenhängen, dass Akquisitionen einerseits aus tatsächlich sinnvollen Gründen wie Synergien, anderseits aber auch lediglich aus der Intention der Vergrößerung des Machtbereichs des Managements heraus entstehen können. So könnten sich im Durchschnitt die Effekte aus den unterschiedlich motivierten Transaktionen gegenseitig aufheben.[781] Problematisch für die empirische Untersuchung von Motiven für Bankenzusammenschlüsse ist, dass die tatsächlichen Motive nicht direkt beobachtbar sind und sich u. U. von denjenigen, die das Management mit der Ankündigung einer Transaktion nennt, abweichen können.[782] Daher bleibt die Forschung darauf beschränkt, die Motive aus beobachtbaren Faktoren wie operativen Kennzahlen, Unternehmenseigenschaften und Kursänderungen abzuleiten.

Ein Großteil der bisherigen empirischen Forschung – wie auch im Falle der vorliegenden Arbeit – basiert auf der Analyse größerer Datensätze und erzielt z. T. unterschiedliche Ergebnisse.[783] Bisherige Untersuchungen liefern nur wenige Erkenntnisse bezogen auf die Bestimmungsfaktoren für Erfolg oder Misserfolg von M&A-Transaktionen.[784] Betrachtungen durchschnittlicher Effekte auf Basis großer Datensätze können die Vielfalt ökonomischer Auswirkungen bei Zusammenschlüssen nicht fassen, mitunter nicht einmal die Richtung eines Effekts.[785] Aufgrund der großen Komplexität und Heterogenität der Gründe für Unternehmenszusammenschlüsse können Untersuchungen unter Verwendung großer Datensätze oftmals nur wenig neue Einblicke hinsichtlich der Erfolgsfaktoren für M&A liefern.[786] Ein viel versprechender Ansatz ist daher möglicherweise die detailliertere Analyse einer kleineren Anzahl von Transaktionen.

Dabei ist die Einzelfallanalyse eine spezielle Methode im Rahmen der empirischen Forschung.[787] Der Einsatz qualitativer Fallstudien erscheint dann sinnvoll, wenn sehr komplexe Sachverhalte

---

[779] Vgl. Andrade/ Mitchell/ Stafford, 2001, S. 117.
[780] Vgl. Andrade/ Mitchell/ Stafford, 2001, S. 118.
[781] Zu diesem Ergebnis kommen Mitchell und Lehn (1990) in ihrer Untersuchung, die zwischen "guten" und "schlechten" Bietern unterscheidet. Vgl. Mitchell/ Lehn, 1990, S. 396f.
[782] Vgl. Group of Ten, 2001, S. 67.
[783] Vgl. Kaplan, 2000, S. 1-3.
[784] Ein entsprechendes negatives Fazit ziehen auch Piloff und Santomero (1998) hinsichtlich der bisher durchgeführten Untersuchungen von Bankenzusammenschlüssen. Vgl. Piloff/ Santomero, 1998, S. 60.
[785] Vgl. Kaplan, 2000, S. 6.
[786] Vgl. Healy/ Palepu/ Ruback, 1992, S. 164.
[787] Synonym für Einzelfallanalyse werden auch Einzelfallstudie, Case Study oder Fallstudie verwendet. Vgl. Schnell/ Hill/ Esser, 1999, S. 235.

durch quantitative, eindimensionale Indikatoren nicht ausreichend abgebildet werden können.[788] Dabei ist jedoch eine erhebliche Einschränkung der externen Validität zu beachten.[789] Fallstudien können mit Hinblick auf zwei Zielrichtungen vorgenommen werden.[790] Erstens können sie im Rahmen der Theorieprüfung durch eine differenzierte Datenerhebung und -analyse der Erklärung und Beschreibung einer vielschichtigen Thematik dienen. Zweitens können sie auch explorativen Charakter haben, indem sie die Generierung neuer Hypothesen zum Ziel haben. Die Ziele dieser Forschungsmethode reichen also von rein beschreibender Funktion über das Testen von Theorien bis hin zur Theoriegewinnung. Die konkrete Ausgestaltung der Fallstudienuntersuchung hängt, wie bei anderen Forschungsansätzen auch, von der identifizierten Art der Fragestellung ab.[791] Zielt diese eher auf qualitative Aspekte des „Wie" und „Warum" ab, dann liegt die Durchführung einer Case Study mit erklärendem Charakter nahe. Generell steht bei der Forschung anhand von Case Studies das Verstehen der Dynamik, die einzelnen Tatsachen zugrunde liegt, im Vordergrund.[792] Typischerweise verbinden Fallstudien diverse Methoden der Datenerhebung, wobei neben Sekundärdaten auch Primärdaten aus Interviews, Fragebögen und Beobachtungen verwendet werden können.

Wegen der limitierten Anzahl der Untersuchungsobjekte erlauben Fallstudien zwar keine statistisch valide Verallgemeinerung ihrer Ergebnisse, sie können aber aufgrund ihrer größeren Datenvielfalt tiefere Einblicke in das Verhalten einer Industrie bzw. eines Unternehmens bei M&A-Aktivitäten und dem daraus resultierenden Erfolg geben.[793] Dies kann zum einen Erklärungen für beobachtete Ergebnisse liefern, zum anderen Situationen identifizieren, die nicht den statistischen Verallgemeinerungen entsprechen.[794]

---

788 Vgl. Bortz/ Döring, 2002, S. 113.

789 Zu Vorgehensweisen der Erhöhung von Validität und Realibilität bei der Durchführung von Case Studies vgl. Yin, 1994, S.32-38.

790 Vgl. Schnell/ Hill/ Esser, 1999, S. 237f.

791 Vgl. Yin, 1994, S. 7.

792 Vgl. Eisenhardt, 1989, S. 534f.

793 Vgl. Rhoades, 1998, S. 276. An der Methodik von Case Studies werden vor allem zwei Kritikpunkte geäußert. Zum einen ist dies die mangelnde Repräsentativität von einzelnen Fällen, zum anderen wird der Vorwurf fehlender Rigorosität bei der Sammlung und Analyse des empirischen Materials erhoben. Das ist verbunden mit dem Vorwurf von Wahrnehmungsverzerrungen durch eine Subjektivität des Forschers. Vgl. hierzu Hamel, 1993, S. 23.

794 Eine Untersuchung der Effizienzsteigerung bei Zusammenschlüssen von Banken anhand von Fallstudien führten bspw. Calomiris und Karceski (2000) mit der Analyse von insgesamt neun US-Transaktionen durch. Vgl. Calomiris/ Karceski, 2000, S. 93-161. Die Wahl der Akquisitionswährung, das Thema der vorliegenden Dissertation, spielt in ihrer Untersuchung jedoch keine Rolle. An der Arbeit von Calomiris und Karceski lässt sich zudem kritisieren, dass der Schluss vom Spezifischen hin zum Allgemeineren ausbleibt und insbesondere keine neuen, quantifizierbaren Variablen identifiziert werden, die für empirische Tests auf größerer Datenbasis genutzt werden könnten. Vgl. James, 2000, S. 169.

Infolge der Beschränkungen des Datensatzes und des gewählten Untersuchungsdesigns konnten im Rahmen dieser Arbeit außerdem zahlreiche interessante Fragestellungen im Zusammenhang mit der Analyse der Wahl der Akquisitionswährung als Erfolgsfaktor leider nicht verfolgt werden. Interessant wäre bspw. eine differenzierte Analyse der Ausgestaltung der Aktienangebote hinsichtlich Fixwert- oder Fixzahlangebot, die jedoch auf Basis der verfügbaren Daten im Rahmen dieser Arbeit nicht möglich war. So kann das Ausmaß an Schutz für die Eigentümer des Übernahmeobjektes bis zum Abschluss der Transaktion bei einer Stock Offer eine relevante Rolle für die Untersuchung von Ankündigungseffekten spielen.[795] Dabei schwächen Fixwertangebote die Informationsprobleme ab, weshalb vergleichsweise bessere Kursreaktionen zu erwarten sind.
Auch die rechtliche Form der Transaktion kann einen bedeutenden Erfolgsfaktor darstellen. So ist bei einem Bankenzusammenschluss eine wichtige Unterscheidung, ob es sich um eine Akquisition durch eine Holdinggesellschaft handelt, in deren Anschluss die übernommene Bank als eigenständige Einheit erhalten bleibt, oder ob vielmehr eine Verschmelzung beider Institute erfolgt.[796] Falls die erworbene Bank als Einheit erhalten bleibt, kann der Akquisiteur zwar Performance steigernde Maßnahmen einführen, hat aber keine vollständige Freiheit für Veränderungen, da u. a. weiterhin eine eigene Infrastruktur und eigenes Kapital erhalten bleiben müssen. Bei einer Verschmelzung geht das Target hingegen in der Käuferbank auf, wodurch die Beschränkungen bei der Reorganisation beseitigt werden.
Zudem dürften Lerneffekte eine wichtige Rolle bei M&A-Transaktionen spielen. So können Unternehmen, die häufig M&A-Transaktionen durchführen, auf Erfahrungsvorsprünge hinsichtlich Identifikation, Bewertung und Integration von Übernahmekandidaten zurückgreifen.[797] Geringe kumulierte abnormale Renditen können somit auch dahingehend interpretiert werden, dass für akquisitionsorientierte Banken Zusammenschlüsse gewissermaßen zum Alltag gehören und daher kein Ereignis darstellen, auf das eine signifikante Kapitalmarktreaktion feststellbar ist.[798] Diese Fragenkomplexe stellen mögliche Inhalte für künftige empirische Forschung dar, wobei insbesondere der zuvor skizzierte Fallstudienansatz viel versprechend erscheint.

---

[795] Die Bedeutung dieser Differenzierung hängt dabei mit der Länge des Zeitintervalls von der Ankündigung bis zum Abschluss einer Transaktion zusammen. Der Informationsgehalt eines Fixwertangebots entspricht bei einer kurzen Zeitspanne eher einem Fixzahlangebot, bei einer langen Zeitspanne hingegen eher einer Cash Offer. Vgl. hierzu Houston/ Ryngaert, 1997, S. 213, Fußnote 18.
[796] Vgl. Linder/ Crane, 1993, S. 36f.
[797] Vgl. Bühner, 1990, S. 309.
[798] Vgl. Bühner, 1990, S. 309.

5. Schlussbetrachtung

Die vorliegende Arbeit zeigt auf, dass die Wahl der Akquisitionswährung einen relevanten Erfolgsfaktor bei Unternehmenszusammenschlüssen darstellt. Dies ergibt sich nicht nur aus theoretischen Überlegungen heraus, sondern im überwiegenden Maße auch aus der bisher erfolgten empirischen Forschung. Allerdings sind die Ergebnisse der durchgeführten Studien in ihrer Gesamtheit nicht eindeutig. Das gilt insbesondere im Hinblick auf die Erfolgswirkungen für das übernehmende Unternehmen[799] und die Einflussfaktoren auf die Wahl der Akquisitionswährung. Hinzu kommt, dass sich der überwiegende Teil der empirischen Forschung, die sich mit der Zahlungsform bei Übernahmen beschäftigt, regional auf die USA und – mit einigen Abstrichen – auf Großbritannien bezieht, sektoral v. a. Industrieunternehmen unter Ausschluss von Finanzwerten betrachtet und methodisch auf der statistischen Auswertung größerer Datensätze beruht.

Daraus lässt sich auf einen weiteren Bedarf an Forschung hinsichtlich dieser Thematik schließen. In der vorliegenden Dissertation erfolgte daher die Konkretisierung der Problemstellung auf europäische Bankenzusammenschlüsse als Untersuchungsgegenstand. Ein Kernpunkt der vorliegenden Dissertation ist die Untersuchung eines aktuellen Datensatzes von 117 Übernahmen durch europäische Banken innerhalb des Zeitraums von 1999 bis 2005. Zur Formulierung und Operationalisierung der zu testenden Hypothesen, deren Fokus auf das Käuferunternehmen gerichtet ist, trugen dabei sowohl theoretische Grundlagen als auch die bisherige empirische Forschung bei. Die vorliegende Arbeit leistet damit einen Beitrag, den bestehenden Mangel an Analysen hinsichtlich der Wahl der Akquisitionswährung anhand aktueller Datensätze, die sich auf Europa und speziell auf den Bankensektor beziehen, weiter zu reduzieren.

Auch wenn im empirischen Teil dieser Dissertation etliche signifikante Ergebnisse erzielt werden konnten,[800] werden abschließend einige Probleme des Ansatzes statistischer Untersuchungen hinsichtlich der Wahl der Akquisitionswährung hervorgehoben, die bei der Betrachtung der Ergebnisse der empirischen Arbeit berücksichtigt werden sollten. In methodischer Hinsicht ist wichtig zu betonen, dass die Ergebnisse von Ereignisstudien oftmals stark von den gewählten Zeitfenstern und den Methoden der Renditeberechnung abhängen. Daher wurden in der vorliegenden Arbeit jeweils zehn verschiedene Zeitfenster betrachtet, die insgesamt einen 41-Tage-Zeitraum von 20

---

[799] Während bisher durchgeführte Studien im Durchschnitt hohe Übernahmeprämien für das Zielobjekt feststellen, besteht kaum Konsens hinsichtlich der Werteffekte auf die jeweiligen Akquisiteure. Vgl. hierzu Goergen/ Renneboog, 2004, S. 11.

[800] Vgl. hierfür insbesondere die Zusammenfassung der Ergebnisse in Unterkapitel 4.5.1.

Tagen vor bis 20 Tage nach dem Ankündigungstag abdecken. Interessanterweise erwies sich lediglich der Ankündigungstag selbst als relevant für die Analyse der Überrendite in Abhängigkeit von der Akquisitionswährung. Dies ist verständlich vor dem Hintergrund, dass die Information über die Zahlungsform wohl sofort bei Ankündigung vollständig verarbeitet wird, während die Beurteilung des Synergiepotenzials und der strategischen Konzeption eines Zusammenschlusses i. d. R. einen vergleichsweise längeren Zeitraum in Anspruch nehmen dürfte. Die große Relevanz des Betrachtungszeitraums für die Signifikanz der Ergebnisse sollte daher auch bei einem Vergleich der Ergebnisse dieser Arbeit mit anderen Untersuchungen entsprechend berücksichtigt werden.

Außerdem wurden in der vorliegenden Dissertation insgesamt neun verschiedene Berechnungsmethoden für die Überrendite verwendet. Auch diesbezüglich zeigte sich, dass nicht bei jedem Hypothesentest eindeutige Ergebnisse für alle verwendeten Methoden gleichzeitig erzielt werden konnten. Die besten Resultate wurden dabei überwiegend unter der Verwendung von Überrenditen gegenüber dem jeweiligen lokalen Leitindex erzielt, und zwar sowohl aus dem Marktmodell als auch marktbereinigt ermittelt, die schwächsten hingegen bei Anwendung der Methode der Mittelwertbereinigung.

Allerdings ergaben sich für die empirische Untersuchung dieser Arbeit gewisse Beschränkungen durch den erhobenen Datensatz. Dies liegt zum einen an der relativ geringen Fallanzahl von lediglich 117 Transaktionen, welche von den insgesamt 1.520 M&A-Transaktionen im Bankensektor in den EU-15-Staaten zuzüglich der Schweiz für den Zeitraum 1999 bis 2005 die für die Untersuchung notwendigen Kriterien erfüllten. Davon wiederum enthielten 45 Transaktionen auch eine Aktienkomponente. Diese relativ geringe Fallzahl wirkt sich insbesondere erschwerend auf die separate Untersuchung von Stock Offers aus und lässt eine weitere Unterscheidung hinsichtlich der Höhe des Aktienanteils als kaum durchführbar erscheinen. Hinzu kommt, dass nicht alle Variablen auch für jede einzelne der Transaktionen erhoben werden konnten und dadurch der Umfang des Datensatzes weiter verringert wird. Mit einem Fortschreiten der Zeit und insbesondere vor dem Hintergrund der zu erwartenden Zunahme grenzüberschreitender Aktivitäten von Banken infolge der sich fortsetzenden Integration der Finanzmärkte in Europa[801] sollte sich dieses Problem jedoch abschwächen. Dies lässt weitere empirische Untersuchungen auf der Basis aktueller Datensätze als sinnvoll erscheinen. Zudem konnten im Rahmen dieser Arbeit nicht alle sich aus

---

[801] Vgl. European Central Bank, 2004, S. 93. Bisher spiegelt hingegen in der EU der grenzüberschreitende Konsolidierungsprozess im Bankensektor noch keinen perfekt funktionierenden Binnenmarkt wider. Vgl. hierzu European Union, 2005a, S. 25.

dem theoretischen Teil ergebenden interessanten Fragestellungen entsprechend operationalisiert werden und bleiben somit künftiger Forschung überlassen.

Unabhängig von den zuvor erwähnten methodischen Schwierigkeiten, die bei jedem Untersuchungsansatz entsprechend adressiert werden sollten, und den Limitierungen des hier verwendeten Datensatzes, die sich im Laufe der Zeit – aufgrund fortschreitender M&A-Aktivitäten im Bankensektor – abschwächen dürften, wird bei Analysen im Hinblick auf die Wahl der Akquisitionswährung stets ein grundsätzliches Problem existieren. Dies besteht darin, dass die mit der selektierten Zahlungsform verbundenen Effekte nicht isolierbar sind von der prinzipiellen Einschätzung des Erfolgs eines Zusammenschlusses.[802] Eine vom Markt als sinnvoll erachtete Transaktion wird nicht alleine deswegen negativ beurteilt, weil Aktien eingesetzt werden. Und andererseits hebt eine Barzahlung nicht die Nachteile einer als strategisch nicht sinnvoll bewerteten Übernahme auf. Der Wahl der Akquisitionswährung dürfte daher eher ein verstärkender bzw. dämpfender Kurseffekt zukommen. Vor diesem Hintergrund ist auch im Falle statistisch insignifikanter Ergebnisse empirischer Untersuchungen hinsichtlich der Schlussfolgerung, dass der Wahl der Akquisitionswährung keine große Bedeutung zukäme, Vorsicht angebracht. Das gilt insbesondere bei Verwendung von über den Ankündigungstag hinausgehender Zeitfenster. Die Methodik von Case Studies könnte in diesem Zusammenhang einen ergänzenden Ansatz für die Untersuchung von Kausalitäten erfolgreicher Bankenzusammenschlüsse und der Rolle der Akquisitionswährung darstellen. Hierin besteht noch ein weites Betätigungsfeld für künftige Forschung.

[802] So gehen von der Ankündigung einer Übernahme und seiner Ausgestaltung nicht nur Informationen hinsichtlich der Wertschaffung durch den Zusammenschluss, sondern auch hinsichtlich des Stand-Alone-Wertes des Bieterunternehmens aus. Vgl. Bhagat u. a., 2004, S. 5f.

ANHANG

Anhang 1: M&A-Aktivitäten der 90er Jahre im Bankensektor

		1990	1991	1992	1993	1994	1995	1996	1997	1998	1999
Alle Länder	Anzahl	180	297	366	454	503	552	504	533	528	506
	Gesamtvolumen (Mrd. USD)	20,0	29,4	25,4	32,6	34,2	135,3	50,2	204,3	279,3	274,7
	Durchschnittl. Vol. (Mio. USD)	180,4	202,9	136,0	109,0	97,7	398,1	158,8	527,9	710,6	805,5
Inland/ gleicher Sektor	*Anzahl*	*139*	*244*	*318*	*390*	*433*	*435*	*395*	*425*	*417*	*367*
	Gesamtvolumen (Mrd. USD)	*16,8*	*27,7*	*23,7*	*26,7*	*31,0*	*122,3*	*38,9*	*172,0*	*257,2*	*241,1*
	Durchschnittl. Vol. (Mio. USD)	*182,2*	*216,7*	*135,9*	*100,7*	*97,2*	*429,3*	*148,0*	*529,4*	*781,9*	*976,2*
Inland/ sektorübergreifend	*Anzahl*	*13*	*25*	*22*	*35*	*36*	*52*	*60*	*49*	*45*	*72*
	Gesamtvolumen (Mrd. USD)	*0,3*	*1,1*	*0,5*	*4,5*	*0,8*	*2,1*	*5,1*	*20,3*	*5,7*	*9,7*
	Durchschnittl. Vol. (Mio. USD)	*42,0*	*160,9*	*86,0*	*204,1*	*40,6*	*90,8*	*163,3*	*598,2*	*195,5*	*194,1*
Ausland/ gleicher Sektor	*Anzahl*	*22*	*20*	*19*	*22*	*25*	*44*	*34*	*42*	*51*	*50*
	Gesamtvolumen (Mrd. USD)	*2,8*	*0,4*	*1,0*	*1,3*	*1,7*	*10,2*	*5,1*	*10,7*	*15,5*	*20,3*
	Durchschnittl. Vol. (Mio. USD)	*283,5*	*61,4*	*197,8*	*141,9*	*150,2*	*379,6*	*301,3*	*509,7*	*596,1*	*613,8*
Ausland/ sektorübergreifend	*Anzahl*	*6*	*8*	*7*	*7*	*9*	*21*	*15*	*17*	*15*	*17*
	Gesamtvolumen (Mrd. USD)	*0,2*	*0,2*	*0,3*	*0,1*	*0,8*	*0,7*	*1,1*	*1,2*	*0,8*	*3,6*
	Durchschnittl. Vol. (Mio. USD)	*58,5*	*47,2*	*136,8*	*43,7*	*750,0*	*130,1*	*212,7*	*174,3*	*94,1*	*325,9*
Bruttoinlandsprodukt (BIP)	(Mrd. USD)	16.147	17.041	18.265	18.447	19.727	21.571	21.638	21.242	21.480	22.550
M&A als % des BIP		0,12%	0,17%	0,14%	0,18%	0,17%	0,63%	0,23%	0,96%	1,30%	1,22%
Europa	Anzahl	49	130	125	102	138	144	130	125	140	184
	Gesamtvolumen (Mrd. USD)	4,9	8,8	9,4	10,4	9,0	27,6	12,6	58,3	66,0	124,9
	Durchschnittl. Vol. (Mio. USD)	206,1	293,0	304,0	260,9	204,8	425,1	233,0	911,7	825,0	1.261,3
Inland/ gleicher Sektor	*Anzahl*	*22*	*90*	*89*	*72*	*92*	*66*	*70*	*66*	*89*	*113*
	Gesamtvolumen (Mrd. USD)	*3,9*	*7,5*	*8,7*	*8,9*	*7,3*	*21,5*	*7,6*	*39,6*	*49,9*	*104,2*
	Durchschnittl. Vol. (Mio. USD)	*354,9*	*339,6*	*396,7*	*341,1*	*251,5*	*767,9*	*271,5*	*1.132,6*	*977,5*	*2.043,4*
Inland/ sektorübergreifend	*Anzahl*	*8*	*20*	*15*	*16*	*21*	*33*	*31*	*27*	*10*	*23*
	Gesamtvolumen (Mrd. USD)	*0,2*	*1,0*	*0,5*	*0,5*	*0,3*	*0,5*	*1,7*	*12,9*	*2,4*	*2,4*
	Durchschnittl. Vol. (Mio. USD)	*52,3*	*524,1*	*122,9*	*59,6*	*37,5*	*30,4*	*106,5*	*680,5*	*588,2*	*161,0*
Ausland/ gleicher Sektor	*Anzahl*	*15*	*13*	*17*	*11*	*17*	*29*	*17*	*20*	*29*	*36*
	Gesamtvolumen (Mrd. USD)	*0,7*	*0,1*	*0,2*	*0,9*	*0,7*	*5,1*	*2,9*	*5,5*	*13,0*	*15,3*
	Durchschnittl. Vol. (Mio. USD)	*101,4*	*41,1*	*45,0*	*229,6*	*111,3*	*297,9*	*360,7*	*908,9*	*722,6*	*639,5*
Ausland/ sektorübergreifend	*Anzahl*	*4*	*7*	*4*	*3*	*8*	*16*	*12*	*12*	*12*	*12*
	Gesamtvolumen (Mrd. USD)	*0,2*	*0,2*	*0,0*	*0,1*	*0,8*	*0,6*	*0,4*	*0,3*	*0,8*	*2,9*
	Durchschnittl. Vol. (Mio. USD)	*58,5*	*47,2*	*25,2*	*111,7*	*750,0*	*144,6*	*195,4*	*80,3*	*112,5*	*321,9*
Bruttoinlandsprodukt (BIP)	(Mrd. USD)	6.472	6.739	7.344	6.659	7.072	8.061	8.198	7.681	7.922	7.889
M&A als % des BIP		0,08%	0,13%	0,13%	0,16%	0,13%	0,34%	0,15%	0,76%	0,83%	1,58%
M&A-Volumen in % des ges. Vol.		24,7%	29,9%	37,1%	32,0%	26,4%	20,4%	25,1%	28,6%	23,6%	45,5%
M&A-Anzahl in % der Gesamtzahl		27,2%	43,8%	34,2%	22,5%	27,4%	26,1%	25,8%	23,5%	26,5%	36,4%
USA	Anzahl	113	142	235	327	356	381	339	361	362	255
	Gesamtvolumen (Mrd. USD)	4,3	20,5	15,2	20,9	22,5	71,4	32,2	138,9	212,7	68,4
	Durchschnittl. Vol. (Mio. USD)	55,3	191,3	98,0	83,8	75,1	269,5	129,5	460,1	702,0	315,2
Inland/ gleicher Sektor	*Anzahl*	*107*	*136*	*225*	*302*	*337*	*356*	*305*	*325*	*308*	*208*
	Gesamtvolumen (Mrd. USD)	*3,9*	*20,2*	*14,9*	*17,6*	*21,7*	*66,4*	*28,8*	*129,0*	*206,9*	*56,9*
	Durchschnittl. Vol. (Mio. USD)	*52,2*	*198,2*	*98,2*	*75,4*	*75,3*	*265,8*	*124,8*	*465,7*	*766,3*	*312,5*
Inland/ sektorübergreifend	*Anzahl*	*4*	*3*	*6*	*15*	*13*	*14*	*22*	*19*	*32*	*34*
	Gesamtvolumen (Mrd. USD)	*0,1*	*0,0*	*0,0*	*3,0*	*0,2*	*1,6*	*2,6*	*7,2*	*3,3*	*6,0*
	Durchschnittl. Vol. (Mio. USD)	*36,5*	*9,4*	*12,3*	*269,3*	*19,0*	*228,9*	*233,0*	*516,1*	*141,5*	*229,1*
Ausland/ gleicher Sektor	*Anzahl*	*2*	*3*	*1*	*7*	*5*	*11*	*11*	*13*	*19*	*10*
	Gesamtvolumen (Mrd. USD)	*0,3*	*0,2*	*0,0*	*0,3*	*0,7*	*3,4*	*0,8*	*1,8*	*2,5*	*4,9*
	Durchschnittl. Vol. (Mio. USD)	*331,7*	*113,0*	*0,0*	*106,6*	*226,3*	*422,1*	*141,2*	*227,9*	*311,4*	*696,5*
Ausland/ sektorübergreifend	*Anzahl*	*0*	*0*	*3*	*3*	*1*	*0*	*1*	*4*	*3*	*3*
	Gesamtvolumen (Mrd. USD)	*0,0*	*0,0*	*0,2*	*0,0*	*0,0*	*0,0*	*0,0*	*0,9*	*0,1*	*0,7*
	Durchschnittl. Vol. (Mio. USD)	*0,0*	*0,0*	*248,4*	*9,7*	*0,0*	*0,0*	*3,0*	*299,7*	*29,7*	*344,3*
Bruttoinlandsprodukt (BIP)	(Mrd. USD)	5.803	5.986	6.319	6.642	7.054	7.401	7.813	8.301	8.760	9.256
M&A als % des BIP		0,07%	0,34%	0,24%	0,31%	0,32%	0,97%	0,41%	1,67%	2,43%	0,74%
M&A-Volumen in % des ges. Vol.		21,5%	69,6%	59,8%	64,0%	65,9%	52,8%	64,3%	68,0%	76,2%	24,9%
M&A-Anzahl in % der Gesamtzahl		62,8%	47,8%	64,2%	72,0%	70,8%	69,0%	67,3%	67,7%	68,6%	50,4%

Tab. 27: Überblick über die fortschreitenden M&A-Aktivitäten der 90er Jahre im Bankensektor[803]

[803] Die Klassifizierung erfolgt auf der Basis der übernehmenden Bank. Die Datenquelle für 1990-1999 ist eine Studie der Group of Ten (2001), die auf der Datenbank „SDC Platinum" von Thomson Financial basiert. Vgl. zu den Daten für 1990-1999 Group of Ten, 2001, S. 337f, 349f, 353f.

Anhang 2: Berechnung der Überrenditen: Parameter für die Varianten des Marktmodells und die Mittelwertbereinigung

Deal Nr.	Akquisiteur	R^2	α	β	Empirische Signifikanz	Durbin-Watson	Verwendeter lokaler Index*	Börsennotiertes Mutterunternehmen	Kommentar
1	Close Brothers Group plc	0,045	-0,0006	0,4283	0,001	1,7380	FTSE100	Close Brothers Group plc	
2	Dexia SA	0,221	0,0006	0,5890	0,000	1,7686	BGBEL20	Dexia SA	
3	Royal Bank of Scotland Group plc, The	0,294	-0,0006	1,2248	0,000	1,8425	FTSE100	Royal Bank of Scotland Group plc, The	
4	EFG Eurobank Ergasias SA	0,408	-0,0016	0,9082	0,000	1,6894	FTASE2P	EFG Eurobank Ergasias SA	
5	Dresdner Bank AG	0,115	0,0000	0,6730	0,000	1,8264	DAXIDXI	Dresdner Bank AG	
6	ABN Amro Holding NV	0,161	0,0000	0,5564	0,000	1,8450	AMSTEOE	ABN Amro Holding NV	
7	Banco Santander Central Hispano SA	0,342	0,0004	0,8042	0,000	2,0835	IBEX35I	Banco Santander Central Hispano SA	
8	Svenska Handelsbanken AB	0,023	0,0021	0,1343	0,017	2,0390	SWEDOMX	Svenska Handelsbanken AB	
9	UniCredito Italiano SpA	0,304	0,0010	0,6166	0,000	1,8186	ITMIB30	UniCredito Italiano SpA	
10	Lloyds TSB Group plc	0,516	0,0004	1,0830	0,000	2,2034	FTSE100	Lloyds TSB Group plc	
11	Banca di Roma SpA	0,560	-0,0011	1,1833	0,000	1,9151	ITMIB30	Capitalia	Name des Mutterunternehmens nach Transaktion
12	Banco Santander Central Hispano SA	0,813	-0,0005	1,2630	0,000	1,9305	IBEX35I	Banco Santander Central Hispano SA	
13	Aspis Bank SA	0,248	-0,0010	0,6185	0,000	1,4746	FTASE2P	Aspis Bank SA	
14	Crédit Agricole SA	0,464	0,0015	0,8504	0,000	2,0240	FRCAC40	Crédit Agricole SA	
15	Northern Rock plc	0,217	0,0015	0,6968	0,000	2,2348	FTSE100	Northern Rock plc	
16	Erste Bank der Österreichischen Sparkassen AG	0,401	-0,0004	1,4159	0,000	2,1126	ATXINDX	Erste Bank der Österreichischen Sparkassen AG	
17	HSBC Holdings plc	0,683	0,0009	1,1776	0,000	2,0973	FTSE100	HSBC Holdings plc	
18	Banco Popular Español SA	0,182	0,0009	0,4342	0,000	2,2884	IBEX35I	Banco Popular Español SA	
19	Banca Popolare di Bergamo-Credito Varesino Scarl	0,151	0,0004	0,2880	0,000	2,1872	ITMIB30	Banca Popolare di Bergamo-Credito Varesino Scarl	
20	Crédit Agricole SA	0,385	0,0013	0,7309	0,000	2,1075	FRCAC40	Crédit Agricole SA	
21	Banca Popolare di Lodi SpA	0,213	-0,0002	0,5251	0,000	2,0199	ITMIB30	Banca Popolare Italiana	Umbennenung in 2005
22	HSBC Holdings plc	0,671	0,0005	0,8338	0,000	2,0512	FTSE100	HSBC Holdings plc	
23	Erste Bank der Österreichischen Sparkassen AG	0,541	-0,0008	1,4143	0,000	1,9940	ATXINDX	Erste Bank der Österreichischen Sparkassen AG	
24	Banca Popolare di Lodi SpA	0,196	-0,0001	0,4775	0,000	2,0059	ITMIB30	Banca Popolare Italiana	Umbennenung in 2005
25	Banca Popolare di Lodi SpA	0,227	0,0008	0,5490	0,000	1,9640	ITMIB30	Banca Popolare Italiana	Umbennenung in 2005
26	ABN Amro Holding NV	0,805	0,0015	1,2514	0,000	2,0236	AMSTEOE	ABN Amro Holding NV	
27	Allgemeine Deutsche Direktbank AG	0,825	0,0001	1,4752	0,000	2,2398	AMSTEOE	ING	Mutterunternehmen
28	Barclays Bank SA	0,710	-0,0001	1,3343	0,000	2,1051	FTSE100	Barclays Bank SA	
29	Standard Chartered plc	0,446	-0,0001	1,1449	0,000	2,0093	FTSE100	Standard Chartered plc	
30	Alpha Bank SA	0,687	-0,0004	1,3719	0,000	1,9453	FTASE2P	Alpha Bank SA	
31	National Bank of Greece SA	0,743	0,0003	1,3139	0,000	1,7782	FTASE2P	National Bank of Greece SA	
32	Royal Bank of Scotland Group plc, The	0,769	0,0005	1,3166	0,000	2,2147	FTSE100	Royal Bank of Scotland Group plc, The	
33	KBC Banque & Assurance Holding Company NV	0,306	0,0008	0,9410	0,000	2,2173	BGBEL20	KBC Groupe	Mutterunternehmen
34	Royal Bank of Scotland Group plc, The	0,768	0,0007	1,3330	0,000	2,1791	FTSE100	Royal Bank of Scotland Group plc, The	
35	Kredietbank SA Luxembourgeoise	0,158	-0,0001	0,3608	0,000	2,4018	LXLUXXI	Kredietbank SA Luxembourgeoise	
36	Deutsche Postbank AG	0,142	0,0009	0,5098	0,000	1,7293	DAXIDXI	Deutsche Postbank AG	
37	Banca Profilo SpA	0,285	-0,0008	0,7950	0,000	2,1866	ITMIB30	Banca Profilo SpA	
38	Mediobanca SpA	0,551	0,0001	1,0043	0,000	2,0214	ITMIB30	Mediobanca SpA	
39	HSBC Holdings plc	0,685	0,0002	0,7007	0,000	2,1508	FTSE100	HSBC Holdings plc	
40	HSBC Holdings plc	0,550	0,0005	0,6972	0,000	2,1431	FTSE100	HSBC Holdings plc	

Deal Nr.	Akquisiteur	R²	α	β	Empirische Signifikanz	Durbin-Watson	Verwendeter lokaler Index*	Börsennotiertes Mutterunternehmen	Kommentar
41	Lloyds TSB Group plc	0,676	-0,0011	1,3751	0,000	1,9858	FTSE100	Lloyds TSB Group plc	
42	Banca Popolare di Milano Scarl	0,421	0,0002	0,9278	0,000	2,3101	ITMIB30	Banca Popolare di Milano Scarl	
43	Royal Bank of Scotland Group plc, The	0,669	-0,0001	1,2684	0,000	2,2763	FTSE100	Royal Bank of Scotland Group plc, The	
44	Piraeus Bank SA	0,514	0,0005	1,0938	0,000	1,7405	FTASE2P	Piraeus Bank SA	
45	Danske Bank A/S	0,145	0,0007	0,4095	0,000	2,3114	DKKFXIN	Danske Bank A/S	
46	Banco de Sabadell SA	0,131	0,0009	0,2678	0,000	1,9643	IBEX35I	Banco de Sabadell SA	
47	OKO Osuuspankkien Keskuspankki Oyj	0,043	0,0011	0,3499	0,001	2,1617	HEX25IN	OKO Bank	Kurzform
48	Banco Bilbao Vizcaya Argentaria SA	0,863	-0,0006	1,5259	0,000	1,8466	IBEX35I	Banco Bilbao Vizcaya Argentaria SA	
49	Julius Bär Holding AG	0,234	-0,0001	1,0186	0,000	1,7824	SMIEXPI	Julius Bär Holding AG	
50	HSBC Holdings plc	0,524	0,0001	1,0920	0,000	1,8735	FTSE100	HSBC Holdings plc	
51	Standard Chartered Bank plc	0,521	0,0004	1,2556	0,000	2,0242	FTSE100	Standard Chartered Bank plc	
52	Royal Bank of Scotland Group plc, The	0,316	-0,0007	0,9797	0,000	2,2647	FTSE100	Royal Bank of Scotland Group plc, The	
53	Bank Austria Creditanstalt AG	0,357	0,0003	1,2082	0,000	2,0114	ATXINDX	Bank Austria Creditanstalt AG	
54	Banca Popolare dell'Emilia Romagna	0,013	0,0003	0,0634	0,074	2,2192	ITMIB30	Banca Popolare dell'Emilia Romagna	
55	Bank of Ireland	0,421	-0,0006	0,9968	0,000	2,1503	ISEQUIT	Bank of Ireland	
56	Piraeus Bank SA	0,576	-0,0002	1,1060	0,000	1,8442	FTASE2P	Piraeus Bank SA	
57	Skandinaviska Enskilda Banken AB	0,449	0,0004	0,8747	0,000	2,5186	SWEDOMX	SEB	Kurzform
58	EFG Eurobank Ergasias SA	0,645	0,0000	1,1512	0,000	1,9318	FTASE2P	EFG Eurobank Ergasias SA	
59	Credito Valtellinese Scarl	0,001	0,0012	0,0714	0,548	1,7188	ITMIB30	Credito Valtellinese Scarl	
60	Cassa di Risparmio di Firenze SpA	0,119	0,0008	0,8197	0,000	2,3364	ITMIB30	Cassa di Risparmio di Firenze SpA	
61	EFG Eurobank Ergasias SA	0,554	-0,0001	1,0806	0,000	1,8082	FTASE2P	EFG Eurobank Ergasias SA	
62	Commerzbank AG	0,297	0,0008	0,9449	0,000	1,8606	DAXIDXI	Commerzbank AG	
63	Banque Nationale de Paris SA	0,535	0,0001	1,5143	0,000	2,0205	FRCAC40	Banque Nationale de Paris SA	
64	UniCredito Italiano SpA	0,291	0,0003	0,6466	0,000	1,9881	ITMIB30	UniCredito Italiano SpA	
65	Bank of Ireland	0,307	0,0001	0,7990	0,000	1,9712	ISEQUIT	Bank of Ireland	
66	Kredietbank SA Luxembourgeoise	0,213	0,0006	0,7949	0,000	2,2959	LXTOTMK	Kredietbank SA Luxembourgeoise	
67	Standard Chartered plc	0,463	0,0002	1,8109	0,000	1,7661	FTSE100	Standard Chartered plc	
68	Banco Santander SA	0,719	-0,0012	1,3400	0,000	1,8578	IBEX35I	Banco Santander SA	
69	Banco Santander Central Hispano SA	0,726	-0,0007	1,3648	0,000	2,0357	IBEX35I	Banco Santander Central Hispano SA	
70	UniCredito Italiano SpA	0,609	-0,0005	1,3363	0,000	2,1097	ITMIB30	UniCredito Italiano SpA	
71	Piraeus Bank SA	0,590	0,0010	1,0995	0,000	1,5692	FTASE2P	Piraeus Bank SA	
72	ALLIED IRISH BANKS	0,752	0,0008	1,4700	0,000	1,9274	ISEQUIT	ALLIED IRISH BANKS	
73	Banco Comercial Português SA	0,263	0,0001	0,6455	0,000	2,3168	POPSI20	Banco Comercial Português SA	
74	Banco Santander Central Hispano SA	0,522	0,0005	1,1960	0,000	2,0748	IBEX35I	Banco Santander Central Hispano SA	
75	HSBC Holdings plc	0,540	0,0001	1,5330	0,000	2,1537	FTSE100	HSBC Holdings plc	
76	Alpha Credit Bank SA	0,788	0,0005	1,1150	0,000	1,9001	FTASE2P	Alpha Credit Bank SA	
77	Lloyds TSB Group plc	0,632	-0,0004	1,6392	0,000	1,8802	FTSE100	Lloyds TSB Group plc	
78	UBS AG	0,543	-0,0005	1,1858	0,000	1,9932	SMIEXPI	UBS AG	
79	Bayerische Hypo- und Vereinsbank AG	0,136	-0,0007	0,6120	0,000	2,0543	DAXIDXI	Bayerische Hypo- und Vereinsbank AG	
80	Schroders plc	0,167	-0,0003	0,9973	0,000	2,4452	FTSE100	Schroders plc	
81	Erste Bank der Österreichischen Sparkassen AG	0,509	0,0000	1,3431	0,000	1,9358	ATXINDX	Erste Bank der Österreichischen Sparkassen AG	
82	Banca Monte dei Paschi di Siena SpA	0,093	-0,0001	0,4016	0,002	1,4923	ITMIB30	Banca Monte dei Paschi di Siena SpA	

Deal Nr.	Akquisiteur	R^2	α	β	Empirische Signifikanz	Durbin-Watson	Verwendeter lokaler Index*	Börsennotiertes Mutterunternehmen	Kommentar
83	HSBC Holdings plc	0,476	0,0000	1,3092	0,000	2,0062	FTSE100	HSBC Holdings plc	
84	Skandinaviska Enskilda Banken AB	0,393	-0,0008	1,0820	0,000	1,8437	SWEDOMX	SEB	Kurzform
85	UBS AG	0,655	-0,0006	1,4179	0,000	1,5091	SMIEXPI	UBS AG	
86	Gruppo Bipop-Carire SpA	0,263	0,0022	1,0470	0,000	1,6374	ITMIB30	Fineco	Kurshistorie von Bipop-Carire unter Fineco geführt
87	Banco Comercial Português SA	0,597	0,0004	0,9206	0,000	2,1305	POPSI20	BCP	Kurzform
88	ABN Amro Holding NV	0,695	-0,0003	1,2118	0,000	1,9619	AMSTEOE	ABN Amro Holding NV	
89	Anglo Irish Bank Corporation plc	0,365	0,0007	0,9589	0,000	2,1105	ISEQUIT	Anglo Irish Bank Corporation plc	
90	Barclays plc	0,212	-0,0008	0,9983	0,000	1,9212	FTSE100	Barclays plc	
91	Credit Suisse Group	0,591	0,0001	1,3345	0,000	1,8972	SMIEXPI	Credit Suisse Group	
92	Standard Chartered plc	0,244	0,0000	1,3154	0,000	2,0025	FTSE100	Standard Chartered plc	
93	Abbey National plc	0,136	-0,0014	0,9263	0,000	1,8351	FTSE100	Abbey National plc	
94	Banca Fideuram SpA	0,188	0,0033	0,9693	0,000	1,9582	ITMIB30	Banca Fideuram SpA	
95	Danske Bank A/S	0,179	-0,0002	0,6180	0,000	1,9633	DKKFXIN	Danske Bank A/S	
96	Banca Popolare di Lodi SpA	0,023	-0,0002	0,2842	0,016	1,6342	ITMIB30	Banca Popolare Italiana	Umbennenung in 2005
97	Fortis NV	0,067	0,0000	0,4524	0,000	1,7821	AMSTEOE	Fortis NV	
98	ABN Amro Holding NV	0,150	0,0006	0,5162	0,000	1,7568	AMSTEOE	ABN Amro Holding NV	
99	Close Brothers Group plc	0,016	0,0020	0,3119	0,043	1,9154	FTSE100	Close Brothers Group plc	
100	Banca Popolare dell'Emilia Romagna	0,011	-0,0006	0,0937	0,097	1,5183	ITMIB30	Banca Popolare dell'Emilia Romagna	
101	Anglo Irish Bank Corporation plc	0,019	0,0006	0,2506	0,028	1,7959	ISEQUIT	Anglo Irish Bank Corporation plc	
102	Close Brothers Group plc	0,016	0,0009	0,3012	0,046	1,8799	FTSE100	Close Brothers Group plc	
103	Sanpaolo IMI SpA	0,474	0,0001	1,2012	0,000	2,0258	ITMIB30	Sanpaolo IMI SpA	
104	Piraeus Bank SA	0,692	-0,0001	0,9002	0,000	1,9877	FTASE2P	Piraeus Bank SA	
105	Piraeus Bank SA	0,712	-0,0003	0,8355	0,000	1,5565	FTASE2P	Piraeus Bank SA	
106	Dexia SA	0,174	0,0008	0,5128	0,000	1,9530	BGBEL20	Dexia SA	
107	Halifax Group plc	0,085	0,0011	0,6181	0,000	2,1739	FTSE100	HBOS	Kurshistorie von Halifax unter HBOS geführt
108	Dexia Banque Internationale à Luxembourg	0,153	0,0007	0,5899	0,000	2,0135	BGBEL20	Dexia	Mutterunternehmen
109	Banco Santander Central Hispano SA	0,737	-0,0005	1,4209	0,000	1,9173	IBEX35I	Banco Santander Central Hispano SA	
110	UniCredito Italiano SpA	0,679	0,0009	1,1503	0,000	1,9396	ITMIB30	UniCredito Italiano SpA	
111	Bank Austria Creditanstalt AG	0,365	-0,0015	0,7714	0,000	2,1265	DAXIDXI	Bayerische Hypo- und Vereinsbank AG	Mutterunternehmen (IPO erst nach Transaktionsdatum)
112	Banca Popolare di Verona Scarl	0,202	-0,0003	0,5265	0,000	2,3302	ITMIB30	Banca Popolare di Verona Scarl	
113	Singer & Friedlander Group plc	0,161	-0,0003	0,5516	0,000	1,6843	FTSE100	Singer & Friedlander Group plc	
114	St Galler Kantonalbank AG	0,181	0,0008	0,2767	0,000	2,1199	SMIEXPI	St Galler Kantonalbank AG	
115	Erste Bank der Österreichischen Sparkassen AG	0,470	0,0002	1,2416	0,000	2,0674	ATXINDX	Erste Bank der Österreichischen Sparkassen AG	
116	Ringkjøbing Landbobank	0,013	0,0011	0,1503	0,071	2,4423	DKKFXIN	Ringkjøbing Landbobank	
117	Banca Popolare di Lodi SpA	0,079	-0,0004	0,3136	0,000	2,1759	ITMIB30	Banca Popolare Italiana	Umbennenung in 2005

* *Datastream-Code des jeweils verwendeten Index*

Tab. 28: Parameter des Marktmodells (lokaler Index) und Anmerkungen zum börsennotierten Mutterunternehmen

Deal Nr.	Börsennotiertes Mutterunternehmen	R^2	α	β	Signifikanz	Durbin-Watson	R^2	α	β	Signifikanz	Durbin-Watson
		Dow Jones STOXX					Dow Jones STOXX 50				
1	Close Brothers Group plc	0,044	-0,0005	0,3974	0,001	1,7411	0,034	-0,0005	0,3096	0,003	1,7333
2	Dexia SA	0,162	-0,0004	0,5876	0,000	1,7954	0,142	-0,0004	0,4729	0,000	1,7865
3	Royal Bank of Scotland Group plc, The	0,244	-0,0013	1,2388	0,000	1,8090	0,223	-0,0012	1,0094	0,000	1,8288
4	EFG Eurobank Ergasias SA	0,026	-0,0019	0,3939	0,011	1,6612	0,019	-0,0019	0,2968	0,027	1,6527
5	Dresdner Bank AG	0,033	0,0004	0,4575	0,004	1,8056	0,033	0,0003	0,3930	0,004	1,7957
6	ABN Amro Holding NV	0,069	0,0000	0,3728	0,000	1,8837	0,071	0,0000	0,3257	0,000	1,8779
7	Banco Santander Central Hispano SA	0,198	-0,0003	0,7803	0,000	2,0833	0,188	-0,0004	0,6584	0,000	2,0835
8	Svenska Handelsbanken AB	0,031	0,0021	0,2969	0,005	2,0185	0,022	0,0021	0,2123	0,020	2,0246
9	UniCredito Italiano SpA	0,218	0,0011	0,6033	0,000	1,8608	0,193	0,0010	0,4860	0,000	1,8529
10	Lloyds TSB Group plc	0,425	0,0003	0,9100	0,000	2,1465	0,434	0,0004	0,8153	0,000	2,1289
11	Capitalia	0,418	-0,0015	1,2088	0,000	1,8728	0,377	-0,0016	1,0195	0,000	1,8133
12	Banco Santander Central Hispano SA	0,611	-0,0004	1,1821	0,000	2,1844	0,596	-0,0002	1,0981	0,000	2,2097
13	Aspis Bank SA	0,049	-0,0016	0,3325	0,000	1,5232	0,038	-0,0016	0,2583	0,002	1,5025
14	Crédit Agricole SA	0,465	0,0016	1,0703	0,000	1,9964	0,452	0,0015	0,9085	0,000	1,9987
15	Northern Rock plc	0,179	0,0016	0,5706	0,000	2,2299	0,162	0,0016	0,4799	0,000	2,2201
16	Erste Bank der Österreichischen Sparkassen AG	0,091	0,0007	0,3346	0,000	2,0283	0,091	0,0007	0,2957	0,000	2,0348
17	HSBC Holdings plc	0,665	0,0010	1,0944	0,000	2,0722	0,630	0,0010	0,9346	0,000	2,0379
18	Banco Popular Español SA	0,171	0,0010	0,4549	0,000	2,3782	0,159	0,0010	0,3799	0,000	2,3789
19	Banca Popolare di Bergamo-Credito Varesino Scarl	0,135	0,0004	0,2750	0,000	2,2071	0,123	0,0004	0,2264	0,000	2,2046
20	Crédit Agricole SA	0,392	0,0014	0,9207	0,000	2,1071	0,386	0,0013	0,7791	0,000	2,0899
21	Banca Popolare Italiana	0,199	-0,0002	0,5115	0,000	2,0144	0,192	-0,0002	0,4329	0,000	1,9986
22	HSBC Holdings plc	0,625	0,0006	0,7760	0,000	2,0293	0,612	0,0006	0,6613	0,000	2,0178
23	Erste Bank der Österreichischen Sparkassen AG	0,250	0,0005	1,3509	0,000	2,0176	0,212	0,0007	1,1702	0,000	2,0025
24	Banca Popolare Italiana	0,166	0,0000	0,4309	0,000	2,0099	0,163	-0,0001	0,3684	0,000	1,9982
25	Banca Popolare Italiana	0,193	0,0009	0,5105	0,000	1,9540	0,188	0,0009	0,4344	0,000	1,9350
26	ABN Amro Holding NV	0,772	0,0013	1,7356	0,000	2,0378	0,769	0,0011	1,5035	0,000	2,0524
27	ING	0,728	0,0003	1,8638	0,000	2,3782	0,730	0,0001	1,6115	0,000	2,3342
28	Barclays Bank SA	0,635	0,0004	1,2304	0,000	2,1535	0,628	0,0001	1,0610	0,000	2,1201
29	Standard Chartered plc	0,380	-0,0002	0,9453	0,000	2,1127	0,367	0,0000	0,8803	0,000	2,1102
30	Alpha Bank SA	0,145	0,0004	0,8873	0,000	1,7572	0,119	0,0006	0,7616	0,000	1,7776
31	National Bank of Greece SA	0,149	0,0009	0,5013	0,000	1,6242	0,122	0,0009	0,4002	0,000	1,6188
32	Royal Bank of Scotland Group plc, The	0,676	0,0010	1,2055	0,000	2,3104	0,680	0,0008	1,0490	0,000	2,2748
33	KBC Groupe	0,186	0,0015	0,7106	0,000	2,0658	0,158	0,0017	0,6217	0,000	2,0421
34	Royal Bank of Scotland Group plc, The	0,665	0,0012	1,2101	0,000	2,2580	0,668	0,0009	1,0510	0,000	2,2229
35	Kredietbank SA Luxembourgeoise	0,011	-0,0006	0,0614	0,102	2,2757	0,007	-0,0006	0,0428	0,190	2,2643
36	Deutsche Postbank AG	0,114	0,0008	0,6263	0,000	1,7684	0,085	0,0009	0,4952	0,000	1,7558
37	Banca Profilo SpA	0,275	-0,0005	0,7333	0,000	2,1589	0,246	-0,0006	0,6020	0,000	2,1409
38	Mediobanca SpA	0,486	0,0006	0,8843	0,000	1,9844	0,454	0,0005	0,7431	0,000	1,9592
39	HSBC Holdings plc	0,620	0,0004	0,6467	0,000	2,2380	0,611	0,0004	0,5584	0,000	2,2025
40	HSBC Holdings plc	0,485	0,0005	0,6089	0,000	2,2080	0,470	0,0006	0,5324	0,000	2,1650
41	Lloyds TSB Group plc	0,586	-0,0008	1,2252	0,000	2,1553	0,584	-0,0009	1,0671	0,000	2,1462
42	Banca Popolare di Milano Scarl	0,419	0,0004	0,8884	0,000	2,3348	0,413	0,0005	0,7756	0,000	2,3027
43	Royal Bank of Scotland Group plc, The	0,572	0,0001	1,0915	0,000	2,4446	0,585	0,0002	0,9684	0,000	2,4353

Deal Nr.	Börsennotiertes Mutterunternehmen	R^2	α	β	Signifikanz	Durbin-Watson	R^2	α	β	Signifikanz	Durbin-Watson
		Dow Jones STOXX					Dow Jones STOXX 50				
44	Piraeus Bank SA	0,158	0,0013	0,8290	0,000	1,6355	0,126	0,0015	0,7017	0,000	1,6394
45	Danske Bank A/S	0,092	0,0008	0,3575	0,000	2,2936	0,081	0,0008	0,3189	0,000	2,3009
46	Banco de Sabadell SA	0,105	0,0010	0,2317	0,000	1,9893	0,109	0,0010	0,2086	0,000	1,9830
47	OKO Bank	0,010	0,0013	0,2046	0,112	2,1237	0,008	0,0014	0,1709	0,149	2,1166
48	Banco Bilbao Vizcaya Argentaria SA	0,710	-0,0001	1,3056	0,000	1,8626	0,706	0,0003	1,1637	0,000	1,9007
49	Julius Bär Holding AG	0,244	-0,0002	1,0662	0,000	1,9185	0,215	0,0000	0,9193	0,000	1,8634
50	HSBC Holdings plc	0,421	0,0000	0,8270	0,000	2,0105	0,425	0,0002	0,7814	0,000	2,0342
51	Standard Chartered Bank plc	0,452	0,0002	0,9992	0,000	2,1522	0,447	0,0004	0,9332	0,000	2,1455
52	Royal Bank of Scotland Group plc, The	0,209	-0,0009	0,6816	0,000	2,3122	0,213	-0,0007	0,6474	0,000	2,3223
53	Bank Austria Creditanstalt AG	0,245	0,0017	1,2135	0,000	2,0906	0,232	0,0019	1,1215	0,000	2,0636
54	Banca Popolare dell'Emilia Romagna	0,000	0,0003	0,0114	0,733	2,2017	0,000	0,0003	0,0083	0,793	2,2011
55	Bank of Ireland	0,153	0,0001	0,6356	0,000	2,1976	0,141	0,0002	0,5813	0,000	2,2116
56	Piraeus Bank SA	0,167	0,0005	0,8443	0,000	1,7897	0,131	0,0007	0,7088	0,000	1,7950
57	SEB	0,335	0,0003	1,0881	0,000	2,6362	0,287	0,0005	0,9477	0,000	2,6181
58	EFG Eurobank Ergasias SA	0,059	0,0009	0,5608	0,000	1,7456	0,038	0,0010	0,4121	0,002	1,7419
59	Credito Valtellinese Scarl	0,001	0,0012	0,0652	0,597	1,7143	0,000	0,0012	0,0050	0,965	1,7150
60	Cassa di Risparmio di Firenze SpA	0,095	0,0009	0,7603	0,000	2,2805	0,066	0,0010	0,5850	0,000	2,2804
61	EFG Eurobank Ergasias SA	0,068	0,0012	0,6479	0,000	1,8047	0,050	0,0014	0,5106	0,000	1,7995
62	Commerzbank AG	0,219	0,0008	1,1067	0,000	1,9030	0,182	0,0009	0,9389	0,000	1,8951
63	Banque Nationale de Paris SA	0,523	0,0002	1,6957	0,000	1,9676	0,506	-0,0001	1,4608	0,000	1,9662
64	UniCredito Italiano SpA	0,311	0,0004	0,6633	0,000	2,0266	0,297	0,0004	0,5956	0,000	2,0287
65	Bank of Ireland	0,181	-0,0001	0,7682	0,000	2,1653	0,171	-0,0001	0,7066	0,000	2,1811
66	Kredietbank SA Luxembourgeoise	0,032	0,0004	0,1575	0,004	2,1033	0,024	0,0004	0,1202	0,013	2,0992
67	Standard Chartered plc	0,372	-0,0003	1,4828	0,000	1,6838	0,344	-0,0005	1,2550	0,000	1,6812
68	Banco Santander SA	0,496	-0,0006	1,4941	0,000	1,7815	0,473	-0,0008	1,2943	0,000	1,7550
69	Banco Santander Central Hispano SA	0,517	-0,0009	1,5690	0,000	1,8868	0,492	-0,0013	1,3408	0,000	1,8427
70	UniCredito Italiano SpA	0,485	-0,0007	1,6085	0,000	2,1790	0,471	-0,0010	1,3880	0,000	2,1593
71	Piraeus Bank SA	0,036	0,0029	0,4686	0,003	1,6798	0,031	0,0028	0,3808	0,005	1,6720
72	ALLIED IRISH BANKS	0,389	0,0005	1,0140	0,000	1,7396	0,345	0,0003	0,8373	0,000	1,7671
73	Banco Comercial Português SA	0,085	-0,0002	0,3761	0,000	2,2442	0,086	-0,0002	0,3211	0,000	2,2682
74	Banco Santander Central Hispano SA	0,305	0,0001	1,1003	0,000	2,1063	0,279	0,0001	0,9002	0,000	2,0921
75	HSBC Holdings plc	0,429	0,0004	1,2595	0,000	1,9668	0,399	0,0001	1,0654	0,000	1,9277
76	Alpha Credit Bank SA	0,133	0,0017	0,8019	0,000	1,9521	0,115	0,0015	0,6534	0,000	1,9343
77	Lloyds TSB Group plc	0,519	-0,0002	1,4086	0,000	1,8325	0,523	-0,0005	1,2370	0,000	1,8374
78	UBS AG	0,253	-0,0004	0,6833	0,000	1,7929	0,258	-0,0006	0,6062	0,000	1,7750
79	Bayerische Hypo- und Vereinsbank AG	0,071	-0,0006	0,5550	0,000	2,0201	0,078	-0,0007	0,5068	0,000	2,0055
80	Schroders plc	0,132	-0,0012	0,9415	0,000	2,4582	0,109	-0,0012	0,7513	0,000	2,4888
81	Erste Bank der Österreichischen Sparkassen AG	0,142	-0,0004	0,7097	0,000	1,8892	0,122	-0,0003	0,5620	0,000	1,8792
82	Banca Monte dei Paschi di Siena SpA	0,119	-0,0006	0,4822	0,000	1,4865	0,091	-0,0007	0,3740	0,002	1,5081
83	HSBC Holdings plc	0,354	-0,0012	1,2454	0,000	2,0113	0,315	-0,0011	1,0104	0,000	1,9855
84	SEB	0,295	-0,0006	1,1710	0,000	1,6931	0,288	-0,0005	0,9984	0,000	1,7001
85	UBS AG	0,526	-0,0013	1,4512	0,000	1,7049	0,548	-0,0014	1,2977	0,000	1,7348
86	Fineco	0,250	0,0023	1,2862	0,000	1,6029	0,228	0,0022	1,0831	0,000	1,5787
87	BCP	0,352	-0,0005	0,8103	0,000	1,9246	0,330	-0,0006	0,6874	0,000	1,9263

Deal Nr.	Börsennotiertes Mutterunternehmen	R^2	α	β	Signifikanz	Durbin-Watson	R^2	α	β	Signifikanz	Durbin-Watson
		Dow Jones STOXX					Dow Jones STOXX 50				
88	ABN Amro Holding NV	0,584	-0,0004	1,3318	0,000	1,9426	0,598	-0,0005	1,1860	0,000	1,9239
89	Anglo Irish Bank Corporation plc	0,145	0,0009	0,5866	0,000	2,0064	0,122	0,0009	0,4753	0,000	1,9913
90	Barclays plc	0,096	-0,0014	0,7088	0,000	1,9002	0,097	-0,0014	0,6166	0,000	1,8956
91	Credit Suisse Group	0,283	0,0003	0,7445	0,000	1,7388	0,264	0,0003	0,6176	0,000	1,7716
92	Standard Chartered plc	0,175	-0,0008	1,1638	0,000	1,9236	0,160	-0,0009	0,9558	0,000	1,9129
93	Abbey National plc	0,070	-0,0019	0,6924	0,000	1,7986	0,050	-0,0019	0,5025	0,000	1,8189
94	Banca Fideuram SpA	0,180	0,0034	1,2236	0,000	1,9623	0,171	0,0033	1,0263	0,000	1,9404
95	Danske Bank A/S	0,041	0,0005	0,3399	0,001	1,9524	0,038	0,0004	0,2816	0,002	1,9591
96	Banca Popolare Italiana	0,034	-0,0004	0,4201	0,004	1,6148	0,028	-0,0003	0,3316	0,008	1,6143
97	Fortis NV	0,022	0,0001	0,2727	0,018	1,7775	0,016	0,0001	0,1980	0,045	1,7888
98	ABN Amro Holding NV	0,056	0,0007	0,3277	0,000	1,7890	0,058	0,0006	0,2856	0,000	1,7912
99	Close Brothers Group plc	0,024	0,0017	0,3909	0,015	1,9429	0,019	0,0017	0,2979	0,030	1,9301
100	Banca Popolare dell'Emilia Romagna	0,040	-0,0006	0,2311	0,002	1,5355	0,035	-0,0006	0,1879	0,003	1,5294
101	Anglo Irish Bank Corporation plc	0,037	0,0006	0,3395	0,002	1,7941	0,033	0,0006	0,2757	0,004	1,7826
102	Close Brothers Group plc	0,027	0,0007	0,3997	0,010	1,9072	0,021	0,0007	0,3051	0,023	1,8946
103	Sanpaolo IMI SpA	0,377	-0,0006	1,1585	0,000	2,0858	0,346	-0,0009	0,9677	0,000	2,0339
104	Piraeus Bank SA	0,036	-0,0015	0,3654	0,003	1,7447	0,028	-0,0015	0,2807	0,008	1,7364
105	Piraeus Bank SA	0,040	-0,0010	0,3359	0,002	1,6856	0,030	-0,0010	0,2503	0,006	1,6852
106	Dexia SA	0,002	0,0010	0,0448	0,537	1,8389	0,000	0,0010	0,0105	0,867	1,8425
107	HBOS	0,051	0,0012	0,4839	0,000	2,1832	0,038	0,0012	0,3598	0,002	2,1867
108	Dexia	0,008	0,0007	0,0980	0,164	1,9207	0,003	0,0007	0,0556	0,356	1,9111
109	Banco Santander Central Hispano SA	0,518	-0,0008	1,5941	0,000	1,8820	0,490	-0,0010	1,3594	0,000	1,8295
110	UniCredito Italiano SpA	0,547	0,0010	1,2347	0,000	2,0514	0,512	0,0009	1,0510	0,000	2,0287
111	Bayerische Hypo- und Vereinsbank AG	0,376	-0,0014	1,0126	0,000	1,9709	0,346	-0,0016	0,8510	0,000	1,9113
112	Banca Popolare di Verona Scarl	0,151	-0,0006	0,5291	0,000	2,2867	0,123	-0,0007	0,4179	0,000	2,2642
113	Singer & Friedlander Group plc	0,201	-0,0002	0,5919	0,000	1,6702	0,170	-0,0002	0,4803	0,000	1,6484
114	St Galler Kantonalbank AG	0,114	0,0007	0,2216	0,000	2,0702	0,102	0,0007	0,1863	0,000	2,0480
115	Erste Bank der Österreichischen Sparkassen AG	0,050	0,0006	0,2439	0,000	1,8952	0,042	0,0006	0,1991	0,001	1,8968
116	Ringkjøbing Landbobank	0,001	0,0010	0,0269	0,720	2,4260	0,000	0,0010	-0,0013	0,985	2,4200
117	Banca Popolare Italiana	0,064	-0,0004	0,3368	0,000	2,1033	0,059	-0,0004	0,2790	0,000	2,0907

Tab. 29: Parameter des Marktmodells (Dow Jones STOXX und Dow Jones STOXX 50)

Deal Nr.	Börsennotiertes Mutterunternehmen	R²	α	β	Signifikanz	Durbin-Watson	Mittelwert	Ankündigungs-datum
		Dow Jones STOXX Banks						
1	Close Brothers Group plc	0,042	-0,0004	0,2897	0,001	1,7536	-0,0004	21.07.1999
2	Dexia SA	0,154	0,0002	0,5057	0,000	1,7548	0,0003	14.03.2000
3	Royal Bank of Scotland Group plc, The	0,422	-0,0009	1,3649	0,000	1,9112	0,0001	31.01.2000
4	EFG Eurobank Ergasias SA	0,012	-0,0017	0,2609	0,090	1,6332	-0,0016	14.07.2000
5	Dresdner Bank AG	0,153	0,0000	1,0272	0,000	1,8679	0,0008	18.09.2000
6	ABN Amro Holding NV	0,196	-0,0001	0,6617	0,000	1,9743	0,0003	23.11.2000
7	Banco Santander Central Hispano SA	0,222	-0,0006	0,8532	0,000	2,0897	-0,0002	28.12.2000
8	Svenska Handelsbanken AB	0,083	0,0017	0,4848	0,000	2,0661	0,0019	11.04.2001
9	UniCredito Italiano SpA	0,273	0,0004	0,6443	0,000	1,9765	0,0006	14.05.2001
10	Lloyds TSB Group plc	0,528	0,0002	0,8382	0,000	2,1877	0,0002	18.04.2002
11	Capitalia	0,448	-0,0018	1,0398	0,000	1,9992	-0,0023	03.03.2002
12	Banco Santander Central Hispano SA	0,632	-0,0002	1,1176	0,000	2,1668	0,0003	26.07.2004
13	Aspis Bank SA	0,038	-0,0017	0,2417	0,002	1,5115	-0,0018	28.06.2002
14	Crédit Agricole SA	0,479	0,0012	0,9612	0,000	2,0524	0,0003	16.12.2002
15	Northern Rock plc	0,187	0,0013	0,4833	0,000	2,2179	0,0011	04.07.2002
16	Erste Bank der Österreichischen Sparkassen AG	0,104	0,0007	0,3106	0,000	2,0410	0,0006	25.09.2003
17	HSBC Holdings plc	0,749	0,0005	1,0083	0,000	2,1584	-0,0008	21.08.2002
18	Banco Popular Español SA	0,167	0,0008	0,3964	0,000	2,3881	0,0004	09.01.2003
19	Banca Popolare di Bergamo-Credito Varesino Scarl	0,148	0,0003	0,2558	0,000	2,2055	0,0001	14.12.2002
20	Crédit Agricole SA	0,390	0,0011	0,8374	0,000	2,1097	-0,0002	30.10.2002
21	Banca Popolare Italiana	0,222	-0,0004	0,4775	0,000	2,0349	-0,0009	07.12.2002
22	HSBC Holdings plc	0,679	0,0003	0,7196	0,000	2,0990	-0,0002	14.11.2002
23	Erste Bank der Österreichischen Sparkassen AG	0,232	0,0004	1,2012	0,000	1,9584	0,0008	19.05.2005
24	Banca Popolare Italiana	0,190	-0,0002	0,4100	0,000	2,0405	-0,0008	18.04.2003
25	Banca Popolare Italiana	0,217	0,0007	0,4744	0,000	1,9768	0,0002	15.01.2003
26	ABN Amro Holding NV	0,786	0,0009	1,5634	0,000	2,1306	-0,0011	16.06.2003
27	ING	0,724	-0,0005	1,6337	0,000	2,3340	-0,0023	06.02.2003
28	Barclays Bank SA	0,735	0,0001	1,1836	0,000	2,1748	-0,0017	08.05.2003
29	Standard Chartered plc	0,485	-0,0002	1,0019	0,000	2,0989	0,0001	10.01.2005
30	Alpha Bank SA	0,128	0,0004	0,7822	0,000	1,7771	0,0007	26.01.2005
31	National Bank of Greece SA	0,150	0,0008	0,4375	0,000	1,6508	0,0008	25.09.2003
32	Royal Bank of Scotland Group plc, The	0,764	0,0008	1,1449	0,000	2,2756	-0,0008	11.06.2003
33	KBC Groupe	0,204	0,0016	0,6971	0,000	2,0731	0,0018	23.12.2004
34	Royal Bank of Scotland Group plc, The	0,762	0,0009	1,1574	0,000	2,2445	-0,0008	14.05.2003
35	Kredietbank SA Luxembourgeoise	0,010	-0,0006	0,0531	0,113	2,2822	-0,0006	20.06.2003
36	Deutsche Postbank AG	0,104	0,0009	0,5572	0,000	1,7261	0,0013	25.10.2005
37	Banca Profilo SpA	0,297	-0,0007	0,6767	0,000	2,1552	-0,0010	10.07.2003
38	Mediobanca SpA	0,491	0,0003	0,7878	0,000	2,0315	-0,0002	15.07.2003
39	HSBC Holdings plc	0,669	0,0002	0,5954	0,000	2,1911	0,0001	17.07.2003
40	HSBC Holdings plc	0,534	0,0004	0,5727	0,000	2,1452	0,0006	28.10.2003
41	Lloyds TSB Group plc	0,643	-0,0012	1,1335	0,000	2,0908	-0,0015	01.08.2003
42	Banca Popolare di Milano Scarl	0,446	0,0002	0,8051	0,000	2,3718	0,0000	08.09.2003
43	Royal Bank of Scotland Group plc, The	0,663	-0,0001	1,0435	0,000	2,3905	0,0007	06.10.2003

Deal Nr.	Börsennotiertes Mutterunternehmen	R^2	α	β	Signifikanz	Durbin-Watson	Mittelwert	Ankündigungsdatum
		Dow Jones STOXX Banks						
44	Piraeus Bank SA	0,146	0,0013	0,7474	0,000	1,6200	0,0016	18.02.2005
45	Danske Bank A/S	0,090	0,0008	0,3303	0,000	2,3104	0,0009	15.12.2004
46	Banco de Sabadell SA	0,112	0,0009	0,2194	0,000	1,9861	0,0010	21.12.2003
47	OKO Bank	0,005	0,0014	0,1265	0,288	2,1179	0,0015	12.09.2005
48	Banco Bilbao Vizcaya Argentaria SA	0,716	-0,0002	1,2066	0,000	1,9182	0,0017	20.03.2004
49	Julius Bär Holding AG	0,244	-0,0001	0,9856	0,000	1,8595	0,0007	05.09.2005
50	HSBC Holdings plc	0,498	0,0001	0,8313	0,000	1,9231	0,0006	12.07.2004
51	Standard Chartered Bank plc	0,534	0,0003	1,0010	0,000	2,1510	0,0006	30.06.2004
52	Royal Bank of Scotland Group plc, The	0,318	-0,0008	0,7811	0,000	2,3298	-0,0005	04.08.2004
53	Bank Austria Creditanstalt AG	0,257	0,0018	1,1583	0,000	2,1334	0,0022	03.11.2004
54	Banca Popolare dell'Emilia Romagna	0,000	0,0003	0,0099	0,751	2,2016	0,0003	06.12.2004
55	Bank of Ireland	0,177	0,0002	0,6386	0,000	2,1988	0,0004	16.12.2004
56	Piraeus Bank SA	0,150	0,0005	0,7488	0,000	1,7731	0,0008	25.01.2005
57	SEB	0,335	0,0003	1,0017	0,000	2,6585	0,0006	25.04.2005
58	EFG Eurobank Ergasias SA	0,066	0,0009	0,5447	0,000	1,7489	0,0011	10.06.2005
59	Credito Valtellinese Scarl	0,000	0,0012	0,0380	0,745	1,7156	0,0012	12.08.2005
60	Cassa di Risparmio di Firenze SpA	0,096	0,0009	0,7219	0,000	2,2890	0,0014	12.08.2005
61	EFG Eurobank Ergasias SA	0,077	0,0013	0,6373	0,000	1,7994	0,0018	08.09.2005
62	Commerzbank AG	0,200	0,0010	0,9846	0,000	1,8925	0,0014	17.11.2005
63	Banque Nationale de Paris SA	0,549	0,0006	1,2878	0,000	2,0430	0,0005	01.07.1999
64	UniCredito Italiano SpA	0,318	0,0003	0,6180	0,000	1,9944	0,0006	12.06.2005
65	Bank of Ireland	0,213	-0,0001	0,7737	0,000	2,1679	0,0004	20.12.2005
66	Kredietbank SA Luxembourgeoise	0,023	0,0005	0,0975	0,018	2,0942	0,0005	25.03.1999
67	Standard Chartered plc	0,395	0,0004	1,1311	0,000	1,6999	0,0003	06.03.1999
68	Banco Santander SA	0,565	-0,0001	1,1759	0,000	1,8952	0,0001	15.01.1999
69	Banco Santander Central Hispano SA	0,583	-0,0007	1,2298	0,000	1,9650	-0,0007	13.04.1999
70	UniCredito Italiano SpA	0,521	-0,0004	1,2350	0,000	2,2079	-0,0004	11.06.1999
71	Piraeus Bank SA	0,043	0,0031	0,3829	0,001	1,6725	0,0029	03.09.1999
72	ALLIED IRISH BANKS	0,384	0,0007	0,7475	0,000	1,7333	0,0006	20.05.1999
73	Banco Comercial Português SA	0,078	0,0000	0,2961	0,000	2,2547	0,0002	11.01.2000
74	Banco Santander Central Hispano SA	0,349	0,0007	0,9640	0,000	2,1332	0,0010	18.01.2000
75	HSBC Holdings plc	0,461	0,0007	0,9696	0,000	1,9949	0,0007	10.05.1999
76	Alpha Credit Bank SA	0,127	0,0019	0,5817	0,000	1,9180	0,0017	30.04.1999
77	Lloyds TSB Group plc	0,617	0,0000	1,1408	0,000	1,9626	-0,0002	23.06.1999
78	UBS AG	0,386	-0,0001	0,8443	0,000	1,9388	0,0002	12.07.2000
79	Bayerische Hypo- und Vereinsbank AG	0,188	-0,0003	0,8967	0,000	2,0746	-0,0002	24.07.2000
80	Schroders plc	0,130	-0,0003	0,8631	0,000	2,4389	-0,0004	10.05.2000
81	Erste Bank der Österreichischen Sparkassen AG	0,139	0,0001	0,5771	0,000	1,9118	0,0003	24.01.2000
82	Banca Monte dei Paschi di Siena SpA	0,142	-0,0005	0,4534	0,000	1,4439	-0,0003	16.12.1999
83	HSBC Holdings plc	0,529	0,0005	1,3893	0,000	1,9720	0,0003	03.04.2000
84	SEB	0,265	-0,0003	0,8790	0,000	1,6274	0,0008	26.10.1999
85	UBS AG	0,612	-0,0007	1,1723	0,000	1,8028	-0,0003	14.09.1999
86	Fineco	0,086	0,0031	0,7415	0,000	1,5972	0,0032	26.06.2000
87	BCP	0,327	-0,0003	0,5772	0,000	1,9543	-0,0004	19.07.1999

Deal Nr.	Börsennotiertes Mutterunternehmen	R²	α	β	Signifikanz	Durbin-Watson	Mittelwert	Ankündigungs-datum
		Dow Jones STOXX Banks						
88	ABN Amro Holding NV	0,626	0,0003	1,0290	0,000	1,9508	0,0000	26.08.1999
89	Anglo Irish Bank Corporation plc	0,147	0,0011	0,4354	0,000	1,9889	0,0013	25.01.1999
90	Barclays plc	0,477	-0,0015	1,6137	0,000	2,0585	-0,0006	11.08.2000
91	Credit Suisse Group	0,310	0,0005	0,8065	0,000	1,8777	0,0010	30.08.2000
92	Standard Chartered plc	0,318	-0,0008	1,6197	0,000	2,0120	0,0002	01.09.2000
93	Abbey National plc	0,384	-0,0023	1,6763	0,000	1,9449	-0,0013	07.09.2000
94	Banca Fideuram SpA	0,154	0,0037	1,1711	0,000	1,9307	0,0045	26.09.2000
95	Danske Bank A/S	0,055	0,0005	0,4081	0,000	1,9971	0,0008	02.10.2000
96	Banca Popolare Italiana	0,052	0,0001	0,4707	0,000	1,6226	0,0001	19.04.2000
97	Fortis NV	0,188	-0,0003	0,8199	0,000	1,9202	0,0003	09.10.2000
98	ABN Amro Holding NV	0,169	0,0006	0,5954	0,000	1,8610	0,0010	17.10.2000
99	Close Brothers Group plc	0,001	0,0020	0,0689	0,688	1,8934	0,0021	31.10.2000
100	Banca Popolare dell'Emilia Romagna	0,001	-0,0005	0,0439	0,567	1,4902	-0,0004	29.11.2000
101	Anglo Irish Bank Corporation plc	0,026	0,0005	0,2983	0,010	1,7743	0,0007	06.12.2000
102	Close Brothers Group plc	0,001	0,0008	0,0779	0,631	1,8647	0,0008	11.12.2000
103	Sanpaolo IMI SpA	0,374	-0,0013	0,9497	0,000	2,2614	-0,0028	19.10.2001
104	Piraeus Bank SA	0,035	-0,0019	0,3587	0,003	1,7026	-0,0016	19.02.2001
105	Piraeus Bank SA	0,041	-0,0013	0,2981	0,001	1,6603	-0,0012	27.06.2001
106	Dexia SA	0,006	0,0009	0,0867	0,228	1,8553	0,0010	13.03.2001
107	HBOS	0,130	0,0006	0,7371	0,000	2,2881	0,0008	04.05.2001
108	Dexia	0,008	0,0006	0,0946	0,153	1,9208	0,0006	22.05.2001
109	Banco Santander Central Hispano SA	0,581	-0,0005	1,2506	0,000	1,9850	-0,0005	07.06.1999
110	UniCredito Italiano SpA	0,594	0,0003	1,1104	0,000	2,0988	-0,0008	14.08.2002
111	Bayerische Hypo- und Vereinsbank AG	0,397	-0,0020	0,8524	0,000	2,0923	-0,0028	08.11.2001
112	Banca Popolare di Verona Scarl	0,185	-0,0008	0,4787	0,000	2,2739	-0,0013	14.11.2001
113	Singer & Friedlander Group plc	0,203	-0,0005	0,4902	0,000	1,7352	-0,0007	14.12.2001
114	St Galler Kantonalbank AG	0,106	0,0006	0,1768	0,000	2,0850	0,0006	08.02.2002
115	Erste Bank der Österreichischen Sparkassen AG	0,054	0,0005	0,2100	0,000	1,9015	0,0005	03.04.2002
116	Ringkjøbing Landbobank	0,004	0,0010	0,0601	0,334	2,4359	0,0010	27.06.2002
117	Banca Popolare Italiana	0,014	-0,0007	0,1543	0,063	2,0633	-0,0006	22.03.2001

Tab. 30: Parameter des Marktmodells (Dow Jones STOXX Banks), Mittelwert und Ankündigungsdatum

Anhang 3: Wertausprägungen der weiteren verwendeten Variablen

Deal Nr.	Börsennotiertes Mutterunternehmen	Aktien	Cash	Rein Aktien	Rein Cash	Mixed Offer	Relative Größe MV	Relative Größe EK	Regionale Übereinst.	Sektor-Übereinst.	Strateg. Übereinst.
1	Close Brothers Group plc	1	1	0	0	1	5,2%	24,3%	1	1	1
2	Dexia SA	0	1	0	1	0	21,7%	36,3%	0	0	0
3	Royal Bank of Scotland Group plc, The	1	1	0	0	1	263,3%	623,5%	1	1	1
4	EFG Eurobank Ergasias SA	1	0	1	0	0	n/a	n/a	1	1	1
5	Dresdner Bank AG	1	1	0	0	1	4,8%	10,8%	0	0	0
6	ABN Amro Holding NV	0	1	0	1	0	8,0%	16,9%	0	1	0,5
7	Banco Santander Central Hispano SA	0	1	0	1	0	2,8%	9,1%	0	1	0,5
8	Svenska Handelsbanken AB	0	1	0	1	0	2,4%	6,1%	0	1	0,5
9	UniCredito Italiano SpA	1	1	0	0	1	1,8%	4,0%	0	1	0,5
10	Lloyds TSB Group plc	0	1	0	1	0	1,1%	4,1%	1	1	1
11	Capitalia	1	0	1	0	0	102,0%	57,8%	1	1	1
12	Banco Santander Central Hispano SA	1	0	1	0	0	29,3%	50,4%	0	1	0,5
13	Aspis Bank SA	1	0	1	0	0	n/a	n/a	1	1	1
14	Crédit Agricole SA	1	1	0	0	1	109,4%	48,4%	1	1	1
15	Northern Rock plc	0	1	0	1	0	4,4%	12,0%	1	1	1
16	Erste Bank der Österreichischen Sparkassen AG	0	1	0	1	0	7,9%	8,2%	0	1	0,5
17	HSBC Holdings plc	0	1	0	1	0	0,9%	1,6%	0	1	0,5
18	Banco Popular Español SA	1	1	0	0	1	4,8%	13,0%	0	1	0,5
19	Banca Popolare di Bergamo-Credito Varesino Scarl	1	0	1	0	0	52,3%	54,9%	1	1	1
20	Crédit Agricole SA	0	1	0	1	0	10,0%	3,9%	1	0	0,5
21	Banca Popolare Italiana	0	1	0	1	0	36,2%	16,6%	1	1	1
22	HSBC Holdings plc	1	0	1	0	0	12,4%	22,0%	0	1	0,5
23	Erste Bank der Österreichischen Sparkassen AG	0	1	0	1	0	0,8%	1,2%	0	1	0,5
24	Banca Popolare Italiana	1	1	0	0	1	29,7%	22,3%	1	1	1
25	Banca Popolare Italiana	1	1	0	0	1	2,6%	1,3%	1	1	1
26	ABN Amro Holding NV	1	1	0	0	1	2,6%	4,0%	0	1	0,5
27	ING	0	1	0	1	0	0,9%	1,3%	1	1	1
28	Barclays Bank SA	0	1	0	1	0	2,9%	4,8%	1	1	1
29	Standard Chartered plc	0	1	0	1	0	16,0%	37,6%	0	1	0,5
30	Alpha Bank SA	0	1	0	1	0	2,5%	6,3%	0	1	0,5
31	National Bank of Greece SA	0	1	0	1	0	0,7%	1,4%	0	1	0,5
32	Royal Bank of Scotland Group plc, The	0	1	0	1	0	2,4%	3,8%	1	0	0,5
33	KBC Groupe	1	0	1	0	0	18,5%	30,1%	1	1	1
34	Royal Bank of Scotland Group plc, The	0	1	0	1	0	0,7%	1,2%	0	0	0
35	Kredietbank SA Luxembourgeoise	0	1	0	1	0	9,3%	17,3%	0	1	0,5
36	Deutsche Postbank AG	0	1	0	1	0	25,0%	37,4%	1	1	1
37	Banca Profilo SpA	0	1	0	1	0	6,0%	10,2%	1	1	1
38	Mediobanca SpA	0	1	0	1	0	3,6%	5,1%	0	1	0,5
39	HSBC Holdings plc	0	1	0	1	0	0,6%	1,3%	0	1	0,5
40	HSBC Holdings plc	0	1	0	1	0	0,8%	1,9%	0	1	0,5
41	Lloyds TSB Group plc	0	1	0	1	0	0,5%	1,2%	1	1	1
42	Banca Popolare di Milano Scarl	1	0	1	0	0	9,2%	5,8%	1	1	1
43	Royal Bank of Scotland Group plc, The	0	1	0	1	0	1,3%	2,1%	0	1	0,5

Deal Nr.	Börsennotiertes Mutterunternehmen	Aktien	Cash	Rein Aktien	Rein Cash	Mixed Offer	Relative Größe MV	Relative Größe EK	Regionale Übereinst.	Sektor-Übereinst.	Strateg. Übereinst.
44	Piraeus Bank SA	0	1	0	1	0	0,8%	2,0%	0	1	0,5
45	Danske Bank A/S	0	1	0	1	0	9,8%	18,9%	0	1	0,5
46	Banco de Sabadell SA	0	1	0	1	0	41,6%	64,0%	1	1	1
47	OKO Bank	0	1	0	1	0	114,5%	158,3%	1	0	0,5
48	Banco Bilbao Vizcaya Argentaria SA	0	1	0	1	0	0,5%	1,1%	0	1	0,5
49	Julius Bär Holding AG	1	1	0	0	1	127,4%	362,6%	1	1	1
50	HSBC Holdings plc	0	1	0	1	0	2,1%	4,3%	1	0	0,5
51	Standard Chartered Bank plc	0	1	0	1	0	0,7%	1,6%	0	0	0
52	Royal Bank of Scotland Group plc, The	0	1	0	1	0	0,6%	1,2%	0	0	0
53	Bank Austria Creditanstalt AG	0	1	0	1	0	1,3%	1,8%	1	1	1
54	Banca Popolare dell'Emilia Romagna	0	1	0	1	0	1,0%	1,0%	1	0	0,5
55	Bank of Ireland	0	1	0	1	0	0,6%	1,2%	0	0	0
56	Piraeus Bank SA	0	1	0	1	0	1,9%	4,0%	0	1	0,5
57	SEB	0	1	0	1	0	1,2%	2,3%	0	1	0,5
58	EFG Eurobank Ergasias SA	1	0	1	0	0	n/a	n/a	1	1	1
59	Credito Valtellinese Scarl	0	1	0	1	0	0,9%	1,1%	1	1	1
60	Cassa di Risparmio di Firenze SpA	0	1	0	1	0	1,3%	2,4%	0	1	0,5
61	EFG Eurobank Ergasias SA	0	1	0	1	0	0,3%	1,5%	0	1	0,5
62	Commerzbank AG	0	1	0	1	0	33,1%	42,5%	1	1	1
63	Banque Nationale de Paris SA	1	1	0	0	1	115,0%	172,2%	1	1	1
64	UniCredito Italiano SpA	1	0	1	0	0	53,4%	104,2%	0	1	0,5
65	Bank of Ireland	0	1	0	1	0	1,2%	2,2%	0	0	0
66	Kredietbank SA Luxembourgeoise	0	1	0	1	0	15,9%	37,8%	0	1	0,5
67	Standard Chartered plc	0	1	0	1	0	1,6%	4,6%	0	0	0
68	Banco Santander SA	1	0	1	0	0	60,1%	118,4%	1	1	1
69	Banco Santander Central Hispano SA	0	1	0	1	0	2,5%	3,9%	0	1	0,5
70	UniCredito Italiano SpA	0	1	0	1	0	4,6%	12,2%	0	1	0,5
71	Piraeus Bank SA	1	1	0	0	1	n/a	n/a	0	1	0,5
72	ALLIED IRISH BANKS	0	1	0	1	0	4,6%	18,4%	0	1	0,5
73	Banco Comercial Português SA	1	1	0	0	1	22,5%	42,9%	1	1	1
74	Banco Santander Central Hispano SA	1	1	0	0	1	2,7%	7,9%	0	1	0,5
75	HSBC Holdings plc	0	1	0	1	0	n/a	n/a	0	1	0,5
76	Alpha Credit Bank SA	1	0	1	0	0	16,0%	68,9%	1	1	1
77	Lloyds TSB Group plc	0	1	0	1	0	16,2%	106,5%	1	0	0,5
78	UBS AG	1	1	0	0	1	27,4%	96,3%	0	1	0,5
79	Bayerische Hypo- und Vereinsbank AG	1	0	1	0	0	30,4%	50,0%	0	1	0,5
80	Schroders plc	0	1	0	1	0	2,1%	4,5%	1	0	0,5
81	Erste Bank der Österreichischen Sparkassen AG	0	1	0	1	0	26,9%	29,5%	0	1	0,5
82	Banca Monte dei Paschi di Siena SpA	1	0	1	0	0	16,0%	32,2%	1	1	1
83	HSBC Holdings plc	1	1	0	0	1	11,5%	30,4%	0	1	0,5
84	SEB	0	1	0	1	0	29,4%	53,2%	0	1	0,5
85	UBS AG	1	1	0	0	1	1,1%	3,5%	0	1	0,5
86	Fineco	1	0	1	0	0	12,0%	147,2%	0	1	0,5
87	BCP	1	1	0	0	1	77,6%	161,4%	1	1	1
88	ABN Amro Holding NV	0	1	0	1	0	3,8%	7,7%	1	0	0,5

Deal Nr.	Börsennotiertes Mutterunternehmen	Aktien	Cash	Rein Aktien	Rein Cash	Mixed Offer	Relative Größe MV	Relative Größe EK	Regionale Übereinst.	Sektor-Übereinst.	Strateg. Übereinst.
89	Anglo Irish Bank Corporation plc	0	1	0	1	0	6,0%	13,5%	1	1	1
90	Barclays plc	1	1	0	0	1	26,0%	65,7%	1	1	1
91	Credit Suisse Group	1	1	0	0	1	14,6%	55,2%	0	1	0,5
92	Standard Chartered plc	0	1	0	1	0	9,8%	28,0%	0	1	0,5
93	Abbey National plc	0	1	0	1	0	16,3%	29,8%	1	0	0,5
94	Banca Fideuram SpA	0	1	0	1	0	1,3%	25,3%	0	1	0,5
95	Danske Bank A/S	1	0	1	0	0	49,0%	87,4%	1	1	1
96	Banca Popolare Italiana	0	1	0	1	0	42,5%	20,7%	1	1	1
97	Fortis NV	1	1	0	0	1	19,6%	19,1%	1	1	1
98	ABN Amro Holding NV	0	1	0	1	0	2,4%	5,2%	0	1	0,5
99	Close Brothers Group plc	1	1	0	0	1	0,7%	4,4%	1	1	1
100	Banca Popolare dell'Emilia Romagna	0	1	0	1	0	18,9%	34,8%	1	1	1
101	Anglo Irish Bank Corporation plc	0	1	0	1	0	10,7%	15,9%	0	1	0,5
102	Close Brothers Group plc	0	1	0	1	0	5,6%	38,1%	1	0	0,5
103	Sanpaolo IMI SpA	1	0	1	0	0	45,7%	81,6%	1	1	1
104	Piraeus Bank SA	0	1	0	1	0	20,3%	56,6%	1	1	1
105	Piraeus Bank SA	0	1	0	1	0	0,9%	2,3%	1	0	0,5
106	Dexia SA	1	1	0	0	1	18,7%	32,0%	1	1	1
107	HBOS	1	0	1	0	0	59,3%	140,0%	1	1	1
108	Dexia	0	1	0	1	0	6,5%	12,9%	0	1	0,5
109	Banco Santander Central Hispano SA	1	1	0	0	1	4,4%	11,7%	0	1	0,5
110	UniCredito Italiano SpA	0	1	0	1	0	0,7%	1,3%	0	1	0,5
111	Bayerische Hypo- und Vereinsbank AG	0	1	0	1	0	0,5%	1,6%	0	1	0,5
112	Banca Popolare di Verona Scarl	1	0	1	0	0	n/a	n/a	1	1	1
113	Singer & Friedlander Group plc	0	1	0	1	0	2,7%	2,9%	1	0	0,5
114	St Galler Kantonalbank AG	0	1	0	1	0	n/a	n/a	1	1	1
115	Erste Bank der Österreichischen Sparkassen AG	0	1	0	1	0	1,5%	1,6%	0	1	0,5
116	Ringkjøbing Landbobank	1	0	1	0	0	15,6%	17,1%	1	1	1
117	Banca Popolare Italiana	1	1	0	0	1	11,1%	8,0%	1	1	1

Tab. 31: Variablen zu Akquisitionswährung, relativer Größe und Strategie

Deal Nr.	Börsennotiertes Mutterunternehmen	ROE t-2Y	ROE t-1Y	ROE Käufer	CIR t-2Y	CIR t-1Y	CIR Käufer	ROA t-1Y	ROA t-2Y	ROA Käufer
1	Close Brothers Group plc	19,6%	23,2%	21,4%	54,3%	53,5%	53,9%	3,04%	3,13%	3,09%
2	Dexia SA	11,7%	13,0%	12,4%	56,3%	56,1%	56,2%	0,38%	0,40%	0,39%
3	Royal Bank of Scotland Group plc, The	22,9%	23,2%	23,0%	65,6%	64,1%	64,8%	0,96%	1,03%	1,00%
4	EFG Eurobank Ergasias SA	7,5%	11,9%	9,7%	68,0%	44,8%	56,4%	0,72%	1,62%	1,17%
5	Dresdner Bank AG	8,7%	8,8%	8,8%	75,0%	75,5%	75,2%	0,27%	0,28%	0,28%
6	ABN Amro Holding NV	12,5%	17,3%	14,9%	72,2%	70,2%	71,2%	0,47%	0,65%	0,56%
7	Banco Santander Central Hispano SA	13,1%	15,1%	14,1%	67,3%	63,9%	65,6%	0,75%	0,89%	0,82%
8	Svenska Handelsbanken AB	19,3%	23,8%	21,5%	46,1%	38,4%	42,3%	0,72%	0,94%	0,83%
9	UniCredito Italiano SpA	19,6%	18,4%	19,0%	54,6%	53,4%	54,0%	1,04%	1,00%	1,02%
10	Lloyds TSB Group plc	28,8%	21,3%	25,1%	46,2%	56,4%	51,3%	1,74%	1,28%	1,51%
11	Capitalia	5,2%	4,4%	4,8%	64,4%	66,1%	65,3%	0,24%	0,21%	0,23%
12	Banco Santander Central Hispano SA	11,0%	13,5%	12,3%	59,1%	55,0%	57,1%	0,83%	0,97%	0,90%
13	Aspis Bank SA	2,0%	0,9%	1,5%	88,2%	94,6%	91,4%	0,29%	0,08%	0,19%
14	Crédit Agricole SA	9,4%	8,0%	8,7%	63,5%	69,9%	66,7%	0,33%	0,41%	0,37%
15	Northern Rock plc	20,2%	19,4%	19,8%	32,8%	32,6%	32,7%	0,86%	0,79%	0,83%
16	Erste Bank der Österreichischen Sparkassen AG	10,8%	12,7%	11,8%	70,4%	71,1%	70,8%	0,41%	0,50%	0,46%
17	HSBC Holdings plc	16,8%	11,4%	14,1%	57,1%	62,6%	59,8%	1,23%	0,89%	1,06%
18	Banco Popular Español SA	23,3%	22,5%	22,9%	42,5%	40,3%	41,4%	1,79%	1,74%	1,77%
19	Banca Popolare di Bergamo-Credito Varesino Scarl	10,3%	9,4%	9,9%	63,4%	62,1%	62,8%	0,62%	0,54%	0,58%
20	Crédit Agricole SA	9,4%	8,0%	8,7%	63,5%	69,9%	66,7%	0,33%	0,41%	0,37%
21	Banca Popolare Italiana	6,9%	5,7%	6,3%	86,8%	75,1%	80,9%	0,37%	0,37%	0,37%
22	HSBC Holdings plc	16,8%	11,4%	14,1%	57,1%	62,6%	59,8%	1,23%	0,89%	1,06%
23	Erste Bank der Österreichischen Sparkassen AG	10,8%	14,3%	12,5%	68,7%	68,2%	68,4%	0,43%	0,59%	0,51%
24	Banca Popolare Italiana	5,7%	2,8%	4,3%	75,1%	69,1%	72,1%	0,37%	0,21%	0,29%
25	Banca Popolare Italiana	5,7%	2,8%	4,3%	75,1%	69,1%	72,1%	0,37%	0,21%	0,29%
26	ABN Amro Holding NV	18,9%	14,3%	16,6%	75,1%	73,7%	74,4%	0,61%	0,42%	0,52%
27	ING	18,0%	20,2%	19,1%	68,6%	66,3%	67,5%	0,72%	0,68%	0,70%
28	Barclays Bank SA	16,9%	15,0%	16,0%	58,8%	58,5%	58,7%	0,76%	0,61%	0,69%
29	Standard Chartered plc	13,5%	17,4%	15,4%	56,0%	55,8%	55,9%	0,90%	1,16%	1,03%
30	Alpha Bank SA	16,4%	17,8%	17,1%	54,3%	50,2%	52,2%	0,98%	1,31%	1,15%
31	National Bank of Greece SA	20,6%	9,0%	14,8%	60,9%	72,2%	66,6%	0,98%	0,41%	0,70%
32	Royal Bank of Scotland Group plc, The	10,9%	11,9%	11,4%	64,0%	64,0%	64,0%	0,81%	0,84%	0,83%
33	KBC Groupe	12,1%	11,2%	11,7%	66,1%	64,5%	65,3%	0,53%	0,54%	0,54%
34	Royal Bank of Scotland Group plc, The	10,9%	11,9%	11,4%	64,0%	64,0%	64,0%	0,81%	0,84%	0,83%
35	Kredietbank SA Luxembourgeoise	15,1%	17,8%	16,4%	68,4%	68,5%	68,4%	0,51%	0,57%	0,54%
36	Deutsche Postbank AG	7,5%	8,7%	8,1%	76,7%	71,3%	74,0%	0,26%	0,32%	0,29%
37	Banca Profilo SpA	2,7%	2,6%	2,6%	89,6%	86,6%	88,1%	0,51%	0,35%	0,43%
38	Mediobanca SpA	7,2%	5,6%	6,4%	35,1%	23,3%	29,2%	1,11%	0,89%	1,00%
39	HSBC Holdings plc	11,4%	12,8%	12,1%	62,6%	60,0%	61,3%	0,89%	0,99%	0,94%
40	HSBC Holdings plc	11,4%	12,8%	12,1%	62,6%	60,0%	61,3%	0,89%	0,99%	0,94%
41	Lloyds TSB Group plc	21,3%	18,9%	20,1%	56,4%	58,8%	57,6%	1,28%	0,93%	1,11%
42	Banca Popolare di Milano Scarl	1,7%	5,3%	3,5%	78,1%	76,2%	77,2%	0,11%	0,40%	0,26%
43	Royal Bank of Scotland Group plc, The	10,9%	11,9%	11,4%	64,0%	64,0%	64,0%	0,81%	0,84%	0,83%

Deal Nr.	Börsennotiertes Mutterunternehmen	ROE t-2Y	ROE t-1Y	ROE Käufer	CIR t-2Y	CIR t-1Y	CIR Käufer	ROA t-1Y	ROA t-2Y	ROA Käufer
44	Piraeus Bank SA	9,2%	14,0%	11,6%	63,4%	58,9%	61,2%	0,84%	1,14%	0,99%
45	Danske Bank A/S	14,2%	15,6%	14,9%	57,5%	55,3%	56,4%	0,50%	0,52%	0,51%
46	Banco de Sabadell SA	9,9%	9,9%	9,9%	56,5%	68,0%	62,3%	1,01%	0,87%	0,94%
47	OKO Bank	19,7%	14,6%	17,1%	45,1%	51,8%	48,5%	0,93%	0,66%	0,80%
48	Banco Bilbao Vizcaya Argentaria SA	12,8%	15,8%	14,3%	54,1%	52,3%	53,2%	0,85%	1,04%	0,95%
49	Julius Bär Holding AG	5,4%	14,6%	10,0%	85,2%	73,6%	79,4%	0,61%	1,46%	1,04%
50	HSBC Holdings plc	12,8%	13,5%	13,2%	60,0%	54,7%	57,3%	0,99%	1,08%	1,04%
51	Standard Chartered Bank plc	11,6%	13,5%	12,5%	56,7%	56,0%	56,3%	0,79%	0,90%	0,85%
52	Royal Bank of Scotland Group plc, The	11,9%	15,8%	13,9%	64,0%	60,9%	62,5%	0,84%	0,98%	0,91%
53	Bank Austria Creditanstalt AG	6,9%	8,6%	7,8%	70,9%	72,3%	71,6%	0,26%	0,35%	0,31%
54	Banca Popolare dell'Emilia Romagna	7,9%	8,6%	8,3%	65,4%	62,6%	64,0%	0,49%	0,54%	0,52%
55	Bank of Ireland	16,5%	17,3%	16,9%	57,0%	55,5%	56,3%	1,03%	1,05%	1,04%
56	Piraeus Bank SA	9,2%	14,0%	11,6%	63,4%	58,9%	61,2%	0,84%	1,14%	0,99%
57	SEB	12,9%	14,1%	13,5%	65,2%	62,6%	63,9%	0,48%	0,50%	0,49%
58	EFG Eurobank Ergasias SA	14,3%	19,2%	16,8%	54,8%	49,3%	52,1%	1,05%	1,26%	1,16%
59	Credito Valtellinese Scarl	3,9%	5,5%	4,7%	80,5%	79,4%	79,9%	0,23%	0,32%	0,28%
60	Cassa di Risparmio di Firenze SpA	8,8%	9,9%	9,4%	66,2%	64,2%	65,2%	0,52%	0,58%	0,55%
61	EFG Eurobank Ergasias SA	14,3%	19,2%	16,8%	54,8%	49,3%	52,1%	1,05%	1,26%	1,16%
62	Commerzbank AG	-21,9%	4,5%	-8,7%	75,8%	72,6%	74,2%	-0,56%	0,12%	-0,22%
63	Banque Nationale de Paris SA	9,5%	10,3%	9,9%	70,6%	69,0%	69,8%	0,33%	0,37%	0,35%
64	UniCredito Italiano SpA	15,2%	15,3%	15,3%	54,1%	57,4%	55,7%	0,92%	0,86%	0,89%
65	Bank of Ireland	17,3%	17,2%	17,3%	55,5%	57,0%	56,2%	1,05%	0,99%	1,02%
66	Kredietbank SA Luxembourgeoise	19,9%	19,2%	19,6%	50,1%	61,7%	55,9%	0,71%	0,70%	0,71%
67	Standard Chartered plc	23,9%	17,5%	20,7%	52,0%	51,9%	52,0%	1,33%	1,00%	1,17%
68	Banco Santander SA	14,0%	13,7%	13,9%	69,0%	68,9%	68,9%	0,72%	0,77%	0,75%
69	Banco Santander Central Hispano SA	13,0%	13,1%	13,0%	68,2%	67,3%	67,7%	0,66%	0,75%	0,71%
70	UniCredito Italiano SpA	7,7%	6,4%	7,1%	70,9%	59,1%	65,0%	0,47%	0,37%	0,42%
71	Piraeus Bank SA	20,4%	25,3%	22,8%	61,9%	63,2%	62,5%	2,63%	2,18%	2,41%
72	ALLIED IRISH BANKS	22,3%	23,2%	22,8%	65,0%	55,9%	60,5%	1,27%	1,37%	1,32%
73	Banco Comercial Português SA	21,3%	26,0%	23,7%	66,5%	65,3%	65,9%	1,51%	2,14%	1,83%
74	Banco Santander Central Hispano SA	13,1%	15,1%	14,1%	67,3%	63,9%	65,6%	0,75%	0,89%	0,82%
75	HSBC Holdings plc	20,2%	15,6%	17,9%	52,9%	55,3%	54,1%	1,41%	1,02%	1,22%
76	Alpha Credit Bank SA	30,8%	28,4%	29,6%	48,6%	44,9%	46,7%	2,22%	2,36%	2,29%
77	Lloyds TSB Group plc	41,5%	31,0%	36,3%	51,9%	50,3%	51,1%	1,76%	1,51%	1,64%
78	UBS AG	10,2%	20,4%	15,3%	84,9%	75,0%	80,0%	0,30%	0,68%	0,49%
79	Bayerische Hypo- und Vereinsbank AG	15,5%	3,0%	9,2%	60,9%	65,3%	63,1%	0,46%	0,09%	0,28%
80	Schroders plc	15,1%	19,1%	17,1%	79,5%	79,0%	79,2%	1,40%	1,81%	1,61%
81	Erste Bank der Österreichischen Sparkassen AG	8,9%	10,8%	9,8%	74,8%	76,1%	75,4%	0,28%	0,37%	0,33%
82	Banca Monte dei Paschi di Siena SpA	8,1%	10,9%	9,5%	72,8%	64,9%	68,8%	0,39%	0,50%	0,45%
83	HSBC Holdings plc	15,6%	17,6%	16,6%	55,3%	53,7%	54,5%	1,02%	1,15%	1,09%
84	SEB	10,6%	15,9%	13,2%	64,7%	66,6%	65,6%	0,40%	0,64%	0,52%
85	UBS AG	-2,2%	10,2%	4,0%	74,1%	84,9%	79,5%	-0,06%	0,30%	0,12%
86	Fineco	14,4%	25,7%	20,0%	50,3%	48,5%	49,4%	1,23%	2,28%	1,76%
87	BCP	19,0%	21,3%	20,2%	67,6%	66,5%	67,1%	1,13%	1,51%	1,32%
88	ABN Amro Holding NV	14,6%	12,5%	13,5%	70,8%	72,2%	71,5%	0,63%	0,47%	0,55%

Deal Nr.	Börsennotiertes Mutterunternehmen	ROE t-2Y	ROE t-1Y	ROE Käufer	CIR t-2Y	CIR t-1Y	CIR Käufer	ROA t-1Y	ROA t-2Y	ROA Käufer
89	Anglo Irish Bank Corporation plc	14,7%	17,0%	15,8%	43,9%	38,5%	41,2%	0,87%	0,98%	0,93%
90	Barclays plc	17,2%	21,3%	19,2%	67,6%	61,4%	64,5%	0,63%	0,79%	0,71%
91	Credit Suisse Group	9,2%	16,6%	12,9%	74,7%	76,6%	75,6%	0,34%	0,64%	0,49%
92	Standard Chartered plc	17,5%	11,2%	14,3%	51,9%	57,9%	54,9%	1,00%	0,69%	0,85%
93	Abbey National plc	20,6%	22,0%	21,3%	44,7%	46,1%	45,4%	0,73%	0,81%	0,77%
94	Banca Fideuram SpA	24,6%	22,0%	23,3%	70,9%	69,0%	70,0%	4,39%	3,59%	3,99%
95	Danske Bank A/S	13,8%	16,6%	15,2%	62,4%	61,5%	61,9%	0,69%	0,78%	0,74%
96	Banca Popolare Italiana	3,6%	7,9%	5,7%	70,0%	86,6%	78,3%	0,22%	0,42%	0,32%
97	Fortis NV	17,0%	17,2%	17,1%	69,3%	68,3%	68,8%	0,68%	0,72%	0,70%
98	ABN Amro Holding NV	12,5%	17,3%	14,9%	72,2%	70,2%	71,2%	0,47%	0,65%	0,56%
99	Close Brothers Group plc	23,2%	21,7%	22,5%	53,5%	54,6%	54,0%	3,13%	3,10%	3,12%
100	Banca Popolare dell'Emilia Romagna	11,2%	11,7%	11,4%	61,8%	66,0%	63,9%	0,73%	0,84%	0,79%
101	Anglo Irish Bank Corporation plc	17,0%	18,3%	17,6%	38,5%	35,3%	36,9%	0,98%	1,10%	1,04%
102	Close Brothers Group plc	23,2%	21,7%	22,5%	53,5%	54,6%	54,0%	3,13%	3,10%	3,12%
103	Sanpaolo IMI SpA	13,9%	18,6%	16,3%	59,9%	64,6%	62,3%	0,79%	0,90%	0,85%
104	Piraeus Bank SA	27,9%	14,7%	21,3%	42,7%	57,1%	49,9%	3,30%	1,56%	2,43%
105	Piraeus Bank SA	27,9%	14,7%	21,3%	42,7%	57,1%	49,9%	3,30%	1,56%	2,43%
106	Dexia SA	13,0%	15,4%	14,2%	56,1%	56,7%	56,4%	0,40%	0,46%	0,43%
107	HBOS	16,1%	18,7%	17,4%	43,2%	42,2%	42,7%	0,82%	0,86%	0,84%
108	Dexia	13,0%	15,4%	14,2%	56,1%	56,7%	56,4%	0,40%	0,46%	0,43%
109	Banco Santander Central Hispano SA	13,0%	13,1%	13,0%	68,2%	67,3%	67,7%	0,66%	0,75%	0,71%
110	UniCredito Italiano SpA	18,4%	16,4%	17,4%	53,4%	51,7%	52,6%	1,00%	0,98%	0,99%
111	Bayerische Hypo- und Vereinsbank AG	12,0%	12,4%	12,2%	73,0%	67,9%	70,5%	0,42%	0,40%	0,41%
112	Banca Popolare di Verona Scarl	9,2%	11,9%	10,5%	69,4%	51,4%	60,4%	0,72%	0,88%	0,80%
113	Singer & Friedlander Group plc	22,4%	44,6%	33,5%	72,4%	64,4%	68,4%	2,23%	4,58%	3,41%
114	St Galler Kantonalbank AG	8,9%	9,0%	8,9%	59,0%	65,3%	62,1%	0,52%	0,54%	0,53%
115	Erste Bank der Österreichischen Sparkassen AG	9,8%	10,8%	10,3%	74,9%	70,4%	72,7%	0,37%	0,41%	0,39%
116	Ringkjøbing Landbobank	14,3%	14,2%	14,2%	39,3%	42,6%	40,9%	2,45%	2,35%	2,40%
117	Banca Popolare Italiana	7,9%	6,9%	7,4%	86,6%	86,8%	86,7%	0,42%	0,37%	0,40%

Tab. 32: Variablen zum operativen Erfolg (Käufer)

Deal Nr.	Name des Übernahmeobjekts	ROE t-2Y	ROE t-1Y	ROE Target	CIR t-2Y	CIR t-1Y	CIR Target	ROA t-1Y	ROA t-2Y	ROA Target
1	Rea Brothers Group plc	9,3%	9,4%	9,4%	86,4%	87,3%	86,9%	0,78%	0,72%	0,75%
2	Financial Security Assurance Holdings Ltd			n/a			n/a			n/a
3	National Westminster Bank plc	19,5%	18,6%	19,0%	69,0%	67,8%	68,4%	0,91%	0,94%	0,93%
4	Ergo Bank SA			n/a			n/a			n/a
5	Wasserstein Perella & Co			n/a			n/a			n/a
6	Michigan National Corp	7,7%	9,3%	8,5%	64,1%	59,1%	61,6%	1,06%	1,22%	1,14%
7	Grupo Santander Banespa			n/a			n/a			n/a
8	Midtbank A/S	11,2%	13,1%	12,2%	62,5%	61,8%	62,1%	1,01%	1,13%	1,07%
9	Zagrebacka Banka dd	8,7%	27,9%	18,3%	66,1%	62,7%	64,4%	0,98%	3,05%	2,02%
10	First National Vehicle Holdings Ltd / Abbey National Vehicle Finance Ltd			n/a			n/a			n/a
11	Gruppo Bipop-Carire SpA	26,1%	-40,6%	-7,2%	54,2%	117,0%	85,6%	2,36%	-2,56%	-0,10%
12	Abbey National plc	-14,5%	-10,0%	-12,3%	81,7%	110,8%	96,2%	-0,61%	-0,40%	-0,51%
13	ABN Amro Holding NV's retail operations in Greece			n/a			n/a			n/a
14	Crédit Lyonnais SA	9,6%	10,1%	9,8%	71,8%	70,5%	71,2%	0,41%	0,45%	0,43%
15	Legal & General Bank Ltd / Legal & General Mortgage Services Ltd	-2,7%	0,7%	-1,0%	120,5%	89,9%	105,2%	-0,15%	0,04%	-0,06%
16	Postabank es Takarekpenztar Rt	-9,2%	-5,7%	-7,5%	111,2%	98,2%	104,7%	-1,05%	-0,56%	-0,81%
17	Grupo Financiero Bital SA de CV	7,9%	8,2%	8,0%	84,2%	79,0%	81,6%	0,35%	0,37%	0,36%
18	Banco Nacional de Crédito Imobiliario			n/a			n/a			n/a
19	Banca Popolare Commercio e Industria Scarl / Banca Popolare di Luino e Varese SpA	2,9%	-0,3%	1,3%	79,0%	81,6%	80,3%	0,22%	-0,02%	0,10%
20	Société de Financement pour l'Équipement familial	29,3%	29,2%	29,2%	52,6%	50,3%	51,5%	2,02%	4,07%	3,50%
21	Banco di Chiavari e della Riviera Ligure SpA			n/a			n/a			n/a
22	Household International Inc.	25,8%	22,7%	24,3%	42,9%	51,3%	47,1%	2,67%	2,70%	2,69%
23	Novosadska Banka AD	-34,7%	-99,1%	-66,9%	85,6%	62,4%	74,0%	-6,98%	-20,85%	-13,92%
24	Banca Popolare di Cremona Scarl	4,2%	3,4%	3,8%	69,3%	72,0%	70,7%	0,49%	0,42%	0,46%
25	Banca Caripe SpA	-20,0%	-21,3%	-20,7%	191,0%	123,3%	157,1%	-1,73%	-1,51%	-1,62%
26	Banco Sudameris Brasil SA	18,1%	16,9%	17,5%	76,4%	68,9%	72,6%	1,15%	1,32%	1,24%
27	Entrium Direct Bankers AG	0,4%	3,6%	2,0%	89,6%	82,5%	86,1%	0,01%	0,10%	0,06%
28	Banco Zaragozano SA	16,0%	14,7%	15,4%	74,4%	71,4%	72,9%	0,94%	0,86%	0,90%
29	Korea First Bank	-0,8%	6,8%	3,0%	64,4%	64,1%	64,3%	-0,04%	0,29%	0,13%
30	Jubanka AD Beograd	-8,4%	-20,1%	-14,2%	2,8%	4,9%	3,8%	-3,49%	-8,60%	-6,05%
31	Banca Romaneasca SA	11,6%	16,1%	13,9%	75,3%	66,9%	71,1%	2,06%	2,50%	2,28%
32	Churchill Insurance Group plc			n/a			n/a			n/a
33	Almanij NV	10,0%	10,9%	10,4%	56,2%	55,4%	55,8%	0,49%	0,55%	0,52%
34	Santander Direkt Bank AG's credit card and personal loans operations			n/a			n/a			n/a
35	Theodoor Gilissen NV	17,6%	0,1%	8,9%	71,5%	104,1%	87,8%	1,61%	0,01%	0,81%
36	BHW Holding AG	7,7%	3,2%	5,4%	79,3%	72,3%	75,8%	0,14%	0,06%	0,10%
37	HSBC Bank plc's Italian private banking operations			n/a			n/a			n/a
38	Compagnie Monégasque de Banque	14,8%	13,6%	14,2%	60,0%	60,4%	60,2%	1,30%	1,34%	1,32%
39	Losango Promotora de Vendas Ltda / Banco Lloyds TSB SA	13,3%	20,3%	16,8%	51,6%	63,0%	57,3%	1,74%	2,07%	1,91%
40	Bank of Bermuda Ltd	9,8%	12,0%	10,9%	83,3%	76,0%	79,6%	0,57%	0,71%	0,64%

Deal Nr.	Name des Übernahmeobjekts	ROE t-2Y	ROE t-1Y	ROE Target	CIR t-2Y	CIR t-1Y	CIR Target	ROA t-1Y	ROA t-2Y	ROA Target
41	Goldfish Bank Ltd's credit card and personal loan businesses			n/a			n/a			n/a
42	Carinord 1 SpA			n/a			n/a			n/a
43	First Active plc	14,3%	27,1%	20,7%	58,7%	54,3%	56,5%	0,80%	1,58%	1,19%
44	Atlas Banka AD	15,3%	12,8%	14,0%	67,6%	61,9%	64,7%	4,45%	3,13%	3,79%
45	National Irish Bank Ltd / Northern Bank Ltd	21,9%	19,9%	20,9%	67,5%	59,3%	63,4%	1,49%	1,35%	1,42%
46	Banco Atlántico SA	9,7%	9,7%	9,7%	71,7%	71,5%	71,6%	0,57%	0,56%	0,57%
47	Pohjola-Yhtymä Oyj			n/a			n/a			n/a
48	Banco Frances (Cayman) Ltd			n/a	332,6%	n/a	332,6%	-26,98%	n/a	-26,98%
49	BDL Banco di Lugano SA / Ferrier Lullin & Cie SA / Ehinger & Armand von Ernst AG / GAM Holding AG	22,6%	29,0%	25,8%	64,1%	57,9%	61,0%	1,90%	2,28%	2,09%
50	Marks and Spencer Retail Financial Services Holdings Ltd	13,6%	11,5%	12,5%	37,5%	46,8%	42,1%	2,05%	2,07%	2,06%
51	PrimeCredit (Asia) Ltd			n/a			n/a			n/a
52	Lynk Systems Inc.			n/a			n/a			n/a
53	Hebros Bank	5,8%	6,9%	6,4%	85,4%	83,1%	84,2%	1,13%	1,24%	1,19%
54	ABF Leasing SpA			n/a			n/a			n/a
55	Burdale Financial Holdings Ltd			n/a			n/a			n/a
56	Eurobank plc	17,4%	23,4%	20,4%	75,3%	88,1%	81,7%	1,37%	1,80%	1,59%
57	Privatbanken ASA	6,9%	10,9%	8,9%	55,4%	56,2%	55,8%	0,72%	0,87%	0,80%
58	Greek Progress Fund SA			n/a			n/a			n/a
59	Julius Baer Creval Private Banking SpA			n/a			n/a			n/a
60	Daewoo Bank (Romania) SA	6,1%	5,9%	6,0%	52,9%	77,0%	64,9%	2,24%	1,83%	2,04%
61	Bulgarian Post Bank JSC	14,4%	18,4%	16,4%	71,4%	73,1%	72,2%	1,42%	1,65%	1,54%
62	Eurohypo AG	4,2%	7,2%	5,7%	53,6%	41,6%	47,6%	0,10%	0,19%	0,15%
63	Paribas SA	14,8%	8,2%	11,5%	84,3%	92,9%	88,6%	0,61%	0,33%	0,47%
64	Bayerische Hypo- und Vereins-bank AG	-14,8%	-11,5%	-13,2%	68,8%	68,8%	68,8%	-0,49%	-0,42%	-0,46%
65	Guggenheim Alternative Asset Management			n/a			n/a			n/a
66	Merck Finck & Co Privatbankiers	4,0%	6,5%	5,3%	88,0%	73,7%	80,9%	0,31%	0,48%	0,40%
67	UBS AG's non-Swiss trade finance business			n/a			n/a			n/a
68	Banco Central Hispanoamericano	10,9%	12,2%	11,5%	66,4%	63,5%	64,9%	0,54%	0,69%	0,62%
69	O'Higgins Central Hispanoameri-cano SA	12,2%	8,2%	10,2%	77,7%	69,7%	73,7%	0,98%	0,77%	0,88%
70	Bank Polska Kasa Opieki SA Grupa Pekao SA	44,5%	19,5%	32,0%	55,1%	67,8%	61,5%	1,79%	1,00%	1,40%
71	Euroinvestment & Finance Ltd			n/a			n/a			n/a
72	Bank Zachodni SA	19,5%	21,3%	20,4%	7,4%	54,6%	31,0%	1,55%	1,82%	1,69%
73	Banco Mello SA	9,2%	7,3%	8,2%	66,4%	74,1%	70,2%	0,51%	0,43%	0,47%
74	Banco Totta & Acores SA			n/a			n/a			n/a
75	SAFRA REPUBLIC HOLDINGS SA / Republic New York Corporation	17,1%	16,9%	17,0%	39,8%	44,3%	42,0%	1,45%	1,41%	1,43%
76	Ionian Bank SA	2,5%	-31,0%	-14,3%	84,9%	80,4%	82,7%	0,11%	-1,25%	-0,57%
77	Scottish Widows plc			n/a			n/a			n/a
78	Paine Webber Group Inc.	15,7%	21,1%	18,4%	83,8%	80,5%	82,1%	0,78%	1,08%	0,93%
79	Bank Austria Creditanstalt AG	4,5%	12,0%	8,2%	73,6%	73,0%	73,3%	0,16%	0,42%	0,29%
80	Liberty International Pensions Ltd			n/a			n/a			n/a
81	Ceska Sporitelna AS	-16,6%	-26,9%	-21,7%	69,6%	70,7%	70,2%	-0,99%	-1,54%	-1,27%
82	Banca del Salento SpA	8,9%	9,8%	9,3%	77,2%	75,4%	76,3%	0,44%	0,50%	0,47%
83	CCF - Crédit Commercial de France SA			n/a			n/a			n/a

Deal Nr.	Name des Übernahmeobjekts	ROE t-2Y	ROE t-1Y	ROE Target	CIR t-2Y	CIR t-1Y	CIR Target	ROA t-1Y	ROA t-2Y	ROA Target
84	BfG Bank AG	18,7%	12,6%	15,6%	56,1%	68,3%	62,2%	0,89%	0,63%	0,76%
85	Global Asset Management Ltd			n/a			n/a			n/a
86	Entrium Direct Bankers AG			n/a			n/a			n/a
87	Banco Pinto & Sotto Mayor SA	10,5%	15,4%	13,0%	60,6%	60,2%	60,4%	0,51%	0,82%	0,67%
88	Bouwfonds Nederlandse Gemeenten NV			n/a			n/a			n/a
89	Smurfit Paribas Bank Ltd	8,7%	n/a	8,7%	47,8%	n/a	47,8%	1,04%	n/a	1,04%
90	Woolwich plc	18,2%	21,6%	19,9%	44,0%	42,4%	43,2%	1,02%	1,12%	1,07%
91	Donaldson Lufkin & Jenrette Inc.	13,8%	16,6%	15,2%	82,7%	82,8%	82,7%	0,52%	0,66%	0,59%
92	Chase Manhattan Card Company Limited / Chase Manhattan Bank's Hong Kong retail banking division			n/a			n/a			n/a
93	Scottish Provident Institution, The			n/a			n/a			n/a
94	Financiere Wargny			n/a			n/a			n/a
95	RealDanmark A/S	9,3%	7,4%	8,3%	39,5%	49,9%	44,7%	0,41%	0,31%	0,36%
96	Banca Popolare di Crema SpA	5,3%	5,1%	5,2%	63,7%	67,3%	65,5%	0,67%	0,59%	0,63%
97	ASR Verzekeringsgroep NV			n/a			n/a			n/a
98	Alleghany Asset Management			n/a			n/a			n/a
99	OLIM Ltd			n/a			n/a			n/a
100	Banco di Sardegna SpA	-9,1%	4,5%	-2,3%	81,5%	97,7%	89,6%	-0,61%	0,31%	-0,15%
101	Banque Marcuard Cook & Co	6,2%	8,5%	7,3%	88,1%	80,8%	84,5%	1,78%	1,90%	1,84%
102	Transamerica Insurance Finance Company (Europe)			n/a			n/a			n/a
103	Cardine Banca SpA	3,9%	9,3%	6,6%	71,3%	72,8%	72,0%	0,35%	0,82%	0,59%
104	Hellenic Industrial Development Bank SA	27,4%	4,8%	16,1%	13,7%	27,7%	20,7%	12,01%	2,18%	7,10%
105	OTE Leasing			n/a			n/a			n/a
106	Artesia Banking Corporation	19,0%	18,8%	18,9%	59,4%	62,3%	60,8%	0,63%	0,62%	0,63%
107	Bank of Scotland (Governor & Co of)	18,7%	16,7%	17,7%	47,7%	50,0%	48,8%	0,95%	0,86%	0,91%
108	Kempen & Co NV	29,3%	55,1%	42,2%	43,5%	45,3%	44,4%	7,19%	5,06%	6,13%
109	Companhia de Seguros Mundial Confianca SA			n/a			n/a			n/a
110	Zivnostenska Banka AS	9,8%	9,7%	9,8%	81,2%	81,1%	81,1%	0,51%	0,48%	0,50%
111	Biochim Bank	73,3%	29,1%	51,2%	59,9%	67,0%	63,5%	3,21%	2,24%	2,73%
112	Banca Popolare di Novara Scarl	-0,1%	-11,3%	-5,7%	94,3%	88,7%	91,5%	-0,01%	-0,66%	-0,34%
113	Hermes Group Ltd			n/a			n/a			n/a
114	Schweizerische Hypotheken- und Handelsbank AG	37,1%	60,8%	48,9%	48,4%	54,9%	51,6%	2,32%	3,88%	3,10%
115	Rijecka Banka dd	19,2%	-112,1%	-46,5%	48,9%	49,7%	49,3%	1,93%	-6,97%	-2,52%
116	Tarm Bank A/S	12,3%	10,5%	11,4%	49,1%	50,8%	49,9%	2,07%	1,88%	1,98%
117	Banca Popolare del Trentino SpA	5,6%	5,6%	5,6%	70,6%	69,0%	69,8%	0,54%	0,49%	0,52%

Tab. 33: Variablen zum operativen Erfolg (Target)

Deal Nr.	Börsennotiertes Mutterunternehmen	KGV	PBV	Performance 3M	Performance 6M	Deal-Bewertung	EK-Quote Käufer	Tier 1-Ratio Käufer
1	Close Brothers Group plc	18,3	4,66	23,0%	80,2%	1,74	12,7%	n/a
2	Dexia SA	13,1	1,68	0,6%	-1,6%	n/a	2,8%	9,0%
3	Royal Bank of Scotland Group plc, The	11,8	2,37	-32,9%	-22,2%	2,73	5,0%	8,1%
4	EFG Eurobank Ergasias SA	17,5	1,94	-26,6%	-28,5%	n/a	13,6%	n/a
5	Dresdner Bank AG	24,7	2,23	18,3%	15,3%	n/a	3,4%	6,4%
6	ABN Amro Holding NV	11,6	2,10	-1,5%	22,2%	2,16	4,0%	7,2%
7	Banco Santander Central Hispano SA	16,4	3,29	-5,4%	-8,2%	0,57	5,7%	7,1%
8	Svenska Handelsbanken AB	13,7	2,54	-2,7%	23,8%	2,58	4,0%	6,4%
9	UniCredito Italiano SpA	13,4	2,24	-2,8%	-2,3%	0,96	5,8%	6,3%
10	Lloyds TSB Group plc	12,5	3,68	3,2%	9,8%	n/a	5,7%	7,8%
11	Capitalia	9,1	0,57	8,6%	-41,7%	3,00	4,9%	5,3%
12	Banco Santander Central Hispano SA	11,1	1,72	-6,6%	10,1%	1,46	7,0%	7,4%
13	Aspis Bank SA	257,0	1,75	0,8%	0,4%	n/a	6,2%	n/a
14	Crédit Agricole SA	10,2	0,44	-14,8%	-5,1%	2,09	5,1%	10,8%
15	Northern Rock plc	13,3	2,70	8,3%	42,8%	1,56	4,0%	8,4%
16	Erste Bank der Österreichischen Sparkassen AG	12,1	1,04	22,9%	30,4%	2,51	4,0%	n/a
17	HSBC Holdings plc	13,6	1,73	-17,5%	-13,2%	1,31	7,7%	9,0%
18	Banco Popular Español SA	11,9	2,70	-2,5%	-3,8%	n/a	7,9%	8,9%
19	Banca Popolare di Bergamo-Credito Varesino Scarl	10,9	1,05	-5,6%	-9,5%	0,75	5,9%	6,2%
20	Crédit Agricole SA	8,7	0,39	-33,6%	-14,2%	1,81	5,1%	10,8%
21	Banca Popolare Italiana	14,7	0,46	-23,7%	-14,7%	n/a	6,9%	4,7%
22	HSBC Holdings plc	14,0	1,77	-12,0%	-7,9%	14,20	7,7%	9,0%
23	Erste Bank der Österreichischen Sparkassen AG	13,4	1,60	-1,0%	25,9%	2,78	4,2%	n/a
24	Banca Popolare Italiana	8,7	0,75	12,8%	-11,6%	3,06	7,9%	5,2%
25	Banca Popolare Italiana	13,3	0,47	-3,3%	-13,0%	0,46	7,9%	5,2%
26	ABN Amro Holding NV	9,5	1,56	-2,9%	2,8%	1,74	2,9%	7,5%
27	ING	7,1	1,43	-21,3%	-45,4%	1,52	3,1%	n/a
28	Barclays Bank SA	9,6	1,62	-4,8%	-19,0%	3,30	3,9%	8,2%
29	Standard Chartered plc	14,3	2,35	2,6%	2,5%	1,98	6,6%	8,6%
30	Alpha Bank SA	13,8	2,51	37,7%	19,7%	1,39	7,3%	10,1%
31	National Bank of Greece SA	14,5	2,15	94,4%	55,4%	1,50	4,5%	7,4%
32	Royal Bank of Scotland Group plc, The	10,9	1,58	8,8%	9,6%	n/a	6,7%	7,3%
33	KBC Groupe	11,1	1,63	22,8%	26,3%	0,25	4,9%	n/a
34	Royal Bank of Scotland Group plc, The	10,8	1,66	9,9%	6,1%	n/a	6,7%	7,3%
35	Kredietbank SA Luxembourgeoise	n/a	1,87	6,4%	-9,3%	2,30	3,2%	n/a
36	Deutsche Postbank AG	14,1	1,50	18,8%	31,4%	0,90	3,7%	8,5%
37	Banca Profilo SpA	n/a	1,69	21,2%	9,1%	n/a	13,9%	n/a
38	Mediobanca SpA	21,1	1,41	6,6%	37,3%	1,47	16,1%	18,6%
39	HSBC Holdings plc	14,1	2,07	13,0%	12,5%	10,59	7,7%	9,0%
40	HSBC Holdings plc	13,8	2,27	13,4%	16,7%	1,65	7,7%	9,0%
41	Lloyds TSB Group plc	9,5	2,61	25,9%	-24,0%	n/a	4,2%	7,7%
42	Banca Popolare di Milano Scarl	9,5	0,63	6,1%	12,4%	n/a	7,7%	7,0%
43	Royal Bank of Scotland Group plc, The	9,9	1,61	-3,3%	9,2%	2,08	6,7%	7,3%

Deal Nr.	Börsennotiertes Mutterunternehmen	KGV	PBV	Performance 3M	Performance 6M	Deal-Bewertung	EK-Quote Käufer	Tier 1-Ratio Käufer
44	Piraeus Bank SA	16,5	2,43	58,3%	53,0%	1,81	7,3%	10,3%
45	Danske Bank A/S	11,5	1,92	16,1%	16,7%	2,36	3,3%	7,7%
46	Banco de Sabadell SA	13,5	1,54	15,2%	24,8%	2,68	8,5%	8,4%
47	OKO Bank	12,1	1,38	4,6%	27,3%	n/a	4,6%	7,1%
48	Banco Bilbao Vizcaya Argentaria SA	12,5	2,05	18,5%	20,7%	n/a	6,5%	7,8%
49	Julius Bär Holding AG	16,1	2,85	-1,7%	21,9%	8,72	9,6%	17,7%
50	HSBC Holdings plc	13,4	2,04	-2,7%	-1,6%	4,86	8,3%	8,9%
51	Standard Chartered Bank plc	15,4	2,48	1,5%	6,4%	n/a	6,8%	8,6%
52	Royal Bank of Scotland Group plc, The	8,8	1,97	-10,1%	-0,5%	n/a	5,8%	7,4%
53	Bank Austria Creditanstalt AG	13,5	1,41	33,6%	26,0%	2,31	4,5%	n/a
54	Banca Popolare dell'Emilia Romagna	15,5	1,06	11,0%	10,5%	n/a	6,2%	6,8%
55	Bank of Ireland	9,8	1,96	10,1%	10,1%	n/a	5,7%	7,2%
56	Piraeus Bank SA	14,8	2,07	43,9%	31,7%	2,73	7,3%	10,3%
57	SEB	11,6	1,85	8,1%	28,9%	2,01	3,4%	7,8%
58	EFG Eurobank Ergasias SA	14,5	3,60	-9,0%	28,6%	n/a	6,3%	8,8%
59	Credito Valtellinese Scarl	n/a	1,32	15,7%	30,1%	n/a	6,0%	6,2%
60	Cassa di Risparmio di Firenze SpA	14,1	1,85	13,1%	33,3%	2,36	6,1%	5,3%
61	EFG Eurobank Ergasias SA	16,0	4,28	13,5%	26,5%	0,58	6,3%	8,8%
62	Commerzbank AG	13,6	1,28	11,8%	24,8%	0,73	2,5%	7,5%
63	Banque Nationale de Paris SA	14,0	1,50	4,7%	50,5%	2,21	3,7%	6,4%
64	UniCredito Italiano SpA	11,4	1,95	5,2%	11,0%	0,85	5,4%	7,9%
65	Bank of Ireland	10,1	1,88	-3,7%	6,4%	n/a	5,8%	7,6%
66	Kredietbank SA Luxembourgeoise	n/a	2,38	3,2%	-12,2%	1,86	3,6%	n/a
67	Standard Chartered plc	16,8	2,91	99,0%	7,8%	n/a	6,0%	8,2%
68	Banco Santander SA	16,8	1,97	-30,3%	-34,5%	2,24	6,0%	n/a
69	Banco Santander Central Hispano SA	20,9	1,58	14,4%	-18,9%	0,55	6,1%	7,9%
70	UniCredito Italiano SpA	20,2	2,69	-15,8%	18,1%	1,37	5,6%	8,8%
71	Piraeus Bank SA	24,7	10,83	9,4%	57,3%	n/a	7,4%	n/a
72	ALLIED IRISH BANKS	17,0	3,97	3,8%	2,6%	1,66	6,1%	7,5%
73	Banco Comercial Português SA	17,3	1,91	10,9%	-1,3%	2,70	8,2%	8,5%
74	Banco Santander Central Hispano SA	22,0	2,93	26,5%	14,7%	n/a	5,7%	7,1%
75	HSBC Holdings plc	20,1	1,11	40,9%	45,6%	n/a	6,4%	9,7%
76	Alpha Credit Bank SA	17,8	4,30	38,6%	25,2%	3,87	8,5%	n/a
77	Lloyds TSB Group plc	17,6	6,59	3,1%	26,7%	n/a	5,2%	8,7%
78	UBS AG	15,3	3,51	21,1%	15,3%	6,40	3,5%	10,6%
79	Bayerische Hypo- und Vereinsbank AG	17,9	1,64	7,4%	16,7%	1,68	3,2%	5,8%
80	Schroders plc	13,1	2,16	4,9%	-9,5%	n/a	10,2%	n/a
81	Erste Bank der Österreichischen Sparkassen AG	9,7	1,10	-13,0%	-0,2%	0,87	3,6%	n/a
82	Banca Monte dei Paschi di Siena SpA	14,8	2,00	-10,3%	n/a	6,57	4,4%	9,5%
83	HSBC Holdings plc	15,3	2,64	-5,9%	-9,5%	n/a	6,6%	8,5%
84	SEB	10,7	1,81	-24,0%	3,1%	1,07	4,1%	8,1%
85	UBS AG	14,0	3,08	-13,1%	9,6%	n/a	3,2%	9,3%
86	Fineco	44,8	12,22	-2,0%	125,7%	n/a	9,1%	8,8%
87	BCP	16,9	2,08	-9,4%	20,2%	2,86	8,2%	9,2%
88	ABN Amro Holding NV	14,7	2,03	14,1%	26,4%	n/a	3,6%	6,9%

Deal Nr.	Börsennotiertes Mutterunternehmen	KGV	PBV	Performance 3M	Performance 6M	Deal-Bewertung	EK-Quote Käufer	Tier 1-Ratio Käufer
89	Anglo Irish Bank Corporation plc	13,8	2,26	6,0%	6,0%	n/a	5,1%	7,2%
90	Barclays plc	9,6	2,53	2,4%	-19,9%	3,35	3,6%	7,5%
91	Credit Suisse Group	14,3	3,77	10,7%	20,9%	2,27	3,7%	n/a
92	Standard Chartered plc	15,0	2,85	3,6%	1,8%	n/a	6,3%	8,6%
93	Abbey National plc	8,2	1,83	-13,0%	-29,5%	n/a	3,7%	7,7%
94	Banca Fideuram SpA	65,7	19,27	10,4%	83,6%	n/a	16,6%	n/a
95	Danske Bank A/S	11,1	1,78	25,8%	27,8%	1,63	4,3%	7,4%
96	Banca Popolare Italiana	16,9	0,49	7,6%	13,4%	2,87	4,9%	2,2%
97	Fortis NV	14,5	0,98	27,7%	-5,6%	n/a	4,3%	n/a
98	ABN Amro Holding NV	12,5	2,20	24,4%	17,2%	n/a	4,0%	7,2%
99	Close Brothers Group plc	15,9	6,65	46,8%	9,8%	n/a	15,8%	28,1%
100	Banca Popolare dell'Emilia Romagna	22,6	1,84	1,6%	-19,5%	0,65	7,7%	9,1%
101	Anglo Irish Bank Corporation plc	8,3	1,49	25,9%	31,8%	4,37	6,7%	7,9%
102	Close Brothers Group plc	16,0	6,75	25,5%	5,0%	n/a	15,8%	28,1%
103	Sanpaolo IMI SpA	8,6	1,79	-43,0%	-50,0%	1,75	4,2%	6,6%
104	Piraeus Bank SA	12,5	2,79	-24,0%	-24,9%	0,33	8,2%	12,0%
105	Piraeus Bank SA	13,4	2,71	-0,5%	-25,2%	n/a	8,2%	12,0%
106	Dexia SA	14,1	1,71	6,9%	24,2%	0,74	3,0%	9,3%
107	HBOS	n/a	2,36	13,2%	45,5%	2,19	4,6%	9,3%
108	Dexia	12,7	2,01	-11,5%	3,3%	2,03	3,2%	9,3%
109	Banco Santander Central Hispano SA	22,0	2,66	21,8%	27,9%	n/a	6,1%	7,9%
110	UniCredito Italiano SpA	11,1	1,89	-14,4%	-5,9%	1,96	6,1%	6,8%
111	Bayerische Hypo- und Vereinsbank AG	8,8	3,10	-44,5%	-50,6%	3,38	3,2%	n/a
112	Banca Popolare di Verona Scarl	8,1	1,12	-19,8%	-21,3%	n/a	7,1%	6,4%
113	Singer & Friedlander Group plc	10,3	1,08	-15,3%	-19,0%	n/a	10,5%	18,4%
114	St Galler Kantonalbank AG	n/a	0,85	4,1%	12,3%	n/a	6,1%	n/a
115	Erste Bank der Österreichischen Sparkassen AG	12,4	1,02	40,4%	13,2%	1,47	3,8%	n/a
116	Ringkjøbing Landbobank	n/a	1,10	-1,5%	13,0%	1,23	16,4%	15,2%
117	Banca Popolare Italiana	13,3	0,72	5,5%	8,4%	4,61	5,8%	4,2%

Tab. 34: Variablen zu Bewertung und Kapitalstruktur

Anhang 4: Auswertungen mit SPSS – Deskriptive Statistiken zu Kap. 4.2.1.

Verarbeitete Fälle

	Aktien	Fälle					
		Gültig		Fehlend		Gesamt	
		N	Prozent	N	Prozent	N	Prozent
Deal Value in % des Marktwerts (t-21) des Käufers	ohne	67	97,1%	2	2,9%	69	100,0%
	mit	39	88,6%	5	11,4%	44	100,0%

Univariate Statistiken

	Aktien			Statistik	Standardfehler
Deal Value in % des Marktwerts (t-21) des Käufers	ohne	Mittelwert		,06540	,010596
		95% Konfidenzintervall des Mittelwerts	Untergrenze	,04425	
			Obergrenze	,08656	
		5% getrimmtes Mittel		,05450	
		Median		,02416	
		Varianz		,008	
		Standardabweichung		,086729	
		Minimum		,003	
		Maximum		,362	
		Spannweite		,358	
		Interquartilbereich		,084	
		Schiefe		1,844	,293
		Kurtosis		2,739	,578
	mit	Mittelwert		,31350	,054571
		95% Konfidenzintervall des Mittelwerts	Untergrenze	,20302	
			Obergrenze	,42397	
		5% getrimmtes Mittel		,28040	
		Median		,18526	
		Varianz		,116	
		Standardabweichung		,340797	
		Minimum		,007	
		Maximum		1,274	
		Spannweite		1,267	
		Interquartilbereich		,437	
		Schiefe		1,529	,378
		Kurtosis		1,552	,741

Tab. 35: Explorative Datenanalyse zu H1.1 („Relative Größe MV", bereinigt um Extremwerte)

Verarbeitete Fälle

	Transaktionsart	Fälle					
		Gültig		Fehlend		Gesamt	
		N	Prozent	N	Prozent	N	Prozent
Deal Value in % des Marktwerts (t-21) des Käufers	Cash etc. (ohne Aktien)	67	97,1%	2	2,9%	69	100,0%
	Mixed Offer (mit Aktien)	20	95,2%	1	4,8%	21	100,0%
	Rein Aktien	16	80,0%	4	20,0%	20	100,0%

Univariate Statistiken

	Transaktionsart			Statistik	Standard-fehler
Deal Value in % des Marktwerts (t-21) des Käufers	Cash etc. (ohne Aktien)	Mittelwert		,06540	,010596
		95% Konfidenzintervall des Mittelwerts	Untergrenze	,04425	
			Obergrenze	,08656	
		5% getrimmtes Mittel		,05450	
		Median		,02416	
		Varianz		,008	
		Standardabweichung		,086729	
		Minimum		,003	
		Maximum		,362	
		Spannweite		,358	
		Interquartilbereich		,084	
		Schiefe		1,844	,293
		Kurtosis		2,739	,578
	Mixed Offer (mit Aktien)	Mittelwert		,14472	,039618
		95% Konfidenzintervall des Mittelwerts	Untergrenze	,06180	
			Obergrenze	,22765	
		5% getrimmtes Mittel		,11734	
		Median		,08161	
		Varianz		,031	
		Standardabweichung		,177177	
		Minimum		,007	
		Maximum		,776	
		Spannweite		,769	
		Interquartilbereich		,191	
		Schiefe		2,560	,512
		Kurtosis		8,296	,992
	Rein Aktien	Mittelwert		,36335	,063755
		95% Konfidenzintervall des Mittelwerts	Untergrenze	,22746	
			Obergrenze	,49924	
		5% getrimmtes Mittel		,34197	
		Median		,29884	
		Varianz		,065	
		Standardabweichung		,255020	
		Minimum		,092	
		Maximum		1,020	
		Spannweite		,928	
		Interquartilbereich		,375	
		Schiefe		1,105	,564
		Kurtosis		1,290	1,091

Tab. 36: Explorative Datenanalyse zu H1.2 („Relative Größe MV", bereinigt um Extremwerte)

Anhang 5: Auswertungen mit SPSS – Deskriptive Statistiken und Teststatistiken zu Kap. 4.2.2.

Verarbeitete Fälle

		Fälle					
		Gültig		Fehlend		Gesamt	
	Aktien	N	Prozent	N	Prozent	N	Prozent
KGV des Käufers (I/B/E/S 12M Forward; t-21)	ohne	66	93,0%	5	7,0%	71	100,0%
	mit	41	95,3%	2	4,7%	43	100,0%

Univariate Statistiken

	Aktien			Statistik	Standard-fehler
KGV des Käufers (I/B/E/S 12M Forward; t-21)	ohne	Mittelwert		13,404	,4007
		95% Konfidenzintervall des Mittelwerts	Untergrenze	12,603	
			Obergrenze	14,204	
		5% getrimmtes Mittel		13,262	
		Median		13,419	
		Varianz		10,599	
		Standardabweichung		3,2556	
		Minimum		7,1	
		Maximum		22,6	
		Spannweite		15,5	
		Interquartilbereich		3,8	
		Schiefe		,624	,295
		Kurtosis		,586	,582
	mit	Mittelwert		14,277	,6521
		95% Konfidenzintervall des Mittelwerts	Untergrenze	12,959	
			Obergrenze	15,595	
		5% getrimmtes Mittel		14,030	
		Median		14,003	
		Varianz		17,437	
		Standardabweichung		4,1758	
		Minimum		8,1	
		Maximum		24,7	
		Spannweite		16,6	
		Interquartilbereich		5,7	
		Schiefe		,779	,369
		Kurtosis		,420	,724

Test bei unabhängigen Stichproben

		Levene-Test der Varianzgleichheit		T-Test für die Mittelwertgleichheit						
									95% Konfidenzintervall der Differenz	
		F	Signifikanz	T	df	Sig. (2-seitig)	Mittlere Differenz	Standardfehler der Differenz	Untere	Obere
KGV des Käufers (I/B/E/S 12M Forward; t-21)	Varianzen sind gleich	2,742	,101	-1,209	105	,230	-,8733	,7226	-2,3061	,5594
	Varianzen sind nicht gleich			-1,141	69,788	,258	-,8733	,7654	-2,4000	,6534

Tab. 37: Explorative Datenanalyse und Teststatistik zu H2.1 („KGV", bereinigt um Extremwerte)

Verarbeitete Fälle

		Fälle					
		Gültig		Fehlend		Gesamt	
	Aktien	N	Prozent	N	Prozent	N	Prozent
PBV des Käufers (t-21)	ohne	69	100,0%	0	,0%	69	100,0%
	mit	42	100,0%	0	,0%	42	100,0%

Univariate Statistiken

	Aktien			Statistik	Standard-fehler
PBV des Käufers (t-21)	ohne	Mittelwert		1,9486	,09040
		95% Konfidenzintervall des Mittelwerts	Untergrenze	1,7682	
			Obergrenze	2,1290	
		5% getrimmtes Mittel		1,9214	
		Median		1,8801	
		Varianz		,564	
		Standardabweichung		,75096	
		Minimum		,39	
		Maximum		4,28	
		Spannweite		3,89	
		Interquartilbereich		,87	
		Schiefe		,622	,289
		Kurtosis		1,168	,570
	mit	Mittelwert		2,0229	,15540
		95% Konfidenzintervall des Mittelwerts	Untergrenze	1,7091	
			Obergrenze	2,3368	
		5% getrimmtes Mittel		1,9750	
		Median		1,9225	
		Varianz		1,014	
		Standardabweichung		1,00708	
		Minimum		,44	
		Maximum		4,66	
		Spannweite		4,21	
		Interquartilbereich		1,25	
		Schiefe		,612	,365
		Kurtosis		,279	,717

Test bei unabhängigen Stichproben

		Levene-Test der Varianzgleichheit		T-Test für die Mittelwertgleichheit						
									95% Konfidenzintervall der Differenz	
		F	Signifikanz	T	df	Sig. (2-seitig)	Mittlere Differenz	Standardfehler der Differenz	Untere	Obere
PBV des Käufers (t-21)	Varianzen sind gleich	3,734	,056	-,444	109	,658	-,07439	,16759	-,40655	,25777
	Varianzen sind nicht gleich			-,414	68,705	,680	-,07439	,17978	-,43307	,28429

Tab. 38: Explorative Datenanalyse und Teststatistik zu H2.1 („PBV“, bereinigt um Extremwerte)

Verarbeitete Fälle

		Fälle					
		Gültig		Fehlend		Gesamt	
	Aktien	N	Prozent	N	Prozent	N	Prozent
Performance des Käufers (3M vor t-21)	ohne	70	100,0%	0	,0%	70	100,0%
	mit	45	100,0%	0	,0%	45	100,0%

Univariate Statistiken

	Aktien			Statistik	Standard-fehler
Performance des Käufers (3M vor t-21)	ohne	Mittelwert		,05721	,021825
		95% Konfidenzintervall des Mittelwerts	Untergrenze	,01367	
			Obergrenze	,10075	
		5% getrimmtes Mittel		,05577	
		Median		,05450	
		Varianz		,033	
		Standardabweichung		,182602	
		Minimum		-,445	
		Maximum		,583	
		Spannweite		1,028	
		Interquartilbereich		,179	
		Schiefe		,089	,287
		Kurtosis		,870	,566
	mit	Mittelwert		,02690	,027221
		95% Konfidenzintervall des Mittelwerts	Untergrenze	-,02796	
			Obergrenze	,08176	
		5% getrimmtes Mittel		,02770	
		Median		,02430	
		Varianz		,033	
		Standardabweichung		,182602	
		Minimum		-,430	
		Maximum		,468	
		Spannweite		,898	
		Interquartilbereich		,208	
		Schiefe		-,089	,354
		Kurtosis		,430	,695

Test bei unabhängigen Stichproben

		Levene-Test der Varianzgleichheit		T-Test für die Mittelwertgleichheit						
									95% Konfidenzintervall der Differenz	
		F	Signifikanz	T	df	Sig. (2-seitig)	Mittlere Differenz	Standardfehler der Differenz	Untere	Obere
Performance des Käufers (3M vor t-21)	Varianzen sind gleich	,055	,814	,869	113	,387	,030308	,034890	-,038815	,099431
	Varianzen sind nicht gleich			,869	93,986	,387	,030308	,034890	-,038967	,099583

Tab. 39: Explorative Datenanalyse und Teststatistik zu H2.1 („Performance 3M", bereinigt um Extremwerte)

Verarbeitete Fälle

	Aktien	Fälle					
		Gültig		Fehlend		Gesamt	
		N	Prozent	N	Prozent	N	Prozent
Performance des Käufers (6M vor t-21)	ohne	72	100,0%	0	,0%	72	100,0%
	mit	43	97,7%	1	2,3%	44	100,0%

Univariate Statistiken

	Aktien			Statistik	Standardfehler
Performance des Käufers (6M vor t-21)	ohne	Mittelwert		,09612	,027292
		95% Konfidenzintervall des Mittelwerts	Untergrenze	,04170	
			Obergrenze	,15054	
		5% getrimmtes Mittel		,09465	
		Median		,09695	
		Varianz		,054	
		Standardabweichung		,231584	
		Minimum		-,506	
		Maximum		,836	
		Spannweite		1,341	
		Interquartilbereich		,308	
		Schiefe		,072	,283
		Kurtosis		,955	,559
	mit	Mittelwert		,07172	,039161
		95% Konfidenzintervall des Mittelwerts	Untergrenze	-,00731	
			Obergrenze	,15075	
		5% getrimmtes Mittel		,06725	
		Median		,09840	
		Varianz		,066	
		Standardabweichung		,256797	
		Minimum		-,500	
		Maximum		,802	
		Spannweite		1,302	
		Interquartilbereich		,313	
		Schiefe		,272	,361
		Kurtosis		,875	,709

Test bei unabhängigen Stichproben

		Levene-Test der Varianzgleichheit		T-Test für die Mittelwertgleichheit						
									95% Konfidenzintervall der Differenz	
		F	Signifikanz	T	df	Sig. (2-seitig)	Mittlere Differenz	Standardfehler der Differenz	Untere	Obere
Performance des Käufers (6M vor t-21)	Varianzen sind gleich	,425	,516	,525	113	,601	,024406	,046499	-,067716	,116528
	Varianzen sind nicht gleich			,511	81,354	,611	,024406	,047733	-,070562	,119374

Tab. 40: Explorative Datenanalyse und Teststatistik zu H2.1 („Performance 6M“, bereinigt um Extremwerte)

Verarbeitete Fälle

		Fälle					
		Gültig		Fehlend		Gesamt	
	Aktien	N	Prozent	N	Prozent	N	Prozent
Deal-Bewertung (Deal Value/BV des Targets)	ohne	42	59,2%	29	40,8%	71	100,0%
	mit	28	65,1%	15	34,9%	43	100,0%

Univariate Statistiken

	Aktien			Statistik	Standardfehler
Deal-Bewertung (Deal Value/BV des Targets)	ohne	Mittelwert		1,91114	,150616
		95% Konfidenzintervall des Mittelwerts	Untergrenze	1,60696	
			Obergrenze	2,21531	
		5% getrimmtes Mittel		1,84557	
		Median		1,83611	
		Varianz		,953	
		Standardabweichung		,976105	
		Minimum		,331	
		Maximum		4,862	
		Spannweite		4,531	
		Interquartilbereich		1,044	
		Schiefe		,862	,365
		Kurtosis		1,344	,717
	mit	Mittelwert		2,33498	,294673
		95% Konfidenzintervall des Mittelwerts	Untergrenze	1,73036	
			Obergrenze	2,93960	
		5% getrimmtes Mittel		2,21521	
		Median		2,13754	
		Varianz		2,431	
		Standardabweichung		1,559263	
		Minimum		,249	
		Maximum		6,565	
		Spannweite		6,317	
		Interquartilbereich		1,677	
		Schiefe		1,340	,441
		Kurtosis		1,980	,858

Test bei unabhängigen Stichproben

		Levene-Test der Varianzgleichheit		T-Test für die Mittelwertgleichheit						
									95% Konfidenzintervall der Differenz	
		F	Signifikanz	T	df	Sig. (2-seitig)	Mittlere Differenz	Standardfehler der Differenz	Untere	Obere
Deal-Bewertung (Deal Value/BV des Targets)	Varianzen sind gleich	3,844	,054	-1,400	68	,166	-,423838	,302749	-1,027965	,180289
	Varianzen sind nicht gleich			-1,281	41,103	,207	-,423838	,330934	-1,092123	,244446

Tab. 41: Explorative Datenanalyse und Teststatistik zu H2.2 („Deal-Bewertung", bereinigt um Extremwerte)

Anhang 6: Auswertungen mit SPSS – Kreuztabellen und Teststatistiken zu Kap. 4.2.3.

Regionale Übereinstimmung * Aktien Kreuztabelle

Anzahl

		Aktien		
		ohne	mit	Gesamt
Regionale Übereinstimmung	Ausland	43	16	59
	Inland	29	29	58
Gesamt		72	45	117

Chi-Quadrat-Tests

	Wert	df	Asymptotische Signifikanz (2-seitig)	Exakte Signifikanz (2-seitig)	Exakte Signifikanz (1-seitig)
Chi-Quadrat nach Pearson	6,470[b]	1	,011		
Kontinuitätskorrektur[a]	5,539	1	,019		
Likelihood-Quotient	6,541	1	,011		
Exakter Test nach Fisher				,014	,009
Zusammenhang linear-mit-linear	6,414	1	,011		
Anzahl der gültigen Fälle	117				

a. Wird nur für eine 2x2-Tabelle berechnet

b. 0 Zellen (,0%) haben eine erwartete Häufigkeit kleiner 5. Die minimale erwartete Häufigkeit ist 22,31.

Symmetrische Maße

		Wert	Näherungsweise Signifikanz
Nominal- bzgl. Nominalmaß	Phi	,235	,011
	Cramer-V	,235	,011
Anzahl der gültigen Fälle		117	

a. Die Null-Hyphothese wird nicht angenommen.

b. Unter Annahme der Null-Hyphothese wird der asymptotische Standardfehler verwendet.

Tab. 42: Kreuztabelle und Zusammenhangsanalyse zu H3 („Regionale Übereinstimmung")

Sektorübereinstimmung * Aktien Kreuztabelle

Anzahl

		Aktien		
		ohne	mit	Gesamt
Sektorübereinstimmung	Sektorübergreifend	19	1	20
	Innerhalb des Sektors	53	44	97
Gesamt		72	45	117

Chi-Quadrat-Tests

	Wert	df	Asymptotische Signifikanz (2-seitig)	Exakte Signifikanz (2-seitig)	Exakte Signifikanz (1-seitig)
Chi-Quadrat nach Pearson	11,412[b]	1	,001		
Kontinuitätskorrektur[a]	9,770	1	,002		
Likelihood-Quotient	14,334	1	,000		
Exakter Test nach Fisher				,001	,000
Zusammenhang linear-mit-linear	11,314	1	,001		
Anzahl der gültigen Fälle	117				

a. Wird nur für eine 2x2-Tabelle berechnet

b. 0 Zellen (,0%) haben eine erwartete Häufigkeit kleiner 5. Die minimale erwartete Häufigkeit ist 7,69.

Symmetrische Maße

		Wert	Näherungsweise Signifikanz
Nominal- bzgl. Nominalmaß	Phi	,312	,001
	Cramer-V	,312	,001
Anzahl der gültigen Fälle		117	

a. Die Null-Hyphothese wird nicht angenommen.

b. Unter Annahme der Null-Hyphothese wird der asymptotische Standardfehler verwendet.

Tab. 43: Kreuztabelle und Zusammenhangsanalyse zu H3 („Sektorübereinstimmung“)

Strategische Übereinstimmung * Aktien Kreuztabelle

Anzahl

		Aktien		
		ohne	mit	Gesamt
Strategische Übereinstimmung	keine	7	1	8
	teilweise	48	15	63
	hoch	17	29	46
Gesamt		72	45	117

Chi-Quadrat-Tests

	Wert	df	Asymptotische Signifikanz (2-seitig)
Chi-Quadrat nach Pearson	19,736[a]	2	,000
Likelihood-Quotient	20,120	2	,000
Zusammenhang linear-mit-linear	18,014	1	,000
Anzahl der gültigen Fälle	117		

a. 2 Zellen (33,3%) haben eine erwartete Häufigkeit kleiner 5. Die minimale erwartete Häufigkeit ist 3,08.

Symmetrische Maße

		Wert	Näherungsweise Signifikanz
Nominal- bzgl. Nominalmaß	Phi	,411	,000
	Cramer-V	,411	,000
Anzahl der gültigen Fälle		117	

a. Die Null-Hyphothese wird nicht angenommen.

b. Unter Annahme der Null-Hyphothese wird der asymptotische Standardfehler verwendet.

Tab. 44: Kreuztabelle und Zusammenhangsanalyse zu H3 („Strategische Übereinstimmung")

Anhang 7: Auswertungen mit SPSS – Deskriptive Statistiken zu Kap. 4.2.4.

Verarbeitete Fälle

	Aktien	Fälle: Gültig N	Gültig Prozent	Fehlend N	Fehlend Prozent	Gesamt N	Gesamt Prozent
Tier 1-Ratio des Käufers (t-1Y)	ohne	55	80,9%	13	19,1%	68	100,0%
	mit	34	79,1%	9	20,9%	43	100,0%

Univariate Statistiken

	Aktien			Statistik	Standardfehler
Tier 1-Ratio des Käufers (t-1Y)	ohne	Mittelwert		,08147	,001865
		95% Konfidenzintervall des Mittelwerts	Untergrenze	,07773	
			Obergrenze	,08521	
		5% getrimmtes Mittel		,08108	
		Median		,07900	
		Varianz		,000	
		Standardabweichung		,013828	
		Minimum		,047	
		Maximum		,120	
		Spannweite		,073	
		Interquartilbereich		,016	
		Schiefe		,563	,322
		Kurtosis		1,395	,634
	mit	Mittelwert		,07868	,003523
		95% Konfidenzintervall des Mittelwerts	Untergrenze	,07151	
			Obergrenze	,08584	
		5% getrimmtes Mittel		,07742	
		Median		,07700	
		Varianz		,000	
		Standardabweichung		,020544	
		Minimum		,042	
		Maximum		,152	
		Spannweite		,110	
		Interquartilbereich		,027	
		Schiefe		1,209	,403
		Kurtosis		3,692	,788

Tab. 45: Explorative Datenanalyse zu H4 („Tier 1-Ratio Käufer", bereinigt um Extremwerte)

Verarbeitete Fälle

	Aktien	Fälle					
		Gültig		Fehlend		Gesamt	
		N	Prozent	N	Prozent	N	Prozent
EK-Quote des Käufers (t-1Y)	ohne	69	100,0%	0	,0%	69	100,0%
	mit	45	100,0%	0	,0%	45	100,0%

Univariate Statistiken

	Aktien			Statistik	Standardfehler
EK-Quote des Käufers (t-1Y)	ohne	Mittelwert		,05697	,002451
		95% Konfidenzintervall des Mittelwerts	Untergrenze	,05208	
			Obergrenze	,06186	
		5% getrimmtes Mittel		,05551	
		Median		,05779	
		Varianz		,000	
		Standardabweichung		,020361	
		Minimum		,025	
		Maximum		,139	
		Spannweite		,113	
		Interquartilbereich		,027	
		Schiefe		1,129	,289
		Kurtosis		2,718	,570
	mit	Mittelwert		,06541	,004696
		95% Konfidenzintervall des Mittelwerts	Untergrenze	,05595	
			Obergrenze	,07488	
		5% getrimmtes Mittel		,06225	
		Median		,05881	
		Varianz		,001	
		Standardabweichung		,031502	
		Minimum		,029	
		Maximum		,164	
		Spannweite		,135	
		Interquartilbereich		,036	
		Schiefe		1,553	,354
		Kurtosis		2,619	,695

Tab. 46: Explorative Datenanalyse zu H4 („EK-Quote Käufer“, bereinigt um Extremwerte)

LITERATURVERZEICHNIS

Akerlof, George A. (1970):
The Market for „Lemons“: Qualitative Uncertainty and the Market Mechanisms, in: Quarterly Journal of Economics, Vol. 84, No. 3, S. 488-500.

Akhavein, Jalal D. / Berger, Allen N. / Humphrey, David B. (1997):
The Effects of Megamergers on Efficiency and Prices: Evidence from a Bank Profit Function, in: Review of Industrial Organization, Vol. 12, No. 1, S. 95-139.

Allen, Linda / Cebenoyan, A. Sinan (1991):
Bank acquisitions and ownership structure: Theory and evidence, in: Journal of Banking and Finance, Vol. 15, S. 425-448.

Altunbas, Yener / Ibánez, David Marqués (2004):
Mergers and Acquisitions and Bank Performance in Europe. The Role of Strategic Similarities, European Central Bank - Working Paper Series No. 398, Oktober 2004.

Altunbas, Yener / Molyneux, Philip / Thornton, John (1997):
Big-Bank Mergers in Europe: An Analysis of the Cost Implications, in: Economica, Vol. 64, No. 254, S. 317-329.

Amel, Dean u. a. (2003):
Consolidation and Efficiency in the Financial Sector: A Review of the International Evidence, CEIS Tor Vergata - Working Paper No. 20; SSRN 329860, Juni 2003.

Amihud, Yakov / DeLong, Gayle L. / Saunders, Anthony (2002):
The effects of cross-border bank mergers on bank risk and value, in: Journal of International Money and Finance, Vol. 21, S. 857-877.

Amihud, Yakov / Lev, Baruch / Travlos, Nickolaos G. (1990):
Corporate Control and the Choice of Investment Financing: The Case of Corporate Acquisitions, in: Journal of Finance, Vol. 45, No. 2, S. 603-616.

Andrade, Gregor / Mitchell, Mark / Stafford, Erik (2001):
New Evidence and Perspectives on Mergers, in: Journal of Economic Perspectives, Vol. 15, No. 2, S. 103-120.

Ang, James S. / Cheng, Yingmei (2006):
Direct Evidence on the Market-driven Acquisition Theory, in: Journal of Financial Research, Vol. 29, No. 2, S. 199-216.

Asquith, Paul (1983):
Merger Bids, Uncertainty, and Stockholder Returns, in: Journal of Financial Economics, Vol. 11, No. 1-4, S. 51-83.

Asquith, Paul / Bruner, Robert F. / Mullins, David W. (1983):
The Gains to Bidding Firms from Merger, in: Journal of Financial Economics, Vol. 11, No. 1-4, S. 121-139.

Avery, Robert B. u. a. (1999):
Consolidation and bank branching patterns, in: Journal of Banking and Finance, Vol. 23, No. 2-4, S. 497-532.

Bamberger, Burkhard (1994):
Der Erfolg von Unternehmensakquisitionen in Deutschland. Eine theoretische und empirische Untersuchung. Bergisch Gladbach und Köln 1994.

Baradwaj, Babu G. / Fraser, Donald R. / Furtado, Eugene P.H. (1990):
Hostile Bank Takeover Offers. Analysis and Implications, in: Journal of Banking and Finance, Vol. 12, S. 1229-1242.

Basel Committee on Banking Supervision (2006):
International Convergence of Capital Measurement and Capital Standards. A Revised Framework. Comprehensive Version, Basel Juni 2006.

Basler Ausschuss für Bankenaufsicht (2004):
Internationale Konvergenz der Eigenkapitalmessung und der Eigenkapitalanforderungen. Überarbeitete Rahmenvereinbarung, Basel Juni 2004.

Baur, Nina (2003):
Bivariate Statistik, Drittvariablenkontrolle und das Ordinalskalenproblem. Eine Einführung in die Kausalanalyse und in den Umgang mit zweidimensionalen Häufigkeitsverteilungen mit SPSS für Windows, Bamberger Beiträge zur empirischen Sozialforschung Nr. 9, Bamberg 2003.

Becher, David A. (2000):
The valuation effects of bank mergers, in: Journal of Corporate Finance, Vol. 6, S. 189-214.

Beitel, Patrick / Schiereck, Dirk (2001):
Value creation at the ongoing consolidation of the European banking market, Working Paper No. 05/01 Institute for Mergers and Acquisitions (IMA), Witten/ Herdecke November 2001.

Beitel, Patrick / Schiereck, Dirk / Wahrenburg, Mark (2004):
Explaining M&A Success in European Banks, in: European Financial Management, Vol. 10, No. 1, S. 109-139.

Bellavite-Hövermann, Yvette (2004):
Zur Kompatibilität von Transparenzanforderungen der Bankenaufsicht und Offenlegungspflichten nach International Financial Reporting Standards, in: Rechnungslegung, Steuerung und Aufsicht von Banken. Kapitalmarktorientierung und Internationalisierung, hrsg. von Thomas A. Lange und Edgar Löw, Wiesbaden 2004, S. 445-493.

Bellgardt, Egon (2004):
Statistik mit SPSS. Ausgewählte Verfahren für Wirtschaftswissenschaftler, 2. Aufl., München 2004.

Berens, Wolfgang / Mertes, Martin / Strauch, Joachim (2002):
Unternehmensakquisitionen, in: Due Diligence bei Unternehmensakquisitionen, hrsg. von Wolfgang Berens, Martin Mertes, Joachim Strauch, 3. Aufl., Stuttgart 2002, S. 27-75.

Berger, Allen N. / Demsetz, Rebecca S. / Strahan, Philip E. (1999)
The consolidation of the financial services industry: Causes, consequences, and implications for the future, in: Journal of Banking and Finance, Vol. 23, No. 2-4, S. 135-194.

Berger, Allen N. / Hannan, Timothy H. (1989):
The price-concentration relationship in banking, in: Review of Economics and Statistics, Vol. 71, No. 2, S. 291-299.

Berger, Allen N. / Hannan, Timothy H. (1997):
Using Efficiency Measures to Distinguish Among Alternative Explanations of the Structure-Performance Relationship in Banking, in: Managerial Finance, Vol. 23, No. 1, S. 6-31.

Berger, Allen N. / Humphrey, David B. (1997):
Efficiency of financial institutions: International survey and directions for future research, in: European Journal of Operational Research, Vol. 98, No. 2, S. 175-212.

Berger, Allen N. / Mester, Loretta J. (1997):
Inside the black box: What explains differences in the efficiencies of financial institutions?, in: Journal of Banking and Finance, Vol. 21, No. 7, S. 895-947.

Berger, Philip G. / Ofek, Eli (1995):
Diversification's effect on firm value, in: Journal of Financial Economics, Vol. 37, No. 1, S. 39-65.

Berkovitch, Elazar / Narayanan, M. P. (1993):
Motives for Takeovers: An Empirical Investigation, in: Journal of Financial and Quantitative Analysis, Vol. 28, No. 3, S. 347-362.

Betsch, Oskar / Groh, Alexander / Lohmann, Lutz (2000):
Corporate Finance. Unternehmensbewertung, M&A und innovative Kapitalmarktfinanzierung, 2. Aufl., München 2000.

Bhagat, Sanjai u. a. (2004):
Do Tender Offers Create Value? New Methods and Evidence, Dice Center Working Paper No. 2004-4, SSRN 545642, März 2004.

Bikker, Jacob A. / Haaf, Katharina (2002):
Competition, concentration and their relationship: An empirical analysis of the banking industry, in: Journal of Banking & Finance, Vol. 26, No. 11, S. 2191-2214.

Bleymüller, Josef / Gehlert, Günther / Gülicher, Herbert (2004):
Statistik für Wirtschaftswissenschaftler, WiSt-Studienkurs, 14. Aufl., München 2004.

Boot, Arnoud W.A. (1999):
European lessons on consolidation in banking, in: Journal of Banking and Finance, Vol. 23, No. 2-4, S. 609-613.

Bortz, Jürgen / Döring, Nicola (2002):
Forschungsmethoden und Evaluation für Human- und Sozialwissenschaftler, 3. Aufl., Berlin et al. 2002.

Boyd, John H. / Graham, Stanley L. / Hewitt, R. Shawn (1993):
Bank holding company mergers with nonbank financial firms: Effects on the risk of failure, in: Journal of Banking and Finance, Vol. 17, No. 1, S. 43-63.

Brace, Nicola / Kemp, Richard / Snelgar, Rosemary (2003):
SPSS for Psychologists. A Guide to Data Analysis using SPSS for Windows (Versions 9, 10 and 11), 2. Aufl., Mahwah, New Jersey et al. 2003.

Brealey, Richard A. / Myers, Stewart C. (1996):
Principles of Corporate Finance, 5. Aufl., New York et al. 1996.

Brown, Stephen J. / Warner, Jerold B. (1980):
Measuring Security Price Performance, in: Journal of Financial Economics, Vol. 8, No. 2, S. 205-258.

Brown, Stephen J. / Warner, Jerold B. (1985):
Using Daily Stock Returns. The Case of Event Studies, in: Journal of Financial Economics, Vol. 14, No. 1, S. 3-31.

Bruckner, Bernulf / Jakob, Robert (2001):
Mergers & Acquisitions in Banken. Die Entwicklungen im deutschsprachigen Europa zur Jahrtausendwende, Finanzmanagement Band 5, Hamburg 2001.

Buch, Claudia M. / DeLong, Gayle (2004):
Under-Regulated and Over-Guaranteed? International Bank Mergers and Bank Risk-Taking, Working Paper, SSRN 573701, August 2004.

Bühner, Rolf (1990):
Reaktionen des Aktienmarktes auf Unternehmenszusammenschlüsse. Eine empirische Untersuchung, in: Zfbf, Vol. 42, No. 4, S. 295-316.

Bureau van Dijk (2006):
Zephyr. Comprehensive M&A data with integrated detailed company information. Internetbrochüre (Internet: www.bvdep.com/ZEPHYR.html; Abrufdatum: 04.09.2006).

Burghof, Hans-Peter / Rudolph, Bernd (1996):
Bankenaufsicht: Theorie und Praxis der Regulierung, Wiesbaden 1996.

Calomiris, Charles W. (1999):
Gauging the efficiency of bank consolidation during a merger wave, in: Journal of Banking & Finance, Vol. 23, No. 2-4, S. 615-621.

Calomiris, Charles W. / Karceski, Jason (2000):
Is the Bank Merger Wave of the 1990s Efficient? Lessons from Nine Case Studies, in: Mergers and Productivity, hrsg. von Steven N. Kaplan, Chicago und London 2000, S. 93-161.

Campa, Josè Manuel / Hernando, Ignacio (2004):
Shareholder Value Creation in European M&As, in: European Financial Management, Vol. 10, No. 1, S. 47-81.

Carleton u. a. (1983):
An Empirical Analysis of the Role of the Medium of Exchange in Mergers, in: Journal of Finance, Vol. 38, No. 3, S. 813-826.

Carletti, Elena / Hartmann, Philipp (2002):
Competition and Stability: What's special about Banking?, Europäische Zentralbank Working Paper Nr. 146, Frankfurt Mai 2002.

Chaney, Paul K. / Lovata, Linda M. / Philipich, Kirk L. (1991):
Acquiring Firm Characteristics and the Medium of Exchange, in: Quarterly Journal of Business and Economics, Vol. 30, No. 4, S. 55-69.

Chang, Saeyoung (1998):
Takeovers of Privately Held Targets, Methods of Payment, and Bidder Returns, in: Journal of Finance, Vol. 53, No. 2, S. 773-784.

Choe, Hyuk / Masulis, Ronald W. / Nanda, Vikram (1993):
Common stock offerings across the business cycle. Theory and evidence, in Journal of Empirical Finance, Vol. 1, No. 1, S. 3-31.

Claessens, Stijn / Laeven, Luc (2004):
What Drives Bank Competition? Some International Evidence, in: Journal of Money, Credit, and Banking, Vol. 36, No. 3 (June 2004, Part 2), S. 563-583.

Cornett, Marcia Millon / De, Sankar (1991):
Medium of Payment in Corporate Acquisitions: Evidence from Interstate Bank Mergers, in: Journal of Money, Credit, and Banking, Vol. 23, No. 4, S. 767-776.

Cybo-Ottone, Alberto / Murgia, Maurizio (2000):
Mergers and shareholder wealth in European banking, in: Journal of Banking & Finance, Vol. 24, No. 6, S. 831-859.

De Long, J. Bradford u. a. (1990):
Noise Trader Risk in Financial Markets, in: Journal of Political Economy, Vol. 98, No. 4, S. 703-738.

DeLong, Gayle L. (2001):
Stockholder gains from focusing versus diversifying bank mergers, in: Journal of Financial Economics, Vol. 59, No. 2, S. 221-252.

Demsetz, Rebecca S. / Strahan, Philip E. (1997):
Diversification, Size, and Risk at Bank Holding Companies, in: Journal of Money, Credit and Banking, Vol. 29, No. 3, S. 300-313.

Denis, David J. (1994):
Investment Opportunities and the Market Reaction to Equity Offerings, in: Journal of Financial and Quantitative Analysis, Vol. 29, No. 2, S. 159-177.

DePamphilis, Donald M. (2001):
Mergers, Acquisitions and other Restructuring Activities - An Integrated Approach to Process, Tools, Cases, and Solutions, San Diego et al. 2001.

Dermine, Jean (2003):
Banking in Europe: Past, Present and Future, in: The transformation of the European financial system, Second ECB Central Banking Conference, hrsg. von Vitor Gaspar u. a., Frankfurt 2003, S. 31-95.

Deutsche Bank (2001):
Deutsche Bank beabsichtigt Erwerb des US-Vermögensverwalter Zurich Scudder Investments, Investor Relations-Mitteilung vom 24.09.2001, Frankfurt 2001.

Deutsche Bundesbank (2004):
Neue Eigenkapitalanforderungen für Kreditinstitute (Basel II), in: Deutsche Bundesbank, Monatsbericht September 2004, S. 75-100.

Deutsche Postbank (2003):
Postbank übernimmt Zahlungsverkehrsabwicklung von Deutscher und Dresdner Bank, Pressemitteilung vom 01.10.2003, Bonn 2003.

Diamond, Douglas W. / Rajan, Raghuram G. (2003):
Liquidity Shortages and Banking Crises, Working Paper, SSRN 461535, Chicago, August 2003.

Dierick, Frank u. a. (2005):
The New Basel Capital Framework and its Implementation in the European Union, European Central Bank – Occasional Paper Series, No. 42, Frankfurt, Dezember 2005.

Dietz, Fabian (2004):
Aktien als Akquisitionswährung. Unter besonderer Berücksichtigung der Kapitalaufbringung und des Aktionärsschutzes, Studien zum Handels-, Arbeits- und Wirtschaftsrecht Band 96, Baden-Baden 2004.

Dong, Ming u. a. (2006):
Does Investor Misvaluation Drive the Takeover Market?, in: Journal of Finance, Vol. 61, No. 2, S. 725-762.

D'Souza, Chris / Lai, Alexandra (2006):
The Effects of Bank Consolidation on Risk Capital Allocation and Market Liquidity, in: Journal of Financial Research, Vol. 29, No. 2, S. 271-291.

Duller, Christine (2006):
Einführung in die Statistik mit EXCEL und SPSS. Ein anwendungsorientiertes Lehr- und Arbeitsbuch, Heidelberg 2006.

Eckstein, Peter P. (2004):
Angewandte Statistik mit SPSS. Praktische Einführung für Wirtschaftswissenschaftler, 4. Aufl., Wiesbaden 2004.

Eilers, Stephan (2002):
Steuerliche Strukturierung der Transaktionen, in: Handbuch Mergers & Acquisitions - Planung, Durchführung, Integration, hrsg. von Gerhard Picot, 2. Aufl., Stuttgart 2002, S. 69-111.

Eisenhardt, Kathleen M. (1989):
Building Theories from Case Study Research, in: Academy of Management Review, Vol. 14, No. 4, S. 532-550.

Entrup, Ulrich (1995):
Kapitalmarktreaktionen auf Optionsanleihen. Finanzierungstheoretische Begründung und empirische Analyse der Aktienkursreaktionen, Wiesbaden 1995.

Esty, Benjamin / Narasimhan, Bhanu / Tufano, Peter (1999):
Interest-rate exposure and bank mergers, in: Journal of Banking and Finance, Vol. 23, No. 2-4, S. 255-285.

Europäische Union (1999):
Finanzdienstleistungen: Umsetzung des Finanzmarktrahmens: Aktionsplan, Mitteilung der Kommission vom 11.05.1999, KOM(1999) 232, Brüssel 1999.

Europäische Union (2000a):
Richtlinie 2000/12/EG des Europäischen Parlaments und des Rates vom 20. März 2000 über die Aufnahme und Ausübung der Tätigkeit der Kreditinstitute, Amtsblatt L 126 der Europäischen Gemeinschaften vom 26.5.2000, Luxemburg 2000.

Europäische Union (2000b):
Richtlinie 2000/28/EG des Europäischen Parlaments und des Rates vom 18. September 2000 zur Änderung der Richtlinie 2000/12/EG über die Aufnahme und Ausübung der Tätigkeit der Kreditinstitute, Amtsblatt L 275 der Europäischen Gemeinschaften vom 27.10.2000, Luxemburg 2000.

Europäische Union (2003):
Neunter Zwischenbericht über die Umsetzung des Aktionsplans für Finanzdienstleistungen (FSAP) – Endspurt für den FSAP, Arbeitsdokument der Kommissionsdienststellen vom 24.11.2003, SEK(2003) 1372, Brüssel 2003.

Europäische Union (2004a):
Verordnung (EG) Nr. 139/2004 des Rates vom 20. Januar 2004 über die Kontrolle von Unternehmenszusammenschlüssen („EG-Fusionskontrollverordnung"), Brüssel 2004.

Europäische Union (2004b):
Was bringt die Erweiterung für den Handel?, Pressemitteilung vom 30.04.2004, IP/04/577, Brüssel 2004.

Europäische Union (2004c):
Zehnter Fortschrittsbericht über die Umsetzung des Aktionsplans für Finanzdienstleistungen (FSAP): Über den Berg – Vorbereitung für die nächste Phase der europäischen Kapitalmarktintegration, Brüssel, den 2. Juni 2004.

Europäische Union (2004d):
Vorschlag für Richtlinien des Europäischen Parlaments und des Rates zur Neufassung der Richtlinie 2000/12/EG des Europäischen Parlaments und des Rates vom 20. März 2000 über die Aufnahme und Ausübung der Tätigkeit der Kreditinstitute und der Richtlinie 93/6/EWG des Rates vom 15. März 1993 über die angemessene Eigenkapitalausstattung von Wertpapierfirmen und Kreditinstituten, KOM(2004) 486 endg., Brüssel, den 14. Juli 2004.

Europäische Union (2005a):
Grünbuch zur Finanzdienstleistungspolitik (2005-2010), KOM(2005) 177, Brüssel, den 03. Mai 2005.

Europäische Union (2005b):
European Banking – Challenges and changes ahead, Rede von Charlie McCreevy vom 20.05.2005, SPEECH/05/294, Dublin, den 20. Mai 2005.

Europäische Union (2005c):
Weißbuch zur Finanzdienstleistungspolitik für die Jahre 2005-2010, KOM(2005) 629, Brüssel, den 05. Dezember 2005.

Europäische Zentralbank (2005):
Konsolidierung und Diversifizierung im Bankensektor des Euro-Währungsgebiets, in: EZB Monatsbericht Mai 2005, S. 83-92.

European Central Bank (1999):
Possible Effects of EMU on the EU Banking Systems in the Medium to Long Term, Frankfurt, Februar 1999.

European Central Bank (2000):
Mergers and Acquisitions Involving the EU Banking Industry – Facts and Implications, Frankfurt, Dezember 2000.

European Central Bank (2002):
Structural Analysis of the EU Banking Sector. Year 2001, Frankfurt November 2002.

European Central Bank (2004):
Developments in the EU Framework for Financial Regulation, Supervision and Stability, in: ECB Monthly Bulletin, November 2004, S. 81-93.

European Central Bank (2005a):
EU Banking Structures, Frankfurt, Oktober 2005.

European Central Bank (2005b):
EU Banking Sector Stability, Frankfurt, Oktober 2005.

European Union (2005a):
Cross-border consolidation in the EU financial sector. Commission Staff Working Document, Part I, SEC(2005) 1398, Brüssel, den 26.10.2005.

European Union (2005b):
FSAP Evaluation, Part I: Process and implementation, Brüssel, den 07. November 2005.

Faccio, Mara / Masulis, Ronald W. (2005):
The Choice of Payment Method in European Mergers and Acquisitions, Journal of Finance, Vol. 60, No. 3, S. 1345-1388.

Fama, Eugene F. u. a. (1969):
The Adjustment of Stock Prices to New Information, in: International Economic Review, Vol. 10, No. 1, S. 1-21.

Fama, Eugene F. (1970):
Efficient Capital Markets: A Review of Theory and Empirical Work, in: Journal of Finance, Vol. 25, S. 383-417.

Fishman, Michael J. (1989):
Preemptive Bidding and the Role of the Medium of Exchange in Acquisitions, in: Journal of Finance, Vol. 44, No. 1, S. 41-57.

Flannery, Mark J. / James, Christopher M. (1984):
The Effect of Interest Rate Changes on the Common Stock Returns of Financial Institutions, in: Journal of Finance, Vol. 39, No. 4, S. 1141-1153.

Focarelli, Dario / Panetta, Fabio / Salleo, Carmelo (2002):
Why Do Banks Merge?, in: Journal of Money, Credit, and Banking, Vol. 34, No. 4, S. 1047-1066.

Focarelli, Dario / Pozzolo, Alberto Franco (2001):
The patterns of cross-border bank mergers and shareholdings in OECD countries, in: Journal of Banking and Finance, Vol. 25, No. 12, S. 2305-2337.

Franks, Julian R. / Harris, Robert S. / Mayer, Colin (1988):
Means of Payment in Takeovers: Results for the United Kingdom and the United States, in: Corporate Takeovers: Causes and Consequences, hrsg. von Alan J. Auerbach, Chicago und London, 1988, S. 221-258.

Franks, Julian R. / Harris, Robert S. / Titman, Sheridan (1991):
The postmerger share-price performance of acquiring firms, in: Journal of Financial Economics, Vol. 29, No. 1, S. 81-96.

Fromm, Sabine (2003):
Multiple lineare Regressionsanalyse. Eine Einführung für Sozialwissenschaftler mit SPSS für Windows, Bamberger Beiträge zur empirischen Sozialforschung Nr. 10, Bamberg 2003.

Fromm, Sabine (2005):
Binäre logistische Regressionsanalyse. Eine Einführung für Sozialwissenschaftler mit SPSS für Windows, Bamberger Beiträge zur empirischen Sozialforschung Nr. 11, Bamberg 2005.

Gaughan, Patrick A. (1999):
Mergers, Acquisitions, and Corporate Restructurings, 2. Aufl., New York et al. 1999.

Gelbrich, Götz (1998):
Statistik für Anwender: Einführende Vorlesung - Arbeit mit SPSS - Übungsaufgaben mit Lösungen, Aachen 1998.

Ghosh, Aloke / Ruland, William (1998):
Managerial Ownership, the Method of Payment for Acquisitions, and Executive Job Retention, in: Journal of Finance, Vol. 53, No. 2, S. 785-798.

Goergen, Marc / Renneboog, Luc (2004):
Shareholder Wealth Effects of European Domestic and Cross-border Takeover Bids, in: European Financial Management, Vol. 10, No. 1, S. 9-45.

Granados, Gilberto (2004):
Lehrbuch der praktischen Statistik, München et al. 2004.

Gropp, Reint / Vesala, Jukka (2004):
Deposit Insurance, Moral Hazard and Market Monitoring, European Central Bank Working Paper Series No. 302, Frankfurt am Main, Februar 2004.

Group of Ten (2001):
Report on Consolidation in the Financial Sector, Januar 2001.

Grullon, Gustavo / Michaely, Roni / Swary, Itzhak (1997):
Capital Adequacy, Bank Mergers, and the Medium of Payment, in: Journal of Business Finance & Accounting, Vol. 24, No. 1, S. 97-124.

Grupo Santander (2004):
Recommended acquisition by Banco Santander of Abbey National plc, Pressemitteilung vom 26.07.2004, Madrid 2004.

Hadlock, Charles / Houston, Joel / Ryngaert, Michael (1999):
The role of managerial incentives in bank acquisitions, in: Journal of Banking and Finance, Vol. 23, No. 2-4, S. 221-249.

Hamel, Jacques (1993):
Case Study Methods, Qualitative Research Methods Vol. 32, Newbury Park et al. 1993.

Hancock, Diana / Humphrey, David B. / Wilcox, James A. (1999):
Cost reductions in electronic payments: The roles of consolidation, economies of scale, and technical change, in: Journal of Banking and Finance, Vol. 23, No. 2-4, S. 391-421.

Hannan, Timothy H. (1991):
Bank commercial loan markets and the role of market structure: Evidence from surveys of commercial lending, in: Journal of Banking and Finance, Vol. 15, No. 1, S. 133-149.

Hannan, Timothy H. (1997):
Market share inequality, the number of competitors, and the HHI: An examination of bank pricing, in: Review of Industrial Organization, Vol. 12, No. 1, S. 23-35.

Hannan, Timothy H. / Berger, Allen N. (1991):
The rigidity of prices: Evidence from the banking industry, in: American Economic Review, Vol. 81, No. 4, S. 938-945.

Hansen, Robert G. (1987):
A Theory for the Choice of Exchange Medium in Mergers and Acquisitions, in: Journal of Business, Vol. 60, S. 75-95.

Hartung, Joachim (2005):
Statistik. Lehr- und Handbuch der angewandten Statistik, 14. Aufl., München und Wien 2005.

Hartzell, Jay C. / Ofek, Eli / Yermack, David (2004):
What's In It for Me? CEOs Whose Firms Are Acquired, in: Review of Financial Studies, Vol. 17, No. 1, S. 37-61.

Healy, Paul M. / Palepu, Krishna G. / Ruback, Richard S. (1992):
Does corporate performance improve after mergers?, in: Journal of Financial Economics, Vol. 31, No. 2, S. 135-175.

Heinrich, Gert (2006):
Grundlagen der Mathematik, der Statistik und des Operations Research für Wirtschaftswissenschaftler, 3. Aufl., München und Wien 2006.

Herschlein, Rainer (2003):
Unternehmenskauf unter Gewährung eigener Aktien an den Veräußerer („New Acquisition Currency"), Tübingen 2003.

Houston, Joel F. / James, Christopher M. / Marcus, David (1997):
Capital market frictions and the role of internal capital markets in banking, in: Journal of Financial Economics, Vol. 46, No. 2, S. 135-164.

Houston, Joel F. / James, Christopher M. / Ryngaert, Michael D. (2001):
Where do merger gains come from? Bank mergers from the perspective of insiders and outsiders, in: Journal of Financial Economics, Vol. 60, S. 285-331.

Houston, Joel F. / Ryngaert, Michael D. (1994):
The overall gains from large bank mergers, in: Journal of Banking & Finance, Vol. 18, No. 6, S. 1155-1176.

Houston, Joel F. / Ryngaert, Michael D. (1997):
Equity Issuance and Adverse Selection: A Direct Test Using Conditional Stock Offers, in: Journal of Finance, Vol. 52, No. 1, S. 197-219.

Hovakimian, Armen / Kane, Edward J. / Laeven, Luc (2003):
How Country and Safety-Net Characteristics Affect Bank Risk-Shifting, in: Journal of Financial Services Research, Vol. 23, No. 3, S. 177-204.

Hubbard, Glenn / Palia, Darius (1999):
A Reexamination of the Conglomerate Merger Wave in the 1960s: An Internal Capital Markets View, in: Journal of Finance, Vol. 54, No. 3, S. 1131-1152.

Hughes, Joseph P. u. a. (1999):
The dollars and sense of bank consolidation, in: Journal of Banking and Finance, Vol. 23, No. 2-4, S. 291-324.

Jackson, William E. III (1997):
Market structure and the speed of price adjustments: Evidence of non-monotonicity, in: Review of Industrial Organization, Vol. 12, No. 1, S. 37-57.

James, Christopher M. (1999):
Comment on Esty, Narasimhan, and Tufano, in: Journal of Banking and Finance, Vol. 23, No. 2-4, S. 286-290.

James, Christopher M. (2000):
Comment, in: Mergers and Productivity, hrsg. von Steven N. Kaplan, Chicago und London 2000, S. 162-171.

James, Christopher M. / Wier, Peggy (1987):
Returns to Acquirers and Competition in the Acquisition Market: The Case of Banking, in: Journal of Political Economy, Vol. 95, No. 2, S. 355-370.

Jarrell, Gregg A. / Brickley, James A. / Netter, Jeffry M. (1988):
The Market for Corporate Control: The Empirical Evidence Since 1980, in: Journal of Economic Perspectives, Vol. 2, No. 1, S. 49-68.

Jensen, Michael C. (1986):
Agency Costs of Free Cash Flow, Corporate Finance, and Takeovers, in: American Economic Review, Vol. 76, No. 2, Papers and Proceedings, S. 323-329.

Jensen, Michael C. (1994):
Takeovers: Their Causes and Consequences, in: Readings in Mergers and Acquisitions, hrsg. von Patrick A. Gaughan, Cambridge und Oxford 1994, S. 15-43.

Jensen, Michael C. / Meckling, William H. (1976):
Theory of the Firm: Managerial Behaviour, Agency Costs and Ownership Structure, in: Journal of Financial Economics, 3, S. 305-360.

Jensen, Michael C. / Ruback, Richard S. (1983):
The Market for Corporate Control: The Scientific Evidence, in: Journal of Financial Economics, Vol. 11, S. 5-50.

John, Kose / Saunders, Anthony / Senbet, Lemma W. (2000):
A Theory of Bank Regulation and Management Compensation, in: Review of Financial Studies, Vol. 13, No. 1, S. 95-125.

Jostarndt, Philipp / Rudolph, Bernd / Thierauf, Michael (2006):
Unternehmenskontrolle und Management-Disziplinierung in Deutschland – Neue Ergebnisse –, in: Handbuch Mergers & Acquisitions Management, hrsg. von Bernd W. Wirtz, Wiesbaden 2006, S. 205-227.

JPMorgan Chase (2004):
J. P. Morgan Chase & Co. and Bank One Corporation to Merge, Pressemitteilung vom 14.01.2004, New York und Chicago 2004.

Jung, Kooyul / Kim, Yong-Cheol / Stulz, Renè M. (1996):
Timing, investment opportunities, managerial discretion, and the security issue decision, in: Journal of Financial Economics, Vol. 42, No. 2, S. 159-185.

Kane, Edward J. (2000):
Incentives for Banking Megamergers: What Motives Might Regulators Infer from Event-Study Evidence?, in: Journal of Money, Credit, and Banking, Vol. 32, No. 3, S. 671-701.

Kaplan, Steven N. (2000):
Introduction, in: Mergers and Productivity, hrsg. von Steven N. Kaplan, Chicago und London 2000, S. 1-7.

Kashyap, Anil K. (1999):
What should regulators do about merger policy?, in: Journal of Banking and Finance, Vol. 23, No. 2-4, S. 623-627.

Kästle, Florian / Oberbracht, Dirk (2005):
Unternehmenskauf – Share Purchase Agreement, Beck'sche Musterverträge, Band 49, München 2005.

Kaufman, George G. / Seelig, Steven A. (2002):
Post-resolution treatment of depositors at failed banks: Implications for the severity of banking crisis, systemic risk, and too big to fail, in: Economic Perspectives, Federal Reserve Bank of Chicago, Vol. 26, S. 27-41.

Kloten, Norbert / Stein, Johann Heinrich von (1993):
Geld-, Bank- und Börsenwesen. Ein Handbuch, hrsg. von Norbert Kloten und Johann Heinrich von Stein, 39. Aufl., Stuttgart 1993.

Kreditwesengesetz (1998):
Gesetz über das Kreditwesen (Kreditwesengestz – KWG) in der Neufassung der Bekanntmachung vom 9. September 1998 (BGBl. I S. 2776), Berlin 1998.

Krumnow, Jürgen u. a. (2002):
Gabler Bank Lexikon, hrsg. von Jürgen Krumnow u. a., 13. Aufl., Wiesbaden 2002.

Linder, Jane C. / Crane, Dwight B. (1993):
Bank Mergers: Integration and Profitability, in: Journal of Financial Services Research, Vol. 7, No. 1, S. 35-55.

Loughran, Tim / Vijh, Anand M. (1997):
Do Long-Term Shareholders Benefit From Corporate Acquisitions?, in: Journal of Finance, Vol. 52, No. 5, S. 1765-1790.

Manchin, Miriam (2004):
Determinants of European cross-border mergers and acquisitions, European Commission (Directorate-General for Economic and Financial Affairs), Economic Papers No. 212, Brüssel, September 2004.

Martin, Kenneth J. (1996):
The Method of Payment in Corporate Acquisitions, Investment Opportunities, and Management Ownership, in: Journal of Finance, Vol. 51, No. 4, S. 1227-1246.

McCabe, George M. / Yook, Ken C. (1997):
Jensen, Myers-Majluf, Free Cash Flow and the Returns to Bidders, in: Quarterly Review of Economics and Finance, Vol. 37, No. 3, S. 697-707.

Meißner, Jörg-D. (2004):
Statistik verstehen und sinnvoll nutzen. Anwendungsorientierte Einführung für Wirtschaftler, München und Wien 2004.

Milbourn, Todd T. / Boot, Arnoud W.A. / Thakor, Anjan V. (1999):
Megamergers and expanded scope: Theories of bank size and activity diversity, in: Journal of Banking and Finance, Vol. 23, No. 2-4, S. 195-214.

Mitchell, Mark L. / Lehn, Kenneth (1990):
Do Bad Bidders Become Good Targets?, in: Journal of Political Economy, Vol. 98, No. 2, S. 372-398.

Mitchell, Mark L. / Mulherin, Harold J. (1996):
The impact of industry shocks on takeover and restructuring activity, in: Journal of Financial Economics, Vol. 41, No. 2, S. 193-229.

Morck, Randall / Shleifer, Andrei / Vishny, Robert W. (1990):
Do Managerial Objectives Drive Bad Acquisitions?, in: Journal of Finance, Vol. 45, No. 1, S. 31-48.

Müller-Benedict, Volker (2006):
Grundkurs Statistik in den Sozialwissenschaften, 3. Aufl., Wiesbaden 2006.

Myers, Stewart C. / Majluf, Nicholas S. (1984):
Corporate financing and investment decisions when firms have information that investors do not have, in: Journal of Financial Economics, Vol. 13, S. 419-453.

Nayar, Nandkumar / Switzer, Jeannette (1998):
Firm Characteristics, Stock Price Reactions, and Debt as a Method of Payment for Corporate Acquisitions, in: Quarterly Journal of Business and Economics, Vol. 37, No. 1, S. 51-65.

Neubauer, Werner / Bellgardt, Egon / Behr, Andreas (2002):
Statistische Methoden. Ausgewählte Kapitel für Wirtschaftswissenschaftler, 2. Aufl., München 2002.

Neumark, David / Sharpe, Steven A. (1992):
Market Structure and the Nature of Price Rigidity: Evidence from the Market for Consumer Deposits, in: Quarterly Journal of Economics, Vol. 107, No. 2, S. 657-680.

Norusis, Marija J. (2005):
SPSS 13.0 Statistical Procedures Companion, New Jersey 2005.

Organisation for Economic Co-operation and Development (2000):
Mergers in Financial Services, Dokumentklassifizierung: DAFFE/CLP(2000)17, Paris 2000.

Organisation for Economic Co-operation and Development (2002):
Bank Profitability - Methodological Country Notes, Paris 2002.

Palia, Darius (1993):
The Managerial, Regulatory, and Financial Determinants of Bank Merger Premiums, in: Journal of Industrial Economics, Vol. 41, No. 1, S. 91-102.

Peterson, David R. / Peterson, Pamela P. (1991):
The medium of exchange in mergers and acquisitions, in: Journal of Banking & Finance, Vol. 15, No. 2, S. 383-405.

Picot, Arnold / Dietl, Helmut / Franck, Egon (2005):
Organisation - Eine ökonomische Perspektive, 4. Aufl., Stuttgart 2005.

Picot, Arnold / Neuburger, Rahild (2000):
Banken und das Firmenkundengeschäft im Internet-Zeitalter. Der Einfluss der Informations- und Kommunikationstechnik auf Bankgeschäft und Bankorganisation unter besonderer Berücksichtigung des Firmenkundengeschäfts privater Banken, Köln 2000.

Pilbeam, Keith (2005):
Finance and Financial Markets, 2. Aufl., Basingstoke et al. 2005.

Piloff, Steven J. / Santomero, Anthony M. (1998):
The value effects of bank mergers and acquisitions, in: Bank Mergers & Acquisitions, hrsg. von Yakov Amihud und Geoffrey Miller, Boston et al. 1998, S. 59-78.

Poddig, Thorsten (1999):
Handbuch Kursprognose - Quantitative Methoden im Asset Management, Bad Soden 1999.

Poddig, Thorsten / Brinkmann, Ulf / Seiler, Katharina (2005):
Portfoliomanagement: Konzepte und Strategien. Theorie und praxisorientierte Anwendungen mit Excel, Bad Soden/Ts. 2005.

Poddig, Thorsten / Dichtl, Hubert / Petersmeier, Kerstin (2001):
Statistik, Ökonometrie, Optimierung. Methoden und ihre praktische Anwendung in Finanzanalyse und Portfoliomanagement, 2. erweiterte Auflage, Bad Soden 2001.

Politi, James / Saigol, Lina (2005):
Investment banks cash in as M&A activity rises 40%, in: Financial Times, 30.12.2005, S.17 (Factiva, Dokument FTFT000020051230e1cu00027).

Prager, Robin A. / Hannan, Timothy H. (1998):
Do Substantial Horizontal Mergers Generate Significant Price Effects? Evidence from the Banking Industry, in: Journal of Industrial Economics, Vol. 46, No. 4, S. 433-452.

Precht, Manfred / Kraft, Roland / Bachmaier, Martin (2005):
Angewandte Statistik 1. Beschreibende und Explorative Statistik - Wahrscheinlichkeitsrechnung - Zufallsvariablen und Statistische Maßzahlen - Wichtige Verteilungen - Beurteilende Statistik - Vertrauensintervalle - Hypothesentests - Programmbeispiele in MINITAB, 7. Aufl., München und Wien 2005.

Radecki, Lawrence J. (1998):
The Expanding Geographic Reach of Retail Banking Markets, in: Federal Reserve Bank of New York Economic Policy Review, Vol. 4, No. 2, S. 15-34.

Rajan, Raghuram G. / Zingales, Luigi (2003):
Banks and Markets: The Changing Character of European Finance, in: The transformation of the European financial system, Second ECB Central Banking Conference, hrsg. von Vitor Gaspar u. a., Frankfurt 2003, S. 123-167.

Rappaport, Alfred / Sirower, Mark L. (2000):
Unternehmenskauf - mit Aktien oder in bar bezahlen?, in: Harvard Business Manager, 22. Jg., Nr. 3, S. 32-46.

Rau, P. Raghavendra / Vermaelen, Theo (1998):
Glamour, value and the post-acquisition performance of acquiring firms, in: Journal of Financial Economics, Vol. 49, No. 2, S. 223-253.

Repullo, Rafael (2001):
A model of takeovers of foreign banks, in: Spanish Economic Review, Vol. 3, S. 1-21.

Rhoades, Stephen A. (1994):
A Summary of Merger Performance Studies in Banking, 1980-93, and an Assessment of the „Operating Performance“ and „Event Study“ Methodologies, Federal Reserve Staff Studies Nr. 167, Washington 1994.

Rhoades, Stephen A. (1998):
The efficiency effects of bank mergers: An overview of case studies of nine mergers, in: Journal of Banking & Finance, Vol. 22, No. 3, S. 273-291.

Rhodes-Kropf, Matthew / Robinson, David T. / Viswanathan, S. (2005):
Valuation waves and merger activity: The empirical evidence, in: Journal of Financial Economics, Vol. 77, No. 3, S. 561-603.

Roggenbuck, Harald E. (2004):
Segmentberichterstattung als Bindeglied zwischen internem Rechnungswesen und externer Berichterstattung, in: Rechnungslegung, Steuerung und Aufsicht von Banken. Kapitalmarktorientierung und Internationalisierung, hrsg. von Thomas A. Lange und Edgar Löw, Wiesbaden 2004, S. 149-184.

Roll, Richard (1986):
The Hubris Hypothesis of Corporate Takeovers, in: Journal of Business, Vol. 59, No. 2, S. 197-217.

Rudolph, Bernd (1979a):
Zur Theorie des Kapitalmarktes. Grundlagen, Erweiterungen und Anwendungsbereiche des „Capital Asset Pricing Model (CAPM)", in: Zeitschrift für Betriebswirtschaft, 49. Jg., Nr. 11, S. 1034-1067.

Rudolph, Bernd (1979b):
Kapitalkosten bei unsicheren Erwartungen. Das Kapitalmarktmodell und seine Bedeutung für die Theorie der Kapitalkosten, Berlin et al. 1979.

Rudolph, Bernd (1981):
Planungs- und Kontrollrechnungen zur Begrenzung von Zinsänderungsrisiken, in: Beiträge zur betriebswirtschaftlichen Kapitaltheorie, Nr. 2, Frankfurt am Main, Februar 1981.

Rudolph, Bernd (1991):
Das effektive Bankeigenkapital. Zur bankaufsichtlichen Beurteilung stiller Neubewertungsreserven, Frankfurt am Main 1991.

Rudolph, Bernd (2000):
Ökonomische Gesichtspunkte für die Wahl der Akquisitionswährung und Akquisitionsfinanzierung, in: Management von Akquisitionen - Akquisitionsplanung und Integrationsmanagement, hrsg. von Arnold Picot, Stuttgart 2000, S. 131-151.

Rudolph, Bernd (2004):
Ursachen und Dämpfungsmechanismen prozyklischer Wirkungen des Neuen Baseler Akkords, in: Finanzintermediation. Theoretische, wirtschaftspolitische und praktische Aspekte aktueller Entwicklungen im Bank- und Börsenwesen. Festschrift für Professor Dr. Wolfgang Gerke zum sechzigsten Geburtstag, hrsg. von Matthias Bank und Bettina Schiller, Stuttgart 2004, S. 247-269.

Rudolph, Bernd (2005a):
Die Sparkassen im wiedervereinigten Deutschland und in Europa, in: Wirtschafts- und Sozialgeschichte der deutschen Sparkassen im 20. Jahrhundert, hrsg. von Hans Pohl u. a., Stuttgart 2005, S. 429-477.

Rudolph, Bernd (2005b):
Kompetenz für die Region, Diskussionsbeitrag zu: Drei-Säulen-Modell: Gibt es Reformbedarf im deutschen Bankensektor, in: ifo Schnelldienst, 58. Jg., Nr. 14, S. 19-23.

Rudolph, Bernd / Schulz, Marion (2004):
Die verpflichtende Emission nachrangiger Bankschuldverschreibungen, in: Rechnungslegung, Steuerung und Aufsicht von Banken. Kapitalmarktorientierung und Internationalisierung, hrsg. von Thomas A. Lange und Edgar Löw, Wiesbaden 2004, S. 353-375.

Rüger, Bernhard (1996):
Induktive Statistik. Einführung für Wirtschafts- und Sozialwissenschaftler, 3. Aufl., München und Wien 1996.

Samuelson, William (1984):
Bargaining under Asymmetric Information, in: Econometrica, Vol. 52, S. 995-1005.

Sapienza, Paola (2002):
The Effects of Banking Mergers on Loan Contracts, in: Journal of Finance, Vol. 57, No. 1, S. 329-367.

Schierenbeck, Henner (2003):
Ertragsorientiertes Bankmanagement. Band 2: Risiko-Controlling und integrierte Rendite-/ Risikosteuerung, 8. Auflage, Wiesbaden 2003.

Schira, Josef (2003):
Statistische Methoden der VWL und BWL. Theorie und Praxis, München et al. 2003.

Schnell, Rainer / Hill, Paul B. / Esser, Elke (1999):
Methoden der empirischen Sozialforschung, 6. Aufl., München und Wien 1999.

Schranz, Mary S. (1993):
Takeovers Improve Firm Performance: Evidence from the Banking Industry, in: Journal of Political Economy, Vol. 101, No. 2, S. 299-326.

Schwarze, Jochen (2006):
Grundlagen der Statistik II. Wahrscheinlichkeitsrechnung und induktive Statistik, 8. Aufl., Herne/Berlin, 2006.

Shawky, Hany A. / Kilb, Tobias / Staas, Carsten F.W. (1996):
Determinants of Bank Merger Premiums, in: Journal of Economics and Finance, Vol. 20, No. 1, S. 117-131.

Shleifer, Andrei / Vishny, Robert W. (2003):
Stock market driven acquisitions, in: Journal of Financial Economics, Vol. 70, No. 3, S. 295-311.

Song, Moon H. / Walkling, Ralph A. (1993):
The Impact of Managerial Ownership on Acquisition Attempts and Target Shareholder Wealth, in: Journal of Financial and Quantitative Analysis, Vol. 28, No. 4, S. 439-457.

Stein, Jeremy C. (1997):
Internal Capital Markets and the Competition for Corporate Resources, in: Journal of Finance, Vol. 52, No. 1, S. 111-133.

Steiner, Manfred / Bruns, Christoph (2000):
Wertpapiermanagement, 7. Aufl., Stuttgart 2000.

Subrahmanyam, Vijaya / Rangan, Nanda / Rosenstein, Stuart (1997):
The Role of Outside Directors in Bank Acquisitions, in: Financial Management, Vol. 26, No. 3, S. 23-36.

Thießen, Friedrich (1999):
Knapps Enzyklopädisches Lexikon des Geld-, Bank- und Börsenwesens, Band 1: A-I, hrsg. von Friedrich Thießen u. a., 4. Aufl., Frankfurt am Main 1999.

Toutenburg, Helge (2005):
Induktive Statistik. Eine Einführung mit SPSS für Windows, 3. Aufl., Berlin et al. 2005.

Travlos, Nickolaos G. (1987):
Corporate Takeover Bids, Methods of Payment, and Bidding Firms‘ Stock Returns, in: Journal of Finance, Vol. 42, No. 4, S. 943-963.

Travlos, Nickolaos G. / Papaioannou, George J. (1991):
Corporate Acquisitions: Method of Payment Effects, Capital Structure Effects, and Bidding Firms‘ Stock Returns, in: Quarterly Journal of Business and Economics, Vol. 30, No. 4, S. 3-22.

Unal, Haluk / Kane, Edward J. (1988):
Two Approaches to Assessing the Interest Rate Sensitivity of Deposit Institution Equity Returns, in: Research in Finance, Vol. 7, S. 113-137.

UniCredit (2005a):
UniCredit and HVB Join Forces to Become the First Truly European Bank, Pressemitteilung vom 12.06.05, Mailand 2005.

UniCredit (2005b):
UniCredit: Fulfilment of all conditions precedent to the HVB offer and call of the Ordinary Shareholders' Meeting, Pressemitteilung vom 10.11.05, Mailand 2005.

Vander Vennet, Rudi (2002):
Cost and Profit Efficiency of Financial Conglomerates and Universal Banks in Europe, in: Journal of Money, Credit, and Banking, Vol. 34, No. 1, S. 254-282.

Voelkl, Kristin E. / Gerber, Susan B. (1999):
Using SPSS for Windows. Data Analysis and Graphics, New York et al. 1999.

Volkart, Rudolf / Labhart, Peter (2000):
Investor Relations als Wertsteigerungsmanagement, in: Die Praxis der Investor Relations – Effiziente Kommunikation zwischen Unternehmen und Kapitalmarkt, hrsg. von Klaus Rainer Kirchhoff und Manfred Piwinger, Neuwied und Kriftel 2000, S. 146-161.

Wansley, James W. / Lane, William R. / Yang, Ho C. (1983):
Abnormal Returns To Acquired Firms By Type of Acquisition and Method of Payment, in: Financial Management, Vol. 12, No. 3, S. 16-22.

Wu, Xueping / Wang, Zheng (2005):
Equity financing in a Myers-Majluf framework with private benefits of control, in: Journal of Corporate Finance, Vol. 11, No. 5, S. 915-945.

Yin, Robert K. (1994):
Case Study Research. Design and Methods, 2. Aufl., Applied Social Research Methods Series Vol. 5, Thousand Oaks et al. 1994.

Zademach, Hans-Martin (2006):
Fusionen und Übernahmen (M&A) im internationalen Kontext: Grundlagen und Beispiele aus der Finanzdienstleistungsbranche, in: Internationale Wirtschaft. Rahmenbedingungen, Akteure, räumliche Prozesse, hrsg. von Hans-Dieter Haas und Simon-Martin Neumair, München und Wien 2006, S. 429-459.

Zhang, Ping-shun (2001):
What Really Determines the Payment Methods in M&A Deals, University of Manchester Working Paper No. 2001-0103, SSRN 284770, Manchester Oktober 2001.

Zöfel, Peter (2003):
Statistik für Wirtschaftswissenschaftler im Klartext, München et al. 2003.

Kolibri 360 GmbH
Ferdinand-Jühlke-Straße 7
99095 Erfurt, Deutschland
produktsicherheit@kolibri360.de